BÜCHER konkursbuch 55

AF238496

Und Zäpfel sprach: „Das ist doch keine Manier, so den Weg zu versperren! Es ist doch anderswo Platz genug! Und mein armer guter Papa muß deswegen vor Warten schwarz werden!"

Die Schlange gähnte nochmals. Dann machte sie die Augen zu, ringelte sich noch enger zusammen, blies den Rauch an ihrem Schwanz aus und schien entweder sterben oder doch wenigstens schlafen zu wollen.

Das schien Zäpfel Kern das Gescheiteste, was sie tun konnte, und er beschloß, auf den Fußspitzen näher zu gehen und dann über den Knäuel wegzuspringen. Schlich also leise herbei und setzte zum Sprung an.

Da riß die Schlange ihr Maul wie ein Scheunentor auf und machte: „Cham!" und Zäpfel Kern schlug vor höchstem Entsetzen einen noch nie dagewesenen Purzelbaum, der zur Folge hatte, daß er

Bücher

KONKURSBUCH 55

Hrsg. Claudia Gehrke
& Florian Rogge

konkursbuch
VERLAG CLAUDIA GEHRKE

Inhaltsverzeichnis

Vorwort

„Des vielen Büchermachens ist kein Ende …"
Wie oft mag dieser rund zweieinhalb Jahrtausende alte biblische Stoßseufzer jeden Tag von übermüdeten Verlegerinnen, Lektoren, Druckern, Schriftstellerinnen, Rezensenten wiederholt werden?

2018 feierte der konkursbuch Verlag seinen 40. Geburtstag. Seit 1978 sind im Verlag 666 Bücher erschienen. Wie viele Arbeitsstunden stecken darin? Zählten wir die Arbeitsstunden aller Beteiligten zusammen, erhielten wir eine so ungeheure Zahl, dass sie sich in mehrere Menschenleben umrechnen ließe. Bücher leben, führen oft seltsame Eigenleben, beeinflussen und prägen die Lebensläufe der Menschen, die mit ihnen zu tun haben.

Bücher entstehen aus Büchern. Den unaufhaltbaren Vermehrungsdrang der Bücher kennt jeder Sammler, jede Bibliothekarin, jede Buchhändlerin, jede Leserin, jeder, der mit Büchern zu tun hat. Bücher regen, wenn sie gut sind, zum Nach- und Weiterdenken, zum Fort- und Neuschreiben an. Selbst schlechte Bücher können immerhin noch zu Widerspruch und Gegenrede provozieren. Ein Buch trägt oft unzählige andere Bücher in sich. Jedes Buch ist so gesehen eine eigene Bibliothek, vergleichbar vielleicht mit dem immer wieder erstaunlichen Kunststück, bei dem nach und nach eine niemals für möglich gehaltene Anzahl gelenkiger Artisten aus einen Kleinwagen steigt. Allein in diesem Konkursbuch werden knapp fünfzig Bücher mit vollem Titel angeführt, nicht eingerechnet die Bücher, die nur zitiert oder anzitiert, aber nicht namentlich erwähnt werden, ganz zu schweigen von den Büchern, die als Lektüre den jeweiligen Schreibprozessen vorausgegangen und sie, sei es inhaltlich oder stilistisch, beeinflusst haben. Wollten wir dieser Spur nachgehen und alle Bücher zusammentragen, die in diesem Konkursbuch enthalten sind, hätten wir rasch einen ansehnlichen Stapel beisammen.

Andererseits ließe sich ein Vielfaches der Textmenge dieses Stapels problemlos auf einem USB-Stick speichern und für einen E-Book-Reader machte es keinen Unterschied, wenn wir den kleinen Bücherturm noch um die rund 70 000 Neuerscheinungen erweitern würden, die allein 2017 in Deutschland veröffentlicht wurden. Der E-Book-Leser hingegen würde vielleicht schon einen Unterschied bemerken: schließlich bedeutet die digitale Standardisierung auf ein Dateiformat auch einen Bedeutungs- und Beziehungsverlust, Bücher bestehen nicht nur aus Text. Doch es wäre falsch, die Digitalisierung zu verdammen – sie prägt bereits heute auch die Produktion „richtiger" Bücher mit Papier und Umschlag. Und auch vor dem Zeitalter der Bücher gab es Erzählungen, mündlich weitergegeben, handschriftlich fixiert und schließlich zu einem Buch geworden, die wir noch heute kennen. Der „feste Buchstab" (Hölderlin) sorgte dafür, dass frei flottierende Texte nicht ineinander verschwinden.

„Niemals werden wir Bücher so nötig haben wie Karotten", schrieb Joseph Roth einmal und wehrte sich damit gegen eine ihm unbehagliche Überhöhung und Aufladung des Buches. Tatsächlich kann die Funktionalisierung des Buches als kulturelles Prestigeobjekt, sein Einsatz als elitäre Distinktionswaffe auf die Nerven gehen. Andererseits lässt sich nicht leugnen, dass Bücher einen kaum zu unterschätzenden Einfluss auf unser Leben, unser Bild von der Welt und unser Vorstellungsvermögen haben. Man muss kein verbissener Ideologiekritiker sein, um zu erkennen, dass Bücher, und die in ihnen kodifizierten Geschichten, Figuren, Ideen, auch etwas mit Macht zu tun haben. Bücher können Herrschafts- und Unterdrückungsinstrumente sein – man denke an die unheimliche Wucht „Heiliger Schriften" oder auch an Shakespeares „Der Sturm", wo Prospero quasi mit einer Handvoll Bücher die außereuropäische Welt unterwirft. Andererseits können Bücher befreiend, subversiv wirken, indem sie Prozesse und Strukturen sichtbar machen, die sonst nicht zu erkennen wären. Bücher als unser Auge zur Welt.

„Des vielen Büchermachens ist kein Ende ..." – , in dieses Buch über Bücher hätten noch viele weitere Beitragende Eingang finden können. Es gibt Bücher, die sind nie wirklich fertig. Historisch-kritische Ausgaben geben einen Eindruck davon, wie oft manche Bücher geschrieben wurden, bis sie die Gestalt annahmen, in der sie schließlich veröffentlicht wurden. Und selbst nach der Veröffentlichung verändern sich manche Bücher von Auflage zu Auflage, von Übersetzung zu Übersetzung. Das Vorwort schreibt sich ganz am Schluss und das letzte Wort ist erst der Anfang eines neuen Buches.

Florian Rogge & Claudia Gehrke, im Sommer 2018

Das Buch wächst, übersehene Schreibfehler werden weniger, und wir geben heute die dritte Auflage (zum dritten Mal 666 Exemplare) in Druck. Neue Textbeiträge sind hinzugekommen, neue Bilder, Korrekturen ... Wir freuen uns sehr – trotz der Überflutung von Rezensentinnen und Rezensenten mit Büchern (nachzulesen im Text von Thomas Wörtche ab S. 61) – dass schöne Besprechungen „über Bücher" erschienen sind. Wir danken allen Leserinnen & Lesern, ohne die wir nicht existierten.

März 2019

Neben dem Arbeitsplatz der Verlegerin, u.a. Postkarte der Kurt-Wolff-Stiftung (gestaltet von Jakob Kirch)

Yoko Tawada
Bücher im Kopf

Wo in meinem Kopf ist das Wort „Siebenmeilenstiefel" aufbewahrt? Es ist sicher nicht in die Hirnmasse direkt hineingeschrieben. Ich muss zuerst in meiner Vorstellung ein imaginäres Buch öffnen und darin finde ich das Wort. Dieses Buch heißt in meinem Fall „Peter Schlemihls wundersame Geschichte". Andere Menschen haben dasselbe Wort, „Siebenmeilenstiefel", sicher in einem anderen Buch aufbewahrt, zum Beispiel in einem Märchenband, der nur noch in ihrer Erinnerung existiert. Das Originalbuch aus Papier war schon an der Schwelle zur Pubertät verschwunden oder lag eine Zeit lang noch in einer staubigen Kiste auf dem Dachboden des Elternhauses und danach landete es im Lagerhaus eines Entrümplers.

Ich weiß nicht, ob die Hirnforscher eines Tages die Materie entdecken werden, aus der die imaginären Bücher im Kopf bestehen. Sie können heute schon feststellen, wie klein der Unterschied zwischen einem Menschen- und Affenhirn ist. Aber die Bücher im Kopf sind im Labor noch nicht messbar und somit bleibt der Mensch als Büchertier weiter unerforscht.

Ich habe das deutsche Wort „Affe" in einem imaginären Buch im Kopf aufbewahrt, das „Ein Bericht für eine Akademie" heißt. Denn es war der erste Ort, wo ich dieses Wort kennenlernte. Das japanische Wort mit der gleichen Bedeutung, „saru", lernte ich schon als kleines Kind in einem Bilderbuch.

Manche denken, dass wir ein Bild vom Affen im Kopf haben würden und alle Wörter, die „Affe" bedeuten, sei es „monkey" oder „saru", an dieses Bild direkt angebunden seien. Bei mir beobachte ich aber ganz andere Verhältnisse. Denn um das Wort „monkey" herauszuholen, muss ich in meinem Kopf das Buch „Curious George" öffnen. Ich sehe die Hochhäuser in Manhattan und einen kleinen Affen, der von Fenster zu Fenster springt. Er kann auch aus dem Buch herausspringen. Denn kein Affe ist in seiner Nationalsprache eingesperrt. Er ist auch nicht ein Gefangener bei einem Autor. Kafkas Affe muss nicht immer bei ihm bleiben, sondern kann die Bären in „Atta Troll" besuchen. Wenn die Bücher im Kopf aufgeschlagen werden, können vertraute und fremde, alte und junge Wörter aus dem Kontext herausspringen und miteinander verkehren. Und es geht mir beim Schreiben deshalb darum, im Kopf so viele Bücher wie möglich geöffnet zu halten.

Dorothea Keuler
Wie die Literatur mich fast verdorben, dann aber doch gerettet hat

Ich lese über meine Verhältnisse. Schon die Märchen meiner Kindheit waren von Prinzen und Prinzessinnen bevölkert, und selbst das unscheinbare Aschenputtel kriegte seinen Königssohn. Die Heldinnen meiner Jugendbücher, allesamt Gutsherrentöchter, hielten Pferde – ach, Pferde! – und konnten reiten. Auch die Groschenhefte, die ich als Teenager verschlang, spielten unter Blaublütigen, die vom hohem Ross auf die Welt herabschauten. Zwar habe ich bald kapiert, dass in meinem eher kleinbürgerlichen Milieu die Verhältnisse nicht so waren, aber das würde der Märchenprinz – in welcher Gestalt er auch käme – schon richten.

Dann wurde ich erwachsen und der Märchenprinz totgesagt. Wir schrieben die Siebzigerjahre und lasen Alice Schwarzer „Der kleine Unterschied", Verena Stefan „Häutungen", Anja Meulenbelt „Die Scham ist vorbei". Ich versenkte mich in die Briefe und Tagebücher von Caroline Schlegel-Schelling, Rahel Varnhagen, Bettine von Arnim und Franziska zu Reventlow – verdammt, schon wieder eine Gräfin! Die wilde Schwabinger Bohemienne glänzte als Mittelpunkt eines verruchten Dichterkreises und wurde das unerreichte Vorbild meiner verlängerten Jugend. Während meines Studiums entwickelte ich ein Faible für Campus Novels und weibliche Bildungsromane, vorwiegend angloamerikanischer Herkunft. Deren Heldinnen legten – in Oxford, Cambridge, Harvard, wo denn sonst – glänzende Abschlüsse hin, machten Karriere an der Uni. Und ich? Schrieb Bewerbung um Bewerbung, aber der Traumjob ließ auf sich warten, und als er sich schließlich doch einstellte, fehlte ihm der Glamour. In den Büchern, die ich las, strebten Schriftstellerinnen, Malerinnen, Schauspielerinnen ihrer künstlerischen Vollendung entgegen, feierten Erfolge, ernteten Ruhm. Für mich kein Aufstieg zu strahlenden Höhen! Da stimmte doch was nicht!

„Dr Weiss, at forty, knew that her life had been ruined by literature", lautet der erste Satz in Anita Brookners Roman „A Start in Life", der mein Weltbild schließlich zurechtrückte. Mit vierzig begriff die Unglückliche, dass sie gleichsam im falschen Film gefangen war, dass sie ihr Leben an einem Plotmuster ausgerichtet hatte. Ich war dreißig und lernfähig und erkannte: Das Leben funktioniert nicht wie ein Roman*. Das Leben kümmert sich keinen Deut um Plots. Es kommt, wie es kommt. Zu meiner Überraschung wirkte diese Einsicht befreiend. Ich konnte es also entspannt angehen lassen, als Akteurin von mittlerem Talent mit mäßigen Erfolgen. Mittelmäßig eben. Inzwischen bin ich über sechzig und blicke, nicht unzufrieden, auf eine Patchwork-Karriere an der Peripherie des Literaturbetriebs zurück. Gelegentlich lese ich immer noch gern über meine Verhältnisse, aber es ist nicht meine Welt. Und das ist auch gut so.

*Viele Jahre später bestätigte Michael Rutschky mich in dieser Erkenntnis. In seinem Essayband *Lebensromane* (1998) schildert er das tragikomische Scheitern von ZeitgenossInnen, die ihr Leben nach dem Modell einer Romangattung formten.

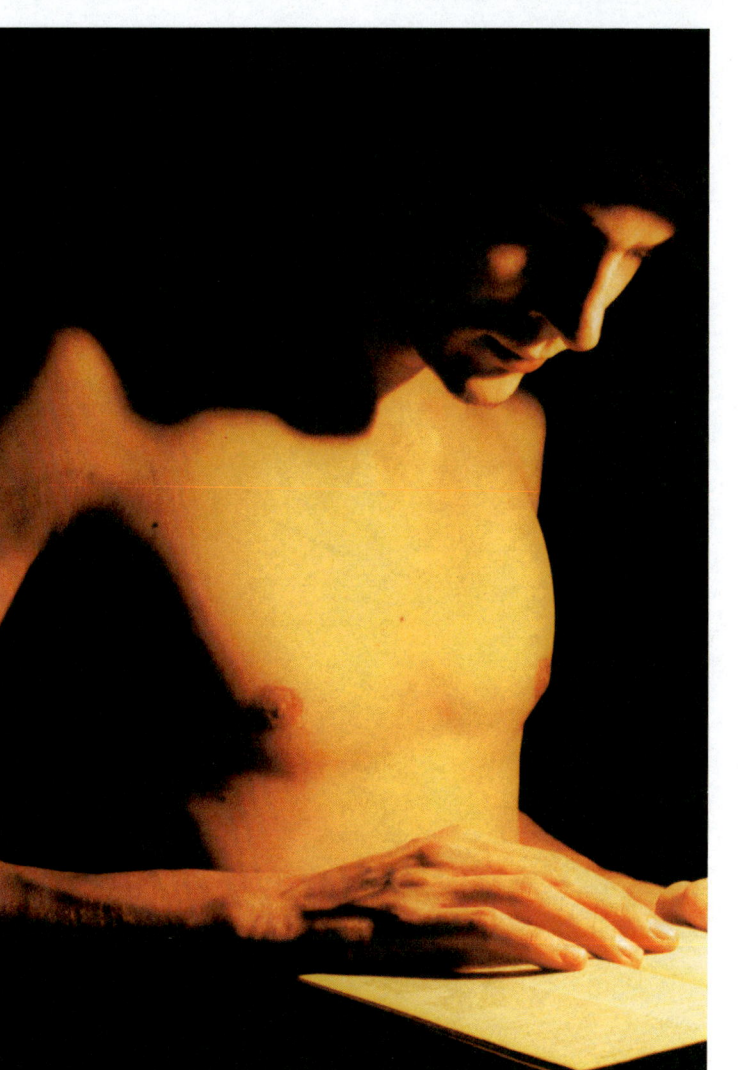

Anja Müller

Anja Müller

Axel Schock
Mit Büchern leben.
Momentaufnahmen aus einer Leserbiografie

I.

IN JUNGEN JAHREN HAT MAN sich so manches beibringen lassen, das einige Übung, manchmal auch etwas Ausdauer erfordert. Aber dafür – so wurde es einem zugesichert – würde man es auch bis zum Lebensende nicht mehr verlernen. Bei Latein hat das nicht funktioniert, beim Fahrradfahren, Schwimmen und Schnürsenkelbinden schon eher. Und wenn nicht, könnte ich notfalls auch ohne Schwimmbad und Radeln durchkommen. Mit Lesen aber verhält es sich anders. Diese Fähigkeit ist ein solch selbstverständlicher Bestandteil meines Lebens geworden, so existenziell und grundsätzlich, dass ich mir nicht vorzustellen vermag, wie es aussehen sollte: ein Leben ohne Lesen.

Und dabei gab es bereits eine solche Zeit und sogar eine klare Erinnerung daran – und das Gefühl, das etwas ganz Entscheidendes fehlte. Ich mag vielleicht fünf oder sechs Jahre alt gewesen sein. Ein Sonntag auf der Wohnzimmercouch der Tante und die Fernseh-Illustrierte auf den Knien. Ein farbiges Foto im TV-Programm hatte mein besonderes Interesse geweckt: ein Knäuel von Menschen in fleischfarbenen Trikots. Sie wirkten nackt und waren doch komplett angezogen. Das Bild faszinierte und beschäftige mich; nicht, weil ich mich für Ballett interessiert hätte (und um ein Szenebild eben einer Tanzaufzeichnung handelte es sich), für mich hatte das Foto eine deutlich sexuelle Konnotation, ohne dass ich das damals schon hätte benennen können. Zu gerne hätte ich gewusst, was in dem Text zu diesem Bild steht. Aber die Tante fragen, das ging nicht. Mein ganz spezielles Interesse hätte etwas von mir verraten können. Was genau, wusste ich nicht. Aber ich hielt es instinktiv für besser, meine Neugierde für mich zu behalten – und ich ärgerte mich, auf Erwachsene angewiesen zu sein und nicht das zu können, was für sie so selbstverständlich war: lesen.

II.

Der Leseunterricht war eine perfide Hinhaltetaktik. Jeder Buchstabe des Alphabets wurde der Reihe nach zunächst auf vorlinierten Zeilen nachgemalt und dazu der entsprechende Laut geformt. Erst allmählich wurden zwei, drei, vier dieser Buchstaben zu kurzen Wörtern verbunden. Meine Schrift war zwar (schon damals) ungelenk und krakelig, aber ich war mit großem Eifer dabei.

Und dann hatte ich mein erstes Buch, ein „Schneider-Buch in Schreibschrift": „Nüsse vom Purzelbaum". Ein Titel, wie ihn sich nur Erwachsene ausdenken können. Das Cover zeigte drei Kinder, die auf einen Baum klettern, an dem bunt angemalte Walnüsse mit Schnüren an den Ästen festgebunden sind. Also irgendetwas zwischen Klettergerüst und Weihnachtsbaum. Acht kurze Geschichten gab es in diesem kleinen Band. Wir hatten in der Schule gerade alle Buchstaben durch, jetzt also konnte es losgehen. Ich wusste die Methode und kannte die Lettern; ich wusste, für welche Laute sie stehen, wie man sie miteinander verbindet und damit diesen Buchstabenkombinationen den darin verborgenen Sinn entlockt. Und dann das: Ich scheiterte bereits beim ersten Wort. So sehr ich mich auch mühte, es funktionierte nicht. Ich konnte die einzelnen Laute noch so laut und deutlich vor mich hinsprechen und ineinander gleiten lassen: Was ich da zusammenmurmelte, blieb eine scheinbar wahllose Aneinanderreihung von Sprachlauten. Ich war zutiefst enttäuscht. An dieser Stelle hätte das Abenteuer eine womöglich fatale Wendung und mir ein für alle Mal die Lust an der Sache nehmen können, aber ich machte einfach weiter mit dem nächsten Wort. Und noch einem. Und noch einem – und ich hatte einen Satz: „Bertrams Mutter hat Geburtstag". Einen richtigen Satz, aus dem sich dann auch das fatale erste Wort erschloss. Bertram war also ein Vorname. Ich kannte niemanden, der so hieß, mehr noch: Ich hatte diesen Namen noch nie gehört. Mit meinem ersten gelesenen Wort hatte ich bereits, ohne es zu ahnen und zu erwarten, meine damals noch so kleine Welt erweitert.

III.

Die „Nüsse vom Purzelbaum" war nicht nur meine erste Lektüre, sondern in gewisser Weise auch der Start zu meiner eigenen Bibliothek. Die blieb freilich in den ersten Schuljahren sehr überschaubar. Auch sonst gab es in unserer Familie – ich habe einen sogenannten bildungsfernen Hintergrund – kaum Bücher. Ich kann mich an exakt drei erinnern: ein Werk des Heimatvertriebenenverbands, dem mein Vater angehörte; „Dr. Oetkers Backbuch" – ein schon damals mit Mehl- und Fettspuren verziertes Exemplar (das bis heute ein treuer Küchenhelfer ist) und als drittes „Die Frau als Hausärztin". Als Lektüre war dieser gewichtige Wälzer für mich damals wenig interessant, umso mehr die farbigen Abbildungen: monströs wirkende Fotos von Pusteln, Abszessen und Ausschlägen, von entzündeten Augen, deformierten Gelenken und von Karies zerfressenen Zähnen. Ich war erstaunt, worüber eine Frau so alles Bescheid wissen musste.

Einen gefüllten Bücherschrank wie in anderen Familien gab es also nicht. Meinen Lesestoff musste ich daher anderweitig beziehen und ich hatte zum Glück sehr schnell die Stadtbücherei für mich entdeckt, und die lag passender Weise sogar auf dem Weg zur Grundschule. Sie war eng und die Regale waren vollgestopft, aber das konnte mir nur recht sein. Das versprach einen nicht enden wollenden Vorrat und öffnete im besten Sinne des Wortes Welten. Weil es nur einen Bibliothekar gab – ein so ruhig vor sich hinarbeitender Mann, dass er allein durch sein Wesen für absolute Ruhe im Raum sorgte – machte mit ihm auch die Bücherei zwangsläufig Sommerferien. Das wurde für mich zu einer logistischen Herausforderung: Es musste frühzeitig ausreichend Vorrat nach Hause geschleppt werden. Der Gedanke, ein paar Tage ohne ein Buch auskommen zu müssen, schien mir damals schon unerträglich.

IV.

„Bücherfresser", „Leseratte" – die Bezeichnungen für Vielleser sind eigentlich nicht sehr schmeichelhaft. Als Kind beschämten sie mich aus anderem Grund, schwang darin unterschwellig doch noch etwas ganz anderes mit: nämlich irgendwie sonderbar zu sein. Lesen war etwas, das machten Einzelgänger und Nerds. Das waren Kinder, mit denen die anderen, aus welchen Gründen auch immer, nicht viel zu tun haben wollten. Ich habe später viel darüber nachgedacht, was mich zum Vielleser machte, aber meinen Bruder zum Beispiel nicht. Wie kommt es, dass man die Welt, aber auch sich selbst, in einem ganz besonderen Maße über den Umweg des Buches erkundet?

Für mich als Kind war die Lektüre ganz sicherlich auch eine Flucht. Um die Verhältnisse zu beschreiben, in denen ich aufgewachsen bin, soll das Wort „prekär" genügen. Nach der Schule blieben mir nur sehr wenig freie Zeit, wenig Freiraum und damit auch nur begrenzte Kontaktmöglichkeiten zu anderen Kindern. Lesen allerdings konnte man allein, eigentlich sogar nur allein, und zudem immer und überall. Und man konnte es beliebig unterbrechen und fortsetzen. Lektüre im Allgemeinen und Bücher im Besonderen wurden zu meinem ständigen Begleiter, keine freie Minute blieb ungenutzt. Ich hatte Techniken entwickelt, wie ich auf längeren, langweiligen Fußstrecken beim Gehen lesen konnte, ohne mit Straßenlaternen, anderen Passanten oder dem Verkehr zusammenzuprallen. Kurzzeitig experimentierte ich auch mit der Kombination Fahrradfahren und Lesen (was aber zu keinem befriedigenden Ergebnis führte). Bücher waren zum Überlebensmittel geworden. Mit ihnen konnte an jedem Ort, und sei es nur ein paar Seiten lang, die unmittelbare Gegenwart ausgeblendet werden. Für ein paar Minuten oder eine lange Lesenacht lang abtauchen in eine literarische Realität, den Kopf füllen mit anderen Geschichten als der eigenen; mit anderen Gedanken, als jenen, die einen sonst umtrieben. Dieses Suchtverhalten hat sich festgebrannt. Auch heute verlasse ich nur selten das Haus, ohne Lesestoff eingepackt zu haben, und sei es nur für drei Stationen mit dem Bus.

V.

Lesen verändert den Menschen. Es sind nicht nur neue, andere Gedanken, denen wir in Büchern begegnen und die womöglich mit unserer bisherigen Sicht der Welt kollidieren, sie in Frage stellen oder unseren Horizont erweitern. Bücher zu „fressen" bedeutet bisweilen auch: sie sich einzuverleiben. Was sie in sich tragen, was sie uns bedeuten, das bleibt und wird ein Teil von uns.

Das Lesen von (guter) Literatur bewirkt zudem noch etwas anderes: Fremderfahrungen mit den eigenen abzugleichen und sich zu eigen machen. Und lernen, wie man Erfahrungen reflektiert, wie man über das Denken, Fühlen und Wollen spricht. Das Lesen erweitert nicht nur durch ein differenzierteres Vokabular die sprachlichen Möglichkeiten, das eigene seelische Empfinden nuancierter in Worte zu fassen und zu kommunizieren. Indem wir in der Literatur andere Existenzen, Lieben oder Konflikte vorgeführt und ausgeführt bekommen, erhalten wir Zugang zu anderen Denk- und Lebensweisen. Und haben die Chance, uns auch im eigenen Leben offener uns auf (noch) fremde Welten einzulassen und uns in sie einzufühlen.

Manchmal lösen Bücher wiederum einen Widerhall aus, der sich erst nach Jahren halbwegs erklären lässt. Es mag wie ein Klischee klingen, aber eines der ersten solcher existenziellen Leseerlebnisse war für mich Franz Kafkas „Verwandlung". Ich war sechzehn und auf einem Rucksacktrip. Um Gewicht zu sparen hatte ich mir vom Bücherregal meiner älteren Schwester deren Reclam-Schullektüren geschnappt. Den Namen Kafka hatte ich bis dahin noch nie gehört. Als ich das gelbe Heftchen nach einer rauschhaften, pausen-

losen Lektüre zuschlug, hatte ich mir nicht nur einen Sonnenbrand geholt, ich war auf euphorisierende Weise aus der Bahn geworfen. Was zum Teufel ist das für eine Geschichte? Wie kommt jemand dazu, so etwas zu schreiben? Und warum fühle ich mich diesem offenbar etwas verstörten Typen so nahe?

Den Rest des Sommers fraß ich mich durch Kafkas Gesamtwerk. Ein solches Hochgefühl, nämlich etwas ganz Entscheidendes für sich entdeckt zu haben, erfährt man als Leser wahrscheinlich nur wenige Male im Leben. Es entwickeln sich daraus geradezu zwangsläufig Bindungen fürs Leben. Mag man auch in regelmäßigen Abständen aus Platzgründen die Bücherregale lichten, diese Autoren wird man in jedem Fall verschonen. Für deren Bücher wird es immer einen Platz geben, und sei die Wohnung noch so klein.

VI.

Lektüre kann einen Menschen nicht nur verändern, sie kann uns gleichermaßen auch bestärken: in unseren Wünschen, Träumen und Hoffnungen und in unserer Identität.

Der Begriff Empowerment war in meinen Jugendjahren zwar noch nicht geläufig, aber trifft doch ziemlich genau, welche Wirkung bestimmte Romane und Biografien auf mich hatten: mich als jungen schwulen Mann mit meinen Gefühlen nicht mehr allein und exotisch, sondern verstanden und als Teil einer, wenn auch noch recht wenig greifbaren, Gemeinschaft zu fühlen.

Das Internet war lange noch nicht erfunden und schwule Vorbilder im Film kaum zu finden. Ein recht aseptischer Steven Carrington in der TV-Serie „Denver Clan" war das Schwulste, was seinerzeit im Fernsehen vorstellbar war. Umso gieriger stürzte ich mich auf das, was ich an Büchern fand: Ronald M. Schernikaus „kleinstadtnovelle" etwa, die ersten Ralf-König-Comics. Und dann, erst als Auszug in der ZEIT, dann in Buchform (im Konkursbuchverlag!) Hubert Fichtes Essay „Deiner Umarmungen süße Sehnsucht". Wenn es ein Schlüsselwerk gibt, das meine nunmehr Jahrzehnte lange Beschäftigung mit schwuler Literatur entfacht hat, dann dieser kluge und zugleich hochpoetische Text über August von Platen und die Geschichte der Empfindungen dieses homosexuellen Dichters. Fichte zu lesen war für eine solche Erweiterung meines

literarisch-ästhetischen Horizonts wie kurz danach, auf ganz andere Weise, Thomas Bernhard. Eine Prosa mit so ganz eigenem Sound, durchrhythmisiert und pointiert, dass ich bei der Lektüre mit dem Anstreichen kaum hinterherkam. Was Fichte anhand von Platens Tagebüchern deutlich machte, war just das, was mich an den Werken anderer schwuler Autoren so faszinierte, selbst wenn es in ihren Romanen, Erzählungen oder Dramen keine explizit schwulen Protagonisten oder Handlungsstränge gibt. Es ist dieser ganz spezielle, meist distanzierte, „andere" Blick auf die Gesellschaft, mit dem diese Texte auf die eigenen Erfahrungs- und Gefühlswelten zu antworten scheinen und der Autor uns zu seinem Verbündeten macht.

VII.

Rund fünfundvierzig Jahre ist es nun her, dass ich mich durch das Wort B-E-R-T-R-A-M und die „Nüsse vom Purzelbaum" buchstabierte. Auch nach einigen Tausend Büchern hat sich die Lust am Lesen noch nicht verflüchtigt. Die es besonders verdient haben, dürfen sogar bei mir wohnen oder besser: Ich darf sie um mich haben. Die Liste der Schriftsteller, deren Werk man treu verfolgt, wächst unaufhörlich. Man hat Verlage zu schätzen gelernt, vertraut dem Geschmack bestimmter Übersetzer und Herausgeber, und hat seine Spezialinteressen gefunden. Die Leseliste wächst dadurch unaufhörlich. Und während man in jungen Jahren ungestüm und unbeachtet in Buchhandlungen, Bibliotheken (und nicht zu vergessen, in Antiquariaten) fast wahllos zugriff und sich ins Lese-Abenteuer stürzte, beginnt man mittlerweile sorgfältiger auszuwählen. Womit verschwende ich vielleicht unnötig die knapp werdende Lese-Zeit? Zeit, die mir womöglich für ein anderes, viel wichtigeres Buch verlorengeht? Längst dämmert die Erkenntnis, dass man niemals alle Bücher, die einem wichtig erscheinen oder wichtig werden könnten, tatsächlich auch wird lesen können. „*So many books, so little time.*" – Wie sehr trifft Frank Zappa doch mit diesem Satz das ganze Dilemma! Das Tröstliche dabei aber ist: Es wird immer noch mindestens ein Buch geben, das unbedingt gelesen werden will. Und so lange liest man einfach weiter.

Kali Drische
Risiken und Nebenwirkungen

Als ich klein war, fanden alle, dass ich mehr spielen sollte. Und zwar mit anderen. Es war mir ein Gräuel.

Ich war der klassische Stilleselbstbeschäftigungstyp. Insekten suchen, Bilder malen, Schatten beobachten. Dagegen war das gemeinschaftliche Spiel erstens unattraktiv und zweitens mit unklaren und wenig lohnenswert erscheinenden Risiken behaftet. Ich war auf andere Abenteuer aus.

Und eines dieser Abenteuer wurde mir konsequent vorenthalten: Lesen und Schreiben.

– Spielen sei in meinem Alter wichtiger als Lernen.

Ich sollte nicht meinen älteren Bruder beschämen, der anfänglich ernsthafte Schwierigkeiten mit dieser Kulturtechnik hatte.

– Ich würde mich in der Schule langweilen, wenn ich das schon jetzt lernte.

– Etc., blablabla.

Immerhin langweilte ich mich jetzt gerade. Wieso sollte späteres Langweilen irgendwie schlimmer sein als das gegenwärtige? Gegenwärtige Langeweile ist schließlich immer die Allerschlimmste. Ob man sich später langweilen würde, konnte man schließlich noch gar nicht wissen. Und wenn, dann könnte man sie wenigstens mit Lesen überbrücken. Dieses Risiko wollte ich gerne eingehen.

Ich scharwenzelte also immer in gehörigem Abstand um meinen Bruder herum, wenn versucht wurde, diesem das geschriebene Wort nicht nur schmackhaft, sondern auch verständlich zu machen. Kam manchmal unter einem Vorwand direkt an den Tisch, quengelte rum, ich wolle ein Eis oder mir sei langweilig oder etwas in der Art. Nebenbei konnte ich kurz einen Blick auf die wundersamen Zeichen werfen, und sie mit dem Gehörten verknüpfen. Das Ganze war mit einem nicht unerheblichen Aufwand verbunden. Und um erfolgreich zu sein, musste der Zufall mein Freund werden. Ein anstrengender Freund. Launisch, unzuverlässig und immer für eine Überraschung gut.

Zu oft durfte ich auch nicht um diese Lernsituation herumschleichen, sonst wurde ich unweigerlich und unverzüglich zum Spielen geschickt. In einem für dieses Alter schier unermesslichem Zeitraum gelang es mir, einen soliden Grundstock des Alphabets zu ergaunern und auszubauen. Schließlich fehlte mir nur noch das kleine „m". Auf einen bestimmten Buchstaben zu warten, war aber wirklich zu langwierig. Da müsste der Zufall schon extrem gute Laune haben, dass ich ausgerechnet den abspicken können würde. Es bestand außerdem die Möglichkeit, dass mein Bruder bei genau diesem Buchstaben gar kein Problem hatte. Da könnte der Zufall auch nichts dafür, dass ich bis zum Sankt-Nimmerleins-Tag, also dem Schulbeginn in knapp zwei Jahren, warten müsste.

Ich musste also zu anderen Maßnahmen greifen. Und da erschien mir nur eine zielführend: die Schmeichelei.

Ich sagte meiner Mutter, dass ich so wahnsinnig gerne wüsste, wie man „Mami" schreibt. Bitte, bitte, bitte. Und schaute recht goldig drein. Die Ambivalenz meiner Mutter war deutlich, hatte sie doch meiner Vorschullehrerin versprochen, mich nicht weiter mit Buchstaben zu füttern. Doch dann siegte die honigsüße Stimme der Eitelkeit. Ich bekam mein kleines „m". Und triumphierte im Stillen.

Tatsächlich sind mir Lesen und Schreiben auch in der Zukunft nie langweilig geworden. Aber darüber hinaus hatte ich noch etwas gelernt: erstens, dass meine Interessen im Zuge der Pädagogik keine Rolle spielen, und dass zweitens, nur Heimlichkeit und Verschlagenheit zum Erfolg führen.

Henrike Lang
Bücher

Meine Mutter las.
Ich wollte mit ihr reden
aber sie las.
Vor ihr die Wochenzeitung
ein Kilo „ZEIT"
ein knisternder Blätterwald
über den sie sich lustvoll beugte.

Eine Zigarette und eine Tasse Kaffee.
Ein schwarzer Rollkragenpullover
und ein dunkler Lockenkopf.
Sie war wunderschön
und immer woanders.

Mir blieb nichts übrig als zu lesen
wollte ich bei ihr sein.
Mit fünf konnte ich es.
Lustvoll saßen wir gemeinsam im Wohnzimmer
jede in ihrer Ecke,
jede mit einem knisternden Blatt.

Aus der „ZEIT" fielen Bücher
wenn man sie schüttelte
Feuilleton
Dann lief Mutter zur Buchhandlung
Bücher waren ihre Götter
politische Bücher, verbrannte Dichter
Geist war der Stoff, mit dem sie lief
Ihr Körper ein einziges Gehirn.

Ich hatte keine Wahl als zu lesen.
Das erste Buch war von Ceram
Götter, Gräber und Gelehrte
Bücher haben ihre Zeit
Damals war es magisch
im staubigen Arbeitszimmer meines Vaters
in dem er nie saß, weil er auf See floh.

„Marek" heiße Ceram eigentlich, erklärte meine Mutter
Alle Buchstaben einfach verdreht
ooooh, wie raffiniert, dachte ich
mit meinen fünf Jahren.

Meine Mutter liebte
Fontane
Tucholsky
Tucholsky
Fontane

Ich wuchs auf getränkt in
europäischer Humanität
diese elend kurzen Friedenszeiten
wer weiß was folgt

Ich hatte Kinderbücher von
Dick Bruna, Ali Mitgutsch
Tomi Ungerer, Christine Nöstlinger
Otfried Preußler, Michael Ende
und Astrid Lindgren.

Wer von uns nicht?

Für Miffy gäbe ich Günter Grass her.

Ich bekam jedes lieferbare Buch
das ich mir wünschte
von meiner sonderbaren
wunderbaren
Mutter.

Und später
als die Kindheit verblasste
und die qualvolle Pubertät kam
und meine Mutter mir gar nicht mehr helfen konnte:
Oscar Wilde
Virginia Woolf
Marcel Proust
und, Königsdisziplin, James Joyce.

In meinem Mädchenzimmer die Welt.
Und das Bewusstsein: Ich bin in meiner Qual
nicht allein. Es gab lauter Schriftsteller
die haben gelitten wie ich
und haben ihre Qual
adeln können.

Der Preis
für gute Kunst
ist Qual. Ich wäre lieber
glücklich, aber ich kann nicht
ich kann bestenfalls
manchmal schreiben.

Und heute
stehen die Bücher meiner Mutter im Regal
tot wie sie
lebendig wie ich.

Litt Leweir
Das kleine Mädchen, der Tod und die Bücher

Es WAR EINMAL ein kleines Mädchen, das lebte in einem Haus ohne Bücher.

Eines Abends klopfte der Tod an die Tür und sagte zu den Eltern: „In einem halben Jahr komme ich euer kleines Mädchen holen."

Und der Tod setzte sich auf eine Bank vor das Haus und wartete.

Die Eltern hatten furchtbare Angst. Das kleine Mädchen war doch noch nicht einmal fünf Jahre alt. Viel zu jung für den Tod. Sie beteten und hofften, dass der Tod es sich doch noch einmal anders überlegen würde. Der Vater war sogar so verzweifelt, dass er eines Tages selbst mit dem Tod mitgehen wollte. Der Pfarrer kam und überredete ihn, doch noch zu bleiben. Es gab noch ein zweites kleines Mädchen, das war noch nicht einmal ein Jahr alt, das brauchte doch seinen Vater. Und die Mutter, die alle Last auf ihren Schultern trug und selbst noch wahnsinnig jung war, auch die brauchte doch ihren Mann.

Das halbe Jahr verging und der Tod klingelte nicht noch einmal an die Tür. Auch nach einem Jahr kam er das Mädchen nicht holen. Und so verging Jahr um Jahr und nach fünf Jahren dachten alle, dass der Tod es sich wohl anders überlegt hatte und das kleine Mädchen bleiben ließ. Doch sicher konnten sie nicht sein und sie fürchteten weiter, dass der Tod vielleicht doch noch einmal klingeln würde. Zwar saß er nicht mehr vor der Tür, aber sein Schatten blieb. Und die Eltern waren nie wieder so unbeschwert und glücklich wie vorher, sie trugen ihr Leben lang eine schwere Last.

Dem kleinen Mädchen verschwiegen sie, dass der Tod sie holen wollte. Sie meinten es gut, sie wollten dem kleinen Mädchen keine Angst machen. Doch das kleine Mädchen sah den Schatten des Todes und spürte die Angst und Verzweiflung, die ihre Eltern wie eine große schwarze Wolke umgaben. Und sie sah ihre Eltern fast daran zerbrechen. Doch sie wusste nicht, was das alles bedeutete und sie hatte selbst große Angst. Doch wenn sie mit ihren Eltern darüber sprechen wollte, wiegelten sie ab. „Du brauchst keine Angst zu haben, es ist doch alles gut!", sagten sie. Aber das passte alles nicht zusammen. Der merkwürdige Schatten draußen, die schwarze Wolke um die Seelen ihrer Eltern und die Angst, die sie selbst spürte, widersprachen den Worten der Eltern. Und all das Dunkle und Düstere lastete zentnerschwer auch auf ihr. Aber weil niemand mit ihr darüber sprechen wollte, verstummte sie allmählich.

Im Haus des Mädchens gab es keine Bücher. Doch das Mädchen hatte eine Großmutter, der Bücher wichtig waren. Und das kleine Mädchen verbrachte viel Zeit bei der Großmutter und dem Großvater. Die Großmutter kaufte dem kleinen Mädchen eine Schultafel und Kreide. Und sie brachte dem Mädchen das Lesen und Schreiben bei, bevor sie in die Schule kam. Der Großmutter war es sehr wichtig, dass das kleine Mädchen etwas lernte. Sie hatte selbst nicht lange in die Schule gehen können, musste früh arbeiten gehen, war Spinnerin in einer Fabrik. Sie schenkte dem kleinen Mädchen auch das erste Buch. Es war in Schreibschrift und hieß „Leopold, das blaue Schwein". Jürgen Neven DuMont hat es geschrieben. Später schenkte sie dem Mädchen auch noch andere Bücher, „Pünktchen und Anton" von Erich Kästner zum Beispiel. Die Großeltern hatten auch ein dickes Buch von Wilhelm Busch, in dem das kleine Mädchen gerne las. Nach der Schule lag sie oft auf dem Sofa der Großeltern und las darin. Das waren schöne Momente.

Es gab auch Zeiten, die waren nicht so schön. Das Mädchen dachte oft an den Tod und sie hatte große Angst. Manchmal war die Last so schwer, dass das Mädchen fast daran zerbrochen wäre. Und sie konnte noch immer mit niemandem darüber reden.

Aber sie ist nicht daran zerbrochen. Denn der liebe Gott hatte dem Mädchen zwei ganz wichtige Gaben geschenkt. Sie konnte richtig gut Lesen und Schreiben. Und sie konnte sich Geschichten ausdenken. In ihrer Phantasie entstanden ganze Welten. In ihrer Phantasie war sie groß und stark und trotzte dem Tod. Sie war eine Prinzessin, die in einer Sänfte durch die Straßen getragen wurde. Sie war eine Olympiaschwimmerin, die Goldmedaillen gewann. Sie war Superwoman, die durch die Lüfte schwebte und Menschen rettete ...

Sie lebte in zwei Welten, aber sie konnte die eine sehr gut von der anderen unterscheiden. Es ist gut, eine zweite Welt zu haben, wenn die erste schrecklich ist. Und es ist gut, den Kopf zu heben und in die Ferne zu sehen, über die eigene Angst hinweg. Und Bücher halfen ihr dabei.

Sie fand sehr viel Trost in den Geschichten anderer. Manchmal fand sie sich selbst darin, manchmal weiteten sie ihren Blick. Zu sehr für ihre Eltern, die sie nicht verstanden. Manche Bücher machten dem kleinen Mädchen auch Angst und es gibt einige, die sie nicht zu Ende lesen konnte. Oder erst viele Jahre später. „Das Drama des begabten Kindes" von Alice Miller zum Beispiel.

Sie las nicht nur Geschichten, sie begann auch Geschichten zu schreiben. Das ging aber viel schwerer als das Lesen, wenn auch leichter als das Reden. In der Grundschule wünschte sie sich eine Schreibmaschine. Sie bekam keine, durfte dann aber die ihrer Mutter benutzen. Schreiben kam ihr immer ziemlich schwer vor, manchmal war es eine richtige Qual. Nur, nicht zu schreiben war noch schlimmer.

„Es war einmal ein kleines Mädchen", das klingt, als wäre diese Geschichte ein Märchen. Aber sie ist wahr, sie ist tatsächlich so passiert. Auf dem Foto seht ihr das Mädchen, wie sie aussah, als der Tod sie holen wollte. „Es war einmal", ist eigentlich falsch, denn das kleine

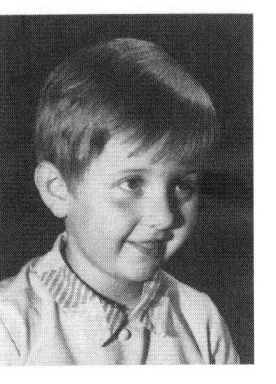

Mädchen lebt immer noch. Sie lebt in der Seele einer erwachsenen Frau, die Bücher schreibt und immer noch nicht so gut reden kann. Ihre ersten Geschichten waren harte Brocken, schwer verdaulich. Mit den Jahren begann ihr Schreiben aber immer mehr zu fließen, aber so richtig flüssig ist es erst in den letzten Jahren geworden. Mittlerweile ist es immer noch harte Arbeit, aber zugleich eine große Freude, selbst wenn sie über düstere Dinge schreibt. Dass der dunkle Schatten der Tod ist, hat sie schon längst verstanden. Manchmal sieht es so aus, als schriebe sie über den Tod. Aber das stimmt nicht. Sie schreibt darüber, wie es ist, gut zu leben mit dem Tod vor der Tür. Und wie man nicht daran zerbricht.

Sie liest immer noch viel. Lesen macht einfach Spaß. Man kann sich in Geschichten verlieren und zugleich darin finden. Geschichten können den Kopf weit machen. Wenn man sie willkommen heißt, wie sie sind, statt ihnen mit den eigenen Erwartungen den Weg zu versperren ...

Der Tod sitzt immer noch vor der Tür, nicht nur sein Schatten. Er sitzt vor jeder Tür. Immer. Manchmal finden sie das noch immer sehr schwer zu akzeptieren, die Frau und das kleine Mädchen. Ab und zu unterhalten sie sich mit ihm. In ihren Geschichten zum Beispiel. Manchmal finden sie ihn dann gar nicht mehr so grimmig. Dann wieder fürchten sie sich ganz schrecklich vor ihm. Oft ist er ihnen egal.

Der Tod hat schon ein paar Mal geklingelt. Erst hat er den Großvater mitgenommen, dann fünfundzwanzig Jahre später die Großmutter und nicht einmal zwei Monate später den Vater. Irgendwann wird er auch die Frau und das kleine Mädchen abholen. Vielleicht in einer Stunde, vielleicht morgen, vielleicht ist es noch eine Weile hin ... Wenn er kommt, wird die Frau das kleine Mädchen an der Hand halten, damit sie keine Angst haben muss, das hat sie sich fest vorgenommen. Vielleicht warten sie dann alle auf sie, die Großeltern, der Vater, vielleicht auch die beiden Kater, die der Tod auch schon mitgenommen hat. Vielleicht auch nicht. Aber bis der Tod kommt, will sie noch ganz viele Bücher schreiben. Denn Bücher sind Geschichten und Geschichten retten Leben.

münchen, den 6. juni 1998
heute habe ich die ersten exemplare von meinem kinderbuch erhalten. „es war einmal eine blume", mit illustrationen von kveta pacovska.
auf diesen tag habe ich 24 jahre gewartet.

„„„„„„„„„„„„„„„

paris, den 3. oktober 2003
meine übersetzerin nimmt mich mit auf den empfang der deutschen botschaft.
die musik laut und unmelodisch; das buffet gigantisch.
madame bary stellt mich georges-arthur goldschmidt vor, dessen buch über die flucht aus hitler-deutschland ich sehr gerne gelesen habe.
herr goldschmid fragt mich sofort, wie ich zwischen zwei sprachen lebe. dann fügt er hinzu:
„ich bin seit dem 11. lebensjahr in frankreich und spreche akzentfrei französisch, aber ich zähle noch immer auf deutsch."
während wir uns unterhalten, holt goldschmidt aus seiner tasche eine halbe breze, beißt hinein und steckt den rest wieder in die tasche.
er ist der deutsche flüchtling geblieben, unbestechlich.

„„„„„„„„„„„„„„„„„„„„„„„

5. september 05
„ja, prosa soll es sein, keine dichtung – die nimmt man hier nicht mehr an, die ist jetzt nur wechselgeld."
aus dem brief meines rumänischen übersetzers.

„„„„„„„„„„„„„„

20. april 2006
an seine exzellenz paul freiherr von maltzahn, botschafter der bundesrepublik deutschland in iran

exzellenz,
zu meiner überraschung und freude erfahre ich von dem abend am 24.
april, den sie in teheran zu meinen ehren veranstalten; der anlaß ist
wohl die verleihung der goethe-medaille an mich. daß gerade in meiner stadt meine gedichte vorgetragen werden, ehrt mich besonders.
persisch ist die sprache meiner kindheit, die mich bis zum heutigen tag zu träumen beflügelt, die die furt meines lebens bestimmen.
deutsch ist die sprache meiner freiheit. sie hat mich als flüchtling
aufgenommen und mir die möglichkeit geschenkt, mich auszudrük-
ken. und nun trägt die sprache meiner freiheit mich nach hause und
verbindet mich mit meiner stadt – nach 41 erzwungenen jahren der
abwesenheit.
diese ehrung ist die größte, die mir in meinem leben widerfahren ist.
ich bitte sie, exellenz, meinen verbindlichen dank entgegenzuneh-
men und meine stadt zu grüßen.
münchen, den 20. april 2006

Frederike Frei
Ingeborg Bachmann

Es hiess, die grosse Dichterin kommt. Nach Hamburg! Ich hin. Ich war ein dreister Ausbund in Stulpenstiefeln, erstes Semester Germanistik, immer etwas grob gestrickt im Mittelpunkt, aber mit einem fein ziselierten Binnenleben, von denen die wenigsten etwas ahnten. Doch die Dichterin hätte einen Blick dafür, das wusste ich. Gehörte sie doch zur Spezies der Göttinnen. Da sie Hamburg besuchte, würde sie auch m i c h kennenlernen wollen, ich dichtete ja auch. Ich musste der Dichterin nur die Gelegenheit dazu verschaffen, mit mir ins Gespräch zu kommen. Sie wird sich meinen Wohnort mit Bedacht ausgesucht haben, mutmaßte ich, um hier Mitdichterinnen zu treffen wie mich, die hinter ihr stehen. Warum begibt sich sonst eine so gefeierte Dichterin ausgerechnet aufs Pflaster der Pfeffersäcke, wenn sie nicht ahnte, dass sie dort lyrische Geister fände, die sich ebenso wie sie hinreißen ließen von Buchstaben, diesen filigranen, immer unausgefüllten Lesezeichen, von Wörterwiesen und Satzketten? Sie wird erleichtert sein zu erfahren, dass sich hier im Norden noch so eine findet wie sie selbst, denn ich war eine, die sie wirklich verstand und zu ihr hielt, sobald einer sie in Zweifel ziehen wollte. Ich spielte sogar mit dem Gedanken, mich ihr in einem stillen Tête-à-Tête als zukünftige Kollegin zu entdecken. Heimlich hoffte ich dabei auf eine Neuauflage dieser unvergessenen Szene, die ich bei Joseph Conrad gelesen hatte, in der er als Kapitän auf hoher See einem einsilbigen Passagier zum ersten Mal in seinem Leben seine Manuskripte zeigte mit der Bitte um ein Urteil, da er sich frage, ob er weiter schreiben solle. Der Fahrgast habe nur ein einziges „Unbedingt!" hinter seiner Pfeife hervorgepresst nach der Lektüre. Träumerisch hatte ich über dieser Textstelle im Buch gehangen.

Für den Fall, dass mir die hochverehrte Dichterin ein paar Worte aufschreiben wollte, hatte ich mir herrengraues Briefpapier besorgt und stellte mir nun vor, dass sie inständig aus mir herausfragte, ob auch ich dichte. Leicht wollte ich es ihr nicht damit machen. Erst sollte sie mich bitten, dann drängeln mit dieser Hartnäckigkeit, mit der mir meine Mutter früher mal das Geständnis eines Groschendiebstahls zu entlocken wusste, und im Voraus ersehnte ich schon die gleiche Erleichterung wie nach meiner damaligen Offenbarung. Heute Abend war es so weit!

Ich prüfte mein Aussehen im Spiegel wie sonst nur den Wortlaut meiner Gedichte im Tagebuch. Wie ich an Zeilen und Satzzeichen herumbastelte, bosselte ich jetzt an Scheitel und Haarklemmen. Nicht zu früh, nicht zu spät würde ich ankommen. Gefasst bis ins Mark machte ich mich auf den Weg zu meinem ersten literarischen Stelldichein.

Vor dem Hauptgebäude der Hamburger Universität gerate ich überraschend in eine aufdringliche Menschenmenge, die nicht von meiner Seite weicht. Von überallher strömt es in den bereits gefüllten Hörsaal. Ein Gerangel, Geschurre, Gerufe! Schock. Lauter Fremde. Was wollen die hier? Mein persönliches Verhältnis zur Dichterin geht niemanden etwas an. Die Poetin in spe schrumpft zur Studentin, die die Wahl hat zwischen einem Stehplatz an der Wand oder einem Sitzplatz hinter der Säule.

Auf den Schreck muss ich mich erst einmal setzen. Nun lauere ich auf eine günstige Gelegenheit, um einen Blick aufs Podium in die Tiefe des Hörsaals werfen zu können. Während wer ein paar kurze einführende Worte spricht, die ich schon damals sofort vergaß, ranke ich mich um die Säule herum wie die Schlange um den Äskulapstab, linse an aufgestellten Hemdblusenkragen und runden Kinnpartien vorbei, bis ich die Angehimmelte endlich im Blick habe. Aber was ich sehe, ist auch nicht viel mehr. Wie bei einer Schülerin, die beim Vorlesen mit der Nase ins Buch kriecht, verdeckt ihr blonder Haarvorhang ihr halbes Gesicht. Und von seiner anderen Hälfte sehe ich auch nur die Nasenspitze, aber immerhin kann ich mich am Haarvolant gütlich tun, er schwingt leicht mit dem Kopf mit, und jetzt kommt dazu das Wunder ihrer Stimme. Seltsam leise, fast schüchtern, brüchig, sogar etwas leierig auf die Dauer, aber dunkel und samten, denn es ist ja die Dichterhimmelskönigin auf Erden, die liest.

Zu meiner Verwunderung liest sie keine Gedichte, sondern den Anfang ihres ersten Romans, dessen Titel mir überhaupt nichts sagt. Er klingt nach einer Gottheit auf den Osterinseln. Malina. Warum durchschreitet sie nicht als Diva den Raum? Erhebt ihre Stimme in alle Welt? Endet vielleicht mit ein paar Späßen und landet unweigerlich wie von ungefähr bei mir? Wenn wir uns dann gegenüberstehen ... darüber hinaus versagen meine Sinne.

Weil ich den Putz dieser Säule vor mir nun schon kenne, betrachte ich den Widerschein meines Idols auf den Gesichtern. Das Publikum scheint alles zu begreifen, tut so, als stünde es mit der Dichterin auf Du und Du oder eher auf Sie und Sie und hält es für völlig normal, anwesend zu sein und Platz genommen zu haben wie bei jeder besseren Vorlesung.

Ob sie alle wie ich seit Wochen auf diesen Termin hinjieperten, davon geben sie nichts preis. Mit denen muss ich nun meine Angebetete teilen. Dabei gibt es die Dichterin doch nur als Solitär in meinem Herzen eingeschlossen, etliche Karat, ganz für mich allein.

Es fällt mir schwer, zuzuhören, wenn immer derselbe Ton ins Ohr dringt. Sie liest, als wäre es nicht ihr Text, als lieferte sie nur eine Hausaufgabe ab. Ich höre zwar hin, aber nicht zu. Zu sehr bin ich abgelenkt von ihr selber. Außerdem verstehe ich sowieso nicht so viel. Brav sitzt sie da. Sie könnte doch die versammelte Zuhörerschaft wie eine Urmutter in die Arme schließen. Alles hängt ja an ihren Lippen, jedenfalls ich hier oben hinter der Säule.

Geht es ihr vielleicht nicht gut? Ist sie verschnupft, dass so viele gekommen sind? Kann ich ihr nachfühlen! Sicher hat ihr jemand den Roman schlechtgemacht, sodass sie nun gar nicht mehr zu ihm stehen mag? Hat sich die Kritik zu sehr zu Herzen genommen? Ich rätsele und forsche. So wird es sein: Sie will ihn überhaupt nicht vorlesen. Er ist ihr viel zu schade für uns. Aber wenigstens für mich könnte sie sich doch anstrengen. Warum liest sie ihn überhaupt vor? Wir können doch alle selber lesen. Ich werde immer ungeduldiger.

Da ist das Ende gekommen! Schon ist die Lesung vergessen, und ich stürme in die Nähe der wieder heiß umschwärmten Lyrikerin, kämpfe mich durch den sich von unten langsam heraufwälzenden Besucherstrom die zahllosen Stufen hinab, in den Händen mein Briefpapier und mein Lieblingsbuch, ihre Gesammelten Gedichte, ein großer, gebundener Band.

Man kommt gar nicht an sie heran.

Nachdem ich mich im Menschenpulk endlich in ihre Nähe gespielt habe, können sich meine Augen noch immer nicht über sie hermachen. Wie sie vorher am Pult klebte und las, so sitzt sie jetzt an den Büchertisch gepresst und schreibt Autogramme in einen schmaleren Auswahlband ihrer Gedichte, den fast jeder hier mit sich führt. So kenne ich sie schon von Fotos. Sie ist mir im Herzen vertrauter als in Wirklichkeit. Wenn wir uns aber bald von Angesicht zu Angesicht gegenüberstehen …

Plötzlich wendet sie sich um und nimmt mir, ohne ein Wort zu verlieren, ungefragt mein Buch weg, das ich ihr überhaupt nicht gereicht habe, das ich aber natürlich immer wie eine Monstranz vor mir hertrage, und schickt sich an, etwas mit Füller hineinzuschreiben. Obwohl ich dabei endlich einen Blick auf sie erhaschen kann, den mir ihr Haarvorhang aber gleich wieder versperrt, bin ich völlig entsetzt. Zum einen jage ich keinem Autogramm nach wie alle anderen hier, zum anderen tut es mir leid um das hochheilig gepflegte und gehegte Buch. Es gehört ihr doch gar nicht. Und nun mit Tinte beschmiert. Darf sie das denn? Bücher muss man schonen, haben mir meine Eltern beigebracht. Kläglich wedele ich mit dem Briefpapier, aber bleibe stumm. Ach, die Dichtergöttin hat ja keine Ahnung, was sie mit diesem Eintrag in ihr Poesiealbum anrichtet.

Ich halte still. Sie schreibt mir! Ich wundere mich allerdings, woher sie so rasch weiß, was. Sie wird schon wissen, wen sie hier vor sich hat. Endlich setzt sie den Stift ab, sieht auf, und ich kann diesen winzigen, zerbrechlichen Moment nutzen, ihr mit brennenden Augen ins zarthäutige, mir landschaftlich ganz unbekannte Gesicht zu blicken, dessen flirrende Wimpern wie verlegen wirken über der wasserfarbenen Iris. Die Meisterin muss mich jetzt ansprechen und ausfragen, so lautet mein Szenario. Auf die umgekehrte Idee komme ich gar nicht. Doch als Antwort auf meinen höchstpersönlichen Redeschwall in Form eines ausgefüllten Schweigens gibt sie mir lediglich mein Buch zurück, und schon schiebt ihr ein anderer sein aufgeschlagenes Exemplar unter das Handgelenk. Ich werde von den Nachdrängenden erbarmungslos aus der Mitte herausgestrudelt, ziehe mich mit meinem Buch zurück, schlage es kurz auf, überfliege die Worte in Tinte, klappe den Buchdeckel aber ebenso rasch wieder zu, als könne die Nachricht verloren gehen. Ich will sie mir für seligere Momente aufheben. Und nun harre ich wie ein leidenschaftlicher Liebhaber mit fiebriger Stirn in ihrer Nähe aus, damit die Schar der Fans abnimmt und mir Gelegenheit gibt, mich der Dame meines Herzens erneut zu nähern.

Sie hat mich angelächelt. Wir uns. Es gab da jedenfalls diesen Moment hauchfeiner Übereinstimmung. Aber ich habe mich ihr noch gar nicht vorgestellt, ihr nicht ausgemalt, wie allnächtlich ich als Geist über ihren Gedichten schwebe. Auch meine Freundinnen muss sie noch kennenlernen, am besten mit nach Blankenese kommen, meine Wörterwelt in allen Winkeln ausleuchten, so wie ich schon seit langem die ihre. Bisher ist unsere Beziehung viel zu einseitig verlaufen.

Langsam tröpfelt es nur noch an ihrem Tisch.

Jetzt könnte sie auf die unauflösliche Verbindung zwischen uns zurückkommen … Sie erhebt sich! Steht da mit den Veranstaltern oder anderen Herrschaften am Pfeiler, zum Anfassen nah. Die Kleidung etwas altmodisch wie die von Tante Gisela.

Im Kreise meiner Verwandten werde ich oft gefragt, wie es mir geht, sodass es mir schon zu viel wird. Wir, sie und ich, sind aber doch auch verwandt, seelenverwandt. Und doch steh ich hier fremd herum wie im Kaufhaus und muss mich anstrengen, ihre Aufmerksamkeit von den Betreuern auf mich umzulenken.

Jetzt! könnte ich auf sie zutreten, sie den andern abspenstig machen, mich mit ihr unter vier Augen treffen. Schon zucken die Zehen – doch da bauen sich urplötzlich Luftmauern auf, ganze Felsbrocken aus nichts, zu steil für mich aus dem Stand. Ich empfinde ihre körperliche Anwesenheit als Übermacht von etwas Fremdem und Andersartigen wie Gestein aus dem Weltraum, das ich einmal stundenlang Pore für Pore in einer Vitrine des Geologischen Instituts musterte und doch nicht begriff. Die Ereignisse sind nicht mehr aufzuhalten, der Star wendet sich zum Gehen, entschwindet die flachen Treppenstufen hoch am Arm zweier sicher sehr belesener Herren.

Nahtlos schließt die Welt auf Papier an die reale an, wenn die letztere zu wünschen übrig lässt. Sie hielt mein Buch in Händen! Ich blättere darin wie wild nach ihren Worten. Und während ich auf die tintenblaue Schreibschrift starre, jede Buchstabenschlinge, jede Zacke eine heilige Spur ihrer Gegenwart, wird mir klar, dass wir beiden durchaus miteinander gesprochen haben, nur ohne Worte, und dass wir uns jetzt noch austauschen, sogar mit Worten: schriftlich. Anders ließ sich unsere Begegnung wohl nicht bewerkstelligen.

Die große Fracht des Sommers ist verladen ... steht da. Eine Geheimbotschaft, exklusiv für mich, doch ich bin augenblicklich enttäuscht. Den kenne ich doch, den Satz, maule ich mit ihr, man liest und hört ihn ja überall. Es ist der Titel und die Anfangszeile eines ihrer Gedichte. Trotzdem mag ich ihn nicht. Fachausdrücke aus dem Berufsleben finde ich unpoetisch, teile ich ihr telepathisch mit. Das muss sie doch auch spüren. Aber sie bleibt bei ihrer Aussage. Und warum so schief geschrieben? Wie in Eile. Abwärts driftet der Satz mit etlichen Entgleisungen. Darf man ihn überhaupt so verstümmeln? Er geht doch weiter. Einfach aus dem Gedicht heraus gebrochen. Er steht da wie geklaut.

Die große Fracht des Sommers ist verladen ...! Und warum die drei Pünktchen? Will sie mir damit etwas unter die Nase reiben? Oder hatte sie nur keine Lust, weiter zu schreiben? Der Satz klingt wie eine Meldung. Aye, aye Sir, die Fracht des Sommers ist verladen! Aber was hab ich damit zu tun? Ich bin doch nicht ihr Chef. Kurz zuckt mir durch den Sinn, wie sie unten am Kai bei den Baumwollballen mit anpackt und ich erlebe sofort mit, wie viel Aufsehen das erregt. Die nehmen sie doch gar nicht, das hat sie auch nicht nötig. Im Hafen jobbt höchstens so jemand wie mein Bruder.

Die große Fracht des Sommers ist verladen. Sie redet wie meine große Schwester, die mir auch immer vorhält, alles allein tun zu müssen im Haushalt und eigentlich nur Gründe sucht, mir ein schlechtes Gewissen zu machen. Beklagt sie sich zwischen den Zeilen, dass sie groß den Sommer verfrachten muss, während ich in ihren Büchern herumschmökere und es mir mit ihnen gemütlich mache? Ich wusste doch nicht, wie viel sie zu ackern hat! Immer soll man alles von selber merken. Ich hätte ja mitgeholfen. Wahrscheinlich will sie mir nur von Hausfrau zu Hausfräulein stecken, dass man gut und gerne auch ohne mich auskommt. Wie hat sie das bloß rausgekriegt, dass ich faul bin oder lieber woanders fleißig. Ich fühle mich ertappt.

Die große Fracht des Sommers ist verladen Punkt, Punkt, Punkt. Ich verstehe. Es ist nichts mehr zu machen. Der Vorgang ist abgeschlossen. Doch wieso der Sommer? Seine Blütenbüschel und Sonnensegel kann man doch stehen lassen. Margeriten muss man doch nicht abräumen? Kann der Sommer nicht bleiben? Sie hatte gar keinen Auftrag, die Pracht – ach so, Fracht – Stand sie vielleicht nur dabei? Oder will sie uns aufstacheln, dass wir den Sommer wieder auspacken, die Schiffe zurückholen? Wenn ich bloß wüsste, was sie meint.

Die große Fracht ...

Wann das wohl war, als man ihn verlud. Wer wohl alles dabei war. Geheimnisvoll. Wir haben gar nichts davon mitgekriegt. Und wie das aussah! Stapel von Blumenstauden, säckeweise sonnengelbe Blütenschätze, von Wald- und Wiesengräsern überwucherte Waggons. Schade, dass ich nicht dabei war. Sie kennt mich eben nicht, keinen Schimmer hat sie von mir. Sie kümmert sich ja auch nicht ums Publikum, unterhält sich ja nicht mal mit ihm. Dabei sind wir alle da gewesen. Geht einfach weg.

Und nun macht das Gör aus all diesen Gedankensträngen und Zwiegesprächsfäden einen Knoten: Sie ist mir ein ganzes Buch und einen ganzen Abend wert, ich ihr aber nur gerade mal einen halben Satz!

Es ist vorbei, die große Fracht des Sommers ist bereits verladen. Für mich gibt es keine Chance mehr. Ich verlasse das Uni-Hauptgebäude. Die Halle ist menschenleer. Ich trete aus dem Portal ins Freie.

Da steht sie! Zwischen den Säulen auf dem obersten Absatz der Freitreppe zusammen mit den Herren. Sie besprechen etwas und ziehen ernste Gesichter. Sie scheinen zu warten. Ganz kurz zuckt es mir durch den Kopf: Auf mich? Niemals. Etwa drei Schritte steh ich von ihnen entfernt. Soll ich sie jetzt noch ansprechen? Die Männer umgeben sie wie eine Mauer. Sie würden ja mithören, was ich ihr sage. Und was sage ich überhaupt? Ich muss ja gefragt werden, damit ich antworten kann. Zu dritt schreiten sie jetzt die vorderen Stufen hinunter auf ihrem Gleitflug zur Limousine. Ein Taxi ist vorgefahren. Die Göttin steigt ein. Es schlagen alle vier Türen. Hineilen, an ihr Fenster! Das Taxi verlässt die gepflasterte Ausfahrt in Sekundenschnelle und fädelt sich in den Straßenverkehr ein. Ich schaue ihm nach mit sehnsüchtigen Augen. Sie hätte mich gar nicht verstanden. Die sechsspurige Trasse wirkt wie eine Lärmschutzwand, ein Wall nicht gegen, sondern aus Lärm, und gegen meine Seufzer bringt die grüne Ampelwelle nur dumpfe Töne brausend mir herüber.

Volker Surmann
Wer hat Angst vorm Herren Schmidt?

Ein Telefon klingelt.

V Satyr Verlag, Volker Surmann. Was kann i–

S Guten Tag, mein Name ist Schmidt! Ich hab da mal 'ne Frage. Manuskripte, prüfen Sie derzeit Manuskripte? Es gibt ja viele Verlage, die prüfen nur zu bestimmten Zeiten. Nehmen Sie Manuskripte an derzeit?

V Nun, also–

S Sprechen Sie bitte lauter, ich verstehe Sie nicht.

V Ich habe noch gar nichts gesagt. Also–

S Könnten Sie bitte meine Frage beantworten: Prüfen Sie derzeit Manuskripte?

V Also im Grunde kann ich Ihnen im Moment keine großen Hoff–

S Es gibt ja Verlage, die nicht zu jeder Zeit Manuskripte annehmen, deshalb rufe ich an, um rauszufinden, ob es Sinn hat, jetzt ein Manuskript zu schicken.

V Also, grundsätzli–

S Sie nehmen Manuskripte ja auch nur per Briefeinsendung an, steht da bei Ihnen im Internet.

V Ja das ist richtig, aber–

S Und wie ist das jetzt mit den Manuskripten? Sie haben immer noch nicht meine Frage beantwortet.

V Hören Sie, Sie müssen mich auch mal ausre–

S Ich will mein Manuskript ja nur dann losschicken, wenn Sie auch Manuskripte prüfen.

V Herr Schmidt, lassen Sie mich bitte mal ausreden. Im Moment hat es leider keinen Sinn–

S Aber da im Internet steht, Sie nehmen Manuskripte an.

V Richtig, aber ich komm derzeit nicht hinterher, ich hab hier einen riesigen Stap–

S Also nehmen Sie derzeit keine Manuskripte an?

V Nein.

S Können Sie bitte lauter reden, ich versteh Sie nicht.

V Nicht so wichtig. Um auf Ihre Frage zurückzu–

S Prüfen Sie denn jetzt eigentlich Manuskripte?

V Nein! Im Moment komme ich nicht hinterhe–

S Aber wieso denn nicht? Bei Ihnen im Internet steht, dass Sie Manuskripte annehmen, allerdings nur per Posteinsendung.

V Wie ich gerade sagen woll–

S Deshalb rufe ich jetzt an. Ich hab da ein Manuskript, und ein paar Kameraden von mir auch.

V Herr Schmidt, wenn Sie mich nicht ständig unterbrechen würden, könnte ich auch Ihre Fra–

S Also nehmen Sie derzeit keine Manuskripte an.

V Richtig. Im Moment hat es keinen Sinn, mir was zu schicken ... Hallo? ... Hallo, Herr Schmidt?

Aber Herr Schmidt hat schon aufgelegt.

Kurz darauf: Ein Telefon klingelt wieder.

V Satyr Verlag Volker Su–

S Ja, hier ist noch mal Schmidt. Ich hab da noch 'ne Frage. Wann nehmen Sie denn wieder Manuskripte an? Können Sie bitte lauter reden, ich verstehe Sie nicht.

V Ich habe noch gar nichts gesagt, Herr–

S Wann nehmen Sie denn wieder Manuskripte an?

V Nie.

S Könnten Sie bitte meine Frage beantworten?

V Ich sagte, bitte schicken Sie mir kein Ma–

S Meine Kameraden und ich, wir haben da ein paar Manuskripte zusammengestellt und möchten die mal einreichen.

V Nein, ich nehme derzeit nichts an.

S Könnten Sie bitte meine Frage beantworten!

V Ich habe Ihre Frage schon beantwortet: ICH NEHME KEINE MANUSKRIPTE AN. BITTE SCHICKEN SIE MIR NICHTS!!!

S Aber steht das auch so bei Ihnen im Internet?

V Hören Sie, Herr Schmidt, ich bin mir sicher, dass wir vor ein paar Monaten schon mal miteinander telefoniert haben.

S Das kann gar nicht sein. Ich habe eine Liste, in der ich mir genau aufschreibe, welche Verlage ich schon angerufen habe.

V Tut mir leid, ich erinnere mich an das Gespräch mit Ihnen sehr wo–

S Das ist unmöglich! Es gibt in Deutschland 235.000 Menschen mit dem Namen Schmidt. Schmidt ist ein Allerweltsname!

V Ich bin mir aber sicher, dass Sie mich angeruf–

S Das kann überhaupt nicht sein!

V Glauben Sie mir, Herr Schmidt, ein Telefonat mit Ihnen vergisst man nicht so schne–

S Können Sie bitte lauter reden, ich versteh Sie nicht!

V Herr Schmidt, ich werde dieses Gespräch jetzt bend–

S Das ist doch unverschämt! Wie kommen Sie dazu, mir zu unterstellen, ich wüsste nicht, wo ich schon überall angerufen hätte? Was nehmen Sie sich eigentlich heraus? Wir haben noch nie miteinander telefo–

V HERR SCHMIDT, ICH LEGE JETZT AUF!

S Sie lassen mich ja nicht mal ausreden!

Herr Surmann legt auf.

Zwei Tage später hat Herr Surmann einen Briefumschlag im Postkorb. In der Anschrift mischen sich Sütterlin-Buchstaben unter die lateinischen. Absender ist ein Herr „Schmidt", das Anschreiben beginnt mit den Worten:

„Sehr geehrte Frau Surmann, bezugnehmend auf unser freundliches Telefonat vom gestrigen Tage, erlaube ich mir, Ihnen wunschgemäß mein Manuskript einzureichen. Hochachtungsvoll: Schmidt".

Herr Surmann wird das Manuskript ablehnen, wie er es schon zweimal in den letzten drei Monaten gemacht hat.

Regina Nössler
15.06 Uhr. Nachmittag einer Lektorin

VOR DEM GEDRUCKTEN BUCH (oder auch dem E-Book) steht das Lektorat. Sollte es zumindest. Und das zeichnet ein „richtiges" Buch in einem richtigen Verlag auch gegenüber allen Arten des Selfpublishing aus. Ein Lektorat erfordert natürlich gutes Sprachgefühl, sowohl ein Gefühl für Struktur als auch einen analytischen Blick für den Plot und das Gesamtkonzept (falls vorhanden!), Sattelfestigkeit in Rechtschreibung und Grammatik und außerdem hohe Konzentration.

Gute Texte und schöne Sätze bringen mich in Schwung, in literarische Stimmung, machen mir Lust, gleich selbst loszuschreiben. Folglich müsste das Lektorieren eigentlich meine Traumtätigkeit sein. Ist es aber nicht.

Ich komme ins Schreiben, wenn ich Texte von anderen lese, gut geschriebene Texte wohlgemerkt. Es scheint augenblicklich etwas in meinem Kopf in Gang zu setzen, die Synapsen anzuheizen oder irgendein Feuer zu entfachen, dort, wo das Sprachzentrum liegt oder keine Ahnung, was dort liegt und wo genau im Hirn es sich befindet. Inhaltlich kann es sich um alles Mögliche handeln, Krimi (meine bevorzugte private Lektüre), Liebesroman (geht so), ein politischer Roman, einer über Familie und so weiter. Die Themen sind ja im Grunde immer alt und oft auf erfrischende Weise gleichzeitig wieder neu; sie werden neu durch diese spezielle Sicht auf die große und kleine Welt und die eigene, ganz besondere Sprache des Autors. Ein Fehler beim Schreiben wäre es zu glauben, alles müsse total originell sein und noch nie da gewesen (das gibt es vermutlich gar nicht, denn es war alles schon mal da, garantiert). Autoren und Autorinnen brauchen Inspiration, Anregung durch Sprache. Sie sollten lesen.

Zurück zum Lektorieren. Im Grunde müsste also der Beruf, den ich neben dem eigenen Schreiben ausübe, das Paradies für mich sein und gar keine Arbeit. Aber Lektorieren ist kein Paradies. Ich möchte jetzt nicht nachrechnen, wie selten es solche Texte gibt, von den Hunderten, die ich inzwischen redigiert habe. Solche, die ich genieße und die mich ins Schreiben bringen, einfach nur dadurch, dass sie auf dem Bildschirm stehen und später auf Buchseiten, Buchstaben, die zu Worten werden, Worte zu Sätzen, Sätze zu einer Szene, eine Szene zu einem Kapitel, Kapitel zu einem Roman. Viele Texte sind ehrlich gesagt eine Qual. Manche, Gott sei Dank nicht die meisten, sind sogar eine unaussprechliche Qual und eine einzige Zumutung. Es fühlt sich so an, als würde ich nie fertig. Und ich werde auch so bald nicht fertig, weil ich alle fünf Minuten aufstehe, in die Küche gehe, Kaffee koche, oder wenn ich nicht vom Computer aufstehe, schreibe ich lieber eine Mail, statt in den Text zu sehen. Wohnung putzen ist auch immer gut. Oder telefonieren. Bin ich immer noch nicht mit Seite 48 fertig? Irgendwann werde ich müde und finde ohnehin, ich hätte eine Pause verdient, ich habe ja schon achtundvierzig Seiten hinter mir, also lege ich mich ins Bett, was bei meiner Tätigkeit möglich ist: Niemand schaut auf die Uhr und kontrolliert mich. Es zählen nur Abgabetermine, weil ein Manuskript zur Druckerei muss. Ob ich ihn morgens um neun oder nachts um eins bearbeite, spielt keine Rolle. Ich lege mich also nachmittags ins Bett, um ein bisschen privat zu lesen, werde dann noch müder, wahrscheinlich hat mich der zu lektorierende Text zutiefst erschöpft, bin ich wirklich erst auf Seite 48? Wenn ich wieder aufwache, koche ich Kaffee, Kaffee ist immer gut, und begebe mich zurück an den Text. Habe ich den ganzen Vormittag nur zehn Seiten geschafft? Was habe ich denn die ganze Zeit gemacht? Wie soll ich jemals damit fertig werden (um endlich an meinen eigenen Text zu können, als Belohnung)? Ob die Autorin ab Seite 49 vielleicht total gut schreibt? Oder ein ganz kleines bisschen gut? Manche kommen erst mit der Zeit, im zweiten Teil in Schwung. Es ist aber auch möglich, dass ich mich im zweiten Teil einfach daran gewöhnt habe und es kaum noch tiefer abwärts geht. Einige kommen übrigens nie in Schwung. Wie soll ich in nächster Zeit eigentlich wieder an meinen eigenen Text, wenn überhaupt kein Funke springt, die Synapsen im Koma liegen, wenn sich nichts, aber auch gar nichts regt, kein einziger Satz, weil die kümmerlichen zehn Seiten, die ich heute erst geschafft habe, und die Seiten gestern, einfach so verdammt schlecht geschrieben sind?

Ich sollte heute wenigstens auf Seite 70 kommen. Oder vielleicht Seite 50?

Ein guter Text sollte mich gleich auf der ersten Seite in Bann ziehen, entweder durch Spannung oder durch Rührung oder durch sonst eine Emotion (wobei Wut über einen schlechten Text natürlich auch eine Emotion ist), er sollte in mir den Wunsch wecken, immer weiter lesen zu wollen, er sollte, außer einer ganz eigenen Sicht auf große, kleine und sonstige Welten, ebenso eine ganz eigene Sprache haben, keine abgedroschene, klischeehafte mit Adjektiven wie aus einem Computerprogramm oder langweiligen bis falschen Metaphern, Namen, die wie aus einer Daily Soap oder einem Groschenroman klingen, ein guter Text sollte lebensnahe Dialoge aufweisen, statt künstlicher Sprache, die man im wirklichen Leben nie zu hören bekäme, außerdem sollten nicht alle Figuren gleich sprechen. Die Figuren eines guten Textes müssen nicht unbedingt realistisch sein, aber zwingend immer glaubhaft und in ihrem Kosmos echt. Ich muss sie mir vorstellen können. Ich muss sie nicht unbedingt leiden können, aber sie müssen in der Lage sein, mich in eine Welt zu entführen, in der ich eine ganze Weile bleiben will. Die Figuren und die Sprache, die ihre Welt, ihre Aktivitäten, Gedanken, Gefühle und Beweggründe beschreibt.

Eike Gebhardt
Der Aberglaube an die Wirklichkeit

WARUM MENSCHEN SCHREIBEN, ist entweder eine praktische oder psychologische Frage. Die psychologische Antwort fällt womöglich unter Watzlawicks Generalverdikt: Man kann nicht nicht kommunizieren.

Verdikt? So wie wir angeblich verdammt/verurteilt sind, frei zu sein, so definieren wir uns unvermeidlich durch und über etwas außer uns, ein Gegenüber, im Modejargon: eine Alterität. Der Blick des Anderen, real oder virtuell, verhilft uns zu einer „strategischen Schizophrenie", wie wir sie – notgedrungen, oft aber auch lustvoll freiwillig – im alltäglichen Umgang unaufhörlich praktizieren: Worte wie Selbstliebe, Selbstbetrug oder auch Selbstbild sind stille Zeugen: Wer liebt (betrügt) hier wen? Wer hat ein Bild von wem/wovon? Man kann eben nicht nicht kommunizieren – sogar ein Selbstgespräch führt man mit einem virtuellen Anderen, der/die mehr ist als bloß ein Spiegel oder Echo (sonst wäre es ja kein Anderer), im Idealfall dann auch mal widerspricht, das scheinprioritäre Ich austrickst.

Und das ist gut so. Zwei weithin kongruente Individuen kommunizieren nicht, müssen gar nicht kommunizieren; den Infotausch im Stil „was gab's denn heute im Büro?", das können auch Maschinen, und in der Tat hat man bei eingespielten Paaren etwa oft den Eindruck eines automatischen Gesprächsprogramms, das sie im Tandem nur ‚verkörpern'. Kommunikation – der Versuch, den Anderen als solchen zu verstehen, ein Gegenüber argumentativ alsdann gewissermaßen zu verführen – ist ja in anderen Kulturen institutionalisiert: Man denke an englische Parlamentsdebatten, vergleiche sie mit jenen öden Monologen unseres Bundestags – und auch englische Autoren sind viel lockerer und lesbarer, selbst bei schwierigsten Themen. Sie lernen in Debating Clubs, in denen sie die Rolle ihres ‚Gegners' plötzlich selber und mit guten Argumenten präsentieren müssen – eine unbezahlbare Schule der Empathie und Demokratie.

Wir hingegen schätzen im sozialen Umgang vor allem den Konsens; der sorgt für Frieden, Totenstille – ist's wirklich Harmonie, weil nichts die Friedhofsruhe stört? (Glückliche Phasen der Geschichte sind eigentlich die toten Phasen, ahnte, ja glaubte Hegel.) Warum den sicheren Pfad – Glück, Harmonie und Frieden verlassen und in Alteritäten schweifen, fragte schon Pascal?

Am Anfang jeden Änderungswunsches, im Grunde jeder Utopie, gärt eine meist noch namenlose Unzufriedenheit, ein Wunsch, Grenzen zu weiten oder zu überschreiten, also nach Transzendenz. Solch Wunschdenken mag oft dem *expliziten* Selbstbild widersprechen, es bleibt daher meist unbewusst. Das große, grobe Selbstbild suggeriert (nach außen wie nach innen) nicht selten Glück, Zufriedenheit – während die erbarmungslos feinkörnige Auflösung dieses Selbstbilds (in Einzelaspekte) die Risse, blinden Flecken und all die stillgelegten Potenziale offenbart – jene Areale eben, in denen die einzelnen Facetten auch ganz anders sein könnten oder sollten. Arbeit und Ehe sind die Standard-Beispiele: Regelmäßig beschreiben sich Betroffene als zufrieden – bis Fangfragen zu Details dieses Gesamtbild erodieren, dekonstruieren – und kumulativ ein beinah spiegelbildlich umgekehrtes Psychogramm ergeben.

Wie überall setzt Fäulnis, Gärung, ja Verwesung an diesen unbeachteten Bereichen („zones of benign neglect") ein; und weil sie unerkannt und unbewusst geblieben waren, richten sich Unbehagen, Unzufriedenheit usw. oft auf ganz andere, ‚unschuldige' Ziele. *Human Relations Studies* hieß, knapp hundert Jahre ist es her, ein Großprojekt, bei dem Fabrikarbeiter Gründe ihres Elends und Protests benennen sollten – meist lächerlich irrelevante Dinge – die wahren Gründe, z.B. dass sie selber nichts entscheiden und gestalten konnten, blieben ja ihnen selbst verborgen; in ihrem Selbstbild waren sie verlässliche Vollstrecker fremder Vorgaben, die sie verantwortungsbewusst ausführten. Wer freilich konfrontiert schon gern die wahren Quellen, zumindest die wahrscheinlichen, an denen er bzw. sie ja eh nichts ändern kann? Durchdrehen oder abtauchen? In Wahn oder die weite Welt?

Unter dem Druck der Ahnung, dass es ja gar nicht um das ausdrücklich zitierte Übel geht, sondern um etwas anderes, womöglich Größeres, womöglich Grunderschütterndes, tasten wir nach Wahlverwandten bzw. einem Gegenüber, derdiedas dann jenes Unbehagen orten könnte. Der Motor des Gehirns ist Neu-Gier – das ewig Fremde zieht uns hinan. Ein solches Gegenüber lässt sich allerdings nicht ohne Weiteres herbeizitieren, auch nicht im noch so reflektierten Selbstgespräch. Der innere Dramaturg muss uns ein quasi-objektives Gegenüber, ggfls. auch mehrere, erschaffen, die innere Bühne mit realiter vermissten Rollenpartnern ausstaffieren, bevölkern. Solch Ansprechpartner finden sich in unseren konventionellen Lebensmustern verlässlich beinah nur beim Schreiben – das, gleichsam ex definitione, eine Ansprache ist; man kann Wunschpartner projizieren, heraufbeschwören wie den Golem – meist sind die eigenen Geschöpfe dann alles andere als die Schlaftablette des Vertrauens.

Denn: „soll ich wissen, was ich denke, bevor ich sehe, was ich schreibe?" (E.M. Forster – Kleist sah das ähnlich ...)

Mit „Liebes Tagebuch" fängt diese Selbstverständigung oft an, bis solche autopoietischen Partner oder Gegenüber fast unvermeidlich ein eigenes Leben entfalten, weil wir sie weiterdenken in jeder angedachten Rolle, bis wir manchmal sogar den Überblick verlieren. Nicht zufällig kann man sich freilich Fremden daher näher fühlen als den vertrauten, ja intimen Partnern: Ein Fremder, der uns noch nicht kennt, diskriminiert nicht unsere Träume, die für ihn ja zunächst genauso Teil von uns sind wie all jene anderen – alltäglich approbierten – Lebensäußerungen. Er sieht uns noch als Potential – auf fremder, noch nicht festgeschriebener Bühne, noch ohne Über-Ichs und anderer Kontrollinstanzen. Solch Wunschpartner kann übrigens durchaus ein Wunsch*feind* sein – oft ist der/die sogar viel nützlicher und fruchtbarer: Mit ihm bzw. ihr gelingt die ‚Auseinander-Setzung' noch viel leichter.

Ein Feindbild ist vermutlich das fruchtbarste Motiv fürs Schreiben: Ein seltsamer Mutant aus Neugier, Streitfreude, Spiel- und Gestaltungstrieb. Alle thymotischen Sensoren eines Schreibenden ertasten erst einmal die Lücken, Zwischenräume, Abgründe – alles Unstimmige, Verdächtige, Scheinhafte, auch Unverhältnismäßige. Das Nicht-Identische, hätte Adorno gesagt. (Die Transzendenz, die Utopie, die Alterität an sich mit den im Alltag unverwirklichten Latenzen, Potenzialen usw.) So sehr und oft sich Kritiker und Rezensenten überschlagen mit Lob für die „Wirklichkeitsnähe" oder – ohne kosmisches Pathos geht's wohl nicht – „Welthaltigkeit" eines Textes: Interessanter als solche Reproduktion der Welt mit Wiedererkennungswert ist fraglos die Entdeckung, dass die soziale Wirklichkeit höchst widersprüchlich, willkürlich gar, komponiert ist – gestrickt mit heißer Nadel unter dem Druck vorgeblicher Notwendigkeiten, die mit der Zeit ‚natürlich' scheinen, alternativlos, wie man heute sagt.

Doch seit der Lebenssinn nicht mehr (gleichwie vom kircheneigenen Amazon) von einer Transzendenz frei Haus geliefert wurde, ein Eigen-Sinn jedoch noch meist undenkbar schien, wurde für bürgerlich teilaufgeklärte Schichten Lesen und Schreiben ein Erlebnisraum – vor allem ein sozialer; nicht nur weil Bücher teuer waren und sich (Vor-)Lesekreise bildeten, oft dramaturgisch inszeniert, komplett mit Rollenspielen und kathartischen Erlebnissen; es war vor allem auch der Reiz des Fremden; die Transzendenz des Alltags ersetzte zunehmend die religiöse Transzendenz. Lesen und Schreiben wurden Therapien fürs *Trauma der Ereignislosigkeit* in restringierten oder repressiven Lebens-Scipts. Noch heute leiden unter den Syndrom (TdE) vor allem jene mit geringem Spiel-Raum für Lebensentscheidungen. Vor allem Romane wirkten lange stellvertretend für das Leben, das Lesern, meist ja Leserinnen, realiter versagt blieb.

Erst als der sog mündige Mensch zum neuen Kulturhelden avancierte, mit seinem Markenzeichen Wahlfreiheit (Voraussetzung: konkrete widerstreitende Optionen), wurden alternative Arten der Gesellung und persönlicher Identitäten endlich praktisch vorstellbar Bis dahin blieb allein die Vorwärtsflucht in die Enklave der Künste als Sprung ins Reich der Optionen, die (im Doppelwortsinn) ‚vorzustellen' Aufgabe des Künstlers war, auf jener Bühne als moralischer

Anstalt, auf der die Erziehung zur Mündigkeit durchgespielt wurde, anhand von Optionen, die unter dem herrschenden Realitätsprinzip keine Chance hatten. Nur wo der Mensch spiele, sei er ganz Mensch, behauptete Schiller. Ein missverständliches Signal.

Das Englische kennt den feinen Unterschied von „play" und „game" – die meisten Sprachen fassen beides unter den Begriff des „Spiels". Game ist ja tendenziell vor allem pädagogisch, garniert als Entertainment: Es geht nur um Gewinnen und Verlieren, genauso wie im Alltag: alle verfolgen – im Wettbewerb gegeneinander – dasselbe Ziel. „Play" hingegen, so wie z.b. Kinder spielen, hat gar kein Ziel (genauer wohl: eher ein Meta-Ziel – davon gleich noch). Ziele, der Motor für jedwedes Handeln, wirken in *diesem* Modus nur noch als Etappenziele – mit jeder neu auftauchenden Handlungsmöglichkeit kann dann ein neues Ziel erstehen. (Wir kennen dies Erlebnis als Erwachsene meist nur noch in der Schrumpfform, womöglich beim Flanieren übern Trödelmarkt, wenn wir z.B. ein Objekt entdecken und plötzlich den Gebrauch dafür uns vorstellen.) Langfristige Ziele, so nötig sie zur Überlebenssicherung sein mögen (warum nur müssen/wollen wir Zielstrebigkeit, nötig zum *Über*leben, gleich als allumfassende Lebensform fordern und fördern?). Das Risiko zielorientierten Lebens ist die Optionsverarmung (und wenn die Wahlfreiheit darunter leidet: Entmündigung): Den Blick aufs Ziel gerichtet sortieren wir Erfahrungen meist nur danach, ob sie denn förder- oder hinderlich fürs Ziel sein würden; der Eigenwert der Dinge oder Menschen auf dem Weg zum Ziel gerät so kaum noch in den Blick – oder, als simple Pop-Weisheit: Der Weg könnte selber das Ziel sein – und der entsteht bekanntlich dadurch, dass man ihn geht (auch ohne ihn als förderlich fürs vorgegebene Ziel zu wählen). Sonst ist der Weg kein eigenständiges Erfahrungsfeld, sondern bloßes Mittel zum Zweck. Wie Künstler nicht mit fertigem Konzept im Kopf an die dann bloß noch handwerkliche Ausführung sich machen, so werden auch ,Zwecke' (einschl. einer temporären Ich-Identität bzw. deren mehrere) beim Spiel ad hoc verfertigt und immer wieder revidiert; ein ,Selbst' wird nicht (präexistent) ,gefunden' oder ,verwirklicht', es wird geschaffen, in Lebenslagenvarianten immer wieder anders. Das gilt auch, vice versa, für die Begegnungen mit seinen Phantasiegebilden.

„Wir entwickeln immer wieder nur bessere Mittel für unverbesserte Ziele", stöhnte Thoreau (just jener Typ, dem wir u.a. den Leitkulturbegriff zivilen Ungehorsams verdanken). Raunt da ein advocatus des Mephisto, das schlösse auch den Ungehorsam gegen innere Stimmen ein – der Geist, der stets das Böse will (die Unbotmäßigkeit, den Aufstand gegen den – sozial erwünschten oder gar erzwungenen – Vollzugscharakter unseres Lebens, von Vorgaben und Ziele, Pflichten usw.) – und damit stets das Gute schafft, nämlich die Erweiterung des menschlichen Optionsspektrums?

Den „Aberglauben an die Wirklichkeit" verspottete einst Carlyle. Wirklichkeitsbilder (wie autoritativ, konsensuell bestätigt oder scheinbar ‚natürlich' sie auch sein mögen), Mythen, Narrative sind dem Schreiberling Rohmaterial, sehr nützlich und auch notwendig, doch prinzipiell vorläufig und verhandelbar. Reizvoll im Wortsinn sind daher Monismen (Monotheismus, Monogamie, psycho-sozialer Einheitsfetisch) und deren strukturelle Gewalt bloßzulegen – s. Brecht: „Der reißende Fluss wird gewalttätig genannt – warum nicht das Flussbett, das ihn einengt?" Zahllose Romane über Reisen ohne (oder mit variablem) Ziel im 19. Jahrhundert, von Poe über Melville bis in unsere Tage (s. Ferlinghettis „Her") thematisieren Identitätswandel durch die multiple Perspektive, die das durch keine Ankunftsziele festgeschriebene, verengte, ergebnisoffene Reisen mit sich bringt. Baudelaire grüßte die Abschiednehmenden, die Auf- und Ausbrechenden, nicht die Ankommenden. Die freiwillige Selbstentwurzelung als Prämisse des offenen Horizonts. („Was in die Tiefe geht, führt nicht weiter", spottete der israelische Aphoristiker Benyoëtz über die Mythen der angeblichen Tiefen, die angeblich das Wahre, Wesentliche bergen – das dann bei Tageslicht sich meist als Tand sozialen Sediments entpuppt.)

Der Reisende – ob räumlich oder virtuell –, der ‚Weiten' statt der ‚Tiefen' suchte, wurde zum Prototyp permanenter Transzendenz. Und Reisen, die Selbstentwurzelung gestellt auf Dauer, galt bald als

Ur-Topos unabgeschlossener ‚Reifung', jenes einst unverhandelbare Ideal persönlicher Entwicklung, das offene Horizonte mit einem Soll- und Endzustand versiegelte.

Mit der Entdeckung gestaffelter Untiefen und Ambivalenzen in der Alltagswirklicheit, die sich nun nicht mehr in Märchenwelten abschieben ließen, tat sich ein weites Feld fruchtbaren Zorns über versagte Lebenschancen auf. Jede Alternative, alles Neue und Fremde, ist implizit Kritik am Status quo, der immer nur bestimmte Potenziale wirklich werden lässt – auf Kosten anderer.

Das setzt jedwede Wirklichkeit unter Legitimitätsdruck, den nunmehr jeder Künstler ex officio ausübte. Jedweder Status quo kann immer nur den Bruchteil der historischen Latenz verwirklichen; das meiste Potential bleibt ja verborgen, verleugnet, mitunter (von Interessen) unterdrückt, und wird verlässlich meist als Störfaktor abgewehrt. Frühere Ästhetiken schrieben den Künsten eine Art Hebammen-Status zu, sahen Künstler gleichsam als Geburtshelfer dieses Potentials: Sie sollten es, im Wortsinn, „vor-stellen" und auf fiktiven Bühnen (eben diesen Vorstellungswelten) durchspielen: Die Bühne als moralische Anstalt (als Schule der Mündigkeit, der unaufhörlichen Geburt von Alternativen) Es war eine Art Probehandeln – unter dem Aspekt: So könnte es auch sein – der momentane Zustand ist alles andere als natürlich, er ist nur eine von vielen Optionen – was der Mensch gemacht hat, kann der Mensch ändern. Und er tut es auch, unaufhörlich

Alles also eine Einstellungsfrage. *Einstellung* hat im Deutschen einen schönen Doppelsinn: Als Haltung und als Tiefenschärfe eines (z.B. photographischen) Blicks. Jedwede Darstellung ist unvermeidlich selektiv – unsere *Haltung* zu den Dingen fungiert als Wahrnehmungsfilter, und umgekehrt: Was wir überhaupt wahrnehmen, prägt unsere Haltung dazu. Eine neutrale Wirklichkeitsbeschreibung kann es gar nicht geben – das wäre wie eine Wahrnehmung ohne Perspektive, aus der sie stattfindet. Schon Hemingway scheiterte daran mit dem Versuch, möglichst alles Subjektive zu eliminieren; da war Kollege Faulkner ‚realistischer' mit seinen Versuchen, ‚dasselbe' (Objekt, Ereignis) aus dreizehn verschiedenen Perspektiven vorzustellen – in der Hoffnung, dass, wo sie sich überschneiden, so etwas wie eine objektive Realität aufscheinen könnte.

Schreiben (und Lesen als eine Form des Schreibens) ist eine Universaltherapie: Es verführt uns, im Innern vage Gärendes zu ‚äußern', vor uns hinzustellen, der mehr oder minder bewussten ‚Auseinandersetzung' anheimzugeben. Da steht das Subjektive plötzlich in Objektform vor uns, quasi als Gegenüber (das „liebe Tagebuch" suggeriert ein dämmerndes Bewusstsein dieses Szenariums) – und fordert eine ‚Beziehung' ein: Wir müssen uns dazu verhalten. Oder die eigenen Kinder töten.

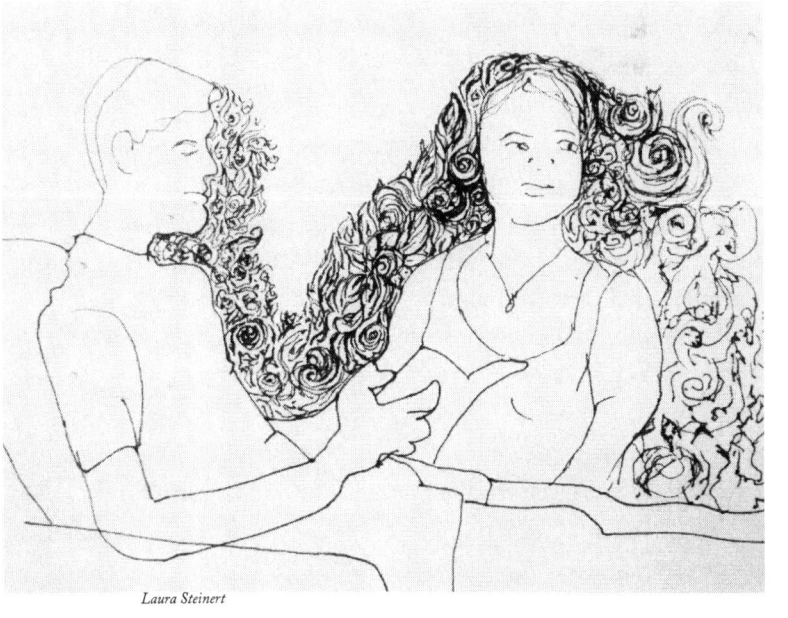

Laura Steinert

Regina Nössler
22.56 Uhr. Abend einer Autorin

VOR DEM GEDRUCKTEN BUCH oder dem E-Book steht natürlich zuerst das Schreiben. Ein langer und manchmal mühsamer Prozess. Doch das ist trivial und wurde schon so oft gesagt und geschrieben, dass es hier nicht näher ausgeführt werden muss.

Tagsüber habe ich, wie geplant, lektoriert. Leider kein Meisterwerk. Am Tag das Lektorat, am Abend mein eigener Text, so hatte ich mir das gedacht. „Die Wochentage bin ich Jurist und höchstens etwas Musiker, sonntags am Tage wird gezeichnet und abends bin ich ein sehr witziger Autor bis in die späte Nacht." Das schrieb E. T. A. Hoffmann. Es klingt sehr leicht, geradezu elegant, als könnte er mühelos einen Schalter umlegen, vom Juristen zum Musiker zum Zeichner zum Autor. Ich muss es neidlos anerkennen. Ich bin keine Musikerin, höre allerdings beim Schreiben gern Musik, zeichnen kann ich überhaupt nicht, und mein einziger Berührungspunkt mit der Juristerei ist die Tatsache, dass ich in meiner Studienzeit lange mit einer Jurastudentin zusammenwohnte und deren Hausarbeiten tippte.

Heute habe ich mir vorgestellt, dass ich mich gegen Abend voller Begeisterung in meinen Text stürze, quasi als verdiente Belohnung nach einem harten Lektorinnentag. Ich erwartete, dass ich auf Anhieb zwei, drei Seiten runterschreiben würde, voller Glückseligkeit und Esprit, gute Seiten, richtig gute, an denen ich später nicht einmal viel würde ändern müssen.

Leider bin ich tagsüber beim Lektorieren nicht bis Seite 70 gekommen, wie ich es mir eigentlich vorgenommen hatte – von Seite 100 ganz zu schweigen. Ich kam über Seite 48 nicht hinaus. Es war so zäh, so unendlich zäh, und der Text wurde nicht besser. Aber egal. Morgen. Heute Abend die Belohnung: mein eigener Text. Dazu vielleicht, das wäre stimmungsvoll und auch erhaben, Vivaldis Cellokonzerte, gespielt von Sol Gabetta.

Ich sehe mir an, was ich zuletzt geschrieben habe, gestern oder vorgestern, um hier fortzufahren.

Fand ich das neulich etwa gut? Heute finde ich es grauenhaft. Und dummerweise entfaltet sich nichts in meinem Kopf. Gar nichts. Da helfen auch Vivaldi und Sol Gabetta nicht. Es ist so, als hätte mich das Lektorat dumm gemacht, und sprachlos, als hätte die Beschäftigung mit dem Fremdtext jedes Wort in mir gelöscht.

Statt richtig guter, flotter, leicht dahingeschriebener zwei bis drei Seiten stapeln sich links neben dem Laptop lauter Notizzettel, was ich bedenken muss, was im aktuellen Kapitel noch fehlt, wie ich das folgende Kapitel gestalten könnte.

Ach, ich wäre gern tagsüber die einfühlsame Lektorin und abends dann eine tiefgründige, aber auch „witzige" Autorin, ich dachte, ich könnte einfach den Schalter umlegen. Ich wohne übrigens ganz in der Nähe des Friedhofs, auf dem E.T.A. Hoffmann liegt. Aber er antwortet mir nicht. Wenn heute Abend schon keine grandiosen Seiten hervorsprudeln, muss ich wenigstens die wilden Notizen sortieren, um morgen oder übermorgen nahtlos weitermachen zu können, außerdem vergehe ich sonst vor schlechtem Gewissen und der Fremdtext wird mich noch viel wütender machen.

Begraben unter den vielen Notizzetteln zu meinem eigenen Buch liegt einer, den ich zuerst achtlos beiseite räumen will. Er ist zwar klein, aber sehr aufdringlich. Darauf steht: „Seite 48". Ich nehme den Zettel, bringe ihn in die Küche, außer Sichtweite, und lege ihn neben die Kaffeemaschine. Für morgen. Heute Nacht muss ich dringend meine Worte wiederfinden.

Ingeborg Görler
Fast sowas wie Neid

Ob sich Vögel seit immer
einfach wiederholen dürfen?
Oder ist ihr Bewusstsein
mit jedem Lied neu und immer
am Anfang, ohne Erinnern
– gleich wieder IHR Lied?

Als sängen sie ein Buch
mit immer derselben Geschichte:
Anfang – Durchführung – Schluss.
Inhalt wie in der Geschichte
davor und danach; und alle
läsen das gern, läsen mein Buch

Geschichte um Geschichte
und wüssten, was in der nächsten
steht und freuten sich drauf und
wären im Wiedererkennen gerührt:
Ach, diese Schriftstellerin!
Hoffentlich hört sie nie auf.

Thomas Wörtche
Too much book

ACH, BÜCHER. ORIGINELL ist das ja alles nicht und vermutlich ist es belangloses Gejammere. Als junger Mensch war ich überzeugt, dass ich „was mit Literatur" machen werde und das habe ich mir dann auch organisiert. Ich lebe seitdem – also mein ganzes Erwachsenenleben lang – von Literatur. In den verschiedensten Rollen und Funktionen, aber egal: Lesen ist, seit ich es kann, mein Alltag und oft genug Allnacht. Nicht, dass mir Lesen per se auf den Keks ginge, es gibt kaum printed matters, von denen ich die Finger weglassen kann, einschließlich Werbezettel, Gebrauchsanleitungen, Kataloge und so. Nichts ist mir zu abwegig. Aber darum geht es hier nicht.

Das Elend ist das Nicht-Abwegige. Alle diese immergleichen (Kriminal-)Romane, all diese immergleichen Nicht-Kriminalromane, all diese Bücher und Manuskripte, die tsunamimäßig hier einschlagen – manchmal in dreistelliger Höhe pro Monat. Natürlich – das gehört alles zum Paket, zur Jobbeschreibung: Als Programmmacher kommen auf jedes Buch, das ich dann verlegerisch realisiere, mindestens zwanzig, die ich nicht realisiere, und vielleicht fünfzig, die ich wenigstens angeschaut (sprich: angelesen) habe. Als Mitglied verschiedener Jurys bin ich verpflichtet, Bücher zu lesen, die ich oft abscheulich finde. Als Kritiker muss ich Texte zur Kenntnis nehmen, oft nur, um sie nicht zu besprechen. Als Literaturwissenschaftler muss ich neue Theorie-Ansätze zumindest so weit kennen, dass ich begründen kann, warum ich nichts davon halte. Als „Mensch" (egal in welcher beruflichen Funktion) bin ich Begehrlichkeiten wildfremder Leute ausgesetzt, die gern meine Meinung zu ihren 1000 Seiten-Elaboraten hätten, so innerhalb der nächsten drei, vier Stunden. Inklusive der dann prompt eintreffenden Sottisen, dass ich eine arrogante Sau sei. Okay, all das ist im Grunde mit einem „delete" erledigt, und, wie gesagt, Teil des Geschäfts.

Obwohl ich mir im Laufe der Jahrzehnte eine sehr pragmatische Technik im Umgang mit dergleichen zugelegt habe, habe ich den Eindruck, alles sei viel, viel mehr geworden. Und das ist eben nicht nur subjektiv. Zwar sind die realen Zahlen auf den verschiedenen Buchmärkten dieser Welt zurückgegangen, sagt man. Für meine Arbeitsgebiete aber gilt das anscheinend nicht. Gnadenlos hämmern die Neuerscheinungen auf mich ein, gnadenlos kommen die berühmten „Nachfass-Anrufe", resp. „Nachfass-Mails", von Verlagen, Agenturen, Autorinnen und Autoren, die ihrerseits wieder Schreibarbeiten machen, zumindest, wenn man nicht jegliche Höflichkeit dispensieren möchte. Das nun wiederum sind alles keine Aktionen böser Menschen, sondern Manifestationen des Drucks, der überall herrscht. Der Druck, optimale PR-Arbeit abzuliefern, der Druck, möglichst viele Verträge zu schließen, der Druck, jederzeit „Erfolg" melden zu können. Dazu kommt der Druck, dass man selbst immer top-informiert sein möchte, der Verdacht, man könnte etwas übersehen, etwas nicht mitbekommen – wobei man sich manchmal doch sehr wundert, mit wieviel Inkompetenz und Ahnungslosigkeit viele Leute in diesem Geschäft „durchkommen", was nun wieder nichts anderes heißt, als dass der ganze Druck sich quantifizieren lässt. Es geht um Masse, Output, formalisierbare Parameter, in Euro und Cent umrechenbar. Sekundär geworden sind Qualität, Reflexionsniveau, Zweifel, Skepsis, Abwägen, Kreativität, Innovation und alle anderen störenden Aktivitäten. Betriebswirtschaft ist das dominierende Paradigma. Ein Trickle-down-Effekt, der sich bis in die professionelle Lektüre ausgebreitet hat. Man liest viel, sehr viel – aber die Lektüre frustriert mehr und mehr. Aus Lesen wird ein Funktionalisierbarkeits-Check. Was nicht funktionalisierbar ist (resp. nicht widerstandslos und ad hoc funktionalisierbar) rutscht durch, bleibt liegen – und baut dadurch wieder neuen Druck auf. Den, etwas übersehen zu haben. Was, jetzt wird's paradox, „professionell" gesehen, siehe oben, nicht so schlimm ist, weil man ja damit auch „gut durchkommt". Geht aber auf Kosten eines privaten Ethos, das zu haben, naiv anmutet oder eben „un-professionell" ist. Am Ende ist dann Zynismus der professionellste Zugang zu Texten und bringt auch – betriebsintern – die höchsten Prestigequoten – abgezockt und abgewichst zu sein gilt als hohe Tugend. Blöderweise ist ein solcher Zynismus meistens kreativ steril. Für unsere Wirtschaftsordnung bildet er den idealen Klebstoff zwischen Produktions- und Rezeptionsästhetik, der Trend zu Retro, zum (oft bewusstseinslosen) Rewriting und Aufwärmen (ur-)alter Muster, die Scheu vor Innovation, Experiment, Risiko, Fragmentarischem, Fluidem und die Verweigerung der Gratifikation (auch und gerade der ökonomischen) für solche Ansätze sind der direkte ästhetische Ausdruck dieser Situation. Eine systemische Dynamik, die durch den drohenden Einsatz von Algorithmen im Literaturgeschäft noch befeuert wird. Obwohl: im Grunde sollte man froh sein, dass es bald maschinenlesbare und maschinengenerierte Texte geben wird, über deren gelungen/misslungen-Status Algorithmen entscheiden und für jeden Einzelkunden „das Produkt" individuell zugeschnitten generieren. Dann müsste man das ganze Zeug wenigstens nicht mehr lesen, sondern könnte es nur noch „durchlaufen" lassen, so rum und so rum.

Soweit sind wir noch nicht ganz, aber the shape of things to come ist schon mehr als zu ahnen. Und das drückt sich durch. Der Lesefrust, der dadurch entsteht (und der ja nur einen Teil des Gesamtleseaufkommens beschreibt) ist, wichtig, kein Teil einer wie auch immer gearteten Angst vor Überflüssigkeit oder Existenzangst. Sondern speist sich eher aus Wut auf starre, angeblich naturgesetzliche Verhältnisse, die natürlich menschengemacht und ergo veränderbar sind. Und Wut ist dann doch wieder ein Kreativitätsmaschinchen, auch gegen die Trägheit der Verhältnisse. Man muss vermutlich nur den Punkt erwischen, wo die Schubumkehr einsetzt. Und das hat sie bisher immer getan. Also doch kein Grund zum Jammern.

Volker Surmann
Ich bin der, vor dem ich mich immer gefürchtet habe ...

I. ICH WEISS NOCH GANZ GENAU, wie ich meine erste Ablehnung eines Lektors bekommen habe.

„Sehr geehrter Herr Surmann, vielen Dank für Ihre Manuskripteinsendung. Wir sehen keine Möglichkeit, den Text in unserem Programm zu veröffentlichen. Mit unserer Entscheidung ist kein Werturteil verbunden. Mit freundlichen Grüßen, Ihr Rowohlt-Verlag."

Und ich weiß noch ganz genau, wie ich meine ersten weiteren vierzehn Ablehnungen bekommen habe.

„Sehr geehrter Autor, bitte entschuldigen Sie den Formbrief, aber die Flut an täglich bei uns eingehenden Manuskripten ist kaum zu bewältigen ... müssen Ihnen leider mitteilen, ... Damit verbindet sich kein Werturteil. Mit freundlichen Grüßen, Haffmanns."

„Sehr geehrter Herr Surmann, wir wissen, dass dies ein Formbrief ist, aber aufgrund der täglich über uns hereinbrechenden Manuskriptflut ... Mit freundlichen Grüßen, Wagenbach."

„Liebe Autorin, ein Formbrief. Ja, leider. Aber wir werden täglich bis über beide Ohren mit Manuskripten zugeschissen ..." – ich gucke noch mal genauer hin: Nee, steht da gar nicht –

„... eingedeckt und verwenden viel Zeit darauf, die Projekte sorgfältig zu prüfen. Wir tun das sofort am Tag des Eingangs. ... Dies ist kein Werturteil. Mit freundlichen Grüßen, Eichborn."

Und gleichlautend von Suhrkamp, Fischer, Kindler, Luchterhand, Insel, Aufbau usw.

Zugegeben, ich hab bei der Auswahl meiner Verlage damals wohl etwas hoch angesetzt. Aber ich war Anfang zwanzig. In dem Alter glaubt man noch an sich. Da übt man beim Versenden eines Manuskripts schon mal die Dankesrede zum Nobelpreis.

Nun bin ich der Lektor. In den ersten Monaten meiner Amtszeit habe ich vielen Autoren ihre erste Ablehnung geschickt. Oder ihre vierzehnte. Ich bin der, vor dem ich mich immer gefürchtet habe: der Arsch, der entscheidet, ob ein Buch erscheinen darf oder nicht.

Als ich damit anfing, war mein Verlag noch nicht der weltweit operierende DAX-Konzern, der er heute ist, sondern ein Kleinverlag. Und wenn ich sage „Kleinverlag", dann übertreibe ich maßlos. Er war unter den Kleinverlagen ein Kleinverlag, ein Bonsai-Bonsai, die Matchbox-Version eines Smartsfortwo, ein Nanoverlag, der i-Punkt in der großen Buchstabensuppe des Literaturmarktes. Ein Verlag, der so klein und mittellos war, dass er sich gleich nach Zwergen aus Griechenland benannt hat und sich nur mich als Teilzeitlektor leisten konnte. Aber selbst dort flatterten mir wöchentlich drei bis fünf unverlangt eingesandte Manuskripte ins Büro: Briefe von hoffnungsfrohen Jungautoren, Briefe von hoffnungsfrohen Altautoren, Gedichte von freundlichen älteren Herren im Daktylus, sehr heitere Verse, die Gattin befand sie schon als Genuss, gedruckt sogar schon im Bad Nauheimer Blatt auf der Rätselseite, Manuskripte von Menschen, die etwas zu sagen haben oder glauben, etwas zu sagen zu haben, oder die nichts zu sagen haben und es trotzdem sagen, Einsendungen von sagenhaften Nachwuchsautoren oder nachwachsenden Sagenautoren und das Manuskript von diesem seltsamen Freak aus Argentinien, der schon jedem, aber auch wirklich jedem deutschen Verlag seine obszöne Nachdichtung des Nibelungenlieds angeboten hat:

„Auch das ist Teil der Saga,

der Hagen war ein Hinterlader.

War nicht nur verwandt mit Gunther, sondern war auch 'ne Tunt' er ..."

Nun endlich wusste ich, was die Verlage damals mit „Manuskriptflut" gemeint hatten. Wie erst mochte es größeren Verlagen ergehen? Mein Verlag veröffentlicht maximal acht Bücher pro Jahr, ich bin einziger Mitarbeiter. Als erste Amtshandlung nahm ich den Hinweis auf die Homepage, die Prüfung von Manuskripteinsendungen könne ein paar Monate dauern. Ein paar Monate später ersetzte ich den Hinweis durch die explizite Aufforderung, bitte gar keine Manuskripte unverlangt einzusenden.

Ich schrieb Absagen: eine – zugegeben – lästige Pflicht, der sich immer mehr Verlage durch Ignoranz entziehen, keine Antwort ist schließlich auch 'ne Antwort, und – ja! – auch ich verstecke mich meistens hinter Standardformulierungen, die ich mir einmal ausgedacht habe und immer wieder anwende: freundliche Anrede, persönlich, Dank für Einsendung, Manuskript intensiv geprüft, aber leider nur acht Bücher pro Jahr, Auswahl treffen müssen, Bitte um Verständnis, nicht ins Verlagsprogramm, mache das nicht gerne, trotzdem, aber dennoch leider, viel Erfolg woanders. Freundliche Grüße, Lektor.

Solche Absagen sind bequem und machen es dem Lektor einfach. Doch ich glaube, sie machen es auch den Autorinnen und Autoren draußen an den Briefkästen einfacher, zumindest einfacher, als wenn man immer die Wahrheit schriebe. Hier das Beispiel für eine ehrliche Absage (Name geändert):

„Sehr geehrter Herr Grass, ich habe in der U-Bahn zehn Minuten lang in Ihrem Manuskript rumgeblättert, habe die erste Seite bis zum vierten Absatz gelesen und festgestellt: Sie können nicht schreiben. Lassen Sie es lieber.

Mit freundlichem Gruß, Surmann (Lektor)."

Nein, das wäre nicht nett. Dann doch lieber eine verständnisvolle Standardabsage.

Man mag einwenden, zehn Minuten in der U-Bahn, so schnell könne man sich doch gar kein Urteil bilden.

Doch.

Oft geht das. Denn Literatur baut zu einem gewissen Anteil auf Sprache. Im Lektorat kann man manches noch bearbeiten, es gibt selbstredend verschiedene Sprachstile, aber es gibt auch so etwas wie ein Sprachgefühl. Das ist wie mit dem Sinn für Wohnungseinrichtungen. Man betritt eine Wohnung und weiß sofort: „Ah, da hat ein Mensch ein Gefühl dafür." Oder man weiß sofort: „Ah, da handelt ein Mensch nach dem Motto: Was mir gefällt, stell ich einfach irgendwohin." Das ist ja auch nicht schlimm, denn zum Glück werden diese

Menschen in der Regel nicht Innenarchitekten oder Raumausstatter. Ebenso gibt es Menschen, die besitzen überhaupt kein Gefühl für Sprache. Die meisten begnügen sich dann damit, Dienstanweisungen an schwarzen Brettern zu formulieren, falsche Apostrophe zu s'etzen oder schlimmstenfalls Durchsagen für die Deutsche Bahn zu verfassen.

Bei manchen Menschen geht das fehlende Gefühl für Sprache allerdings so weit, dass sie glauben, sie hätten eins. Das ist wie mit der Ahnung. Wie viele Menschen haben keine Ahnung, glauben aber trotzdem, voll die Checker zu sein! In etwa zehn Prozent der Manuskripte, die ich auf den Schreibtisch bekomme, paaren sich diese beiden Punkte.

Und dann, ja dann kann man wirklich nach zwei Absätzen sagen, dass die Dialoge hölzern knarzen wie die morschen Bühnenbretter in einem Siegerländer Bauerntheater:*

„‚Liebling‘, sagte Ruth plötzlich, ‚wo ist eigentlich unsere Tochter?‘

‚Ach, du meine Güte‘, sagte Hendrik, ‚sie ist weg. Dann ist sie wohl entführt worden. Wahrscheinlich von der Frau am Eingang zum Weihnachtsmarkt, der wir sie in die Obhut gegeben haben, weil: Sie hat sich doch als Kinderbetreuerin ausgegeben gehabt.‘

‚Oh, mein Gott‘, sagte Ruth nun unter Tränen. ‚Entführt? Ich werde meine Tochter nie wiedersehen. Wie konnten wir nur so dumm sein? Ich mache mir solche Vorwürfe.‘

‚Das musst du nicht, Schatz‘, sagte Hendrik. ‚Das hätte doch jedem passieren können.‘ "

Nach ein paar weiteren Zeilen weiß ich, dass der Verfasser dieses, nun ja, „Psychothrillers" zur Recherche über Polizeiarbeit nicht einmal ZDF-Vorabendserien zurate gezogen hat:

„Sie gingen zur Polizei. Sie sagten sofort, dass ihre Tochter entführt worden ist, aber erst nach drei Stunden hat sich ihnen ein Beamter angenommen gehabt. ‚So, Ihre Tochter ist also entführt worden‘, sagte der Beamte. ‚Wie kommen Sie zu dem Verdacht?‘

‚Erst war sie noch da‘, sagte Ruth unter Tränen.

‚Dann war sie weg‘, sagte Hendrik gefasst.

* Sämtliche Beispiele durch Ersatztext nachgestellt.

‚Wir waren auf dem Christkindlmarkt', sagte Ruth unter Tränen.

‚Oh. Da kann ich Ihnen keine große Hoffnung machen', sagte der Polizist. ‚Das Muster kennen wir. Das ist die gefürchtete Weihnachtsmarkt-Entführerin. Die Kinder tauchen in der Regel nie wieder auf.'

‚Oh, mein Gott', sagte Ruth unter Tränen.

‚Wir können da nichts für Sie tun', sagte der Polizist:

‚Am besten gehen Sie jetzt nach Hause und ruhen sich etwas aus', sagte er weiter.

‚Wir hatten ja auch einen anstrengenden Tag', sagte Hendrik und nahm Ruth bei die Hand. Die erschrak: ‚Wo ist eigentlich unser zweites Kind?' "

„Nein", schreibe ich auf das Skript, „absagen", und lege es auf den Stapel „Absagen".

Alle paar Monate nehme ich mir den Stapel vor und copy-und-paste alle Absagen zusammen:

„Sehr geehrter Schriftsteller, vielen Dank für Ihr Manuskript ›Verschollen im Christkindlmarkt‹. Leider passt es nicht in unser Programm. Wir veröffentlichen grundsätzlich keine Psychothriller. Ich bitte um Ihr Verständnis und wünsche Ihnen viel Erfolg bei der weiteren Suche nach einem Verlag. Freundliche Grüße, Surmann (Lektor)."

Ist das feige, oder nur höflich? In welchen Fällen soll man ehrlich sein? Wo hilft man Autoren, wo düpiert man sie? – Ich weiß es nicht. Man könnte ein Buch darüber schreiben.

Sollten Sie Antworten auf diese Fragen haben, schreiben Sie sie mir. Aber bitte haben Sie Verständnis, wenn es mehrere Monate dauert, bis ich antworte.

II. Mindestens ein Viertel der unverlangt eingesandten Manuskripte stammt von leicht Verwirrten, Grenzdebilen oder völligen Psychopathen. Man kann diese Einsendungen schon am Briefumschlag erkennen: Wo die Anschrift knappe 90 Prozent des Briefes einnimmt oder sie in Ameisenschrift vom Umschlag zu krabbeln versucht oder sich Sütterlin-Buchstaben zwischen die lateinischen schieben, wo das Porto aus dreizehn verschiedenen Briefmarkenwerten zusammengeklebt wurde oder die Briefmarken noch kombinierte DM/Euro-Werte anzeigen oder der Deutschen Post so wenig vertraut wird, dass ein einfaches Romanexposé als Einschreiben mit Rückschein ins Haus kommt, da stimmt doch was nicht!

Das geht bei den Anschreiben los. Nach der vergleichenden Analyse von mehreren Hundert Anschreiben und dazugehörigen Projektangeboten möchte ich folgende These aufstellen: „Wer nicht in der Lage ist, ein ein- bis zweiseitiges Anschreiben klar zu gliedern und in wenigen Sätzen verständlich und fehlerfrei darzulegen, was man will, ist auch nicht in der Lage, ein Buch zu verfassen."

Unlängst erhielt ich beispielsweise folgendes Schreiben:

„Sehr geehrte Damen und Herren, hiermit möchte ich bei Ihnen mein Manuskript zur Veröffentlichung als Leseprobe einreichen." Das geht ja schon gut los. Aber vielleicht wäre das ja ein total innovatives Konzept: Leseproben veröffentlichen: eine Sammlung von vierzig Romananfängen unbekannter Autoren. Weiter: „Der Tod ist immer die Urangst des Menschen gewesen, von der ersten Geburt bis zum letzten Tod." Moment ... Wie viele Geburten und Tode hat ein Mensch denn so? „Deswegen wollte ich eigentlich eine Satire darüber schreiben. Sehr oft schreibt sich eine Geschichte aber von selbst, und aus Satire wurde eine eigenartige Geschichte mit kaum durchschaubaren Figuren." Eigenartige Geschichten mit kaum durchschaubaren Figuren, genau das ist es, was man so sucht als Verlag. Und der Autor hatte nicht mal zu viel versprochen.

In allen Ratgebern für angehende Schriftsteller wird empfohlen, dem Manuskript ein freundliches und neutrales Anschreiben beizupacken, das in groben Zügen über das mitgeschickte Manuskript und die Motivation des Autors informiert. Hier ein Musterbeispiel eines vorbildlichen Anschreibens:

„Sehr geehrte Damen und Herren,

anbei übersende ich Ihnen ein Exposé sowie 31 Seiten Leseprobe meines Buches ‚Bekenntnisse eines Sextouristen'. Der Stoff ist sicherlich ein Reizthema, liest sich flüssig, und man erfährt auf unterhaltsame Weise, wie ein überzeugter und begeisterter Sextourist ›tickt‹. Alle Ereignisse sind authentisch und selbst erlebt.

Mit freundlichen Grüßen, Ihr Autor."

Der Lektor erfährt in diesem Anschreiben kurz und prägnant, worum es geht und was die Motivation des Autors ist, und kann das Manuskript direkt dem Altpapier übergeben. Perfekt!

Überhaupt ist erstaunlich, wie viele Männer ihre Midlife-Crisis nutzen, um Bücher zu schreiben, die als alleinigen Inhalt haben, wie sie sich selbst durch alle Betten dieser Welt vögeln. „Schwanzgesteuert! Die nackte Wahrheit über Männer" wird mir mit den Worten schmackhaft gemacht: „Der Erzähler wird zum Sklaven seiner eigenen Triebe und erliegt den permanenten Reizen weiblicher Verführungskünste. Sein ›ständiger Begleiter‹ mausert sich zum Quälgeist und drängt ihn immer wieder zu neuen Höchstleistungen." Ih-ba!

Es gibt ja die Theorie, dass sehr alte Menschen charakterlich wieder Kleinkindzüge annehmen. Davor scheinen zumindest Männer noch einmal in die Pubertät zu kommen. Wo man mit sechzehn mehrfach täglich an Sex denkt und zwanghaft onaniert, scheinen manche Männer mit sechzig mehrfach täglich über Sex zu schreiben. Onanie wäre vielleicht die bessere Alternative.

Da lob ich mir, wenn andere Autoren ihre Erfolge selbstbewusst herausstellen:

„Nun zu mir: Ich schreibe meistens abends, wenn mich meine Familie mal in Ruhe lässt. Ich stehe noch am Anfang meiner schriftstellerischen Karriere, und doch hab ich schon einen Hit gelandet. Im Rahmen eines Literaturwettbewerbes des namhaften Plunzendorf-Verlags wurde eine Kurzgeschichte von mir in einer Anthologie veröffentlicht. Ohne eine Honorarforderung gestellt zu haben, wurde mir gleich nach der Herausgabe ein druckfrisches Exemplar dieses bedeutenden Werkes kostenfrei auf dem Postweg zugesandt. Worauf warten Sie noch? Lassen Sie uns gemeinsam die Bestseller-Charts stürmen!"

Es gibt Einsendungen, da weiß ich nicht, ob ich mir verarscht vorkommen soll oder nicht.

Angeboten wird mir ein politisch-satirischer Schlüsselroman: „Tauchen Sie ein in die verkommene Welt der Mächtigen, eine Welt voller Laster und Intrigen: Erleben Sie hautnah die Verdrängung hiesiger Männer und Belästigung von Frauen durch ins Land gelassenen Männerüberschuss, den sexuellen Dschihad gegen Europa, die Landnahme unter der Gürtellinie sowie durch Feminismus seit Jahrzehnten. Plötzlich erscheinen die Dinge in einem anderen Licht, als es uns die Presse glauben machen will ..."

Oha. Ich schaue auf den Absender: Dresden, na, war klar. Dann folgt ein Moment unfreiwilliger Selbsterkenntnis: „Machen Sie diesen Schmutz öffentlich." Nö. Ich befördere diesen Schmutz lieber in den Abfalleimer.

Es gibt auch Verlagsanschreiben, die formal völlig korrekt sind, mich mit der Zeit aber trotzdem nerven: Die lesen sich etwa so:
»Sehr geehrte Damen und Herren,
seit 10/20/49 Jahren arbeite ich als Taxifahrer/Reno-Gehilfin/Sanitärfachverkäufer/Sonstiges. Dabei passieren mir die tollsten/lustigsten/komischsten/sonstigsten Sachen. Und immer wieder dachte ich mir/sagte man mir/sagte meine Frau mir: »Das musst du mal aufschreiben." Gesagt getan. Anbei erhalten Sie mein Manuskript: »Taxi, Taxi"/»Büro, Büro"/„Da gibt's was auf den Klodeckel!"/„Sonstiges ist voll toll!". Es enthält Geschichten und Anekdoten/Anekdoten und Geschichten/wahre Erlebnisse und Geschichten/Anekdoten und Begebenheiten aus der Welt eines/einer siehe oben. Ich bin sicher, dass das Buch auf großes/sehr großes/riesiges Interesse stoßen muss, denn schließlich saß jeder schon mal im Taxi/beim Anwalt/aufm Klo/sonstwo. Ich habe das Manuskript auch mal meiner Frau/meinen Eltern/meinen Freunden/meiner kroatischen Putzfrau zu lesen gege-

ben, und alle waren total begeistert/haben sehr gelacht/fanden es ganz
nett/haben es vermutlich gelesen. Ich bin mir sicher, dieses Buch wird
ein Bestseller/Bestseller/ Bestseller/Bestseller."

Verfassen Sie nie solch ein Anschreiben, wenn Sie ein Buch bei einem Verlag unterbringen wollen. Das ist ein ernst gemeinter Rat-
schlag. Und folgen Sie bitte den beiden folgenden Regeln:
1. Auch wenn es hervorragend zu Ihrem Buch passt, verwenden Sie
nie die Anrede „Sehr geehrte Männchen und Weibchen".

2. Seien Sie nicht komisch. Mag Ihr Manuskript auch das lustigste
Ding seit Erfindung des Tortenwerfens sein: Versuchen Sie nicht,
im Anschreiben komisch zu sein. No. No. Never. Denn das klingt
dann im schlimmsten Fall so:

„Hi, ihr Verlegerlein,
   ich bin's. Der Seppl ausm Allgäu. Ich hab auf Facebook von euch
erfahren. Ihr macht in Satire, da schick ich euch doch mal ein paar
Textauszüge. Mein bisher erstes und einziges Buch „Hirnschlag-
michtot" erschien 2009 beim Plunzendorf-Verlag und hat sich, anders
als Wahlprogramme, beschissen verkauft. Mein Verleger meinte, ich
sollte mir einen anderen Verlag suchen. Nun versuch ich es bei euch.
   Pfüats euch!
   Der Seppl ausm Allgäu."

Ines Witka
Ein Blick durchs Schlüsselloch in meine Schreibwerkstatt

Besonders nach Seminaren zum erotischen Schreiben werde ich oft gefragt, welche Verlage und Chancen es für eine Veröffentlichung gibt. Alle wünschen sich ein Buch.

Einstiegsübung: Als Einstieg eignet sich ein Akrostichon, ein leichtes Buchstabenspiel. Die ersten Buchstaben einer Zeile ergeben von oben nach unten gelesen ein Wort. Es muss sich nicht reimen. Es kann mit jedem Buchstaben ein Wort gebildet werden oder ein Satz. Wählt die Anfangsbuchstaben der Verszeilen so, dass sie euren Namen bilden.

Ablecken, ablutschen, anknabbern	Ich
Niemals ruht sie	Nenne
Nimmt sich besitzergreifend	Es
Alles – meine Lust	Sex

Einladung zum Schreiben mit einer Gedichtzeile: Die Aufgabe: Wählt eine der Gedichtzeilen aus, notiert die Zeile und beginnt. Wenn ihr festhängt, wiederholt die erste Zeile und macht weiter. Wählt auch einmal eine Zeile, deren Ton euch fremd ist. Die Zeilen, die ich in diesmal vorschlug, waren:
Wie ich bei dir gelegen
Habe im Bett, weißt du es noch?
(**Ferngruß von Bett zu Bett** – Joachim Ringelnatz)

Ich wollte, ich wäre ein Malzbonbon
Und du, du würdest mich lutschen.
(**Offener Antrag auf der Straße** – Joachim Ringelnatz)

Komm wie ein Cello zwischen meine Knie
(**Nachtgesang des Kammervirtuosen** – Erich Kästner)

Doch schau ihm nicht beim Ficken ins Gesicht
(**Über die Verführung von Engeln** – Bertolt Brecht)
Mein Geschlecht zittert wie ein Vögelchen
(**Mein Geschlecht zittert** – Hilde Domin)

Ein Mädchen in schwarzen Strümpfen
(**Einfaches Bild** – Rolf Dieter Brinkmann)

Und ich sah auch an deinem offenen Haar, roch, daß etwas anders war
(**Actaeon** – Raoul Schrott)

Ich weiß es doch, dein Shirt war grün. Und blau mit irgendwelchen Ranken
(**Liebesanfang** – Dirk von Petersdorff)

Anneli suchte sich aus: *Komm wie ein Cello zwischen meine Knie*
Komm wie ein Cello zwischen meine Knie
So sprachst du damals weißt du's noch
Im Sommer war es Nachmittag
Auf dem Teppich Sonnenstrahlen
Durchs Fenster Duft von frisch gemähtem Gras
Das Zwitschern von ganz nahen Vögeln
Ich tat's
Die Finger spielten virtuos
Auf bisher kaum benutzten Saiten
Die Töne leise erst und sacht
Sie steigerten sich zum Furioso
Zum Schluss
Das Spiel war aus
Du ließest deinen Bogen sinken

Monika wählte: *Ich weiß es doch, dein Shirt war grün*
Da war eine Liebe
Ich weiß es doch, dein Shirt war grün.
Und blau mit irgendwelchen Ranken.

Die Sonne sengt, die Felder glühn,
und mein Entschluss kommt sacht ins Wanken.

Ich wollte nie und nimmer mehr mit dir zusammenliegen
Doch wie ich dich so lockend seh
stolz und frei, ich sag nicht, „geh",
da muss ich dir erliegen,
da will ichs auf Brechen und Biegen.

Die Welt vergeht im Nirgendwo,
nur dich, nur dich kann ich sehn,
wir spielen, wir schweben im Irgendwo.
Wir rollen im Gras, die Münder heiß,
sie schmecken Salz der Haut.
Die Leiber im Schweiß, die Luft flimmert weiß,
wir gehen im Stehn,
mehr, mehr, wir flehn
und zerwühlen um uns das Kraut.
So laut, ohne Laut, so laut, so …

Anja Müller

Ich weiß es doch, dein Shirt war grün
und blau mit irgendwelchen Ranken
Wir liebten uns, wir sanken dahin,
wir ergossen uns ganz, ohne jedweden Gedanken.

Schwül war der Tag, jeder Hauch brennend heiß,
und nimmer sah ich dich wieder.
Oft noch hab ich an dich gedacht,
wenn ich erwacht in schweißnasser Nacht,
ermattet vom Sein, sing schamlose Lieder.
Vergangen, vorbei, ich weiß, ich weiß.

Einladung zu einem Prosatext: Dazu lasse ich einen Ort beschreiben, der die Schreibübenden sehr beeindruckt hat. Da die Teilnehmer*innen noch nicht wissen, dass dies später die Bühne für ein sexuelles Geschehen darstellt, wählen sie sicher einen aufregenderen als das Bett. Mit ein paar Beispielen, z.B. machomäßig – feministisch, rege ich die Gruppe an, gegensätzliche Figuren zu erfinden, deren gemeinsames Erleben sie an diesen Ort führt, was aber aufgrund ihrer Unterschiedlichkeit einen Konflikt in sich birgt. Beim Feedback geht es in erster Linie ums Handwerk: Stimmt die Erzählperspektive? Hält der Spannungsbogen? Stimmt die Sprache? Passt sie in die Zeit, über die man schreibt, zu den Personen, die beteiligt sind, und ist sie der Situation angemessen, in der sie sich befinden?

Peter Butschkow

Frederike Frei
das Wörtchen ‚und'

MEIN ERSTER GEDICHTBAND HIESS *Losgelebt*, doch viele lasen
Losgelegt. Auch nicht falsch. Drauflos erzählt, im Dutzend üppiger,
die Masse macht's. Ich glaube, mein Sammeltrieb brachte den Verleger zur Verzweiflung. Er wollte meine Gedichte drucken, die er
im Jahr zuvor auf der Buchmesse 1976 in Frankfurt kennengelernt
hatte, an meinem Bauchladen. Eine Auswahl der Gedichte hatte er
fein säuberlich Seite für Seite oben an den Innenrand jeder Seite gesetzt, sodass der Rest der Seite frei blieb, um hier den Lesergedanken
bei ihrer Lektüre Raum zu lassen. Ich aber sah, als mir die Fahne
geschickt wurde, im Weiß der Seite nur die Leere, trampte auf der
Stelle von Kassel aus hin zum Verleger ins Ruhrgebiet und klingelte
am Vorabend der Drucklegung an seiner Tür.
    „Komm rein", sagte er nur, als ich herumdruckste, meine Gedichte
wollten alle zusammenbleiben wie in meinem Bauchladen, mit dem
ich mich noch vor der Auftragsdichterei in Kassel bekannt gemacht
hatte, die dürfe man nicht voneinander trennen oder hälfteln. Und
als ich noch mäkelte, Druckbuchstaben sähen so kaltherzig aus, der
Schriftsatz sei viel zu edel und zu fein, ich sei Handschriftstellerin,
die Kunden am Bauchladen kennten meine Handschrift schon, strich
mir der gutherzige Mann Brote, stellte eine Milchkaraffe dazu und
schloss die Tür hinter mir ab für eine ganze Nacht im Verlag, beauf-
tragte mich, bis zum Morgen sämtliche Gedichte druckfertig mit der
Hand zu schreiben und ging selbst schlafen. Tatsächlich bosselte ich
bis zum frühen Morgen am Outfit der Texte herum. Morgens hatte
ich dann tatsächlich sämtlichen meiner Gedichte Unterschlupf auf
den limitierten Seiten verschafft, mindestens zwei auf jeder Seite.
    Die Filzstifte richteten sich dabei nach der Lautstärke der Gefühle
in den Wörtern. Für Zeilen wie *Gewöhnlich!!!/ stinkt die Familie/* standen die dicksten Filzer zur Verfügung und die feinsten für leise Zeilen
wie *ich allein bin allein*. Doch als der Verleger ausgeruht anklopfte,

zog die Nervensäge wieder blank. Denn bevor ich ihm die Seiten übergab, jammerte ich schon wieder:

„Schreibschrift sieht so elitär aus."

Da bekam er einen Wutanfall, tobte und schrie, das müsse heute gedruckt werden. Ich stand ihm verständnislos gegenüber. Weder kannte ich das Verlegerhandwerk, noch interessierte es mich groß. Das Selbstbewusstsein, bei meiner Meinung zu bleiben, besaß ich nur dadurch, dass ich das Documentapublikum hinter mir wusste, samt allen meiner Spleens. Nun rief ich meine Freundin in Hamburg an, und zwar diejenige aus meiner Abiturklasse, die am meisten Geschmack und den schärfsten Verstand besaß.

„Was soll ich machen? Das eine sieht gefühlskalt aus, das andere elitär."

„Mischen", meinte sie ganz praktisch.

Das aber war nicht möglich. Entweder Satzdruck oder Offsetdruck. Da mir beides unbekannt war, ließ ich den Verleger entscheiden. Also Offsetdruck. Ich mischte dann meine Handschrift mit Schreibmaschinenschrift, um den Satz zu imitieren. Und siehe da, genau diese fehlte noch, denn jetzt erhielten die längeren sachlicheren Texte ihre passende Form. Nach und nach traf die Büromannschaft des Verlags ein und begegnete zu ihrer Verwunderung früh morgens einer übernächtigten Jungautorin an ihren Schreibmaschinen. Sie kannten keine Gnade. Ich musste ausweichen an die einzige im Verlag befindliche herrenlose Olympia, deren Kohleband so blass war, dass ich jeden Buchstaben doppelt anschlagen musste, was natürlich enorm aufhielt. Doch Schreibwarengeschäfte hatten um diese Zeit noch nicht geöffnet in Leverkusen. Die Druckmaschinen surrten schon. Das Buch sah handgemacht aus, war es ja auch, und wurde dennoch oder deshalb ein Erfolg. Im Dutzend billiger. Ein proppenvoller Lyrikband für denselben Preis erhältlich wie die anderen leereren Bände in der Verlagsreihe. Dreiundzwanzigtausendmal wurde er verkauft. Ich sage ja, in mir sitzt ein Sprudelbrunnen, ein Summenmonster.

Peter Butschkow
Der Druckereipraktikant

GUS STAND VOR EINEM ZWEISTÖCKIGEN Fabrikgebäude mit großen Sprossenfenstern und schmuddeligem Rauputz, auf dem quer über die Gebäudefront in erhabenen, mattgoldenen Buchstaben „BUCHDRUCKEREI CONCORDIA" stand. Die schwere, metallische Eingangstür war verschlossen; er entdeckte einen Klingelknopf und drückte ihn. Aus der Lautsprecheranlage plärrte ein barsches „Ja, bidde?"

„Ich bin der neue Praktikant", brüllte er gegen die Wand mit der Klingelanlage.

Als Antwort erhielt er ein hässliches Schnarren und die Tür öffnete sich. Gus betrat das Gebäude. An den Wänden standen Paletten mit schneeweißem Papier und die Luft trug den köstlichen Duft von Druckfarben in seine Nase. Aus dem Hintergrund vernahm er das Klappern von Maschinen. Zur Linken war eine Tür mit einem Schild, auf dem „Büro" stand. Gus wollte gerade höflich anklopfen, da schwamm ein kleiner, bulliger Kerl im Kittel mit hochgekrempelten Ärmeln in einer gewaltigen Geräuschwelle aus der Buchbinderei heraus, knallte die Tür wieder krachend hinter sich zu und musterte ihn mürrisch. Dann knurrte er:

„Kann ick euer Hoheit helfen?"

„Äh, ja – es geht um ein Praktikum", sagte er.

Der Kerl stand breitbeinig da, stemmte beide Arme in die Seite, wischte sich mit dem Handrücken über die Nase und sagte dann: „Praktikum? Kiek an. Dann klopp ma anne Tür, da müssen sich eure Hoheit jefälligst erst mal anmelden. An die Dame im Empfang kommt keena unjeschorn vorbei."

„Danke, sehr freundlich." Gus klopfte kurz an, drückte entschlossen die Türklinke herunter und stand in einem völlig altmodischen Büro mit dunklen Möbeln, an denen sich wohl schon Generationen von Büromenschen mit Zahlen geschunden hatten. Eine stramme

Wasserstoffblondine zog gerade mit einem scharfen „Ratsch!" einen Briefbogen aus der Schreibmaschine, griff sich dann eine glimmende Zigarette vom Aschenbecherrand, zog kräftig dran und fixierte ihn mit zusammengekniffenen Augen neugierig über ihre verschnörkelte Brille, während sie den ausgeatmeten Tabakrauch aus ihren knallrot geschminkten Lippen wie einen Schleier entweichen ließ.

„Schönen juten Tach, mein Hübscher, wie kann ich helfen?", fragte sie.

„Guten Tag. Ich bin hier wegen des Praktikums in den Sommerferien."

Sie taxierte ihn von oben bis unten. „Hatten Sie da schon mit jemandem gesprochen?", fragte sie und drosch wie eine Dampframme mit ihrer makellos manikürten Hand auf einen Hefter, um drei DIN A4 Bogen unzertrennbar miteinander zu verklammern.

„Ja, mit einem Herrn Forsch – oder Frosch oder so? Ich glaub so ähnlich."

„Herr Fotsch, den meinten Sie bestimmt, oder?"

„Fotsch, ja richtig, Fotsch, so hieß er."

„Haben wir gleich", sagte sie, griff sich den Telefonhörer und drückte eine Taste. „Kollege Fotsch, hier is'n junger Mann … äh, Moment mal", unterbrach sie und schaute Gus fragend an, „wen darf ich melden?"

„Gus Vossberg", antwortete Gus.

„Ein Herr Vossberg, es geht um ein Praktikum", sagte sie in den Hörer.

„Ah, Sie wissen Bescheid? Gut, okay, sag ich." Sie legte auf. „Kommt gleich. Setzen se sich doch so lange." Dann hielt sie ihm mit schiefem Kopf eine kleine Schale hin. „Nüsschen?", fragte sie.

„Nüsschen? Öh … nein, vielen Dank, sehr freundlich", sagte Gus und setzte sich auf einen Stuhl. „Im Moment nicht."

„Nüsse sind sehr gesund", sagte sie, „voll mit Pfitaminen. Pfitamin E! Magnesium und Kalium."

Warum sagt sie Pfitamine, dachte sich Gus. Wahrscheinlich sagte sie auch Pfollrausch oder Rotpfuchs?

„Wie Sie mögen", bemerkte sie enttäuscht, drehte sich mit einer routiniertem Schwung auf ihrem Drehstuhl abrupt herum und brüllte mit rauchiger Stimme nach hinten: „Ist der Auftrag Löffler&Hebemann jetzt endlich abgeschlossen?"

„Ist gestern ausgedruckt!", kam die Antwort.

„Pfantastisch, dass ich das auch mal erfahre!", antwortete sie spitz und drehte sich wieder Gus zu. „Pfantastisch, dass man hier auch mal was erfährt, nein, echt ganz pfantastisch." Dann zeigte sie auf das kleine Schälchen mit den Nüssen – „Nüsschen? Ach nee, Sie wollten ja nicht? Oder doch?" Sie schaute ihn neckisch an und reichte ihm noch mal das Schälchen hin.

„Wirklich, sehr freundlich. Tagsüber esse ich keine Nüsse, sehr freundlich, vielen Dank."

„Ach? Schau an. Man isst tagsüber keine Nüsschen? Na, da bin ich anders, ich brauch immer mal Pfitamine zwischendurch. Stopf mir gern mal was rein, wenn sie wissen, was ich meine." Sie grinste zweideutig und zwinkerte ihm zu.

Ole hatte ihn schon vorgewarnt. „Die Dame im Empfang, da musste dich in Acht nehmen, ein scharfes Luder", hatte er gesagt. Na, das kann ja lustig werden, jeden Morgen erst mal an der lüsternen Nuss-Mutti vorbei.

„Na, zum Glück sind wir Menschen nicht alle gleich, sage ich immer, das wäre doch pfurchtbar, oder?" Sie schüttelte den Kopf, wiederholte noch mal „pfurchtbar, wir wären alle gleich, stellen Sie sich das mal vor!" und schob sich genüsslich knarzend eine Walnuss in den Mund. „Alle würden so gerne Nüsse mögen wie ich, eine Katastrophe, da könnten wir wieder nach Nüssen anstehen. Na, Prost Neujahr."

„Walnüsse esse ich schon gar nicht, die sehen immer aus wie obduzierte Hirnhälften."

Sie erstarrte. „Obduzierte Hirnhälften?", fragte sie entsetzt und hörte abrupt auf zu kauen. „Hirnhälften?" Sie nahm sich eine Walnuss aus der Schale und drehte sie spürbar verunsichert zwischen ihren Fingern hin und her und sagte nachdenklich: „Also jetzt, wo Sie's so sagen …"

Die Tür wurde energisch aufgestoßen und ein schmaler Mann mit dicker Hornbrille erschien. „Fotsch", sagte er zu Gus, „freut mich." Er streckte ihm seine Hand entgegen. „Ole hatte Sie ja schon angekündigt."

Gus antwortete „Ach ja, der Ole, klar – ich bin Gus Vossberg, angenehm."

„Hat unsere gute Frau Wiedehopf Sie schon mit Nüssen versorgt?", fragte Herr Fotsch und grinste.

„Der Herr isst tagsüber keine Nüsse", bemerkte diese spitzmündig und zündete sich die nächste Zigarette an.

„Kommen Sie, wir können dabei ja die Einzelheiten besprechen. Ich entführe ihnen mal den jungen Mann und zeig ihm kurz unsere Weltfirma, okay?", sagte Herr Fotsch zu Frau Wiedehopf.

„Walten Sie nur ihres Amtes, werter Kollege ", antwortete die und beugte sich wieder über ihre Schreibmaschine.

Fotsch schob Gus sanft zur Tür hinaus und raunte: „Frau Wiedehopf ist die gute Seele unserer Firma, müssen Sie wissen. Keiner kommt an ihr vorbei. Sie ist ein bisschen frivol mitunter, aber ein feiner Kerl."

Frau Wiedehopf ist ein „feiner Kerl"? Das machte Gus nachdenklich, er verkniff sich aber den Wunsch nach einer erhellenden Nachfrage.

Fotsch begann seine Firmenbegehung in der Buchbinderei. Bevor er die Tür öffnete, erklärte er: „Hier ist das Ende der Fertigungsstrecke, hier wird gebunden, geklebt und geschnitten, von hier gehen die fertigen Produkte an den Kunden. Manche sagen auch, der Buchbinder hat … ich sage mal salopp … die Arschkarte. So, und jetzt nicht wundern." Er öffnete die Tür und Gus dröhnte eine wahre Geräuschwelle ins Ohr.

Es klapperte, schepperte, stampfte und pfiff. Er sagte noch „Verstehe" zu Herrn Fotsch, der aber antwortete ihm: „Ich verstehe so schlecht! Bisschen lauter bitte!"

„Mann, ganz schöner Krach!", brüllte Gus. Das war so ganz anders, wie er sich in unschuldiger Naivität eine Buchbinderei vorgestellt hatte: Gemütlicher Buchbinder mit Lederschürze und Leim und Falzbein bindet liebevoll einen Stoß Seiten zu einem schönen Buch im schmuckem Umschlag zusammen. Bei dem Krach erklärte sich ihm auch das mürrische Wesen dieses kleinen, bulligen Mannes, der ihn anfangs angesprochen hatte. Und genau auf den steuerte Fotsch jetzt zu und stellte ihn als „Unser Meister Henning, Leiter der Buchbinderei, Herrscher über den goldenen Schnitt" vor, der diese witzige Zweideutigkeit mit einem schiefen Grinsen quittierte. Gus spürte eine kräftige, raue Hand, die ein hartes Arbeitsleben vermuten ließ. In Meister Hennings blitzenden Augen spürte er den Wunsch, einem verweichlichten Studenten von der Kunstakademie mit seinem Händedruck wimmernd auf die Knie zu zwingen und ihn um Erbarmen flehen zu lassen. Aber Gus biss sich auf die Zähne und hielt tapfer stand. Er war sich danach allerdings nicht ganz sicher, ob er sich bei der Aktion nicht ein paar Finger gebrochen hatte.

„Is' ja ganz schön Betrieb hier!", brüllte er Meister Henning an. „Was klappert denn da so laut?"

„Die Taschenfalzmaschine falzt Prospekte!", brüllte Meister Henning.

„Ganz schönes Tempo?!", rief Gus.

„Und hier, unsere Polar-Schneidemaschine! Die schneidet mit einem Schnitt bis zu 1500 Bogen Papier! Wie Butter! Rumms – durch! Also, Hände weg, sonst …!" Meister Henning versteckte beide Unterarme hinter'm Rücken, „… sonst sieht das so aus!" und lachte schallend.

Das also war eine Kostprobe buchbinderischen Humors, dachte Gus. Na bravo.

Sie gingen weiter in die Halle hinein. Eine Frau stand an einer Papier-Bohrmaschine und verpasste einem fünf Zentimeter dicken Papierstapel vier Löcher. „Rumms! Rumms! Rumms! Rumms!"

„Wie Schweizer Käse!", brüllte Gus, dem irgendwie kein originellerer Vergleich eingefallen war.

Meister Henning war aber schon aus der akustischen Empfangszone und ging weiter. Gus war gespannt, welcher Arbeitsvorgang für dieses bissige Sägen im Sekundentakt verantwortlich war, das er schon die ganze Zeit als ein dominantes Geräusch in den Ohren wahrgenommen hatte.

„Das ist die Rückenfräse des Klebebinders für die Fertigung von Broschüren!"

„Interessant!", brüllte Gus und war sich noch nie so sicher wie jetzt: Der Beruf des Buchbinders wäre ihm echt zu laut. Dann kamen sie an einem großen Tisch vorbei, wo zwei Arbeiterinnen mit der Anfertigung von Mappen beschäftigt waren; sie schauten zu ihnen hoch und flüsterten sich kichernd etwas zu. Gus hätte zu gerne gewusst, was sie zueinander gesagt hatten, dachte sich aber sein Teil: wieder so ein Jungspund, der von nix ne Ahnung hatte.

„Dann wollen wir mal weiter", brüllte Fotsch und schob Gus sanft in Richtung Ausgangstür.

Meister Henning war zum Glück damit beschäftigt, mit einem Arbeiter zu reden, der kleine Stapel Kalender mit Perforation versah, so blieb Gus zum Abschied sein böser Händedruck erspart. Sie verließen die Buchbinderei und stiegen eine große, breite Wendeltreppe hoch zum ersten Stock. Oben angekommen sagte Fotsch: „Hier links die Bleisetzerei, rechts die Druckerei. Wir gehen mal erst in die Setzerei. Keine Sorge, hier ist es ruhiger. Ach, übrigens, mal ganz grundsätzlich, Setzer und Drucker lieben sich abgöttisch, nur mal so." Er feixte. „Und beide vergöttern den Buchbinder." Er lachte eigentümlich.

„Ach, äh – echt …?", stotterte Gus.

Fotsch öffnete eine schwere Metalltür und ging voraus in die Setzerei. „Die Herren!", brüllte er in den Raum, „darf ich Ihnen unseren neuen Praktikanten vorstellen!?"

Die Setzerei war in der linken Hälfte der ersten Etage, in zwei gegenüberliegenden Richtungen komplett mit den klassischen Sprossenfenstern alter Fabriken verglast. Quer im Raum standen parallel im gleichen Abstand die Regale mit den Schubladen für die Satzkästen und den Arbeitsflächen für die Setzer. Diese Anordnung nannte man offiziell „die Gasse", in der sich der Setzer bewegen und arbeiten konnte. Diese Setzerei verfügte über sechs Gassen. Ungefähr die gleiche

Anzahl Setzer in blaugrauen Kitteln hatte sich den beiden Eingetretenen zugewandt und fixierte den Neuankömmling neugierig, aber auch mit dem unbehaglichen Bewusstsein, dass es nun wieder galt, einem Unwissenden die hohe Kunst des Schriftsetzens zu vermitteln, mit all der zu erwartenden Begriffsstutzigkeit und Unbeholfenheit. Und der immer blöd herumstand, meistens im Weg, der immer dumme Fragen stellte und fließende Arbeitsvorgänge störte. Und wenn er noch ein junger Kerl war, der die Frauen im Betrieb unruhig machte, speziell Frau Wiedehopf, dann kam die bei jeder Bagatelle mit irgendwelchen Fragen in die Setzerei und hielt damit den Betrieb auf. Schlimmstenfalls brachte sie ihre Nussschale mit. All das las Gus in ihren Augen.

„Das ist Gustav Vossberg, Student an der Kunsthochschule, der in den Sommerferien ein dreiwöchiges Praktikum in unserer Setzerei absolvieren wird", sagte Herr Fotsch. „Unser alter Kollege Ole hat ihn empfohlen."

Gus grinste blöd, winkte unbeholfen in die Runde und sagte: „Guten Tag. Meine Freunde nennen mich Gus." Gleichzeitig schämte er sich für diesen peinlichen Satz.

Ein Kerl mit Kasperlegesicht und einem durchgesabberten Zigarrenstummel, der zwischen zwei weit auseinanderstehenden Schneidezähnen klemmte, hinter dem an der Wand ein großes, rotes Schild mit der Aufschrift „Rauchen verboten!" prangte, schaute Gus interessiert über seinen Brillenrand an und sagte mit spöttischem Unterton: „Ooooh, ein Künstler gibt uns die Ehre!"

„Das ist der Kollege Tauber. Nicht abschrecken lassen, er beißt nicht", sagte Herr Fotsch. „Kollege Tauber ist unser Tabellenspezialist. Keiner setzt die Tabellen so wie er. Ohne ihn wäre die Buchdruckerei Concordia nur die Hälfte wert, nicht wahr, Kollege Tauber?"

Kollege Tauber zog an seinem Stummel, dessen Glut sich schon gefährlich seinen Lippen näherte, stieß eine Serie von Tabakwolken aus und knurrte: „Meine Rede. Wär schön, wenn sich das mal auf meinem Lohnstreifen bemerkbar machen würde."

Fotsch ignorierte die Sozialkritik. Erstens war das nicht der richtige Moment und zweitens fühlte er sich als Leiter der Setzerei nicht dafür verantwortlich. Er konnte gegenüber der Geschäftsführung nur Empfehlungen aussprechen und das hatte er im Falle Tauber schon diverse Mal getan. Man war der Ansicht, Tauber sei schon übertariflich bezahlt und es wäre schädlich für den innerbetrieblichen Frieden, wenn ein Mitarbeiter aus einer Abteilung sich in seinem Entlohnungsniveau zu stark vom Durchschnitt abheben würde. Tauber zeterte bei jeder Lohnauszahlung, irgendwie hatten sich alle inzwischen daran gewöhnt und freuten sich schon auf Taubers große Lohnabrechnung-und-Geschäftsleitungs-Beschimpfungs-Show am Monatsende. Fotsch zog Gus am Arm sanft zur Tür und rief noch: „Kollegen, bald gehört er ihnen!" Das hörte sich für Gus an, als würde er den Setzern zum Fraß vorgeworfen werden.

„Kommen Sie, nun zeige ich ihnen noch die Druckerei", sagte Fotsch und führte ihn zur gegenüberliegenden Metalltür. Kaum hatte die sich geöffnet, brandete Gus eine Welle von Geräuschen entgegen. Mächtige Druckmaschinen spuckten im Stakkato bedruckte Bögen aus, daneben standen kleine „Tiegel", Drucker für einfarbige Produkte und kleine Auflagen, und druckten beflissen Bogen für Bogen, den sie mit ihren zischenden Ansaugnäpfen einen nach dem anderen bündig auf den vorgesehenen Stapel legten. Daneben saß der Drucker und wachte über die Ausdrucke und das Zählwerk, um bei erreichter Auflage den Druckvorgang zu beenden. Ab und zu griff er sich mal einen Bogen heraus, um die Qualität zu überprüfen. Die Drucker bei den großen Zweifarb- und Vierfarbmaschinen waren deutlich mehr in Bewegung, allein schon, um hin und wieder die Farbwerke nachzujustieren, um die Farbsättigung zu korrigieren. Alle aber, in diesem Konzert von dröhnenden und zischenden Maschinen, hörten, wenn sich die Tür zur Druckerei öffnete und der Meister mit einem neuen Praktikanten hereintrat. Hatte Gus schon in der Setzerei eine leichte Anmutung von Misstrauen empfunden, hier war sie noch spürbar stärker, dicht an der Grenze zur Ablehnung. Aber Meister Fotsch war unbeeindruckt. „Kollege Bronzki!", brüllte er in den Druckersaal, „darf ich dir mal unseren neuen Praktikanten vorstellen?" Hinter der Zweifarben-Heidelberger schob sich ein riesiger Kerl im blauen Kittel hervor, wischte sich an einem Lappen seine Hände ab und trat auf sie zu.

„Das ist unser Meister Bronzki, Leiter der Druckerei", stellte Fotsch ihn vor.

„Schönjutentach auch", sagte der zu Gus und reichte ihm eine riesige Hand. Noch so eine Kraftprüfung würde er nicht überstehen, dachte sich Gus. Zu seiner Überraschung war es ein eher sanfter, warmer Händedruck, nicht so eine Schraubzwinge wie beim Buchbinder. Es war schon interessant, wie verschieden Menschen anderen die Hand gaben. Am wenigsten mochte Gus schlaffe, kraftlose Hände, die sich wie mit warmem Wasser gefüllte Plastikhandschuhe anfühlten.

„Na, dann sehen wir uns ja bald wieder. Also dann – muss jetzt wieder an die Arbeit", sagte Bronzki freundlich und verschwand hinter seiner Heidelberger. Fotsch verfrachtete Gus mit einem „Darf ich bitten?" wieder freundlich nach draußen.

„Nun noch ein Blick auf die Konzernspitze, also die Geschäftsleitung meine ich", Fotsch grinste, „dann war's das erst mal." Sie gingen die Wendeltreppe nach unten und Fotsch klopfte an eine Tür mit dem Schild „Geschäftsleitung". Nach einer gebührenden Zeitspanne, die dem Anklopfenden die arbeitsmäßige Überbelastung der hinter der Tür arbeitenden Person vermitteln soll, erklang endlich ein: „Ja, bitte!"

„Naaaaaah, das ist also unser neuer Praktikant!" Ein korpulenter, älterer Herr mit Halbglatze und einem gelblichen Pullunder, den Gus im Gesamteindruck etwas schmuddelig fand, also sich nicht ganz sicher war, ob der Pullunder nicht ursprünglich mal eine schneeweiße Farbe hatte und sich durch das Rauchen so verfärbt hatte, erhob sich und reichte Gus die Hand: „Herzlich Willkommen!"

„Herr Löblich, der Chef dieses Unternehmens – Herr Vossberg", stellte Fotsch die beiden gegenseitig vor.

„Naaaaaaa? Schon 'n kleinen Einblick verschafft?", fragte Herr Löblich interessiert.

„Ein bisschen, schon", antwortete Gus. Ihm fiel auf, dass dieser Mann bisher jeden Satz mit einem langgezogenen, fast melodischen „Naaaaaa" begann und zwar in der Tonleiter von unten nach oben.

„Frau Wiedehopf!", rief Herr Löblich ins Nebenzimmer, „bringse uns doch mal was Fruchtiges, wir sind in Kabine Zwei!"

Im Raum befanden sich zwei große Kabinen, die quasi als Kundenseparee dienten. Kabine Eins war für Großkunden, Kabine Zwei für kleine Kunden, die Gruppe derer, die sich nur Visitenkarten oder Hochzeits- oder Traueranzeigen drucken lassen wollte, gelegentlich auch mal einen Handzettel. In jeder Kabine standen vier Stühle um einen runden Tisch, auf dem sich ein Sortiment an Wasser und Säften befand, zudem eine große Auswahl an Salzgebäck und Keksen jeder Art. In Kabine Eins, quasi die 1. Klasse, gab es wohl auch Kekse wie in Kabine 2 – allerdings mit Schokoladenüberzug. Im Zentrum dieses sündigen Arrangements glänzte in beiden Kabinen eine goldfarbene, mit Löchern durchsiebte Kugel, in der wie die Stachel eines Igels eine Auswahl der aktuell beliebtesten Zigarettenmarken steckte: Ernte 23, Peter Stuyvesant, Camel und für die ganz Harten Roth-Händle. In diesen Kabinen, die auch extra schallisoliert waren, damit kein indiskretes Wort nach draußen drang, bat die Druckerei potentielle Auftraggeber zu Tisch. Auf dem war, wie gesagt, wirklich alles vorhanden, was dem Bedürfnis eines Kunden entsprach, der während der Besprechung gerne Flüssigkeit und ein paar Leckerlis zu sich nehmen wollte. Das verstärkte seine Zufriedenheit und beeinflusste womöglich in ihm die Bereitschaft, seinen Auftrag an die Buchdruckerei Concordia zu vergeben.

Sofern der Preis stimmte. Und um den wurde bis auf den letzten Pfennig gefeilscht und gerungen, bis alle zufrieden waren.

Als positiven Entscheidungsverstärker bat Herr Löblich über die interne Hausanlage Frau Wiedehopf dann mit einem „Den Wagen bitte in die Eins!", doch für den verehrten Kunden die „Köstlichkeiten" hereinzufahren. Darunter verstand er Hochprozentiges für jeden Geschmack. Whisky, Cognac, Wodka, Rum, Korn, Obstler und Liköre. Frau Wiedehopf rumpelte dann mit dem flaschenklirrenden Servierwagen in die Kabine und rief immer: „Es ist angerichtet!" Beweise für eine manipulative Beeinflussung einer Kundenentscheidung durch Alkoholeinfluss gab es faktisch nicht, dennoch war es eine unausgesprochene Tatsache, dass in der durch den Alkohol aufgeheizten Stimmung plötzlich Witze erzählt wurden und Privates zutage trat, sodass am Ende eine lockere Vertrautheit die Oberhand gewann und die Auftragsvergabe schlussendlich nur noch reiner Automatismus war.

„Nehm' se Platz, junger Mann und greifen se zu", sagte Herr Löblich, als auch schon Frau Wiedehopf mit diskretem „Darf ich!" eintrat und eine Flasche preiswerten Himbeergeist auf den Tisch stellte, der sich dem Niveau der zweitrangigen Kabine anpasste. „Nüsschen?", fragte sie noch mit schiefem Kopf. Zur Erleichterung von Gus antwortete Herr Löblich mit abwehrender Geste: „Danke, Frau Wiedehopf, wir sind versorgt."

Herr Löblich zeigte auf die Flasche und fragte grinsend: „Naaaaa? Frische Himbeeren? Sozusagen zur Begrüßung und als gutes Omen für ein gelungenes Praktikum bei uns, wenn ich mal so sagen darf?"

Gus war es nicht gewöhnt, am Tage Alkohol zu trinken. Auch die außerordentliche Zuwendung, die er erfuhr, verwirrte ihn, schließlich war er ja kein Kunde, doch er erinnerte sich an die Worte von Ole, der ihm erzählt hatte, dass die Druckereien händeringend Lehrlinge suchten. So gesehen spekulierte die Buchdruckerei Concordia wohl insgeheim darauf, ihm einen Ausbildungsplatz schmackhaft zu machen. Vielleicht wollte er dann doch mehr als nur ein kurzes Praktikum? Vielleicht entschied er sich doch für eine Lehre und gab seinen irrwitzigen Wunsch, als Grafik-Designer – als brotloser Künstler – Geld zu verdienen, auf? Deswegen also diese ganzen Freundlichkeiten, schon die Nüsschen von Frau Wiedehopf dienten also heimlich diesem Ziel? Aha! Gus hatte sie durchschaut.

„Aber nur einen klitzekleinen, bitte", antwortete er freundlich und schaute zu, wie Herr Löblich geschickt drei kleine Schnapsgläser füllte, ohne dabei einen einzigen Tropfen zu verschütten.

„Naaa, dann auf eine erfolgreiche Zeit bei uns. Auf Ihr Spezielles, meine Herren!" Herr Löblich stieß mit den beiden an und kippte sich zackig den Schnaps hinter. Danach sagte er: „Verdammt – der ist gut."

Gus fand, das Zeug brannte sich seine Speiseröhre runter. Vielleicht meinte Herr Löblich mit seinem „Spezielles" genau die? Er schüttelte sich innerlich, ließ sich aber nichts anmerken. Herr Löblich schob ihm den Zigarettenigel zu. „Nehmse, nehmse, bevor es andere tun", witzelte er und kreiste unentschlossen mit spitzen Fingern um den Zigarettenigel, bis er sich endlich für eine Marke entschied. „Na, nehmse, greifen se zu!", insistierte er.

Gus hob abwehrend die Hand. „Danke, sehr freundlich, aber ich rauche nicht."

„Aaaaaaaaaaah, brav, junger Mann, brav", sagte Herr Löblich und zündete sich und Herrn Fotsch, der sich zuvor auch mit einem „Sie erlauben?" aus dem Zigarettenigel bedient hatte, die Zigarette an. Gus musterte indessen die Galerie von Fotos an den Wänden, augenscheinlich alles verdiente Mitarbeiter der Druckerei und deren Vorgänger.

Gus deutete auf die Fotos. „Das da, das sind alles …"

„Jaaa, die Buchdruckerei Concordia gibt es schon in dritter Generation. Wurde 1895 von Franz Knaabe gegründet, genau hier. In diesen Räumen steht also die ehrwürdige Geschichte eines mutigen Gründervaters."

Und immer noch sein altes Mobiliar, dachte Gus.

„Von hier gingen die hochwertigsten Druckerzeugnisse in alle Welt. Knaabe druckte alles, von Essensmarken bis hin zu aufwändigen Büchern, Katalogen oder Plakaten, in der Setzerei werden

Sie die wunderschönen Holzschriften bewundern können, wahre Kunstwerke. Einige Druckerzeugnisse gingen sogar in die deutschen Kolonien, nach Deutsch-Südwest-Afrika oder an die Elfenbeinküste. Jaaaa, da staunen Sie, junger Mann."

„Aber wirklich", sagte Gus und schnappte sich ein paar Fischlis aus dem Salzgebäcksortiment.

„Nehm'se, nehm'se, ist genug für alle da!", sagte Herr Löblich und fragte plötzlich völlig unerwartet: „Sie studieren also Grafik-Design?"

„Ja, im vierten Semester", antwortete Gus.

Herr Löblich räusperte sich und schaute rüber zu Herrn Fotsch. „Wollen wir's ihm sagen?", fragte er mitleidsvoll.

„Wir sollten", antwortete Herr Fotsch und machte ein sehr ernstes Gesicht.

„Ich verstehe nicht ganz?" Gus war irritiert.

„Naaaaaa, dann raten Sie mal, wer täglich an unsere Tür klopft?"

„An ihre Tür? Der Postbote?", fragte Gus unschuldig.

Herr Fotsch wiederholte: „Der Postbote! Das ist gut, sehr gut." Und lachte herzlich.

Herr Löblich stimmte ausgelassen mit ein und wiederholte: „Der Postbote, der Postbote … der Postbote, nee, nee, das ist wirklich gut", beugte sich dann aber abrupt zu Gus vor und schaute ihm eindringlich in die Augen. „Grafiker, lieber junger Freund, Grafik-Designer!" Er sprach das „Grafik Di-seiiiiiiner" aus.

Gus verstand nicht ganz. „Grafik-Designer klopfen …?"

Herr Löblich lehne sich zurück, zog intensiv an seiner Zigarette. „An unsere Tür. Täglich!" wiederholte er mit erhobenem Zeigefinger.

Gus verstand immer noch nicht. „Und was wollen die?", fragte er verwundert.

Herr Löblich zeigte mit ausgestrecktem Arm auf die Tür. „Was die wollen? Na, Sie sind gut! Arbeit! Arbeit, lieber junger Freund. Sie rennen uns die Tür nach Arbeit ein, so sieht es aus. Hab ich recht, Herr Fotsch?"

Herr Fotsch nickte. „Absolut, so isses. Hämmern an unsere Tür."

„Jammern, klagen, wir erleben das doch seit Jahren. Nicht wahr, Herr Fotsch?"

„Betteln nach Arbeit", bestätigte Herr Fotsch beflissen.

„Sie betteln, genau, betteln, das ist richtig. Präzis, Herr Fotsch."

„Schwermütige Menschen, arbeitslos, ohne jede Arbeit." Herr Fotsch kam jetzt richtig in depressive Stimmung und sprach mit belegter Stimme. „Lassen sich nicht abweisen, diese Unseligen versuchen massiv in die Druckerei einzudringen ..."

„Massiv!", rief Herr Löblich laut. In dieser schallisolierten Kabine konnte er sich das erlauben. „Also, lieber junger Freund, ohne Sie in irgendeiner Art und Weise von Ihren Zielen abzuhalten", er rückte sich seinen wulstigen Krawattenknoten zurecht, „bitte denken Sie noch mal drüber nach. Für die Entbehrungen eines Künstlerlebens muss man geschaffen sein. Sind Sie das? Frage ich einfach mal so. Der Beruf des Bleisetzers allerdings, ein jahrhundertealtes, ehrenwertes Handwerk, bietet Ihnen Erfüllung und einen lebenslangen Arbeitsplatz, behütet von einer starken Gewerkschaft, die uns Arbeitgebern für ihre Schutzbefohlenen das Letzte aus dem Hemd zieht. Ich weiß, wovon ich rede. Schriftsetzer wird es ewig geben, dass kann ich Ihnen versprechen, weil es Schrift ewig geben wird. Ewig. Da sind wir alle längst tot, da gibt es immer noch Schrift. Schauen Sie sich nur die alten Ruhestätten mit ihren großartigen, eingemeißelten Botschaften an, die wird es noch in Hunderten von Jahren geben, während der Mensch unter der Erde sich längst in Staub aufgelöst hat."

„Grauer, trockener Staub", ergänzte Herr Fotsch.

Gus bekam plötzlich großen Durst.

„Sie aber wollen als Grafiker lieber draußen an unsere Tür hämmern und nach Arbeit betteln, als drinnen einer gut bezahlten Arbeit als hochgeachteter Schriftsetzer nachzugehen? Inklusive zwei Pausen täglich und einem großzügigen Weihnachtsgeld, von den fünf Wochen Ferien gar nicht zu reden. Und jeden Tag einen Liter Milch kostenlos."

„Milch?", fragte Gus ungläubig und griff sich in seiner Verlegenheit ein Fischli aus der Knabberbox. Er hatte das Gefühl, der kleine Trockenfisch schaute ihn an. Meine Güte, war das der Himbeergeist? Seine Gedanken schweiften für einen Moment ab. Wer war mal auf die Idee gekommen, Salzgebäck in Form eines kleinen Fisches zu backen? Sicher doch ein Reklamefritze. Und irgendein hochqualifizierter Grafik-Designer – oder eine Designerin – hatte dann die Packung dafür entworfen. Bunt und fröhlich, voll in Partylaune, sprang den Käufer ein ganzer ausgelassener Fischschwarm förmlich in den Mund. Gestaltung, die den Käufer magisch anzieht. Das war, wie es so schön deutsch hieß: Gebrauchsgrafik. Ein ehrliches Wort, das die Praxis beschreibt: du machst, was gebraucht wird. Dafür also studierte er nun sieben Semester, um unter der konzeptionellen Knute eines Reklamefritzen Packungen für kleine Knabberfische zu kreieren? Nun war Gus auch klar, warum sie öfters mal in den Zoo ins große Aquarium gingen, um Fische und Amphibien zu zeichnen. Einem Job in der Werbekajüte eines Fischtrawlers oder der Werbeabteilung einer Froschzüchterei wäre er damit also gewachsen. Aha. Das alles diente also indirekt der Vorbereitung auf die berufliche Wirklichkeit, ganz klar. Ihm schien, als würde das Fischlein in seiner Hand jetzt sogar mit ihm sprechen, würde sagen, egal, hör nicht auf das negative Gequatsche von diesem beknackten Druckerei-Heini, zieh dein Ding durch, lass dich nicht von deinem Weg abbringen – und nun komm, iss mich. Gus schnappte zu.

Mit „Darauf trinken wie noch einen, keine Widerrede!" holte ihn Herr Löblich wieder zurück in die Realität, richtete sich ruckartig aus seinem Stuhl auf, nahm die Flasche Himbeergeist und schenkte ein.

Herr Fotsch sagte jetzt nicht „Auf einem Bein kann man nicht stehen"? Doch, er sagte es.

„Auf ihr Spezielles!", brüllte Herr Löblich und gemeinsam kippten sie sich den Himbeergeist hinter. „So, lieber junger Freund, dann freue ich mich auf Sie." Er erhob sich von seinem Stuhl. „Vielleicht lassen Sie sich alles noch mal in Ruhe durch den Kopf gehen? Herr Fotsch, wann hatten wir abgemacht?"

„Montag in zwei Wochen, Herr Löblich, Montag."

„Dann werde ich pünktlich gegen ihre Tür hämmern", bemerkte Gus launig, der die ersten Folgen von zwei Himbeergeistern bereits zu spüren begann.

„Ha-ha, das ist gut, das ist gut, das machen se mal, hämmern Sie. Wir werden nicht zögern, ihnen Einlass zu gewähren, nicht wahr, Herr Fotsch?" Löblich lachte.

„Nein, da wird nicht gezögert", bestätigte Herr Fotsch kichernd, „hämmern Sie mal ruhig." Und beide lachten sich kaputt.

„Warum denn Milch?", fragte Gus beim Verlassen der Kabine 2 leise Herrn Fotsch.

„Gut gegen Blei."

Das Buch bei Claudia Gehrke

Iᴄʜ sᴇʜᴇ ᴅɪᴇ ᴊᴜɴɢᴇ fünfundzwanzigjährige Verlegerin Claudia Gehrke Anfang der Achtzigerjahre in ihrem Kinderzimmer im väterlichen Haus in Frankfurt kurz vor der Buchmesse.

Dort wirbelt sie bewusstlos durch Scherben und Licht und Buchstaben und ganze Bücher hindurch zu Boden.

Es war kurz vor vier Uhr am Morgen.

Sie saß schon für Stunden im Dunkeln über einer Glasscheibe, die auf zwei Stapeln Bücher lag und von unten von einer heißen Nachttischlampe beleuchtet wurde. Auf der Glasscheibe liegt der Text von Grawert-May „Das Auge der Polizei" oder so ähnlich. Der Satz des Buches wurde per Hand gemacht, mit Schere, Pinzette, Klebstoff. Absätze, Worte, Seitenzahlen und einzelne Buchstaben bis hin zum i-Tüpfelchen mussten ausgeschnitten und auf vorgegebene Seitenschablonen geklebt werden.

Das Gesicht der Verlegerin war heiß von Worten und erregender Literatur und den drängenden Terminen der Buchwoche. So war es dann in den ganzen Jahrzehnten bis heute. So ist es geblieben: der ewige Sturz dieser Frau durch die Lavaglut der literarischen Inspiration, die bei ihr auf magische Weise zu Worten, Sätzen und girlandischen Bildern gerinnt.

In Verehrung von Udo Oskar Rabsch

Jammern im Alltag (Dezember 2016):

Im Moment stelle ich eine Übersicht über die Abläufe bei unseren Berliner Veranstaltungen zusammen. Präsentation des neuen schwulen Auges, Berliner Klein-Verlags-Buchmesse, dort Liebesleben-Lesung mit Kali Drische und Marina Lioubaskina, zeitgleich die Lesung von Yoko Tawada im Literarischen Colloquium. Und die Verleihung des Kleist-Preises an Yoko, auf die wir uns sehr freuen. Fahrzeiten von einem Ort zum anderen, welche Bücher wohin. Gleichzeitig verschicken Praktikantin Rosa Li und ich Infos zu den „Love Bites" im Dezember an Monatsmagazine, die Reisen der Tänzerinnen, Musikerinnen, Autorinnen müssen organisiert, Presseexemplare verschickt, Lesungen für die Leipziger Buchmesse angemeldet werden. Facebookeinträge. Veranstaltungen teilen, regelmäßig kurze Beiträge für unsere Seite. In den Buchblogs Rezensionsexemplare anbieten, Diskussionen anstoßen. Mir ist schwindelig.

Dazu noch meine „ganz normale" Arbeit als Verlegerin. Das Frühjahrsprogramm entsteht, schon sind wieder (zu) viele schöne Bücher möglich, doch ich bin noch bei den ebenso schönen Herbstbüchern, bei Yoko Tawada, Ulrike Voss, den erotischen Jahrbüchern. Das Verkaufen wird immer schwerer, Verlagsvertreter kündigen oder gehen in Rente, ein kleiner Verlag zwischen Schubladen ist ihnen zu schwierig – auch nach 38 Jahren wünschen wir uns, dass man unsere Bücher zwischen anderen in Buchhandlungen sehen und darin blättern kann. Am liebsten würde ich einfach nur Bücher machen. Verkaufen und der andere große (buchhalterische) Rest der Arbeit als Selbstständige sollten sich (ein Traum!) von selbst erledigen. Die Folgen der Steuerprüfung zeigen sich jetzt, Nachzahlungen für Null-Einkommen aufgrund einer Umstrukturierung und Lagerbewertung (wir halten die Bücher unserer Autorinnen lieferbar, auch wenn sie sich langsam und wenig verkaufen, in Augen des Finanzbeamten nicht nachvollziehbar: „Wieso heben Sie das auf, wenn es sich nicht verkauft?"). Und die VG-Wort-Rückforderungen sind inzwischen auch angekommen. Und und und. Wie sollen wir das alles schaffen?

Claudia Gehrke

Robert Kump
Episoden aus fünfzig Jahren als Drucker
(der auch viele Bücher des Konkursbuch Verlags druckte)

BIN EIN 1948ER-JAHRGANG, als Nachkriegskind großgeworden in einer kleinbürgerlichen Gesellschaft, anfangs ein miserabler, später etwas besserer Volksschüler. Mit dreizehn Jahren Volksschulabschluss. Weil ich als Kind immer von der großen weiten Welt geträumt hatte, wollte ich gemeinsam mit meinem Schulfreund eine Lehrstelle bei der Bundesbahn antreten – wegen der Freifahrten. Man durfte praktisch umsonst fahren. Meine Mutter hat mich davon abgebracht und überzeugt, Setzer zu lernen. Das war, wie auch der Beruf des Druckers, damals ein hochangesehener und gut bezahlter Beruf. Sie sagte, ich könne mir dann durch den guten Verdienst die Fahrkarten selber kaufen.

Also begann ich eine Lehre in einer Buchdruckerei in Darmstadt. Damals wurden die Bücher noch im Bleisatz mit der Hand gesetzt, Buchstabe für Buchstabe. Diese Drucktypen wurden aus Blei, bzw. einer Bleilegierung, also nicht hundert Prozent Blei, von einer Schriftgießerei

Bleisatzdruckplatte

98

hergestellt. Sie wurden zu einer Zeile, dann zu einer Seite zusammengefügt und Klischees – Druckformen – erstellt. Alles war Handarbeit. Auch von Bildern wurden metallische Klischees erstellt.

Satzmaschine

Bald gab es Maschinensatz. Eine Zeile wurde in eine Maschine hineingeschrieben und kam in Blei, die einzelnen Buchstaben zusammengegossen zu dieser Zeile, aus der Maschine heraus und es wurden per Hand Zeile für Zeile zu Buchseiten zusammengesetzt. Eine solche Seite wurde wörtlich „schwer wie Blei". Eine Drucksache mit acht Seiten wog fünfzig, sechzig Kilogramm. Satzfehler ließen sich zum Teil noch kurz vor dem Druck in der Druckmaschine korrigieren. Schriftart oder Schriftgröße oder etwas im Layout zu korrigieren, war unmöglich. Buchstaben oder Zeilen austauschen, das ging. Wenn in der Zeile ein Fehler war, hat der Maschinensetzer diese an der Setzmaschine neu gesetzt und sie wurde wieder eingefügt.

Während der dreijährigen Lehre wurde ich allerdings vor allem ausgebildet in Botengängen wie Frühstück holen, Fensterputzen, Altpapier pressen und Hof kehren. Die praktische Prüfung konnte man damals noch im eigenen Betrieb machen. Also stellte ich in der Prüfung zusammen mit einem Gesellen und einem nicht gerade kompetenten Meister einen Druck her und machte eine schriftliche Prüfung. Prüfung bestanden. Ich war jetzt Buchdruckergeselle.

Kurz darauf habe ich wegen Personalmangels, also trotz der nicht gerade perfekten Ausbildung, die Chance bekommen, selbstständig an einer größeren Druckmaschine zu arbeiten. Ich habe mich hochgearbeitet zum ersten Vierfarbdrucker, d.h. ersten Mann an einer Maschine. Damals wurden vierfarbige Abbildungen noch Farbe für Farbe, also in vier Druckgängen, gedruckt. Das Ergebnis konnte man erst nach dem vierten Druckgang beurteilen. Und das war oft eine große Überraschung, im positiven wie im negativen Sinne. Wenn ich am Ende feststellte „Mensch, ich hätte doch weniger Blau geben sollen!", war es zu spät. Gelb, Rot und Schwarz waren schon draufgekommen. Man musste den Bogen wegschmeißen oder den Farbstich akzeptieren. Für einen Bogen von 16 Seiten A5, 4/ 4-farbig, also die Vorder- und Rückseite des Bogens farbig, in einer Auflage von zehntausend brauchte man acht Arbeitstage. Heute, auf den modernen Maschinen, braucht man dafür zwei bis drei Stunden. Der Druck des heimlichen Auges mit 320 Seiten hätte damals 160 Tage in einer 8-Stundenschicht gedauert. Und das nur für den Druck gerechnet, ohne die aufwendigen Vorarbeiten für Satz, Klischeeherstellung, Andrucke etc.

1967, mit neunzehn, musste ich zum Bund, kam zurück und habe bei der gleichen Firma weitergearbeitet, mit wenig Zukunftsperspektiven. Der Drang, selbst was zu machen, selbst zu gestalten, frei zu sein, wurde enorm. So habe ich „Tschüss, Chef" gesagt. In diesem Moment fühlte ich mich wirklich frei! Doch spätestens nach der Gewerbeanmeldung meiner eigenen Druckerei 1970 war ich nicht mehr frei. Anfangs war sie in einer Garage, danach wegen Platzmangels in einem umgebauten Kuhstall. Wir druckten Plakate und Festschriften zu Jubiläen, wie zum Beispiel zum 25-jährigen Jubiläum vom Hühnerzuchtverein – Alles im Bleisatz gesetzt. Es wurde im Hochdruck (oder Buchdruck, wie man gesagt hat) gedruckt: wie ein Stempel, die druckenden Stellen liegen höher, von den hochstehenden Buchstaben auf der Platte kam die Farbe direkt auf das Papier. Die Druckplatten waren sehr schwer.

Dann kam der große Fortschritt: der Offsetdruck. Alles wurde leichter und schneller. Die Farbe kam nicht mehr direkt von der Platte auf das Papier, sondern über eine Gummirolle. Die Platten wurden flach und leichter. Bedruckte und nicht bedruckte Teile

Alle Beiträger (ausgenommen ... und konkret unterworfen.
argumentieren von einer Position heraus: Di
35jährigen Internen. Wer aber sind die, die si
dieser Gesellschaft' – ein Teil von ihnen zwisc
‚Kinder der Gesellschaft ohne Position –
nem linken Beginn der Studentenbewegung: da
einer ersten zweiten usw. Generation der RA
quente Entwicklung und eine derartige Trenn
aber ich möchte wenigstens einige Unterschied
fachende Andeutung ist es in diesem Rahm
ken Selbstvert...

*Composersatz. Manchmal wurde auf eine bereits geklebte
Zeile noch eine zweite Korrektur geklebt (heraus)*

sind unterschiedlich präpariert. Die Satzherstellung dafür fand auf einer IBM-Composerschreibmaschine statt. Mit auswechselbarem Kugelköpfen für verschiedene Schriften und Größen. Der Seitenumbruch wurde auf Papier gemacht, mit Schere und Prittstift, bzw. Fixogum, das ließ sich eine Zeit lang ablösen. Für Korrekturen wurden einzelne Zeilen aufgeklebt. Das war nicht besser als der Bleisatz, aber schneller und preiswerter. Von fertig geklebten Textseiten wurden mit der Reprokamera Negativaufnahmen gemacht, dann wegen Verschmutzung durch Staub und Schnittkanten ausgefleckt und zu Positivfilmen umkopiert. Daraus wurden die Bögen montiert. Lithos von Abbildungen mussten passgenau eingefügt werden. Größenänderung war nicht drin. Wenn es nicht passte, mussten der Seitenumbruch geändert oder die Texte gekürzt werden. Später wurde der Composersatz durch Fotosatz ersetzt. Für den Fotosatz wurde in eine Fotosatzmaschine geschrieben und kamen Filme heraus – auch die konnten mit der Maschine nicht mehr geändert werden, Korrekturen wurden weiterhin durch Ausschneiden und Hineinkleben einzelner

Kleiner Leuchttisch

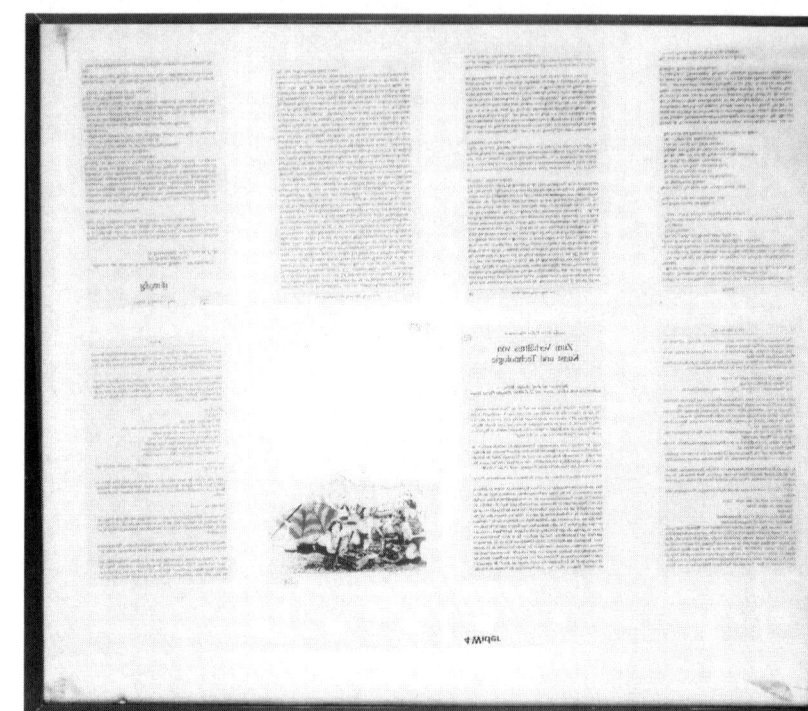

Zeilen mit speziellem Klebstoff oder durchsichtig blauem Klebeband
angeheftet, auf einer von unten beleuchteten Glasplatte, bzw. einem
Leuchttisch.

Es begann eine arbeitsintensive und spannende Zeit. Durch das
Vordringen des Offsetdrucks mussten wir Reprokamera, Kopierrah-
men, Film- und Plattenentwicklungsmaschinen, Montagetische und
Sonstiges für die Druckvorstufe anschaffen und natürlich eine gute gebrauchte Offsetdruckmaschen, erst eine, die zweifarbig drucken konnte,
dann eine Vierfarbmaschine, mit der man vierfarbige Bilder in einem
Durchgang drucken konnte. Das war eine enorme Kapazitätserweite-
rung. Mit örtlichen Vereinsschriften und so weiter ließ sich diese Maschine nicht auslasten. So musste ich den Kundenkreis erweitern.

Frankfurt war nah. Für mich war die Stadt wie New York, denn
ich war noch nie in Frankfurt gewesen. Es folgten die ersten tele-
fonischen Kontakte zu einem landwirtschaftlichen Verlag, die erste
Monatszeitschrift. So ging es weiter bis in die Szene der Hausbeset-
zer der Siebziger, die Studentenbewegung. Wir druckten die Zeit-

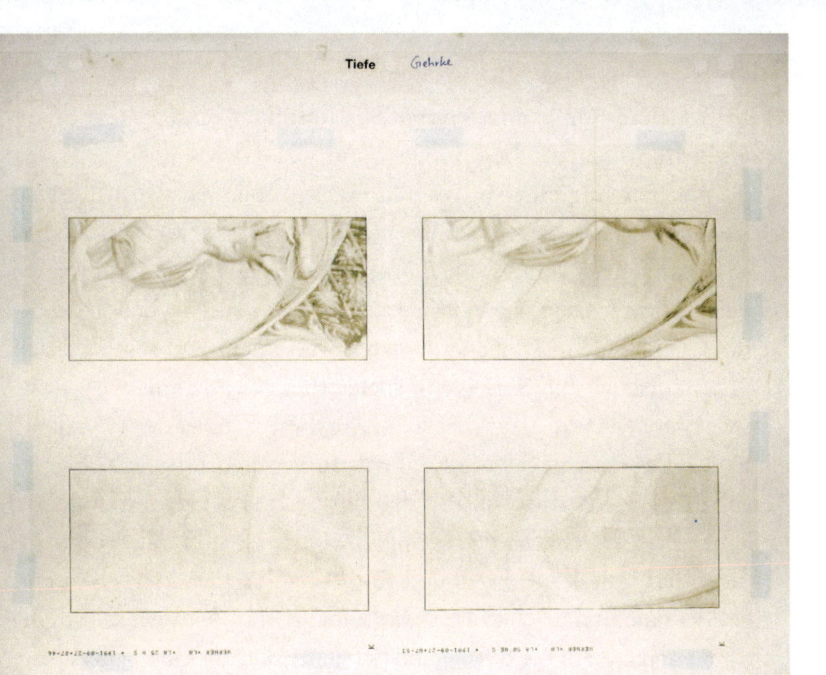

Tiefe   Gehrke

Tiefe
Magenta
Cyan
Gelb

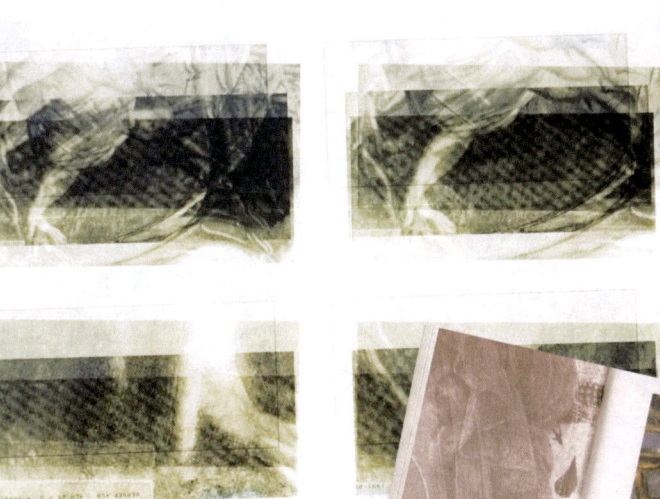

*Vier übereinander gelegte Filmmontagen für die vier
Druckplatten eines Farbbogens, 1991 gedruckt auf
transparentem Papier, für Yoko Tawada, Wo Europa anfängt.*

schriften „Was tun", „Pflasterstrand", „Strandgut" und weitere Stadt-
zeitschriften, ich glaube „Berger Kino" haben wir auch gedruckt.
Und die erste und einzige Ausgabe einer grünen Zeitschrift, „Strafanzeiger" – Strafanzeiger, nicht Stadtanzeiger oder Staatsanzeiger
– Joschka Fischer, KD Wolff, Daniel Cohn-Bendit, Frau Rein von der
Neuen Kritik habe ich kennengelernt und dann Anfang der Achtziger
Jahre Claudia Gehrke. Zuerst druckten wir einen Band aus einer Reihe (konkursbuch Nr. 8, Leiden), später Bildbände. Zum Beispiel das
erste Fotobuch von Krista Beinstein. Zur Besprechung der Gestaltung
und des Drucks von Schwarzweißaufnahmen und um die Fotografi-
en abzuholen, trafen wir uns in Hamburg. Ich erinnere mich an einen
ehemaligen Luftschutzkeller, darin ein winziger Raum mit Sadomaso-
Ambiente. Nach der Besprechung ging alle zusammen in das Salambo,
eines der damals qualitätsvollen Sextheater. Krista Beinstein selbst ging
auch einmal mit auf die Bühne und beteiligte sich am Geschehen. Kurz
darauf, direkt nach dem Mauerfall, verlegte Claudia Gehrke das erste
Buch von Brigitte Maria Mayer. Eine Serie der Bilder in diesem Buch,
das wünschte sich die Fotografin, sollten in einem ganz besonderen

Die Lichtdruckmaschine aus Leipzig zieht um.

104

Druckverfahren, im Lichtdruck, gedruckt werden. Wir suchten also eine Lichtdruckerei. Es gab nur noch drei, eine in Sankt Petersburg, eine irgendwo im Schwarzwald und eine in Leipzig. Diese Lichtdruckerei hatte zur Interdruckerei gehört, einer riesigen staatlichen Druckerei. Auf der Maschine, erzählte der Lichtdrucker Herr Müller, wurden von Malerei bekannter Künstler in diesem seltenen Verfahren spezielle Drucke hergestellt, die der Herr Honecker dann bei Staatsbesuchen jemandem in die Hand gedrückt habe. Und auf derselben Maschine wurden jetzt die erotischen Selbstporträts von Brigitte Maria Mayer gedruckt. Sie hatte auf der Buchmesse den Dramatiker Heiner Müller kennengelernt (ihre gemeinsame Tochter, Anna Müller, hat vor Kurzem einen winzigen Verlag gegründet). Bei dieser Buchmesse gab der Konkursbuchverlag ein Messe-Essen beim Japaner. Neben dem Fotobuch von Brigitte Maria Mayer war auch ein neues Buch der Autorin Yoko Tawada erschienen: „Wo Europa anfängt". Und darin ein frisch geschriebener Text, in dem der Leipziger Lichtdruck und die Gelatine auftauchte, die zum Lichtdruckverfahren gehört. Sehr viele waren der Einladung gefolgt, vielleicht, weil sie sich um Heiner Müller scharen wollten. Und dann entkleidete sich plötzlich einer der Gäste, ein Autor (Peter Wawerzinek) aus der DDR, sagte, in diesem Verlag könne man das ja, sich in natura zeigen, und beschimpfte Heiner Müller. Der saß da mit seiner Zigarre – damals konnte man ja überall rauchen; ich habe dieses Bild noch vor Augen – er saß also da, rauchte und ließ die Autorenbeschimpfung an sich abperlen. Die japanischen Mitarbeiter blieben höflich, aber es war der Frau Gehrke schrecklich peinlich.

Dann kamen Thomas Karsten und Freundin oder Fotomodell zur Druckabstimmung zu uns nach Rossdorf, für sein erstes Fotobuch „Lust an sich". Eine sehr anspruchsvolle Zusammenarbeit mit einem sehr peniblen Autor begann, der nächtelang unseren Besucherraum als Schlafstelle benutzte – mit Fotomodell. Etliche Druckplatten mussten neu gemacht werden wegen Unterstrahlung der Bilder. Damals waren die Bilder noch lithografiert, d.h. es gab eine Art großformatiges Dia mit Farbbearbeitung, davon wurden die

Filme hergestellt, für jede Farbe einer, und standgenau auf Montage-
folie zu einer Druckform montiert. Eine enorme Arbeit. Dann wieder
Hamburg. Gestaltungsbesprechung mit Yoko Tawada. Anschließend
war ich als Zuhörer eines Life-Gesprächs mit der Verlegerin eingeladen, das von einem Radiosender – hieß er Kolibri? – in einer Bar in
der Großen Freiheit initiiert worden war. Claudia Gehrke diskutierte
mit dem damaligen Leiter der Bundesprüfstelle für jugendgefährden-
de Schriften, Rudolf Steffen. Danach eine tolle Live-Show, die alle
gemeinsam ansahen, also auch die Verlegerin und der Bundesprüf-
stellenmann. Ich erinnere mich noch, dass ich unten mit der Klofrau
geflirtet habe. Zurück von den Abschweifungen. So ging das über
Jahre mit den verschiedensten Autorinnen und Künstlerinnen und
Künstlern. Oft war ich bei der druckgestalterischen Vorbesprechung
mit eingebunden. Machmal bin ich dazu auch in den Verlag nach Tübingen gefahren. Das erste Mal, als ich dort war, kam Filmemacherin
und Fotografin Cléo Uebelmann aus der Schweiz in den Verlag, um
ihre Bilder abzugeben. Cléo Uebelmann und ich haben über die filmi-
sche Körnigkeit ihrer Schwarzweißaufnahmen, die bestmöglich und
kontrastreich erhalten werden sollten, geredet. Frau Gehrke sah träu-
mend aus dem Fenster, ich erinnere mich auch an dieses Bild noch,
der Blick im Verlag fällt auf die Schwäbische Alb. Ich habe also dem
Konkursbuch Verlag Claudia Gehrke – und anderen Verlagen natürlich auch – immer sehr gerne mit Rat und Tat zur Seite gestanden.

Das größte Druckobjekt des Verlags von Claudia Gehrke ist das
heimliche Auge, das wir von der ersten Ausgabe an bis zur Nummer 20
gedruckt haben. Die Idee, Personen, Frauen und Männer aus Politik,
Kultur, Literatur und Kunst über ihre intimen sexuellen Träume und
Fantasien und Utopien und den Alltag schreiben zu lassen oder Abbildungen zu schicken, und dies in einem Buch zu publizieren, war mu-
tig. Und genial. Das eine Buch, das wir Anfang 1982 druckten, wurde
zu einem Jahrbuch, später kamen das lesbische und das schwule Auge
hinzu. Wir druckten also jedes Jahr zur Frankfurter Buchmesse eine
neue Ausgabe dieser Reihe. Das war der absolute Hammer für unsere Setzer, Reprofotografen, Lithografen, Filmmonteure und Drucker!

Es gab ja in der Anfangszeit noch kein Internet, und einzelne Bilder aus den Jahrbüchern hatten es in sich. Einmal druckten wir auf einer anderen Maschine gleichzeitig eine Reihe Gemeindebriefe der evangelischen Kirche. Und ausgerechnet bei diesem Mal hatte sich jemand von der Kirche zur Druckabnahme angekündigt. Wir versuchten, die bereits gedruckten und trocknenden Bögen vom heimlichen Auge mit neutralem Papier abzudecken.

Vieles für die Produktion des Jahrbuchs kam auf die letzte Minute. Drucker sind solche Verspätungen gewöhnt, aber hier kamen manche Beiträge erst, als der Druck schon losgegangen war. Die Filmmontagen und die vier Druckplatten (für jede Farbe eine) des Bogens mit den Lücken wurden erstellt, als die ersten Bögen schon durch die Maschine liefen. Die Verlegerin saß, seit es Computer gab und die geklebten Layouts dort nachgebaut wurden, nächtelang neben Herrn Eggers, dem Druckvorstufenbetreuer, und hat mit ihm Zweifelsfälle in der Umsetzung geklärt und bis zum letzten Moment Autorenverzeichnisse erstellt, die immer dann fertig wurden, wenn inzwischen alle anderen Bögen schon gedruckt waren. Als die Mitarbeiter morgens zur Arbeit kamen, saßen die beiden noch vor dem Computer wie aus einer anderen Welt. Auch an Bildern musste nachbearbeitet werden. Denn im Lauf der Jahre wurden sie nicht mehr mit Reprokamera für den Druck vorbereitet, sondern gescannt – und bei den Scans ist auf den Bildern auch bei gründlicher Reinigung der Scanneroberfläche der elektrisch angezogene Feinstaub als Unmenge weißer Pünktchen zu sehen und muss wegretuschiert werden. Dabei passierten auch kleine Fehler. Einmal hat Herr Eggers an einer Nase einen Punkt wegretuschieren wollen – und dabei die Nase surreal verändert, was erst nach dem Druck ins Auge fiel. Und jedes Jahr, buchstäblich im allerletzten Moment, wurden die ersten Exemplare gebunden und druckfrisch auf die Buchmesse geliefert. Ich erinnere mich noch, wie bei einer Produktion die große Wohnung des Schwagers des Layouters Günter Seidel in Beschlag genommen worden war. Der Schwager war verreist, die Wohnung leerer als die des Layouters, in seiner Wohnung konnte er die Umbrüche nicht auf dem Fußboden ausbreiten. Claudia Gehrke und Günter Seidel hatten 160 Doppel-Seiten auf den Boden gelegt, Uve Schmidt stand dabei und ich sollte eigentlich zum Abholen des fertigen Umbruchs kommen, machte aber mit. Wir haben die ganze Nacht lang Seiten aus- und umgelegt und Bilder ausgewählt und wieder verworfen und neu aufgeklebt. Die ganze Wohnung vom Wohnzimmer über den Flur bis zur Küche war gepflastert mit geklebten Seiten, auf manchen noch Lücken, und Bildern, das reine Chaos. Und ich weiß noch, dass Uve Schmidt, der Mitherausgeber, der sonst immer ruhig und bedacht seine intellektuellen Ansichten vortrug, genervt schreiend ausflippte und alles hinschmiss. Sonst ist er immer sehr höflich gewesen, hat sehr honorig gesprochen. Und in dieser endlosen Nacht der Suche nach dem schönstmöglichen Seitenablauf und des Einfügens von vielen letzten Bildern ist er total ausgerastet. Günter Seidel hat ihn beruhigen können.

Ich habe oft bei Uve Schmidt Fotos oder Grafiken abgeholt. Meist hat er mich wie ein Baron im Bademantel empfangen, manchmal kroch er auch verschlafen aus seinem Hochbett in der Paul-Ehrlich-Straße in Frankfurt. Er hat dabei immer einen hochintellektuellen und gepflegten Eindruck gemacht. Originale für Repros nicht mit der Post schicken zu müssen, war ein Grund für diese „Botengänge", aber vor allem war es ein Vergnügen! Bei Abgabe der Bildvorlagen hat Günter Seidel immer exakt die Verkleinerungs- oder Vergrößerungsprozente für jedes Bild, das er in den Umbruch einzubauen plante, errechnet und für uns notiert, und beim Umbruch der Texte später genau die Zeilen ausgerechnet, die es durch eine Korrektur in der fertigen Fassung mehr oder weniger werden würde. Kann man sich heute kaum mehr vorstellen, wenn man am PC mit ein paar Klicks oder Mausbewegungen vergrößert und verkleinert oder Zeilen löscht. Die Andrucke der Bilder und Ausdrucke der mit Fotosatz gesetzten Textspalten, die Fahnen, wurden dann zum Layouter gebracht und er klebte daraus weitere Seiten. Später gab es keine farbigen Andrucke mehr, sondern Schwarzweiß-Ausdrucke in den richtigen Größen, die Andrucke waren zu teuer geworden. Auch in

*Praktikantin Kerstin hilft beim Ausschneiden,
Uve Schmidt & Robert Kump in der Wohnung
des Schwagers. Wenn es keine assoziierbaren
Bilder gab, hat der Künstler und Layouter
Günter H. Seidel manchmal in Umbrüche hin-
einskizziert, um die Bildersuche zu erleichtern;
manchmal wurden seine Skizzen gedruckt.
G.H. Seidel gestaltete auch Bücher der berühmten
Eremitenpresse von Victor Otto Stomps.*

*Die „Augen" begegnen dem Verlag oft überra-
schend, so vor Kurzem in einem Artikel in der
NZZ über den Regisseur Rolf Lyssy: sie standen
auf dem Büchergestell im Hintergrund der Por-
trätabbildung. Und hier finden sie sich inmitten
von 10.000 anderen Büchern des Sammlers
Fritz Franz Vogel.*

109

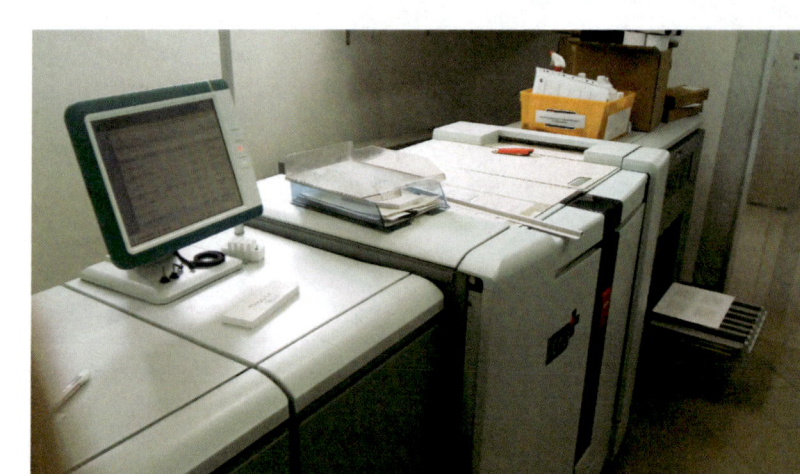

Druckmaschinen: oben Offset bei Drogowiec; unten eine digitale Druckmaschine (dank an Joanna Juszczyk, BookPress)

der Wohnung von Uve Schmidt wurde an manchen Wochenenden an den Umbrüchen weitergearbeitet und nochmals intensiv alles analysiert und die Abläufe verschoben. So ging das viele Jahre. Das war eine schöne Zeit!

Dann gab es wieder einen für uns einschneidenden Wandel.

Die Herstellung von Satz, Lithos, Montage wurde digitalisiert, man brauche keine Setzer, keine Lithografen und keine Montierer mehr. Die gesamte Druckvorstufe fiel praktisch weg. Über PDFs geht es direkt vom Computer auf die Druckplatten. Die Druckvorlagen werden vollständig am PC erstellt, das machen heute viele Verlage selbst. Die Druckmaschinen wurden schneller. Statt mit vier Druckwerken konnte man jetzt mit acht Druckwerken im Schön- und Widerdruck produzieren, d.h. ein Bogen kann beidseitig in einem einzigen Druckvorgang gedruckt werden. Die Folgen waren hohe Investition in neue Maschinen, Personalabbau, Zusammenlegung von Ressourcen in der Branche. Eine Achtfarbenmaschine kostet 1,5 Millionen Euro, die müssen erst einmal eingefahren werden und das ist schwer. Wir hatten lange zwei Firmen, Typodruck und den TZ-Verlag. Im TZ-Verlag produzieren wir Drucksachen der GTZ, der Gesellschaft für Technische Zusammenarbeit, machten auch die Pressearbeit und den Vertrieb. Einmal war ich bei einer Produktion zwei Wochen lang in Sanaa, im Jemen, einer traumhaft schönen Stadt damals, die Häuser aus Sand. Die GTZ produzierte eine Art Flyer mit Anweisungen für Bauern. Wir haben in Sanaa mit den Autoren, die dort arbeiteten, Texte und Bilder zusammengestellt; die Vorlagen nahm ich dann mit zurück und es wurde gedruckt und wieder in den Jemen geschickt.

Jetzt also legten wir unsere Druckerei und den TZ-Verlag zusammen und verlagerten Produktionsteile, das meint Maschinen, ins Ausland, nach Pilsen. Eine Buchbindemaschine hatten wir nie in Erwägung gezogen, schon aus Platzproblemen nicht; wir hatten wie viele andere Druckereien Partner unter den Buchbindern. Die Druckmaschine ging nach Pilsen, wir behielten das Recht, sie zu benutzen. Sie stellen uns ihre Mitarbeiter zur Verfügung und rechnen das mit uns ab. Wir haben auch für den Konkursbuchverlag in Pilsen gedruckt. Ich erinnere mich an eine Produktion. Wir druckten zwei Bücher mit einem mexikanischen Fotografen, eines mit Fotografien von Frauen, das andere mit Fotografien von Männern. Ein schwieriger Mensch. Er sprach nur Spanisch, wenig Englisch. Claudia Gehrke war mit angereist, denn er wollte ihre Betreuung und dass sie übersetzt. Im letzten Moment wurden noch Änderungen an den Seiten vorgenommen. Saldívar gefiel das Hotel in Pilsen nicht, er logierte nach der ersten Nacht in Prag – auf Kosten von Verlegerin und Druckerei. Ich stand mit ihm an der Druckmaschine. Er hatte keine Ahnung. Ich musste all mein diplomatisches Geschick einsetzen, damit er das Gefühl hatte, er hätte die Farbkorrekturen gemacht, während ich mit dem Drucker heimlich die Abstimmung vorgenommen habe.

Es gibt an den Maschinen Farbregler für jede Farbe, man musste manchmal Kompromisse eingehen, weil zwei Bilder, die im Bogen übereinander lagen, zusammen gesteuert werden mussten, und wenn in einem viel Schwarz ist und im anderen wenig, kann das schwierig sein. Man muss natürlich auch aufpassen, dass es keine Farbstiche in vierfarbig aufgebauten Schwarzweißbildern gibt. Ich weiß nicht mehr genau warum, wohl weil er viele Bilder im letzten Moment wieder herausgenommen hatte, solche, die der Verlegerin besonders wichtig waren, und weil deswegen immer wieder neue Druckplatten gemacht werden mussten und es immer teurer wurde, also wegen irgendeiner Sache waren, während der Druck der ersten Bögen lief, Verlegerin und Fotograf auf Spanisch in Streit geraten. Sie hatte einen herzzerreißenden Weinkrampf. Das ist dermaßen eskaliert, dass die Produktion stoppte und der Fotograf empört nach Prag abreiste. Da ich, obwohl wir uns nur in Englisch unterhalten konnten, einen Draht zu ihm hatte, bin ich nach Prag gefahren und habe die ganze Sache wieder so hingebogen, dass er mit zurückkam und wir weiterdrucken konnten. Im Übrigen war die Produktion der beiden schönen Bücher ein Flop. Der Fotograf hatte für den Vertrieb in Spanien und Mexiko, den er selbst machen wollte, 1000 von jedem der Bücher haben wollen, die Menge wurde von der Druckerei direkt an ihn geschickt. Er hat die 2 x 1000 Exemplare nie bezahlt.

Drucken kurz nach Gutenberg, im 15. Jahrhundert.

Es waren ausgesprochen spannende Produktionen mit dem Konkursbuch Verlag. Die Verlegerin war uns lange treu. In der Zeit des Wandels ließ sich aus verschiedenen Gründen manches nicht realisieren. So arbeitet sie jetzt mit anderen Druckereien. zusammen und ist diesen relativ treu, manche Fotobücher drucken wir. Allgemein erscheinen immer weniger Fotobücher und alle Auflagen schrumpfen wie bei allen anderen Verlagen auch.

Es hat sich in letzter Zeit technisch noch einmal einiges geändert. Vieles wird heute im Digitaldruck gedruckt. Verlage, egal welcher Größe, legen sich keine großen Mengen Bücher mehr hin, sondern produzieren oft zuerst eine sehr kleine Auflage und drucken für die wenigen Titel, für die es ich vielleicht lohnt, größere Auflagen nach. Wir bieten inzwischen natürlich auch Digitaldruck an. Der Digitaldruck wurde und wird technisch immer weiter entwickelt. Anfangs gab es ein Problem mit der Feuchtigkeit. Der Kopierer ist ja heiß, dadurch wurde die Feuchtigkeit aus dem Papier herausgesogen. Dann hat man das eingebunden, es gibt einen Klammereffekt, die Raumfeuchtigkeit ging aber wieder hinein in das Papier – es wellt sich, weil es sich nicht mehr ausdehnen kann. Man hätte die Produktion immer liegen lassen müssen und erst drei vier Tage später aufbinden, dann wäre das nicht passiert. Aber alle wollen ihre Bücher schnell. Inzwischen haben die Maschinen eine Wiederbefeuchtungsanlage hinten dran bekommen. Und mit den neuen Ink-Jet Maschinen passiert das gar nicht. Sie haben ein anderes Trocknungsverfahren. Die Farbe wird also nicht mit einer heißen Trommel getrocknet, sondern aufgesprüht. Bei Schwarzweißbüchern hat der Digitaldruck eine sehr gute Qualität und ist – bei kleinen Auflagen – nicht mehr teuer als Offset, auch Farbseiten haben eine gute Qualität, sind aber noch verhältnismäßig teuer. Ich bin mir fast sicher, dass der Offsetdruck in der Buchproduktion weiter zurückgehen wird und dass immer mehr Bücher im Digitaldruck produziert werden. Es gibt natürlich noch mehr Druckverfahren, Siebdruck, dabei kommt die Farbe durch Löcher aufs Papier, sie wirkt dann wie aufgemalt. Und es gibt für Kleinauflagen von Kunst, von Grafischen Mappen etc. immer noch die historische Lithografie, den Druck von einem Stein.

Inzwischen ist die Anzahl der Druckereien rapide zurückgegangen. In Darmstadt gibt es keine „richtige" Druckerei mehr, oder vielleicht noch eine, die aber kaum noch produziert. Zuletzt, vor zwei Jahren, hat die große Druckerei Frotscher etwa 120 Mitarbeiter entlassen. Es heißt, sie haben eine Maschine behalten und sich in der großen Societäts-Druckerei eingekauft (der Druckerei, in der u.a. die F.A.Z. gedruckt wird). Früher gab es zwanzig bis dreißig Druckereien und viele Buchbindereien. Man sagte immer, Darmstadt sei eine Stadt der rauchlosen Industrie, weil es so viele von uns gab. Das ist alles weg. Man kann heute nur noch überleben, indem man Produktionen zusammenfasst oder sich Beteiligungen an der Nutzung einer Maschine, die woanders steht, einkauft. Wir nutzen ja seit vielen Jahren unsere Maschine an anderem Ort weiter. Oder man wird zu einem „Druckservicebetrieb", vermittelt Druckaufträge.

Es gab in Darmstadt Druckereien mit Taschenbuchmaschinen und große Tiefdruckereien, Burda, Axel Springer. Tiefdruck ist sozusagen das Gegenteil von Hochdruck, hier liegen die zu druckenden Stellen tiefer. Schrift und Bilder werden auf eine Walze geätzt. Das läuft durch ein Farbbad, dahinter wischt ein Rakel, wie ein Scheibenwischer, die Farbe wieder ab. Doch in den tieferliegenden Näpfchen bleibt sie hängen. Die Walze kommt mit viel Druck aufs Papier, das zieht die Farbe aus den Vertiefungen – mit geübtem Blick sieht man im Druck einen feinen Unterschied: dass die Buchstabenränder nicht ganz glatt sind. Im Tiefdruck werden Kataloge und Zeitschriften in sehr hohen Auflagen gedruckt. Auch die Auflagen von Katalogen und Prospekten werden kleiner – Es legt sich keiner mehr Prospekte in Zehntausender-Auflagen hin, das tun nur große Firmen wie Merck oder die Autoindustrie. Viele Prospekte werden digital und nach Bedarf in kleineren Auflagen produziert, bzw. über große Onlinedruckereien. Tiefdruckereien in Darmstadt gibt es nicht mehr.

Es wird nur noch sehr große Druckzentren und Druckereien geben, und einige sehr kleine, die in der Garage digital drucken. Wir haben, denke ich, eine gute Lösung gefunden und auch den Generationenwechsel hinbekommen. Mein Sohn ist nach kaufmännischer Lehre und Arbeit im Regierungspräsidium mit großer Lust, selbstständig etwas zu tun, als Quereinsteiger zu uns gekommen. Noch in der Zeit, als wir die große Druckerei hatten. Wir mussten danach bald in einem Crash umstellen, Gottseidank ohne dass jemand geschädigt wurde. Wir mussten es nicht allein wegen des Rückgangs, sondern auch, weil wir Probleme mit der Nachbarschaft bekommen hatten wegen Umweltschutz. Es gab keine Unterstützung von der Stadt. Aber ich will nicht jammern. Es war das Beste, was ich machen konnte, noch vor dem allgemeinen Druckereisterben. Vor ca. zehn Jahren habe ich meinem Sohn die Geschäftsleitung übergeben. Er macht das sehr engagiert und erfolgreich, sodass ich jetzt eigentlich wieder bei meiner Lehrzeit angekommen bin, nämlich Botengänge machen oder manchmal die Begleitung von Produktionen bei unserem Partner in Pilsen.

Herr Eggers macht immer noch die Druckvorstufe, wir sind ein gutes Team geworden. Zu unserer Hochphase, eine Zeit, in der wir auch eine Rollenoffsetmaschine hatten, hatten wir fünfundvierzig Leute, jetzt sind wir weniger. Es reicht aus, es ist sogar besser, alle verdienen mehr.

Uve Schmidt
Blood, Sweat and Tears

WIE UNS DIE REGELBLUTUNG als sogenannte Periode hinterbringt, ist die Regelmäßigkeit ihre am wenigsten verlässliche Eigenart, was ebenso für das Auftreten oder Ausbleiben von Stigmata gilt und für taufrische Periodika im Lufthoheitsbereich deutschsprachiger Universitätsstädte. Und als Claudia Gehrke ihren bundesweiten Freundeskreis mit einer verlegerischen Erstgeburt namens KONKURSBUCH überraschte, schwankten die Meinungen über diese Namensgebung zwischen sardonischem Entzücken und nackter Zukunftsangst. Da ich an der Planung und Herstellung nicht beteiligt war, wirkte ich auch bei den geburtlichen Vorbereitungen (kollektive Schwangerschaftsgymnastik) nicht mit und folglich existiert meinerseits auch keine Taufgabe patenschaftlicher Natur, indes darf ich mich als natürlicher Kindsvater und männliche Amme von MEIN HEIMLICHES AUGE bekennen und meine alljährliche stille Freude feiern, neuerlich ein relevantes unzensiertes Vorwort verfasst zu haben, mit dem ich vor allem in der Vergangenheit prospektiven Strafantragsstellern den Wind aus den Segeln nahm. Andererseits ist mein Auftritt als Vorweihnachtsmann kein Job, vermittels dessen ich mich in meinem sozialen Umfeld (insbesondere bei meinen kinderreichen Mitbewohnern) und in der Nachbarschaft, speziell den diversen Witwen und Jungfern oder gar den christlichen indischen Nonnen, mit denen ich auf gutem Grüßgottfuße stehe, als Überbringer einer libidinösen frohen Botschaft oute. Und natürlich sprechen die belesenen älteren Herren und Damen mich niemals auf die Halbschattenseiten meines Brotberufes an, denn wer wissen will, was ich mache, kann googeln und wer gegoogelt hat, hat auch erfahren, worauf man/frau mich wohlweislich nicht anspricht. Ich finde das fair, mitnichten feige, aber normal ist es natürlich nicht. Andererseits ist MEIN HEIMLICHES AUGE kein definitiver Sexratgeber mit gesundheitsministeriellem Segen und ich bin ein vielseitiger Dichter mit einschlägiger Lebenserfahrung und hinreichendem Bildungshorizont, um Hänsel und Gretel unbeschadet über den Waldweg zu führen bis zur nächsten Bushaltestelle; dienlicher könnte ich kaum sein.

Was uns grundsätzlich distanziert, ist die Sache selbst: Unser Jahrbuch und das Intimleben unserer Leser- und Betrachter*innen. MEIN HEIMLICHES AUGE ist rezeptiv eine Privatsache, der Hotelier oder Gastronom, der es in seinen Ruheräumen oder WCs platziert, kann sich Ärger einhandeln, dito die Lehrkraft, welche es im Unterricht ungenehmigt kursieren lässt. Das Buch ist eine geeignete Lektüre bzw. Augenweide, aber nicht außerhalb geeigneter Umgebungen, und im Buchhandel gelittenes Handelsobjekt, den Ressorts Anthologien und Bilderbücher für Erwachsene zuzuordnen, bloß nicht in praxi überall, jederzeit und in allen Lebenslagen, und deshalb wird es auch nicht eifrigst rezensiert, nicht reproduziert, rezitiert und wenn doch, dann über die mikrophonverstärkten Lippen der Verlegerin. Und wer gelegentlich seine dem Vernehmen nach libertinen ergo toleranten Mitmenschen erfreuen möchte, könnte sogar ein gelangweiltes Augenrollen provozieren und sich sagen lassen müssen, dass die Tübinger Troubadoure sich auf der falschen Party tummeln als pseudopornographische Provinzler. Pfui! Als gebürtiger Wittenberger, der in Berlin, Hamburg und München seine westliche Sozialisierung genoss, berühren mich derlei Schmähungen wie das Streicheln eines Straußenfederfächers …

Meine Herren & Damen, wir sind einfach so frei!

Merci beaucoup, Madame Claudia.

Euch Uve

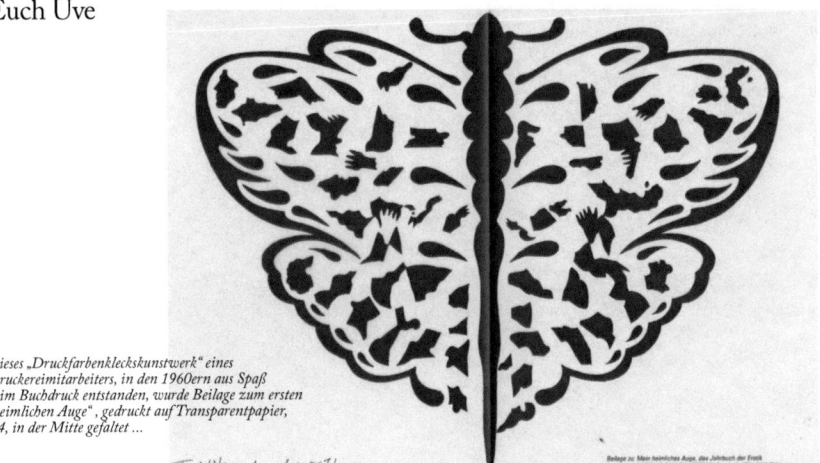

Dieses „Druckfarbenkleckskunstwerk" eines Druckereimitarbeiters, in den 1960ern aus Spaß beim Buchdruck entstanden, wurde Beilage zum ersten „heimlichen Auge", gedruckt auf Transparentpapier, A4, in der Mitte gefaltet …

Fundstück aus den sechziger Jahren

Beilage zu: Mein heimliches Auge, das Jahrbuch der Erotik konkursbuch VERLAG CLAUDIA GEHRKE, Postfach 1621, 7400 Tübingen

Fritz Franz Vogel
Lobgesänge auf das Altpapier

BÜCHER BÜCHER BÜCHER. Lesende Frauen. Broschiertes, Gebundenes, Zerzaustes. Fibeln für die Kleinen, Folianten für die Großen. Kataloge für die Sammler. Periodische Heftli, einmalige Klolektüren, deren Inhalte *erotica* und *criminalia* sind. Letzteres sind Lesestoffe für Frauen, ersteres Sehmaterial für die Herren. Und da beide Genres einen gewissen Erregungsfaktor aufweisen, sprach man von der Literatur für die linke Hand. Die rechte Hand war – zumal bei der heimlichen Lektüre – für andere Schandtaten in der Schamgegend bereit, zur Erbauung und zur Ermattung zugleich. Wie hieß das bei einer der größten Lachnummern von Otto Waalkes: Wer die Hand in den Schoß legt, braucht noch lange nicht untätig zu sein.

Doch heute sind Bücher eher ein Auslaufmodell, abgelöst von *abstracts*, *scripts* und *resumées*, am besten als *eDatei*. Kein Schmökern, Entdecken, Verirren, Ablenken, Verlustieren, lieber: zielorientiert, pragmatisch, unverfänglich. Resultat: *Digitalisat*. Im Besonderen ist das Fach der erotischen Literatur in den Buchhandlungen leer geworden, jedenfalls das der erotischen Bildbände. Die ehemals üppige Domäne für den feinsinnigen und kapitalkräftigen Herrn und auch manche Dame ist verwaist. Buchhandlungen sind heute Gemischtwarenläden wie Bahnhofkioske. Anstelle von Büchern sind Spielsachen, Kochwerkzeuge, Daunenkissen, *computergadgets* oder Weinflaschen ausgelegt. Folglich lässt sich keine Bibliothek mehr füllen mit den Neuerscheinungen; zu knapp ist das jährliche Angebot. Aber wer braucht schon eine Handbibliothek, also eine Bibliothek für die linke Hand?

Immerhin hatte auf diese Unterdrückung und Aussonderung die *#metoo*-Debatte keinen Einfluss. Das Sexzeugs hat sich im letzten Dezennium von selbst vom Papier verabschiedet und ist auf den Schirm gekommen. Die Schiefertafel der Digitalgesellschaft flimmert schnell und bringt die Welt der Triebabfuhr bunt aufs Telefon und tablet. Heute muss man nur noch schauen, jedoch kein Papier mehr halten und blättern. Der *digitus impudicus* klickt sich durch Filmchen und sucht sich seine Gespielin im koitalen Meer. Und die Eskapaden, Tollheiten, Seitensprünge und Körperkupplungen bewegen sich fast von allein auf dem Schirm auf und ab, und auf und ab, und hin und her, allein, zu zweit, im Terzett, Quartett, im Rudel gar, bis hin zur finalen, hier wie dort feuchten Schleimtrophäe.

Der distinguierte Herr, der zu Hause noch seine Geheimschatullen und Scheinbücher bestückte, seine *bibliotheca erotica* pflegte, seine *ex-libris eroticis* auf seine Vorsatzblätter klebte, seinen Giftschrank den wahren Freunden öffnete, *erotopägnion, l'enfer, private case*, er ist allein gelassen in der digitalen Wüstenei und Einöde. Weil jede/r Zugriff hat auf die Lust- & Genussportale, gibt es für den *connaisseur* kein Distinktionsmerkmal mehr. Die kostbare Bibliothek auf gewalktem Büttenpapier und die ehemals sündteure Herrenmagazine mit schweren, porentief scharfen Hochglanzseiten sind ein gewichtiger Haufen Altlast. Dabei ist jede Bibliothek, ja jedes Büchergestell, so etwas wie ein individueller Fingerabdruck.

Ein paar versprengte Verlage stemmen und behaupten sich gegen die online-Macht, mit einem simplen Trick: mitmachen. Kleinkrams, Fundstücke, Bildklatsch, Fragmente, Entwürfe, zonen- und hüllenlos Produziertes, Zensur ist nicht die Schere des Verlages, sondern diejenige im Kopf des mündigen Bürgers. „Plexus" war vor fünfzig Jahren im aufgeklärten Frankreich DIE Mitmachzeitschrift, seit über fünfunddreißig Jahren liefert „Mein heimliches Auge", ein Exot für die Erotomanen und die Erotomaninnen pünktlich und unentwegt zur Frankfurter Buchmesse Frisches und Frivoles, Tabufreies und Nichtmehrverbotenes aus und für Wundertütendeutschland.

So bleibt das Büchermachen für einen wie uns eine etwas seltsame Angelegenheit, denn wenn die Kunden und Kenner wegbleiben, so erübrigt sich das Buch. Viele Buchhandlungen haben dichtgemacht, Verlage sind eingegangen oder haben ihre Auflagen drastisch reduziert. Oder sie lassen sich die gesamte Infrastruktur und Produktion im Voraus bezahlen, um dann gefällige Bücher in zu großen Mengen

zu drucken, die ab Tag eins verramscht werden, weil sie ja schon bezahlt sind. Einige versuchen es im *E-Book*-Bereich gegen die Kontrahenten und US-Imperialisten Amazon, GoogleBooks und Co. aufzunehmen, die dank hoher Gebühren, Vertriebsmargen und mit Knebelverträgen bezüglich eingescannter Bücher die Randständigen kujonieren.

Der Einzige, der ohnehin nichts verdient, ist der Autor. Darum produziert er nach wie vor unentwegt. Er ist sich des Dilemmas bewusst: entweder überhaupt nichts tun oder überhaupt nichts verdienen. Wie der Autor ist auch der Fotograf, der mit Herzblut und zuweilen riesigem Aufwand den Rohstoff für ein Buch herstellt, ein armer Schlucker. Er ist der an der untersten Stufe der Verwertungskette. Es bleibt ihm zwar etwas nachhaltiger Ruhm, doch dieser reicht ihm nur ungenügend für Speis und Trank, für Waschpulver und Windeln. Wenigstens gibt es staatliches Kindergeld.

Der Aktfotograf ist also ins Hintertreffen geraten gegen den Gratisklick, womit in sechs Minuten das horizontale Stegreifspiel in einer Handvoll Positionen durchexerziert wird. Das erotische Bilderbuch – und im Prinzip auch die vielfältigen Narrative von Fotomonografien genauso – hat keine Käuferschaft mehr. Die Gier und Lust in des Nachbars Unterwäsche ist zwar noch dieselbe, doch das Mittel ist ein anderes: Was früher flache Seiten zwischen Pappdeckel war, ist heute die *flatrate* zum Monatstarif, egal welcher Inhalt aufpoppt. Überhaupt werden heute viel mehr Filme und Filmchen konsumiert als Bücher und Zeitschriften, man schaue bloß den

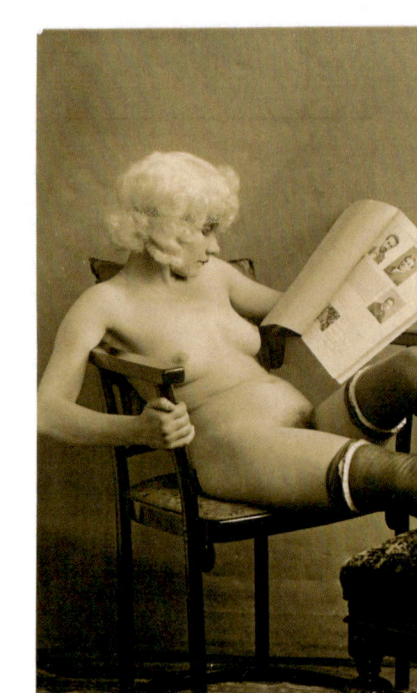

smartphone-Abhängigen über die Schulter. Man könnte einen *iconic turn* zweiter Ordnung feststellen, vom stehenden zum bewegten Bild, vom lesenden Sehen zum hörenden Betrachten.

Weder kennen jüngere Menschen u30 das Buch als haptisches Ereignis, noch sind sie gewohnt, dass ein Buch eine Dramaturgie hat, vorne beginnt und hinten aufhört, und nicht wie die Trübheit des endlosen Netzes das Abschalten verunmöglicht. Mit dem Ende der Schulzeit

haben die *digital natives* das Buch als Informationsträger verabschiedet. Vielleicht reicht es noch zum Kochbuch. An hohen Festtagen werden zwar immer wieder Bücher gekauft, um verschenkt zu werden. Oder man schenkt Büchergutscheine, die nie eingelöst werden. Für sich selbst werden kaum mehr Bücher gekauft.

Dass ich in den ersten vier Monaten dieses Jahres schon knapp achtzig Bücher aus Kunst, Kultur, Fotografie und Bildwissenschaft gekauft habe,

erstaunt mich selber, nicht weil ich im Schnitt jeden zweiten Tag ein irgendsprachiges Buch heimtrage, sondern dass ich überhaupt noch so viele finde, Neues und Angejahrtes. Aber gut, ich war in Paris, in Berlin, in Stuttgart, in Zürich, Lausanne und Basel und immer in den Kleinstläden der Bibliophilen und Buchenthusiasten. Als Bilderbücherjäger kaufe ich immer dort, wo ich was sehe. Und dann gibt es auch noch das ZVAB für bereits länger Entschwundenes und die *fringe*-Themen. Und wenn man ein Buch nicht findet, das man gerne haben möchte, bleibt nur eins: es selber herzustellen. Und so gedeiht auch meine Sammlung an *vintage*-Postkarten, damit in Bälde weitere Bildbände entstehen, für mich und ein paar Verrückte, und dank Kleinauflage auch für die wahren Antiquare der Zukunft.

Falls es dereinst mal überhaupt keine Bücher mehr geben sollte, dann werde ich durch meine zehntausend Preziosen wühlen, im Wissen, dass ich es nie mehr schaffen werde, alle wieder zu begutachten. Aber so ist das Wesen der Bücher: Allein ihr Vorhandensein erweitert das Träumen der Bibliomanen.

Ingeborg Görler
Unterlassung

Dieses Buch zwischen uns,
das nie geschrieben wurde.
Also nicht: dessen Seiten wir
umschlagen. Nicht du, nicht ich.

Sondern: dessen nicht beschriebene
Seiten zwischen uns nicht
umgeschlagen werden,
dass dieser Leerraum

sich mit keiner Lüge
fülle, die von dem Buch
zwischen dir und mir
nichts weiß.

Wie gut doch, das Buch
zwischen uns
nicht geschrieben zu haben,
weder du noch ich.

Dieses mögliche Buch in
dir, in mir zu wissen.
Und irgendwann
nicht einmal mehr dort.

Sam Balducci
Volk und Gesundheit, VEB 1972

Das dunkle, schwere Nussbaumregal, das in der Diele stand und vortrefflich für Bücher geeignet gewesen wäre, war mit Kisten voller Stoffreste vollgeräumt, die man noch gebrauchen konnte und aus denen man irgendwann etwas nähen würde.

Die Böden oben teilten sich das Bowleservice meiner verstorbenen Tante Erna mit einigen Figuren, allesamt hässliche Andenken von irgendwelchen Kaffeefahrten.

Meine Großeltern hielten nicht viel davon zu lesen. Niemand in der Familie las – die Sterbeanzeigen in der Tageszeitung und die Werbeschriften mit Sonderangeboten einmal ausgenommen.

„Lesen ist nichts, womit man seine kostbare Zeit vertrödeln sollte, und es verdirbt einem die Augen!", mahnten sie.

Wenn man nicht von gestern war, las man nicht. Wir jedenfalls gingen mit der Zeit und sahen harmlose Vorabendsendungen in Schwarz-Weiß.

Bücher waren Staubfänger.

Auch die, die ich irgendwann auf einer meiner Inspektionen durch die Wohnung entdeckte: Eine Bibel, in Großmutters Nachtschrank, „Der Fotohelfer", der ganz hinten in der Schublade des Küchentischs auftauchte, (bislang aber nicht dafür gesorgt hatte, dass die Urlaubsfotografien, die mein Großvater schoss, besser gelungen wären) und ein Buch, dessen Titel mir nicht mehr aus dem Kopf gehen sollte: *Mann und Frau intim – Fragen des gesunden und des gestörten Geschlechtslebens.* (VEB Volk und Gesundheit, 1972.) Brandneu! Von meiner Tante Ida, aus der Ostzone in den Westen geschmuggelt. Drüben war man in gewissen Dingen aufgeschlossener.

Man wusste zu verhindern, dass Idas schlechter Einfluss zu uns in die Hochhauswohnung schwappen konnte, und verbannte das *Geschlechtsleben* ganz oben auf den Kleiderschrank.

Wie nur kam ich auf die Idee, auf die Leiter zu klettern und ausgerechnet dort nachzusehen? Ich weiß es nicht.

Im Gesicht der Großmutter zeichnete sich blankes Entsetzen ab, als ich ihr meinen Fund präsentierte. Für den Inhalt sei ich noch zu jung. Klar. Wie hätte es auch anders sein können? Ich war für alles Mögliche zu jung. Dabei war ich schon dreizehn geworden, was aber damals nichts hieß.

„In deinem Alter hat einen so was noch gar nicht zu interessieren!"

Was meinte sie mit *so was*? Ihre Verlegenheit war wunderbar. Die Nervosität meiner Großmutter und ihre fahrigen Antworten auf sämtliche Fragen, die ich dazu stellte, machten eines klar: Es musste ein außerordentlich aufregendes Buch sein. Was bedeutete VEB? Was *intim*? Noch spannender war, was unter einem gestörten Geschlechtsleben zu verstehen war.

Ein Geschlechtsleben hatte niemand zu haben! Tiere höchstens. Es verstand sich also von allein, dass ein Geschlechtsleben fast zwangsläufig als gestört anzusehen war. Das Buch, es wurde mir aus der Hand gerissen, verschwand als „Schund und Dreck" umgehend im Kamin. Bis heute habe ich keine Ahnung davon, was drin stand.

Bücher haben seitdem eine große Bedeutung für mich und aufgrund meiner frühen Prägung ist es wahrscheinlich auch kein Wunder, dass ich mich immer noch für die gesunden, aber insbesondere auch die gestörten Formen des Geschlechtslebens interessiere.

Ein Buch ist etwas ausgesprochen Sinnliches. Ich liebe es, gelesene Seiten umzublättern, und zum Unverständnis meiner gebildeten Freunde knicke ich Ecken um, wenn ich eine Lesepause mache, um die Stelle, an der es später weitergehen soll, wiederzufinden.

Bücher umgeben mich, sie leben mit mir.

Während wir früher auf die günstigere Taschenbuchausgabe gewartet haben, kann ich mir heute die gebundene Ausgabe leisten. Die mit Seidenbändchen und Schutzeinband. Aber, um ehrlich zu sein: Taschenbücher passen eher zu mir, weil sie nicht so akkurat aussehen. Sie sollten aber 12 x 19 cm groß sein. Warum, kann ich nicht sagen, aber das ist mein Lieblingsformat. (Außer bei Anthologien. Die sind etwas Besonderes und dürfen größer sein.)

Auch ich habe einen E-Book-Reader, den ich aber nur in genau zwei Situationen einsetze: Erstens, wenn ich öffentliche Verkehrsmittel benutze und das Titelbild Aufschluss darüber geben würde, dass der Inhalt dessen, was ich lese, eher erotisch-pornografischer Natur ist, und dann noch: Im Urlaub, weil ich ausschließlich mit Handgepäck reise und Bücher zu viel Platz wegnehmen und zu schwer sind.

Vielleicht sollte ich mal was Vernünftiges lesen, ich aber suche noch immer Bücher, die meine Großmutter in den Kamin werfen würde.

Peter Butschkow

Anne Bax
Tausend und meine Nacht

„Wenn ich nach Hause komme, kannst du richtig was erleben! Ich treib dir diesen Mist schon aus! Meinst du, du bist was Besseres?"

Der letzte Satz war durch meinen Kopf getaumelt, weil die schnelle Ohrfeige, die ihn begleitete, ihn aus dem Gleichgewicht gebracht hatte. Es war immer wieder verwunderlich, wie jemand, der so betrunken war, so gezielt zuschlagen konnte. Verwunderlich und schmerzhaft. Ich hatte mir die brennende Wange gehalten und versucht, mit einem Ärmel alle Tränen gleichzeitig zu erwischen. Die meisten hatte ich stoppen können, eine einzige war mir über die Wangen, den Hals hinab bis aufs Schlüsselbein gelaufen, wo sie unschlüssig verharrt hatte. Ich hatte sie mit zwei Fingern zerrieben. Die Haustür war laut zugeschlagen, und die unsicheren Schritte meines Vaters auf dem abendlichen Asphalt, der sicher immer noch warm und großflächig bemalt war, waren verhallt. Den ganzen Nachmittag hatte ich dort draußen mit einer Horde Nachbarskinder Kästchen und Kreise gezeichnet, die man je nach Spiel nicht betreten durfte oder durchhüpfen musste.

Im Schutze der Nacht trug der verräterische Bodenbelag jetzt die Väter der Siedlung unsere Kreidekästchen entlang bis zur nächsten Straßenecke, wo ihre Stammkneipe einen starken Geruch nach Zigaretten und Bier durch die geöffnete Tür in die Dunkelheit atmete.

Es war die freie Woche zwischen der letzten Nachtschicht und der ersten Frühschicht, eine Zeitspanne, die ich fürchtete. Früher hatte ich viel darüber nachgedacht, warum man die Männer für so viele Stunden in die dunklen Gruben und an die glühenden Öfen schickte, heute fragte ich mich zunehmend, warum man sie zwischendurch nach draußen ließ.

Wir saßen jetzt schon eine ganze Weile um ein kleines Lagerfeuer, das knisternd brannte. Ich zusammengekauert und immer noch schniefend und wischend, die anderen entspannt oder in übertrieben akkuraten

Schneidersitzen. Unsere Schatten flackerten im Licht der Flammen unruhig über die viel zu stark gemusterte Tapete, die ich mir selber hatte aussuchen dürfen. Eine Belohnung für irgendetwas, das ich richtig gemacht hatte, ich konnte mich nicht mehr erinnern, was es gewesen war. Die Flammen züngelten in einem kleinen Kreis aus Steinen. Ich war in den letzten beiden Jahren gut darin geworden, das Feuer so zu entzünden und zu hüten, dass es nicht mehr auf die Jugendzimmermöbel übergriff, die ich zur Kommunion bekommen hatte.

Schaden machte wirklich klug.

Uncas und Ismael hatten es sich auf alten schmutzigen Decken bequem gemacht und tranken gurgelnd aus einem Fass Rum, das sie sich immer wieder gegenseitig entrissen. Die englischen Internatszöglinge hielten auch im Sitzen den Rücken gerade und flüsterten leise miteinander. Scheherazade saß so dicht neben mir, dass ich die feine Seide ihres Gewandes an meinem nackten Bein fühlen konnte. Das beruhigte mich ein wenig, sie beruhigte mich, weil sie auch so viele gefährliche Nächte überlebt hatte. Und vielleicht war ich ganz nebenbei ein wenig verliebt in sie. Ich zog den feuchten Ärmel ein letztes Mal über die Augen und sprach laut in die Runde.

„Mist austreiben? Was meint ihr, was das heißt?"

Georgina, die sich so nicht nennen lassen wollte, und die Geschwister Julian, Richard und Anne schauten zu mir und zuckten mit den Schultern. Mir fiel wieder einmal auf, wie gut gebügelt ihre Schuluniformen aussahen, egal ob wir zusammen dichte Wälder durchstreiften, in versteckten Ruinen nach Geheimnissen forschten oder so wie jetzt am Lagerfeuer hockten.

„George?" Ich sah das Mädchen, das lieber ein Junge sein wollte, an, weil wir uns bei unseren gemeinsamen Abenteuern meist wortlos verstanden.

Sie zog einen kleinen Kompass aus ihrer Jacke und hielt ihn hoch. „Ich bin sicher, dass es mit dem alten Verlies im Wald zu tun hat. Komm, lass uns versuchen es zu finden. Bis zum Abendessen sind wir längst wieder im Internat."

Ich konnte sie und ihre Cousins wirklich gut leiden, aber sie waren mir in solchen Momenten keine Hilfe. Letzte Woche hatten sie vermutet, dass der Grund für meine Probleme auf der Felseninsel vor der Küste zu finden sei und dass alles, was wir brauchten, ein Boot und eine Taschenlampe wäre. Vielleicht waren sie ja sogar schuld an meinen Problemen.

„War einer von euch außerhalb des Zimmers?"

Uncas und Ismael schüttelten schnell die Köpfe, aber sie sahen mich dabei nicht an. Scheherazade murmelte etwas Unverständliches und die Internatszöglinge blickten desinteressiert ins Feuer.

„Ismael?" Ich fixierte ihn misstrauisch und sein Auge zuckte, bevor er zu sprechen begann.

„Als ich vor einigen Jahren – wie lange es genau her ist, tut wenig zur Sache – so gut wie nichts in der Tasche hatte und von einem weiteren Aufenthalt auf dem Lande nichts mehr wissen wollte, kam ich auf den Gedanken, ein wenig zur See zu fahren, um die Welt des Meeres kennenzulernen. Man verliert auf diese Weise seinen verrückten Spleen und dann ist es auch gut für die Blutzirkulation."

Wenn ich ihn nicht stoppte, würde er seine ganze, sehr lange Geschichte erzählen und obwohl ich sie liebte, hatte ich dafür jetzt keine Zeit.

„Du hast in Nantucket auf einem bizarr dekorierten Walfangschiff angeheuert, das nach dem ausgerotteten Stamm der Pequod-Indianer benannt war. Nach der Umrundung des Kaps der Guten Hoffnung habt ihr mehrfach Wale gesichtet, gejagt und erlegt. Viele gruselige Details übrigens, die ich lieber nicht gewusst hätte. Nach der Fahrt durch den Indischen Ozean und die indonesischen Inseln habt ihr östlich von Japan endlich von einer Sichtung des Weißen Wals gehört. Drei Tage habt ihr ihn gejagt, bis er euch gerammt und zum Sinken gebracht hat. Euer wahnsinniger Kapitän wurde in seinem Walboot von einer Bucht der auslaufenden Harpunenleine erfasst und von dem abtauchenden Wal unter Wasser gezogen. Nur du hast dich auf Queequegs Sarg über Wasser gehalten und bist von einem anderen Walfänger als einziger Überlebender des Untergangs gerettet worden. Warst du jetzt im Wohnzimmer oder nicht?"

Ismael schaute betont beleidigt in die Runde und begann eines dieser jammernden Lieder zu singen, die er von Queequeg gelernt hatte. „Schschschttt!" Ich legte wütend den Zeigefinger an die Lippen und er verstummte. Ich lauschte. Alles blieb ruhig. Das war gut, denn meine Mutter war immer müde und brauchte den Schlaf.

Es wäre nicht das erste Mal gewesen, dass die Pequod aus meinem kleinen Kinderzimmer über die schlecht verlegten Teppichfliesen im Flur mitten ins Wohnzimmer gesegelt wäre. Und obwohl die Schlafzimmertür immer geschlossen war, wenn mein Vater über Tag schlief, war er erwacht. Vielleicht war es das Knarren und Jammern der Takelage gewesen oder die heiser gebrüllten Kommandos der Mannschaft, die ihn geweckt hatten, vielleicht auch nur der Wind und die Wellen, die das Schiff brüllend umtosten. Ich wusste nicht nur viel zu viel über Walfang, ich wusste auch, dass sich Walfänger und Wechselschichten nicht vertrugen.

„Ich war ihnen auf der Fährte", flüsterte Uncas in die Stille. „Ich weiß, dass ihrer so viele sind als Finger an meinen Händen. Aber sie haben sich wie Feiglinge verkrochen." Ich drückte dankbar seine Hand, weil ich wusste, dass er bereit war, für mich in eine weitere Schlacht zu ziehen, die er nicht gewinnen konnte. Er erwiderte den Händedruck und sah mich ein wenig schuldbewusst an. Auch wenn er selber in der Lage war, sich lautlos zu bewegen, hatte eine Horde Büffel, denen er gefolgt war, vor ein paar Wochen überraschend die Richtung geändert und war in wilder Panik mit donnernden Hufen in einer gigantischen Staubwolke durch Küche und Badezimmer galoppiert.

Draußen vor dem Fenster waren jetzt Schritte zu hören, die langsam näher kamen und ich wartete ängstlich auf das Geräusch des Schlüssels im Schloss. Das metallische Knirschen blieb aus und die Schritte gingen vorbei.

Scheherazade zog mich an sich und immer öfter mischte sich neuerdings in ihrer Nähe die Angst mit einem anderen Gefühl, das auf seine eigene Art genauso beunruhigend war. Ich lehnte mich an sie und atmete den Duft nach Jasmin ein, der sie immer umgab. Wir hatten nicht viel gemeinsam, sie war die Tochter eines Wesirs, ich war die Tochter eines Hilfsarbeiters, sie hatte sich freiwillig gemeldet, um einen Mörder am Morden zu hindern, ich meldete mich noch nicht einmal freiwillig zum Abtrocknen. Ich wäre so gerne wie sie gewesen, oder ich hätte sie gerne geküsst. Sie strich mir zart über den Arm und unsere Augen trafen sich.

„Wie hast du das nur so lange überlebt?" Meine Frage weckte sofort die Geschichtenerzählerin in ihr und ihre Stimme wurde lebendig.

„Ich war immer beim Morgengrauen an einer so spannenden Stelle meiner Geschichten angelangt, dass der König unbedingt die Fortsetzung hören wollte und meine Hinrichtung aufschob. In der folgenden Nacht habe ich die Geschichte weitererzählt ...“

„... und du hast sie am Morgen wieder an einer spannenden Stelle unterbrochen." Es war ja nicht so, dass ich das nicht wusste.

Sie nickte und wir versanken wieder in einen dieser langen Blicke, die mich den mörderischen Herrscher, den sie nach 1001 Nacht geheiratet hatte, noch mehr hassen ließ.

Den englischen Internatszöglingen waren unsere tiefen Blicke unangenehm, und sie schrieben einen Zettel, den sie mir über Uncas und Ismael reichen ließen.

Wir müssen den verfallenen Leuchtturm finden, stand in akkurater Handschrift darauf.

Ich seufzte und bemühte mich, nicht die Geduld mit ihnen zu verlieren. Immerhin hatten sie ihre Picknickdecke schon länger nicht mehr auf unserem Balkon aufgeschlagen. Vielleicht ...

Ich unterbrach meine Gedanken, weil ich sah, wie alle gleichzeitig erstarrten. Die Schritte, die jetzt draußen erklangen, hatten etwas Vertrautes und sie wurden lauter.

War es wirklich schon so spät? Mist, ich hatte wieder die Zeit vergessen.

Vor unserer Tür verstummten die Schritte, und der Schlüssel meines Vaters drehte sich unsicher im Schloss.

Die Engländer flohen blitzschnell unters Bett, Uncas verschmolz mit dem großen Ficus Benjamini neben dem Fenster und Ismael quetschte sich in den Schrank. Nur Scheherazade blieb dicht neben mir sitzen, und ihr schneller Atem streifte mein Ohr.

Die Tür wurde von innen geschlossen, und der Schlüssel fiel klirrend zu Boden. Ein gelallter Fluch war zu hören.

Mir wurde kalt.

Die Kühlschranktür ging auf und wurde wieder zugeschlagen.

Noch ein Fluch.

Dann wieder eine kurze Stille, bis die Schritte im Flur sich in Richtung Elternschlafzimmer zu entfernen schienen. Ich wollte schon vorsichtig ausatmen, als sie wieder innehielten und quälend langsam näher kamen. Es war ihm wieder eingefallen, dass in seiner Wohnung ein Eindringling lebte, der sie mit Abenteurern und Tagedieben bevölkerte. War heute der Tag, an dem er sie endgültig vertreiben wollte? Wie wollte er sie vertreiben?

Mein Herz schlug schnell und unregelmäßig gegen meinen Brustkorb, der sich wie ein zu enges Korsett um meine Lunge gelegt hatte.

Ein Schritt.

Und noch ein Schritt.

Und dann sah ich zitternd zu, wie sich die Klinke meiner Zimmertür langsam senkte …

Franz Spengler
Bekenntnisse eines Raublesers

Es ist noch nicht lange her, dass Raubleser mit ihren Untaten unbehelligt davonkamen. Sogar ich selbst habe bereits als Kind Bücher meiner Eltern raubgelesen. Kistenweise. Mir hat niemand gesagt, das sei falsch. Lehrer und Kindergärtner propagierten, dass Teilen gut sei. Perverse Systemfeinde erzählten solche Sachen, und gaben sich als Altruisten aus. Ich glaubte ihnen damals. Doch mittlerweile kenne ich meine Schuld. Hunderte Bücher blieben ungekauft, weil ich sie aus dem Bücherschrank meiner Eltern und Freunde nahm und unbezahlt genoss. Ich tauche nicht in Leserstatistiken auf. Machte ich sie zu Komplizen oder sie mich? Ich will es gar nicht wissen, denn das würde viele bestehende Verhältnisse belasten und vergangene Freundschaften trüben, und ein Gericht will ich über meine Schuld auch nicht im Bilde wissen. Wenn mich mein Umfeld zum Serienverbrecher gemacht hat, will ich wenigstens damit davonkommen.

Es hätte damit vorbei sein können. Das Internet und die Multiplizierbarkeit digitaler Daten machten Verbrechen wie meine so leicht, dass endlich etwas dagegen getan wurde. Der tausendfache Raub von der Musikindustrie, der versuchte (und immer noch nicht gescheiterte) Selbstmord der fröhlichst online teilenden Zeitungsindustrie und alle weitere Kopiererei hatte das wahre Ziel der vorgeblichen Altruisten offengelegt, die doch in Wirklichkeit nur an der Demontage der Marktwirtschaft interessiert waren.

Als dann digitale Bücher groß im Kommen waren, gab es die einfache Lösung, den verantwortungslosen Nutzern gar nicht erst den vollen Zugriff auf das Lesegerät, das sie gekauft hatten, zu geben. Bücher an das Gerät binden, das Gerät an einen Account binden. Mein neues Handy hat einen Fingerabdrucksensor – etwas Derartiges wäre der nächste logische Schritt, den Wirtschaftsfeinden Einhalt zu gebieten. Doch anstatt zu begreifen, was eigentlich verkauft wird, machte zumindest Amazon einen Rückzieher: Man kann jetzt Bücher verleihen. Die Raubleser haben ihre Waffen zurück.

Nun hat zwar Amazon sich von Verbrechern erpressen lassen, und niemand scheint das Gewicht dieses Rückschrittes zu begreifen. Wieder einmal gilt, dass jede Leseerfahrung nach der ersten völlig ohne wirtschaftliche Würdigung des Werkes geschieht – nicht nur im Abstrakten, wo die wertschätzende Geste der Bezahlung fehlt, sondern auch im konkreten Sinne der Marktwirtschaft – kein Cent landet beim Autor oder beim Verlag. Das Mittel der Wertschöpfung ist in der Hand von Dieben, die ruchlos genießen, ohne es der Welt mit der universellen Sprache von Hände wechselndem Geld mitzuteilen. Sie lügen über den Wert des Buches, sagen, es sei nur einen Kauf wert, und die Welt glaubt diese Lüge, denn sie steht in roten Zahlen in der Bilanz. Wie niemand weiß, was man will, wenn man nicht wählt, weiß niemand, dass gelesen wurde, wenn kein Cent verrechnet wird. Anders als das Instagram-Bild, mit dem man die letzte Mahlzeit lobt, dessen Wert so nebulös wie unsicher ist, gibt es hier einen klaren Wert, der unterschlagen wird. Und sogar die lupenreinen Kapitalisten von Amazon haben die Wirtschaft verraten. Wir waren schon so nah an der Lösung – nur das wiederholte Lesen hätte der Wirtschaft noch ihren rechtmäßigen Gewinn nehmen können. Aber statt vorwärts geht es nun rückwärts, und niemand weiß, was als nächstes kommt. Werden etwa als nächstes die Bücher auf meinem Kindle wieder zu meinem Eigentum?

Helmut Richter
Die SoVA

DIE SECHZIGERJAHRE. Es gab den SDS (der „Sozialistische Deutsche Studentenbund"). Die SDS-Verlage Trikont aus München, Neue Kritik aus Frankfurt, Oberbaum aus Berlin (Städte, die im SDS etwas zu sagen hatten) hatten eine Auslieferung: die Müko – Münchner Kommissionsbuchhandlung. Zuerst war die Neue Kritik in diese Auslieferung gegangen, denn sie hatte als Erste gelernt, dass man etwas wie eine Auslieferung braucht. Während der vielen Treffen von Verlegern bei der „Senghor-Buchmesse" hatte irgendwer geäußert, man brauche eigentlich auch eine eigene Auslieferung. Das haben alle zur Kenntnis genommen, genickt – und es passierte nichts.

Das Wort Senghor-Buchmesse bezieht sich auf ein für die 68er enorm wichtiges Geschehen. 1968 wurde der Friedenspreis des deutschen Buchhandels an den Dichter und Präsidenten des Senegals, Léopold Sédar Senghor, verliehen. Dagegen gab es starke Proteste, denn er galt als Vertreter des Kolonialismus. Es gibt das berühmte Foto von Daniel Cohn-Bendit vor der Frankfurter Paulskirche, er wurde verhaftet. Auf der Buchmesse war sehr viel Polizei, und das alles war der Anlass zu diesen Treffen. Trikont und andere, auch viele ausländische Verlage trafen sich im Foyer des Hessischen Hofs (einem Hotel gegenüber der Buchmesse) und berieten. In der Folge entstanden linke Buchhandlungen.

Kurz darauf war die Firma Müko pleite, bzw. sie machte geregelt zu – wir haben kein Geld verloren. Neue Kritik und die anderen der dort ausgelieferten Verlage standen nun aber wieder ohne Auslieferung da. Wir – damit meine ich die Neue Kritik, denn ich habe damals dort gearbeitet – haben uns ein bisschen gekümmert. Die Auslieferung KNV wollte die Verlage nicht annehmen, weil wir zu klein waren, und über die VVA kursierte ein Gerücht: dass sie den Verlagen immer dicke Vorschüsse zahlte und damit irgendwann aufhörte – dann ist der Verlag pleite und wird von Bertelsmann gekauft.

Ich glaube nicht, dass das stimmte, aber damals gab es eben dieses Gerücht. Also haben wir diskutiert und den alten Gedanken einer eigenen Auslieferung wieder aufgegriffen. Damals gab es ja noch West-Berlin. Dort hatten Verlage eine Extra-Auslieferung, d.h. wir lieferten nicht von der Bundesrepublik aus an Buchhandlungen in West-Berlin, sondern eine West-Berliner Verlagsauslieferung machte das. Zu diesen gehörte die Voltaire-Verlagsauslieferung. Der Macher dieser Auslieferung sagte: „Ich mache das jetzt, ihr müsst mir nur ein bisschen Zeit geben. Ich liefere von Berlin aus an die westdeutschen Buchhandlungen (das war umständlich, daher die Extraauslieferungen in Berlin, Buchsendungen konnten sehr lange unterwegs sein, mussten ja Grenzen und Kontrollen passieren), bis ich in die Bundesrepublik ziehe und die West-Berliner auch beliefere." Aber leider ging auch er nach einem halben Jahr pleite. Und wir mussten uns diesmal anstrengen, unser Geld zu bekommen.

Nach diesen Erfahrungen haben wir uns gesagt: jetzt müssen wir wirklich selbst eine Auslieferung machen, da wir nun in der Bundesrepublik ohne Auslieferung dasaßen. Danach haben wir die anderen gefragt, ob sie mitmachen würden, und das taten einige – sodass wir die SoVA, die Sozialistische Verlagsauslieferung, gründen konnten. Wir gründeten uns mit den Verlagen: Neue Kritik, Trikont, edition Voltaire und Weißmann – woraus später Kunstmann wurde. KD Wolff war zuerst beim legendären März Verlag* und bekam bei seinem Ausstieg eine Abfindung, mit der er in die Neue Kritik einsteigen wollte. Seine Bedingung: Wir dürfen ihm nicht in die Bücher reinreden, die er machen wollte. Das wollten wir nicht, wir wollten kollektiv entscheiden, und er gründete seinen eigenen Verlag Roter Stern 1970. Er war auch von Anfang an dabei und als sechster unser eigener Raubdruckvertrieb „Agit". Raubdrucke gab es in der Zeit, weil es einen Nachholbedarf gab. Wie hieß das? – die „Literatur der Arbeiterbewegung", alle diese Bücher waren von den Nazis verboten worden. Zu den Verbotenen gehörten auch Autoren wie Horkheimer und Adorno. Die etablierten Verlage in

---

* Es gibt ein autobiografisches Buch des März-Verlegers Jörg Schröder, „Siegfried ". Eine unterhaltsame Lektüre über diese Zeit und über die Tücken des Verlegerdaseins allgemein.

Rosa Luxemburg
Die Akkumulation des
Kapitals

Archiv sozialistischer
Literatur 1
Verlag Neue Kritik Frankfurt

Westdeutschland hatten es nicht für nötig gehalten, sie wieder aufzulegen. Natürlich gab es auch völlig überflüssige Bücher der Arbeiterbewegung. Neue Kritik hatte sich 1965 gegründet und damals damit angefangen, als Erstes wurde Rosa Luxemburgs „Die Akkumulation des Kapitals" nachgedruckt. Zu der Zeit gab es noch keine linken Buchhandlungen. Das Buch wurde kaum über Buchhandlungen verkauft, sondern über den SDS. Der funktionierte noch. Es war ein „Raubdruck", weil wir nicht die Rechte hatten – man weiß bis heute nicht, wer damals die Rechte hatte. Was dieses Buch von anderen Raubdrucken unterschied, war, dass dick und fett unsere Adresse draufstand. Und dennoch gab es nie Schwierigkeiten.

Die SoVA wurde also 1971 gegründet. Das war nur deshalb möglich, weil die Neue Kritik einen Bestseller hatte. Er hieß „Das kleine rote Schülerbuch". Davon haben wir im Lauf der Zeit 400.000 Exemplare verkauft. Es war für die Schüler sehr wichtig, weil es so richtig antiautoritär war, eine Übersetzung aus dem Dänischen. Deswegen hatte die Neue Kritik Geld. Außerdem gab es die Maobibel. Sie lief nicht so gut wie das Schülerbuch, dafür lief sie länger. Trikont hat sie vertrieben, die Chinesen aber nie bezahlt. Mit diesem Umsatz konnten wir die SoVA gründen. Die Gründung war anders als andere Gründungen von Kollektivbetrieben: es war eine Kopfgründung. Die drei Leute, die wir dann angestellt haben, kannten sich vorher nicht – und das war ungewöhnlich. In Kollektiven kannten sich alle schon vorher.

Unsere Verlage waren schon im Buchhandel vertreten, denn wir hatten vorher ja alle Auslieferungen gehabt, einzig die Agit als Raubdruckvertrieb hatte keine. Inzwischen gab es linke Buchhandlungen. An die wurde das Zeug verkauft – Anfänglich war es so, dass die SoVA fünfzig Prozent ihres Umsatzes mit linken Buchhandlungen machte, und das waren in der Zeit etwa dreißig Buchhandlungen, später wurden es mehr. Es war auch alles sehr bequem. Wir mussten nur ein A4-Blatt verschicken – einen dieser Blaudrucke, die es damals gab, mit einem Matrizendrucker hergestellt. Wir machten also ein ab-gezogenes Papier, das aussah wie ein Flugblatt und auf dem die neuen Titel genannt wurden, und verschickten es mit der Post als Brief an die dreißig Buchhandlungen. Auf dem Zettel standen ungefähr zehn Titel. Es waren nur die Titel aufgeführt, die Autoren, der Preis und fast nichts zum Inhalt. Anfang der Siebzigerjahre war es so einfach, Bü-cher zu verkaufen. Die haben partieweise bestellt. Das ging natürlich nicht ewig, sondern brach ziemlich heftig ab. Sodass die SoVA nach einem Jahr eigentlich pleite war. Und das war besonders peinlich, weil es im Oktober passierte, als alle unsere Verlage gerade da waren, denn es war die Buchmesse! Es war sehr früh im Monat, als wir plötzlich kein Geld mehr hatten. Die Verlage hätten ihr Geld erhalten müssen und haben es nicht bekommen. So haben wir ihnen mitgeteilt, dass wir ent-weder zumachen würden oder dass sie zwei Prozent mehr zahlen müs-sten. Dann würden wir es wieder hinkriegen und danach die Prozente auch wieder zurücknehmen. Wir konnten das nur deshalb zusagen, weil wir uns um neue Verlage bemüht und sieben gefunden hatten, die wir ausliefern wollten. Sonst wäre es auch mit vierzehn Prozent nicht wei-tergegangen. Wir hatten eine Einheitsprovision. Zwölf Prozent für alle. Sie haben mitgemacht und haben danach vierzehn bezahlt. Und sieben Verlage, darunter der Makolverlag, kamen dazu. Es gibt sie inzwischen fast alle nicht mehr. So haben wir es hinbekommen. Nach etwa zwei Jahren konnten wir wieder auf die zwölf Prozent heruntergehen. Aber leider mussten wir die Einheitsprovision bald aufgeben, weil uns das behindert hat, größere Verlage zu finden. Die Höhe der Provision hängt seitdem von der Höhe der Umsätze ab.

Am Anfang arbeiteten wir in Frankfurt-Bockenheim in der Kur-fürstenstraße in einem Hinterhaus. Unsere Räume waren über zwei Stockwerke verteilt, es gab keinen Aufzug. Irgendwann wurde es zu klein. Als wir ausgezogen sind, waren die Räume so vollgeknallt, dass wir im oberen Stock nur noch über die Paletten krabbeln konn-ten. Es war ein Betonhaus, wir mussten immerhin keine Angst ha-ben, dass die Decke herunterfällt. Wir waren inzwischen zwölf Ver-lage – aber das Geschäft war nicht mehr so einfach wie am Anfang in der Zeit der Partiebestellungen. Es war nicht mehr so, dass die Buchhandlungen nur darauf warteten, dass wir ihnen einen Zettel schickten. 1973 spätestens war das vorbei.

Die Verlage hatten Verlags-Vertreter. Ab etwa 1972 hatten alle dieselben Vertreter und wir machten gemeinsame Vertreterbesprechungen in einem Raum der Neuen Kritik. Alle Verlage saßen dort, die drei Vertreter, die SoVA und die Karl Marx Buchhandlung. Jeder Verlag erzählte, was er für Bücher machen will – das war ganz schön! Eigentlich waren es vier Vertreter, in Berlin gab es auch noch einen. In der Buchhandlungs- und Verlagswelt sind sie noch bekannt; in Berlin Heinz Zirk, in Westdeutschland Werner Ruhsam (als Lyrikliebhaber war er ungeeignet für uns, Lyrik hatte damals keiner von uns im Programm), Jörg Wallenstein und Henner Voss. Doch bald wurden manche Verlage größer und wollten die Vertreter länger für sich alleine sprechen. Andere Verlage haben zugemacht. So bröckelte das Gemeinsame ab. Die Verlage, die nicht zumachten, haben den Wandel von politischen Sachbüchern zu Belletristik hinbekommen. Sie hatten ja alle anfangs nur neue politische Sachbücher – oder auch noch die alten – im Programm. Das mit den alten politischen Büchern war um 1972 schon zu Ende, die wurden kaum mehr verkauft. Diesen Verlagen (wie Weißmann, heute Kunstmann) ist also der Übergang von neuen politischen Sachbüchern zu belletristischen Büchern gelungen. Später haben wir Vertreter und Verlage immer noch zu uns eingeladen, damit die Verlage Reisekosten sparten – aber sie saßen nicht mehr alle zusammen, sondern in je eigenen Räumen, und die Vertreter mussten von Raum zu Raum gehen.

Wir waren immer eine kleine Auslieferung, auch wenn wir wuchsen. Nachdem das mit dem kleinen roten Schülerbuch und der Maobibel vorbei war, kamen Bücher der Frauenoffensive, die unseren Umsatz retteten. Frauenoffensive war der erste Frauenverlag, der sich in dieser politischen Zeit gegründet hat. 1975 erschien dort Verena Stefan, Häutungen, und wurde Bestseller. Da wir Frauenoffensive auslieferten, kamen auch die späteren Gründungen, eine ganze Reihe weiterer Frauenverlage, zu uns. Es gab nur SoVA und Prolit als linke Auslieferungen, also gingen Frauenverlage und andere mit politischen Inhalten zu einem von uns beiden. Die meisten existieren nicht mehr, einzig Orlanda (als Frauenselbstverlag 1974 gegründet) gibt es noch (sie haben uns nach Auseinandersetzungen mit einer damaligen Mitarbeiterin verlassen und sind zur Auslieferung Prolit gegangen), und den Verlag von Antje Kunstmann, der 1976 als Weismann Verlag-Frauenbuchverlag zu uns kam und seit 1990 kein „Frauenbuchverlag" mehr ist. Auch Frauenbuchläden entstanden ab Mitte der Siebziger, zuerst 1975 Lillemors in München, die es noch gibt, kurz darauf Labrys und Lilith in Berlin (Lilith hatte auch einen kleinen Verlag), 1979 Thalestris in Tübingen, auch sie gibt es noch, doch die meisten gibt es nicht mehr; dann kamen schwule Buchhandlungsgründungen, Eisenherz in Berlin 1978, Männerschwarm in Hamburg 1981 (daraus entstand der Männerschwarmverlag 1992, der schwullesbische Querverlag gründete sich 1995), Erlkönig in Stuttgart 1983 und Löwenherz in Wien 1993, diese drei (seit dem Verschwinden der Frauenbuchläden sind sie schwullesbischqueer) existieren noch und sind wichtige Multiplikatoren für manche unserer Verlage. Auch viele der schwulen Läden gibt es nicht mehr.

Der VLB, der Verband des linken Buchhandels, existierte bis etwa 1980. Der Verband hat dazu geführt, dass eine solidarische Atmosphäre erhalten blieb. Alle kannten sich. Auch Claudia Gehrke und der Mitherausgeber Peter Pörtner waren mit ihrem erstem Buch (konkursbuch Nummer eins, Vernunft und Emanzipation) 1978 auf Rat von KD Wolff von VLB-Buchladen zu VLB-Buchladen und zu einigen ausgewählten anderen Buchhandlungen gereist, das *Konkursbuch 1* wurde in großen Stückzahlen bestellt und verkauft, heftig diskutiert und bekam bald viele Besprechungen, auch in Zeitungen wie „Die Zeit". Anfangs machten sie die Auslieferung aus dem zweiten Stock in der Münzgasse 17 in Tübingen selbst, danach eine Zeit lang Claudia Gehrkes Bruder zusammen mit ihrem Vater in Frankfurt, der war als Chemiker früh berentet worden wegen Berufskrankheit und hatte Zeit. Mit handgeschriebenen Rechnungen und Mahnungen. Die Verkaufszahlen stiegen, es wurde zu viel zum Selbstausliefern. Der Konkursbuch Verlag kam 1981 zu uns.

Ich habe hier noch Claudia Gehrkes formloses handschriftliches „Bewerbungsschreiben" gefunden und eine Art Flugblatt, und die Werbung für die ersten Bücher, eine art Flugblatt, mit Schreibmaschine vollgeschrieben bis an den Rand, einfacher Zeilenabstand. So konnten damals Buchhändlerinformationen aussehen! Heute, im Zeitalter der schick gestalteten Programmvorschauen für die Buchhändler mit vielen Leerräumen und optischen Blickfängern fürs schnelle Hingucken kaum mehr vorstellbar. Das Elternhaus in Frankfurt-Ost lag nahe unserer damaligen Adresse. Der Umzug des noch überschaubaren Lagers war einfach, und auch danach ist ihre Mutter manchmal bei uns vorbeigekommen.

Mit Prolit gibt es eine lange Geschichte. Prolit hatte dasselbe gemacht wie wir mit der Agit, er war also anfangs ein Raubdruckvertrieb. Nur leider haben sie überflüssige Bücher raubgedruckt und wurden verfolgt. Aber sie hatten auch Bücher von Leuten im Vertrieb, die später zu Verlagen wurden, begonnen mit ein oder zwei Büchern. Die Zeit mit der raubgedruckten Literatur der Arbeiterbewegung brachte einige Verlage hervor, der Kramerverlag z.B. gehörte dazu. Der Raubdruckvertrieb hat auf die Weise gearbeitet: er nahm fünfzig Prozent vom Ladenpreis und hat an den Buchhandel mit dreißig Prozentweiterverkauft. Es war ja die Zeit, in der es noch keine Computer gab. Die Abrechnung war einfach. Verlage erhielten monatlich die Information: wir haben von deinem Buch soundso viele verkauft. Die Hälfte vom Ladenpreis macht das und das an Geld.

Wir, also die SoVA, machten es etwas komplizierter. Wir hatten zum Rechnungen schreiben eine Fakturiermaschine. Sie war etwa so groß wie ein Schreibtisch. Diese Maschine hat nur das Rechnen übernommen, sie hat nichts gespeichert. Wir mussten die Adresse mit der Hand eintippen, Anzahl der Bücher etc., und die Maschine hat gerechnet und eine Rechnung ausgedruckt, mit zwei Durchschlägen. Einen Durchschlag haben wir gebraucht, um zu mahnen, den anderen Durchschlag haben zwei Rentner bekommen, die zweimal in der Woche einen Stapel abgearbeitet haben. Für jeden Titel gab es eine A5 große Karteikarte, darauf haben sie die Anzahl und den Umsatz geschrieben. Außerdem gab es postkartengroße Zettel, darauf stand z B

Karl-Marx-Buchhandlung, das Datum und der Betrag. Das haben die Rentner aus den Rechnungen extrahiert. Und jeder Verlag hatte eine andere Farbe dieser Zettel. Und am Ende des Monats haben wir den Stapel Zettel mit dem Umsatz der einzelnen Buchhandlungen an die Verlage in ihrer jeweiligen Farbe geschickt. Wir haben die Arbeit der Rentner noch ergänzt und eine Liste gemacht, die so ähnlich war wie die heutige Umsatz- und Lagerliste – nur ist sie jetzt umfangreicher. Aber es stand schon da: Anfangsbestand, Zugänge, Abgänge, Partieexemplare und unberechnete Lieferscheinsendungen. Wir hatten Formulare, die wir kopierten und in die ich die Zahlen mit der Hand hineingeschrieben habe. Im Unterschied zu den Raubdruckvertrieben und zu Prolit haben wir nicht fünfzig Prozent vom Ladenpreis genommen und zwanzig Prozent behalten, sondern wir haben den wirklichen Umsatz mitgeteilt, also den nach Abzug der Buchhändlerprozente, und davon zwölf Prozent genommen. So waren wir billiger als die Raubdruckvertriebe. Zu den zwölf Prozent kamen noch Lagerkosten, das waren damals zwölf Mark pro Palette. Die Verlage hatten ja noch nicht viel – die zu lagernde Menge wuchs erst mit dem Alterungsprozess der Verlage an, also mit der Anzahl unverkaufter Backlisttitel. Es war nicht immer einfach, die Paletten zu zählen und abzurechnen, eine halbe Palette war genauso teuer wie eine ganze. Inzwischen sind die Lagerkosten viel höher, wir rechnen nach Gewicht oder nach Anzahl ab. Wir waren mit den damals wenig ins Gewicht fallenden Lagerkosten viel günstiger als Prolit.

Deshalb hat Prolit irgendwann gesagt, wir würden ihnen die Verlage wegnehmen. Das stimmte, aber auf der anderen Seite wollten wir sie unterstützen und haben Verlagen geraten, zu ihnen zu gehen. Ein Beispiel ist Nautilus, als er noch ganz frisch war. Man konnte Lutz, den inzwischen verstorbenen Verleger, oft kaum verstehen; ich wusste nicht, was er wollte. Wir verabredeten ein Treffen bei Prolit, um ihnen nahezulegen, dorthin zu gehen. Lutz war von Hamburg aus angereist, ich von Frankfurt. Die Vermittlung ist uns misslungen. Auf jeden Fall haben wir versucht, den Verlag zu vermitteln. Wir waren damals berühmter als Prolit, wir waren die erste linke Auslieferung –.

1977 haben wir einen Computer gekauft. Keinen PC, die gab es damals noch nicht. Das Ding hat hunderttausend Mark gekostet. Der Speicher war fünf MB groß. Das Gerät war so groß wie ein Schreibtisch, Drucker integriert und es gab einen kleinen Bildschirm mit acht Zeilen. Und damit ließ sich mit dem entsprechenden Programm schon alles machen, was auch heute mit dem Computer in einer Auslieferung gemacht wird. Er war nur mit dem Speicher-Platz beschränkt. Als wir den Kauf planten, hatten wir natürlich alle keine Ahnung davon. Aber wir kannten Leute, und einige von denen hatten etwas mehr Ahnung. Einer von ihnen hatte uns aufmerksam gemacht: jetzt sei endlich die richtige Maschine für uns da, nämlich mit einer Festplatte. Die Fakturiermaschinen waren vorher auch schon immer besser geworden. Wenn es schon PC gegeben hätte, hätten wir vermutlich mit PC angefangen, was viel mehr Arbeit gemacht hätte. Die PC waren ja nicht für Verbindungen geeignet. Das Konzept dieses Computers war anders. Das Ding war von IBM – und an das nächste, was sie gemacht haben, ließen sich schon 64 Bildschirme anschließen. Und mehrere Drucker. Wir fakturierten ja von mehreren Bildschirmen aus, und machten das, was wir von allen Bildschirmen aus heute noch immer machen. Ein solcher Computer ist eben kein PC-Netzwerk, sondern viel stabiler. Hätten wir mit PC angefangen, hätten wir viel mehr Geld hereinstecken müssen, damit auch das Netzwerk funktioniert. Aber darüber

nachdenken konnten wir damals nicht, denn es gab noch keine PCs – es war also nur Zufall, dass es bei uns der Computer wurde, dass wir mit dem stabileren Gerät anfingen. Auf dem 8-Zeilen-Bildschirm ließ sich also eine Kundennummer eingeben, und wenn sie stimmte, erschien die Bestelladresse, dann mussten noch Bestellzeichen eingegeben werden, und dann wurden die Titel eingetiggert.

Geplantes Cover konkursbuch Nr. 22, Computer (in den Achtzigern).
Die Herausgeber fürchteten, dass die bereits geschickten Beiträge bei Erschei-
nen schon nicht mehr aktuell gewesen wären, und zogen das Buch zurück.

145

Die Fakturiermaschine hat nichts aufgehoben, der Computer hat die Rechnungen aufgehoben, gespeichert. Jetzt waren die bunten Zettel hinfällig. Die Rentner waren zuletzt auch überfordert, denn es war ja immer mehr geworden. Und ich habe diese Arbeit, Bestandfortschreibung zu machen, auch nicht sonderlich gemocht.

Allerdings gab es keine geeigneten Programme zu kaufen. Wir kannten einen Studenten, der schon im Unirechenzentrum herumgespielt hatte. Als wir ihm das Problem schilderten, sagte er, ja das könne er für uns in einem halben Jahr machen. Dann ist er also ein halbes Jahr immer wieder zu IBM in Frankfurt gefahren und hat auf dem Computer das Programm entworfen. Eines Tages hat er uns mitgeteilt, er brauche jetzt noch ein ganzes Wochenende, an dem er ununterbrochen an dem Programm rummachen könne, und nicht nur immer zwei Stunden, dann sei er fertig. Also haben wir das Ding bestellt. Wir hatten ein winziges Büro, in dem wir zu zweit saßen. Einer machte die Bestellvorbereitung, der andere tiggerte ein. In den engen Raum haben wir also diesen Computer hereingestellt.

Dann stand er da – aber funktionierte nicht. Der Mann hatte sich verschätzt. Danach hat er noch ein halbes Jahr gebraucht, bis Weihnachten, um alles zum Laufen zu bringen. Ich finde, dass er das hervorragend gemacht hat. Ich hatte ihm zwanzig Seiten geschrieben, was wir alles brauchen (hatte natürlich keine Ahnung, was davon wirklich möglich war). Er brachte unsere Bedürfnisse in eine Form, die hervorragend funktionierte. Nachdem es also endlich ging, hatten wir natürlich weitere Wünsche. Ein Beispiel: Wir konnten zwar mahnen, aber nicht die Rechnungsdurchschläge ansehen. Es kommt ja immer wieder einmal vor, dass eine Buchhandlung sagt, es war bestellt und sei nicht angekommen. Dann gucken wir in die Durchschläge – wir nannten es so, obwohl es jetzt im Computer war. Das war eine unserer Nachforderungen gewesen, das hat er gemacht, und auch, dass wir von mehreren Bildschirmen gleichzeitig arbeiten können.

Irgendwann war er nicht mehr erreichbar. Das letzte Mal habe ich ihn kurz vor dem Jahr 2000 gesprochen. Er hat uns in der Zeit noch einen freundlichen Rat gegeben – denn alle hatten ja Angst, dass mit der neuen Tausenderzahl auf den Computern alles durcheinandergerät – und gesagt, das hält jetzt wieder fünfzig Jahre, erst danach muss man wieder was machen.

Den ersten Computer haben wir fünf Jahre lang abbezahlt, dann kam ein neuer, also ca. 1982, diesmal war es der mit der Möglichkeit für vierundsechzig Bildschirme. Bis heute kam etwa alle fünf Jahre ein neuer Computer – aber das Programmpaket hat gehalten, es ist natürlich immer wieder ergänzt und an neue Gegebenheiten angepasst worden, aber es ist das, was wir von Anfang an hatten.

Es gab nach dem kleinen roten Schülerbuch, der Maobibel und „Häutungen" immer wieder einmal Bestseller, das hilft natürlich jeder Auslieferung, ob groß oder klein. 1977 erschien im Verlag Roter Stern das Buch „Männerphantasien" von Klaus Theweleit, es wurde auch ein Bestseller. Das dickste Ding verlegte später Nautilus mit dem Krimi von Andrea Schenkel. Er war schon im ersten Jahr in einer Stückzahl verkauft worden, von der wir dachten, das ist gut – aber richtig los ging es erst ein Jahr später mit einer Rezension im Spiegel, einem Krimipreis und als sie auf die Spiegelbestsellerliste kam. Dann ist das losgerannt. Viele Hunderttausende. Schenkel hat sich später unschön mit Nautilus gestritten, sie ist anderswohin und untergegangen, aber der Umsatz war ja schon gemacht. Danach hatte Nautilus immer wieder gut verkaufte Bücher, aber keinen Bestseller mehr, aber doch einen dicken Umsatz. Seit über zehn Jahren gab es bei uns keinen vergleichbaren Bestseller mehr.

2018 hat Nautilus uns verlassen. Das heißt, die Konterbande, zu der Nautilus gehört, hat uns verlassen. Die Konterbande ist ein Zusammenschluss von fünf Verlagen, die einen gemeinsamen teuren Vertreter bezahlen und gemeinsam Werbung machen. Aber auch sie hatten schwindende Umsätze und der Vertreter wurde viel zu teuer. Bei uns fanden sie keinen Verlag, der ihrer Meinung nach zu ihnen passte bzw. groß genug ist, um die Umsätze so zu erhöhen, sodass der Vertreter bezahlbar bleibt. Sie haben andere Verlage angesprochen, die signalisierten, mitzumachen, die aber nicht von Prolit zu SoVA wechseln wollten. Sie sind zu Prolit gegangen. Es sind nach und nach einige weggegangen, die dachten, anderswo wäre es besser, es sind neue hinzugekommen. Keiner der Verlage, die wechselten, war groß. Doch die Konterbande vermissen wir schon. Nautilus hat auch das Generationsproblem gelöst – die Verlage verlassen uns ja häufiger als dass sie weggehen aus biologischen Gründen. Sie machen zu. Oder die Verleger sterben. Nautilus wird jetzt von jungen Frauen gemacht, die früher dort gearbeitet haben. Alt-Verlegerin Hanna hat sich zurückgezogen. Für die Jungen waren wir zu altmodisch. Aber bis jetzt hat die Konterbande noch keinen neuen Verlag für ihren Verbund gefunden. Wir warten gerne darauf, dass sie wieder zurückkommen, aber vom Umsatz her haben wir sie inzwischen ersetzen können.

Wir sind insgesamt dreimal umgezogen, die beiden ersten Male, weil das Lager jeweils zu klein geworden war. Das letzte Mal aber lag es nicht daran, sondern wir mussten raus. Der Umzug hat hunderttausend Euro gekostet und viel Arbeitszeit. Trotzdem hat es sich gelohnt. Die Miete ist billiger und die Wege sind kürzer. In der Friesstraße, wo wir vorher waren, war unser Lager wegen Feuerwehrvorschriften in mehreren Räumen verteilt, die unterschiedlich hoch waren. Wenn wir einen Titel brauchten, fuhren wir mit dem Hubwagen in Raum A nach links hinten, um die Palette zu holen, dann weiter, denn der nächste Titel war in einem anderen Raum. Wieder rausgefahren, in den nächsten Raum und weiter, ganz nach hinten z.B. – jetzt ist das Lager in einem Raum. Es gibt Handfächer. Eigentlich sollten die in einem andern Arbeitsgang aufgefüllt werden als beim Sendungen vorbereiten und Packen. Da lässt sich auf einen Zettel notieren, wo die einzelnen ausgehenden Titel sind, und sie dann der Reihe nach holen und das Handlager auffüllen. Aber natürlich stoßen wir auch während der Arbeit mal auf eine Lücke im Handfach, aber das Holen geht viel schneller als in den vorigen Räumlichkeiten.

Vieles an der Buch-Auslieferungslogistik hat sich in den Jahrzehnten nicht grundsätzlich geändert. Auch manche Dinge sind sehr lange bei uns gewesen. Zum Beispiel eine Ameise. Sie wurde vor einem Jahr beim Abholen einer Palette „Mein heimliches Auge" vom Abholer des Bücherwagendienstes des Barsortiments beschädigt. Sie hat

Erinnerungswert für uns, darum tat das richtig weh. In der Kurfürstenstraße hatten wir für den ersten Stock die Idee, dass wir, wenn wir uns so ein Ding zulegen, die Palette vom Lastwagen heben und dieselbe Palette, wenn wir ein Loch in die Mauer machen, mit dieser Maschine in den ersten Stock stellen können. Eine „Ameise" ist ein Deichselhubwagen und Stapler. Es wird alles von einem Motor angetrieben, das Fahren und

Hochheben. Hinten ist die Deichsel: du musst nicht draufsitzen, sondern läufst hinterher. Wir haben lange gerechnet, ob wir sie uns leisten können, sie kostete sechzehntausend Mark. Das war damals eine richtig große Investition. Aber bis dahin hatten wir die Lastwagen immer mit der Hand abgeladen. Und Bücher mit der Hand in den ersten Stock getragen. Und große Sattelschlepper konnten nicht direkt bis zum Haus fahren, sie parkten also an der Straße auf Kopfsteinpflaster, und wir mussten die Bücher zuerst von dort über Kopfsteinpflaster zum Haus tragen. Die Ameise müsste also über Kopfsteinpflaster fahren können. Das hat die Firma hinbekommen. Die Anschaffung hat sich gelohnt. Wir haben wirklich im Treppenhaus ein Loch in die Wand gemacht und diese Ameise konnte durch dieses Loch die Paletten wirklich oben hinstellen. Die Firma hat auch hingekriegt, dass die Ameise so lange hielt. Deswegen war es traurig, als wir nach der Abholnacht zurückkamen und die beschädigte Ameise entdeckten – Der Abholer war vermutlich ungeschickt, die „heimliche Auge"-Palette war sehr schwer. Am Morgen lag die Ameise bemitleidenswert auf der Seite, umgekippt, kaputt …

Schleifspuren. Die Ameise war dreimal mit uns umgezogen.

Wir haben natürlich noch die zweite Ameise und einen Gabelstapler, auf dem man sitzen muss.

Geändert im Vergleich zu früher hat sich zum Beispiel, dass Buchhandlungen beim Vertreter keine großen Mengen mehr bestellen. Sie bestellen vielleicht mal ein Exemplar, und wenn der Vertreter Glück hat, auch zwei – oft sagen sie, sie bestellen bei Bedarf im Barsortiment, das Barsortiment liefert innerhalb eines Tages. Das heißt, dass Verlage ihre Auflagen nicht mehr planen können, und dass die Buchhandlungen die meisten Bücher leider nicht mehr auf dem Tisch legen. Das war zu den Zeiten des VLB ganz anders, die Bücher waren sichtbarer. Jetzt bestellen etwa vierzig Buchhandlungen regelmäßig von sich aus bei uns Bücher, ohne dass sie angestoßen werden müssen. Auf den Tisch legen sie die Bücher allerdings nicht unbedingt. Auch nicht die Reste der VLB-Buchhandlungen. Ich gehe immer mal wieder in die inzwischen zwei Karl-Marx-Buchhandlungen – sie haben eine Filiale an der neuen Uni aufgemacht, die Annahme, dass die alte Uni ersetzt wird, stimmte nicht, es gibt nun einfach zwei Unis in Frankfurt. In die neue Buchhandlung an der neuen Uni kommen kaum Studenten und es liegt keins unserer Bücher sichtbar dort. In die alte Buchhandlung in Bockenheim gehen die Studenten – und da liegt auch mal eins der Bücher von uns auf dem Tisch als Stapel, bzw. als Stapelchen.

Unter dem allgemeinen Leserrückgang werden in Zukunft, denke ich, vor allem die leiden, die nullachtfünfzehn Bücher machen oder verkaufen und die, die einen großen Apparat unterhalten müssen. Das kann auch bei Auslieferungen so sein. Prolit hat inzwischen hundert Mitarbeiter, mehr als zehnmal so viele wie wir. Wir sind zurzeit zu acht. Zwischenzeitlich waren wir mal zwölf, aber mehr nie. Wir haben Prolit am Anfang geholfen, dass sie überhaupt existieren können. Dass sie Verlage finden. Wir haben ihnen unseren alten Computer verkauft und Schulungen mit dem Programm gemacht; sie waren lange kleiner als wir, dann sind sie enorm gewachsen. Es kann aber sein, dass sie irgendwann mehr unter der allgemeinen Abschwächung leiden werden als wir. Weil ihr Apparat so groß geworden ist. Bisher jammern sie noch nicht.

Aber wie es weitergeht, das weiß ich natürlich nicht.

Die Verkaufszahlen für einzelne Titel werden immer kleiner, bei großen und kleinen Verlagen. Manche hören auf, weil sie denken, es geht nicht mehr. So der A1-Verlag, der manche Bücher mit hohen Auflagen im Programm hatte. Wir verkaufen noch die Reste. Sie wickeln den Verlag ab. Die Frauenoffensive hat geordnet zugemacht, obwohl es monatlich immer noch einen Umsatz von etwa zweitausend Euro gab, ohne neue Bücher, ohne Werbung, sie hatten keine Vertreter mehr. Es lief einfach so. Sie waren einmal sehr berühmt. Trotzdem haben sie ganz zugemacht und alle Reste weggeschmissen. Sie hatten keine Lust mehr. Die Bilanzierungs- und Steuererklärungsarbeit hätte, so lange es Umsatz gab, ja weitergemacht werden müssen. Und das wollten sie nicht.

Ich denke, dass es mehr Spezialbuchhandlungen geben wird und dass Bücher teurer werden und in noch kleineren Auflagen erscheinen. Und dass alle, Verlage, Buchhandel, Auslieferungen, die einen großen teuren Apparat haben, den Rückgang schmerzhafter spüren werden. Wir haben inzwischen die Konterbande ersetzt mit anderen Verlagen, die vor allem neue politische Sachbücher verlegen, in denen nichts anderes drinsteht als in früheren politischen Sachbüchern, nur von jüngeren Autoren – und sie verkaufen ihre Bücher erstaunlich gut. Es gibt anscheinend wieder ein Bedürfnis nach politischen Büchern. Nur bei einem der Verlage bin ich unsicher. Er macht Sprachlehrbücher. Ich denke, die Jungen lesen bzw. lernen keine Sprachen mehr mit Büchern.

Wir haben auch das Partnermodell für Buchhandlungen eingerichtet. Wer bei einem unserer Vertreter einen Reiseauftrag macht, kriegt auf alle Bestellungen bei uns immer vierzig Prozent Rabatt. Das hat sich auf etwa tausend Buchhandlungen eingependelt. Insgesamt bestellen zurzeit etwa 3800 Buchhandlungen über das Jahr verteilt etwas bei uns. Ich fürchte, das wird weniger werden. Es wird sich auf die Tausend hin bewegen, aber die werden überleben, weil sie auch von unbekannten Autoren Bücher kaufen. Die großen mit den großen Apparaten können vermutlich auch mit einzelnen Bestsellern den Rückgang nicht auffangen. Aber man muss immer wieder sagen, dass alle, ob groß oder klein, die in diesem Gewerbe zu tun haben, Verrückte sind, bzw. Leidenschaft haben müssen, denn mit Büchern kann man kein Geld verdienen.

Ich habe meine Leidenschaft für Bücher behalten, lese gerne, Krimis vor allem, aber natürlich auch andere Literatur, nur Krimis geht auch nicht. Vor Kurzem habe ich mir das Buch über Friedrich den Großen bei PapyRossa mitgenommen, bevor es ganz vergriffen ist. E-Books würde ich nicht lesen, schon gar nicht auf dem Handy, wo ich

sowieso kaum etwas erkenne, aber auch auf keinem E-Book-Reader.

Eigentlich war es Blödsinn, eine Auslieferung zu planen, also, das war nicht mein Lebensplan. Wir haben ja nur angefangen, weil die anderen pleite waren. Ich habe mir dann gesagt: wenn du schon so einen Apparat – Auslieferung, Umgang mit Buchhandlungen, Vertretern und Verlagen – bedienen musst, musst du ihn auch politisch

wenden. Deshalb habe ich mich damals sehr um den VLB gekümmert – und das hat viel Spaß gemacht. Und das hätte ich vermutlich nicht gemacht, wenn wir die SoVA nicht gegründet hätten. Dazu gehörte eben auch, Prolit am Leben zu halten, als sie sich in eine unmögliche Situation begeben hatten. Wir haben uns eine Konkurrenz am Leben erhalten. Das hätte man normalerweise nicht gemacht, aber es gehörte dazu. Nötig war es nicht, jeder Verlag hätte auch eine andere Auslieferung finden können. Aber alle anderen haben keine politische Seite. Den Anspruch, dass wir antikapitalistisch sind, haben wir noch immer, und das führte dazu, dass wir in dem Laden alle gleichberechtigt sind. Prolit hat das inzwischen aufgegeben. Am Anfang haben sie es gemacht. Sie haben eine GmbH gegründet, mit drei oder vier Leuten. Als sie gewachsen sind, konnte jeder dazukommen und Gesellschafter werden und wäre dann gleichberechtigt gewesen, allerdings musste er zahlen. Sie haben ausgerechnet, wie viel der Laden schon wert ist, sie haben quasi Anteile verkauft. Als das bei siebzigtausend Mark war, haben sie damit aufgehört. Aber damit auch den Anspruch endgültig aufgegeben, dass alle gleichberechtigt sind. Wir nicht. Bei uns wirst du umsonst gleichberechtigt. Deshalb hätten wir unter dem Gesichtspunkt auch hundert Leute verkraften können.

Aber es wäre vom Betriebsablauf her schwierig geworden. Natürlich gibt es auch bei uns wie überall informelle Hierarchien. Doch das ist dadurch abgemildert, dass wir so wenige sind. Wir machen jeden Tag ein gemeinsames Arbeitsfrühstück, Telefon noch auf AB geschaltet, bei dem es auch möglich ist, über Konflikte zu reden. Wenn wir merken, wir kriegen das in der Stunde nicht hin, machen wir eben einen Abendtermin. Mit hundert Leuten wäre das nicht möglich. Dass wir jemals so groß wie Prolit werden, habe ich nie gesehen, das wollen wir gar nicht. Etwas größer wäre schon schön, aber nicht das Zehnfache, wenn man das an der Anzahl der Mitarbeiter errechnet. – Mehr Umsatz können wir aber gerne aushalten. 20 Mitarbeiter halte ich für das Maximale, was in diesem Modell geht. Bis dahin haben wir also noch etwas Platz –

Wir hatten auch den Anspruch, dass jeder alles kann, aber der lässt sich nicht richtig gut durchsetzen. Wir werden weitermachen und sind dabei, Nachfolger auszubilden. Vielleicht könnte die SoVA noch weitere hundert Jahre überleben.

Hermann-Arndt Riethmüller
Das verlorene Paradies?
Randbemerkungen zu vierzig Jahren Buchhandel in Tübingen

CLAUDIA GEHRKE GRÜNDET 1978 in ihrer Tübinger WG den Konkursbuchverlag – im gleichen Jahr, in dem die Osiandersche Buchhandlung in eine GmbH umgewandelt wird und ich als Mitge-
schäftsführer unternehmerische Verantwortung übernehme. Zwei
ganz entgegengesetzte Projekte und Profile: hier die Fortführung
der jahrhundertealten Tradition einer klassischen Universitätsbuch-
handlung, dort ein eher spielerischer Neuanfang, der ganz in der
Tradition der 68er Studentenbewegung steht und gesellschaftlich,
politisch, sexuell den Tabubruch sucht. Und doch gibt es von Anfang eine interessante lokale Beziehung: Zunächst residiert der
Konkursbuchverlag in der Münzgasse 17, die der Verlagsgründer
Johann Georg Cotta 1665 erworben hatte. Er war gleichzeitig Ge-
schäftsführer der Brunnschen Buchhandlung, aus der die Osiandersche Buchhandlung hervorgegangen ist.

Im Rückblick verklären sich die Siebziger- und Achtzigerjahre
des vergangenen Jahrhunderts für den Buchhandel zu einem goldenen Zeitalter. Über zwanzig Sortimentsbuchhandlungen und
Antiquariate gedeihen in der Universitätsstadt Tübingen. Die fünf
Universitätsbuchhandlungen Beneke, Frick, Gastl, Osiander und
Pietzcker führen in ihren Fachgebieten alle Neuerscheinungen der
großen deutschen und ausländischen Wissenschaftsverlage und profitieren vom gesellschaftspolitischen Diskurs, für den ein Suhrkamp
Verlag genauso steht wie der Konkursbuchverlag.

Die große Zäsur beginnt 1996, ziemlich unspektakulär, mit dem
Aufkommen der ersten Onlinebuchhandlungen, die zunächst eher
belächelt werden. Doch in den letzten zwanzig Jahren hat das neue
Medium Internet den Buchmarkt revolutionär verändert. Ganze Buchgattungen, zum Beispiel Lexika, sind verschwunden, weil
das Internet aktuellere Daten liefert. Die Sortimentsbuchhandlun-

gen haben ihr Informationsmonopol verloren, weil inzwischen das Smartphone bibliografische Auskünfte besser erteilen kann als ein wissenschaftlicher Buchhändler, und die Konkurrenz der Buchhandlung um die Ecke wurde ersetzt durch die des weltweit agierenden Onlinehändlers Amazon, der Bücher wie Socken innerhalb weniger Stunden bequem nach Hause liefert. Autoren brauchen heute keinen Verlag mehr, weil der am Computer erstellte Text auf Knopfdruck in ein E-Book umgewandelt werden kann, das über die Online-Suchmaschinen jedem Interessenten direkt zugänglich gemacht wird. Eine deutlich sichtbare Folge dieser Veränderungen ist, bei Verlagen wie bei Sortimentsbuchhandlungen, die Spreizung in wenige marktbeherrschende Großunternehmen und viele Kleinbetriebe, während die mittleren Größen wegbrechen.

Auch in der Bücherstadt Tübingen, die 1998 noch stolz das fünfhundertjährige Buchjubiläum feiert, zeigen sich die Erosionsspuren: Die Ladengeschäfte von Beneke, Frick, Pietzcker sind längst verschwunden, für Osiander wurde im Oktober 2017 die Aufgabe des Stammhauses in der Wilhelmstraße, das seit 1925 unzähligen Studentengenerationen die notwendige Studienliteratur besorgt hatte, die sichtbarste Folge des Umbruchs, in dem sich der klassische Sortimentsbuchhandel befindet.

Erleben wir gerade das Verschwinden der Buchkultur? Nicht nur die Herstellungs- und Vertriebsformen auf dem Buchmarkt ändern sich rapide, auch die Kunden laufen dem Buch davon: Anfang des Jahres 2018 hat der Börsenverein eine Studie veröffentlicht, wonach der Buchmarkt von 2012 bis 2016 sechs Millionen Kunden verloren hat. Heute gibt es nur noch 31 Millionen Buchkunden in Deutschland, inzwischen liest nur noch eine Minderheit von 45% Bücher. Vor allem aber die Informations- und Kommunikationsformen, die fünf Jahrhunderte lang durch das Medium Buch geprägt waren, sind einem fundamentalen Wandel unterworfen. Der unmittelbare, häufig unreflektierte und über „Likes" der direkten Wertung einer diffusen Öffentlichkeit unterworfene Austausch von Nachrichten und Meinungen à la Twitter ist das sichtbarste Zeichen für neue Kommunikationsformen, bei denen Kürze, Spontaneität, Aktualität und sofortige Interaktionsmöglichkeiten zwischen Sender und Empfänger die behäbigen Darbietungs- und Diskursformen vergangener Zeiten abgelöst haben.

Ist also das Buch als ineffizientes Kommunikations- und Informationsmedium zum Aussterben verurteilt, so wie im vergangenen Jahrhundert die Pferdekutsche dem Auto weichen musste, weil der Motor eine effizientere Antriebsform anbietet? Stirbt der Sortimentsbuchhandel als antiquierte Vertriebsform, der Verlag als überflüssiger Dienstleister?

Der Konkursbuchverlag von Claudia Gehrke und die Osiandersche Buchhandlung haben zwei diametral entgegengesetzte Modelle entwickelt, um die Präsenz des Buches zu sichern, das unserer Meinung nach eben kein Auslaufmodell darstellt, sondern als lebenswichtiges Medium für unsere Gesellschaft auch in Zukunft eine zentrale Bedeutung hat. Die Funktion von Osiander besteht darin, dem Buch den erforderlichen Raum in der Öffentlichkeit zu geben und zu erhalten. Bücher müssen dort präsentiert werden, wo sie gesehen, erlebt, gekauft werden können: mitten in den Städten, dort, wo Kunden flanieren und Einkaufserlebnisse genießen wollen. Bücher brauchen das passende Forum, wo sie Aufmerksamkeit finden und inszeniert werden können. Die Präsentation in 1a-Lagen, in ansprechendem Ambiente, mit qualifizierten und begeisterten Buchhändlern, der Zwang zur parallelen Präsentation im Netz und in den sozialen Medien, erfordert einen hohen Kapitaleinsatz, der von einer einzelnen Buchhandlung nicht mehr erwirtschaftet werden kann. Deshalb hat Osiander in den letzten Jahren sein Buchhandelsnetz in Süddeutschland konsequent ausgebaut und gehört heute mit rund 700 Mitarbeitern und 50 Buchhandlungen zu den Marktführern im deutschen Sortimentsbuchhandel.

Der Konkursbuchverlag hat einen ganz anderen Weg gewählt, der für das Entstehen von Literatur mindestens ebenso wichtig ist, weil grenzenlose Begeisterung, Chaos und Kreativität, auch wenn ihr ständiger Begleiter die ökonomische Unsicherheit ist, entscheidende

Voraussetzungen dafür sein können, schöne Bücher zu machen. Ein Beispiel aus der Verlagsproduktion von Konkursbuch ist das neue Buch von Jürgen Wertheimer, „Weltsprache Literatur". Hier wird kein „Lesen to go" geboten, hier gibt es keine kurzen Antworten, die man rasch und zwischen andern Statements konsumieren und kommentieren kann. Wer ein solches Buch lesen will, benötigt Zeit und Muße, muss bereit sein, den Autor auf dessen Gedankengängen kritisch zu begleiten und setzt sich der Gefahr aus, während der Lektüre auf andere Bücher aufmerksam gemacht zu werden, die ebenfalls gelesen werden wollen. Ob geballte Lesekost wie bei Wertheimer, ob Krimis, Erotik oder Lyrik: Claudia Gehrkes Freude an Experiment und Spiel, an der Entdeckung neuer, unerwarteter, ganz widersprüchlicher Gedanken und Ideen setzt unserer so atemlosen, gehetzten und eindimensionalen Wirklichkeit den Freiraum der Literatur als Spiegel, als Möglichkeit, als Rückzugsort entgegen, in dem Medium, das Literatur die nachhaltigste, angemessenste Form verleiht: dem Buch.

Das Buch ist kein Leitmedium mehr. Von diesem Ballast befreit kann es kann es seine Stärken gegenüber anderen Medien ausspielen: Langsamkeit, Beständigkeit, Spielort, Experimentierfeld, Fantasieraum – nicht als Gegenentwurf, aber als unverzichtbare Ergänzung zu den anderen Medien. Wir dürfen den Wandel nicht als Risiko begreifen, sondern müssen ihn als Chance nutzen. In diesem Sinne gilt für mich heute und in Zukunft Robert Gernhardts tapferes Bekenntnis „Ums Buch ist mir nicht bange".

Jörg Sundermeier
Bibliodiverse Träume

ICH KANN ES MIR NICHT MEHR LEISTEN, Träume zu haben. Dennoch habe ich Träume, sehr viele sogar.

Ich will das erläutern: Der Verlag, den ich gemeinsam mit meiner Frau Kristine Listau führe, entwickelt sich nun, nach zwanzig Jahren der permanenten Krise, erfreulich, der Umsatz steigt, die Anerkennung wächst. Das liegt auch daran, dass wir zurzeit ausschließlich Bücher machen, die sich mit großer Sicherheit rentieren werden – und andere, die reinen Herzensprojekte, aufschieben oder ablehnen. Oder versuchen Fördermittel dafür zu erhalten.

Früher haben wir andersherum gedacht. Wir dachten: Ein so tolles Buch, das sollte man ermöglichen. Das muss raus in die Welt. Literatur lebt von Leserinnen und Lesern, in der Schublade des Autors oder in der Dropbox der Autorin stirbt der Text, auch stirbt er, wenn er zwar veröffentlicht ist, die Bücher aber in Bibliotheken verstauben. Irgendwann wird der Autor, von der ständigen Ablehnung müde, das Manuskript vernichten. Irgendwann wird die Autorin den Text löschen. Die Bibliothek das Buch aussortieren. Die Figuren in den Geschichten sterben, wie es der Autor und Philosoph Giwi Margwelaschwili so schön nennt, an „Leserschwindsucht". Und mit ihnen stirbt das Buch.

Literatur braucht Helferinnen und Helfer, die dafür sorgen, dass sie entdeckt und wiederentdeckt wird. Um anzustecken, um zu wirken, braucht sie erste Infizierte, die sich für sie einsetzen. Daher wollten wir die sein, die dieser Literatur zu Öffentlichkeit, also zu Leben verhelfen. Immer. Wer uns unser Ermöglichenwollen ermöglichen sollte, wurde nicht überlegt, wir machten einfach. Die damals angesammelten Schulden mitsamt der Zinseszinsen zahlen wir noch heute zurück.

Also ist der Traum ausgeträumt? Nein, es fehlen nur ein paar Momente, um ihn Wirklichkeit werden zu lassen. Und, selbstverständlich, auch heute sind nicht alle Bücher in unserem Verlag strengstens durchkalkuliert, ist die Entscheidung für einen Roman niemals rein pragmatischer Natur, es wird einfach nur länger überlegt. Man lässt sich nicht mehr so leicht entflammen, man zögert, hadert, feilscht.

Die Vorsicht, zu der uns das wirtschaftliche Kalkül zwingt, hat uns die Wirtschaft, hat uns unsere Branche besser begreifen lassen. Und uns sehen lassen, was einige Verlegerinnen und Buchhändler in Sonntagsreden sagen und was sie dann nicht tun. Was sie nie beabsichtigt haben zu tun. Wir kennen all das leere Gerede vom Kulturgut, von den geistigen Tankstellen, von der Leselust, nur sehen wir sie nicht, diese Lust.

Selbstverständlich liebt der Konzernangestellte Bücher, selbstredend ist die Filialleiterin auch bibliophil, nur in ihren Häusern spielt das oft keine Rolle mehr. Sie zensieren sich selbst, schränken sich ein, produzieren nur das, was Rendite verspricht, und die Renditeerwartungen ihrer Arbeitgeberinnen und Arbeitgeber sind seit 1990 ständig gestiegen. Sie machen also Massenware für einen Massenmarkt, fordern Erfolge von ihren Schreibsklaven und wenn es ein Zauberlehrling in die Bestsellerliste schafft oder ein Sadomasoschmöker, so werden eben Zauberlehrlinge und Sadomasobücher verlangt. Wenn jemand mit irgendwas bekannt wird, oder aber durch ein Unglück in den Fernsehnachrichten landet, sind sie da, mitsamt Ghostwirter und haben schon einen Buchvertrag in der Tasche. So wird auf schlechtem Papier schlechter Text in schlechtem Satzbild gedruckt. Damit werden die Filialen der Großbuchhändler und die Lager der Internethändler geflutet, dass die Bücher dort gut präsentiert werden, lässt man sich etwas kosten. Oft mehr, als man für die Arbeit an den Texten je auszugeben bereit gewesen wäre.

So aber gerät die Bibliodiversität immer mehr in Gefahr.

Bibliodiversität ist ein Wort, das lateinamerikanische Verlage um die Jahrtausendwende herum aufbrachten, in Anlehnung an den Begriff Biodiversität. So wie jener zeigt, dass es alle Teile eines Ökosystems braucht, damit es funktioniert, also den Wurm wie den Löwen, soll der Begriff Bibliodiversität zeigen, dass es Lyrik, Texte von Minderheiten oder Übersetzungen aus den „kleinen" Sprachgemeinschaften geben muss, erst dann entsteht wirklich Weltliteratur.

Wenn aber der Austausch verhindert wird, weil eine Übersetzung aus dem Georgischen zu aufwendig erscheint, Lyrik zu unverkäuflich sein soll oder ein Text aus Kamerun erst gar nicht geprüft wird, und wenn die Buchhandlungen nur noch das ausstellen, wofür sie Verlage bezahlen, dann stirbt die Buchwelt ab.

Wir sehen die Entwicklung schon vielerorts. In Kleinstädten gibt es oft keine Buchhandlungen mehr, in Buchhandlungen ist keine Lyrik vorrätig, die Leserinnen und Leser bleiben aus. Vielleicht liegt es nicht nur an mangelnder Zeit oder meinethalben auch an mangelnder Bildung, dass sie keine Romane mehr lesen, sondern daran, wie sehr sie die Literatur langweilt. Vielleicht müssen daher die psychopathischen Massenmörder in den Thrillern, die für Bahnhofskioske geschrieben werden, immer perverser, ihre Verbrechen immer abstruser werden, nur damit niemand merkt, dass sie alle nach demselben Grundmuster gebaut sind. Vielleicht ist auch die gehobene Literatur zu sehr mit der Introspektion beschäftigt, und es möchte vielleicht einfach niemand mehr wissen, warum Nele zwar Chris liebt, aber mit Tom zusammen ist. Oder warum Karl eine Midlife-Crisis hatte und seinen Job kündigt, aber nach ein paar Jahren im Wald geheilt zurückgekehrt ist und einen noch besseren,

noch besser bezahlten Job gekriegt hat und daraufhin sofort dieses Buch schreiben musste.

Wir müssen vielleicht wieder ein Bewusstsein entwickeln für das andere, das Fremde, für phantastische Welten, für Bücher, die uns nicht freundlich abholen, sondern wild herausreißen aus unserem Trott. Wir müssen uns von der Durchökonomisierung unseres Lebens und unseres Lesens befreien. Wie schrieb die australische Feministin und Verlegerin Susan Hawthorne in ihrem klugwütenden Manifest „Bibliodiversität", in Anlehnung an Emma Goldman: „Wenn Gedichte nicht mehr veröffentlicht werden, will ich nicht länger Teil dieser Branche sein." Man könnte auch sagen: Wenn ich nicht ihretwegen tanzen will, sind es nicht länger unsere Texte.

Denn für ein aufmerksames, neugieriges Publikum, für buchverliebte Buchhändlerinnen, für verrückte Rezensenten lohnt es sich dann auch, wieder Bücher zu machen, ganz ohne auf das Ökonomische zu achten, gute Bücher, einfach nur, weil sie gut sind und weil die Welt sie verdient. Und das zu tun – das ist mein Traum.

Jörg Sundermeier und Kristine Listau in der Buchhandlung Ocelot (Berlin, Brunnenstraße) empfehlen zum Indiebookday Deniz Yücel „Wir sind ja nicht zum Spaß hier" von der Edition Nautilus und „Berlin, April 1933" von Felix Jackson beim Weidle Verlag. Foto: Maria-Christina Piwowarski. Und Verlagsvorschauen kurz vor dem gemeinsamen Presseversand.

Britta Jürgs
Konstante Überraschungen

ALS IM HERBST 1997 die ersten Bücher im AvivA Verlag erschienen, war der Konkursbuchverlag schon zwanzig Jahre alt. Jetzt ist Claudia Gehrkes Konkursbuchverlag vierzig und damit genau doppelt so alt, wie AvivA heute ist. Bestimmt ist Claudia genauso überrascht, wie schnell dann auf einmal vier Jahrzehnte Büchermachen vorbei sind, wie ich es war, als ich feststellen musste, dass es meinen Verlag inzwischen schon zwanzig Jahre gibt, obwohl ich mich noch ganz genau daran erinnern kann, wie alles anfing – und natürlich auch, wie genau welches Buch im Verlagsprogramm landete. Es hat sich schon eine Menge getan seit den Anfängen, das Verlagsprogramm ist umfangreicher geworden, es hat sich thematisch erweitert und auch in der einen oder anderen Richtung verändert. Doch es gibt immer wieder Konstanten. Interessanterweise nicht nur inhaltliche. Natürlich kennt man sich im Laufe der Zeit mit vielem besser aus als zu Beginn, wird professioneller, macht noch schönere Bücher, hat den Radius der MultiplikatorInnen

Britta Jürgs lädt in ihren Verlag während der Aktion „verlagebesuchen". Verlage in vielen Orten Deutschlands laden rund um den Welttag des Buchs bei freiem Eintritt in ihre Verlage ein, zu Werkstattgesprächen, Einblicken in den Alltag, Lesungen etc. Organisiert von den Landesverbänden im Börsenverein des deutschen Buchhandels.

165

und InteressentInnen im Laufe der Zeit vergrößert. Aber die größte Konstante bleibt dennoch die, dass nichts wirklich vorhersagbar ist. Unsere Konstante sind die Überraschungen.

Wer hätte geahnt, dass mit dem Buch „Das weiße Abendkleid" von Victoria Wolff ausgerechnet ein Roman einer vergessenen Autorin der dreißiger Jahre einmal auf der Spiegel-Bestsellerliste landen würde (wenn auch nur für eine Woche auf Platz 17)? Dass „Mädchenhimmel!" mit Gedichten und Geschichten von Lili Grün – noch eine vergessene jüdische Autorin, ebenfalls wiederentdeckt und herausgegeben von Anke Heimberg – auf der HOTLIST 2014 stehen und mit dem Melusine-Huss-Preis ausgezeichnet werden würde und inzwischen schon in der dritte Auflage existiert? Oder dass die 2011 erstmals auf Deutsch veröffentlichte Undercover-Reportage „Zehn Tage im Irrenhaus" von Nellie Bly aus dem Jahr 1887, von Martin Wagner herausgegeben und übersetzt, sich zum Dauerbrenner entwickeln und 2017 sogar zum Spitzentitel des Verlags avancieren würde? Auch deswegen liebe ich das Verlegerinnendasein – und ich bin mir sicher, im Konkursbuchverlag gibt es ähnliche unvorhersehbare Überraschungen. Sicher war auch die Verleihung des Kleist-Preises an Yoko Tawada, die Claudia Gehrke seit 1987 verlegt (und zwar immer in wunderbaren, von der Verlegerin selbst gestalteten Ausgaben) eine dieser Überraschungen.

Doch natürlich gibt es auch Bewegungen in der anderen Richtung – die Bücher, die viel zu wenig wahrgenommen werden, die Bücher, an die die Verlegerin genauso glaubt wie an die oben erwähnten, die aber, obwohl sie ebenso mit Herzblut geschrieben, lektoriert, gestaltet und verbreitet werden, viel zu wenig Leserinnen und Leser finden. Das ging schon gleich mit dem ersten Programm los. Im ersten AvivA-Programm gab es zwei Bücher: zum einen einen wirklich spannenden und gut lesbaren biografischen Essay von Brigitte Luciani über die Marquise de Brinvilliers, eine Giftmörderin des 17. Jahrhunderts: »Die Marquise de Brinvilliers und das Erbschaftspulver oder Wie schaffe ich mir meine Familie vom Hals?« – ein Buch, das ich selbst bei der Autorin angeregt hatte und von dem ich mir vorstellen konnte, dass es eine breitere Leserschaft begeistern könnte. Und zum anderen ein von mir herausgegebener Porträtband über surrealistische Künstlerinnen und Schriftstellerinnen von Meret Oppenheim bis Unica Zürn. Ich ging selbst gerne auf Spurensuche nach dem weiblichen Anteil der Avantgardebewegungen des beginnenden 20. Jahrhunderts. Dazu gab es 1997 wenig Literatur, also sorgte ich dafür, dass sich das ändert – so viel zum missionarischen Anteil des Verlegerinnendaseins ... Ich ging allerdings davon aus, dass dieser essayistische Sammelband lediglich einen kleinen Kreis interessieren würde. Doch es kam auch da schon völlig anders als geplant. Die konstanten Überraschungen, die auch heute noch die Verlagsgeschichte und -gegenwart prägen, nahmen ihren Lauf: Das erfolgversprechende Buch über die französische Giftmörderin ist nach zwanzig Jahren noch immer in der 1. Auflage lieferbar, während das Surrealistinnen-Buch „Oh große Ränder an meiner Zukunft Hut!" schon seit vielen Jahren vergriffen ist.

Wer einen Verlag macht (und zwar inhaberInnengeführt, mit seinem eigenen Geld), glaubt an jedes einzelne Buch und wünscht natürlich jedem Buch Erfolg. Wieviel Arbeit auch dann noch in jedem Buch steckt, nachdem ein Manuskript im Verlag gelandet ist, wissen nur die, die daran beteiligt sind. Es gehört viel Durchhaltevermögen und eine gehörige Portion Wahnsinn dazu, in jeder Saison, im Frühjahr und Herbst, das Spiel aufs Neue zu wagen, Geld in die Hand zu nehmen (an dem es in unserer Branche immer mangelt) und immer wieder schöne, spannende und ungewöhnliche Bücher zu machen, auch wenn sich der Erfolg – wenn überhaupt – erst mit Verzögerung einstellt. Doch es lohnt sich: Wieviel ärmer wäre die Literaturlandschaft, wenn es Yoko Tawadas Bücher nicht gäbe, ebenso wie all die anderen Titel aus dem Konkursbuchverlag, die noch auf die breite Entdeckung warten! Ich freue mich jedenfalls auf all die Entdeckungen, die Claudia Gehrke noch machen wird, auf all die wunderbaren Bücher, die sie auch in Zukunft mit uns teilen wird. Und ich freue mich natürlich auf all die Entdeckungen, die ich selbst noch machen werde und die in den nächsten Jahren mein eigenes Verlagsprogramm bereichern werden. Auf viele weitere Jahrzehnte der Leidenschaft für gute Bücher!

Claudia Gehrke
Lustobjekt Buch

Jᴇᴅᴇ Bᴜᴄʜᴘʀᴏᴅᴜᴋᴛɪᴏɴ ʜᴀᴛ ʀᴀᴜsᴄʜʜᴀғᴛᴇ Mᴏᴍᴇɴᴛᴇ, von der
Entdeckung einer Autorin über die Arbeit am Manuskript bis hin
zur Buchgestaltung, zum Umschlag, zum Aufbau des Textes im
Buch. Das alles wirkt im fertigen Buch, als wäre es quasi von selbst
immer schon da gewesen, Schrift, Kapiteltitel, Zeilenabstände, die
Anordnung der Texte, Auswahl, Ablauf und Kombination von Bildern und Texten. Bilder in unseren Büchern sind nicht nur illustra-
tiv zu verstehen, sondern erzählen zu einem Thema in ihrer Sprache
eigene Geschichten, die zum Text direkt assoziiert, aber auch unabhängig davon gelesen werden können. Wir bauen Anthologien
auch so, dass sie sich von vorne nach hinten lesen ließen, wie Romane – so werden sie vermutlich kaum gelesen, in neuen Abläufen
bauen sich die Leser*innen ihre Romane selbst. Es gibt Regeln in
der Buchgestaltung, sie lässt sich an Hochschulen studieren. Grafiker gestalten Umschläge, Typografen den Text, wie sie es an ihren
jeweiligen Hochschulen in der jeweiligen Zeit gelernt haben. Man
sieht Büchern die Zeit an, in der sie hergestellt wurden, ähnlich wie
den Fotos oder Malereien von Menschen. Krimireihen der Fünfziger, Frisuren der Siebziger und so weiter.

Gestaltungsregeln lassen sich durchbrechen, Buchgestaltung hat
unglaubliche Momente spielerischer Freiheit. Unsere Bücher haben
kein einheitliches Design wie z. B. die von Diogenes oder AvivA;
sie sind schwerer als Bücher von uns zu erkennen, und doch sind sie
es. Als einmal, in der Hoffnung auf bessere Verkäufe, ein Grafiker
die Gestaltung des Programms übernahm, sagten später Autorinnen
und Leser: Die Bücher sehen ja gar nicht mehr nach deinem Verlag
aus! Coverentwürfe sind ein Abenteuer für sich. Wir lassen uns von
Ideen der Autorinnen inspirieren, manchmal hatte ich schon bei der
Entscheidung für ein Buch ein Bild vor Augen (es zu finden, gelingt

nicht immer). Manchmal kommt das Cover im letzten Moment vor Drucklegung. Nach U-Bahn- und Berliner Hauseingangsfotos wurde es bei dem in Berlin spielenden Thriller „Endlich daheim" einen Tag vor Abgabe ein düsterblauer Himmel, der nicht über Berlin, sondern über Prag war. Für „Wanderurlaub" fotografierte ich so lange einen Wanderwegweiser, bis er im richtigen – gefährlichen – Licht erschien. Zum Gestalten gehört auch die Auswahl von Papier und Umschlagmaterial. Es gibt schöne Papierarten, die wir in einzelnen Büchern verwendet haben: mit einer Struktur, leicht und luftig, einem besonderen Anfassgefühl, Papierarten, die besser riechen als andere. Zwiebelpapier. Transparentes Papier. Ich erinnere mich, wie der Leipziger Lichtdrucker für den Druck einer Serie Bilder aus einem Buch kurz nach Mauerfall stolz berichtete, dass er tolles Papier aus dem Westen eingekauft habe. Nun hatte dieses Papier eine chemische Beschichtung, auf dem das spezielle, geheimnisvolle Druckverfahren nicht funktionierte. Es wurde dann wohl anderes Papier genommen oder über die eine Schicht eine zweite gedruckt und dann erst das Bild, ich weiß es nicht mehr. Hardcover

Claudia Gehrke (rechts) und Volontärin Sunita Sukhana bei der Gestaltung des vorigen Bandes der Reihe „Konkursbuch". Beim aktuellen saß dort Florian Rogge, und vor Sunita war viele Jahre lang Mitarbeiterin Babett Taenzer dabei.

mit Lesebändchen. Bei der Fadenheftung blaue Fäden. Besonders luxuriösen Gestaltungsfantasien können wir uns aus Kostengründen nur bei sehr wenigen Büchern hingeben. Es gibt Verlage, die sich auf bibliophil gestaltete, oft handgemachte Bücher in Kleinstauflagen spezialisiert haben, Objekte mit hohen Verkaufspreisen, eher Buchkunstwerke als Bücher.

Wir kalkulieren so knapp wie möglich und freuen uns, wenn nach Lesungen durch viele Bücher geblättert wird und Zuhörer*innen sich leisten, mehr als ein Buch mitzunehmen.

Verlagsort Münzgasse 17, Tübingen 1977. Blick in den Hinterhof zur Münzgasse 13. Oben: Blick aus dem Salon- und werdenden Verlagsraum. Im grünen Haus hinten war die Buchhandlung Gastl, zwei literatur- und geisteswissenschaftsbegeisterte Damen, Katzen, eine Treppe, überquellend voll mit Büchern. Es gibt ein Buch über sie: „Gastlwelt".

Yoko Tawada formulierte in ihrem ersten Buch (ich zitiere das immer wieder gerne):

„Bevor ein Kind das Lesen lernt, lernt es das Blättern [...] Nicht das Lesen machte Spaß, sondern das Blättern [...] Das chinesische Schriftzeichen für Körper setzt sich zusammen aus den Zeichen für ‚Mensch' und ‚Buch'. Heißt das, dass der Körper ein Buch ist, das nur in der Welt ist, wenn jemand in ihm blättert?"

Der Moment des Umblätterns, das Geräusch, die Empfindung im Zwischenraum, im Kurzdavor, ein Spiel mit Überraschungen, die sich im Blättern entpuppen und eigene Geschichten erzählen. Beim Stöbern in einer Buchhandlung wird zuerst das Cover angesehen, dann meistens der Rückumschlag, der Kurztext gelesen, aufgeblättert, Klappentext gelesen, hineingeblättert. Ob hineingeblättert wird, liegt nicht allein am Inhalt des Klappentexts. In der Gestaltung von Büchern spielt die Idee des Blätterns eine Rolle. Das Cover und das, was passiert, wenn es aufgeklappt wird. Das kindliche Vergnügen am Basteln. In Buchhandlungen blättere ich gerne in Kinderbüchern. Inspirierend. (Manche, die mir besonders gefallen, verschenke ich und freue mich, wenn sie bei einem nächsten Besuch aussehen, als wären sie oft durchgeblättert worden). Auch die uralten aus dem Elternbücherschrank mitgenommenen regen an, pädagogisch sind sie nicht mehr unbedingt aktuell, Häschenschule, Hänschen im Blau-

beerwald und so weiter – es kann einfach nur eine besonders wirkende Farbe sein, die in eines unserer Bücher wandert, oder ein Ausschnitt aus einer Illustration.

Warum ich Verlegerin wurde? Nicht, um meinen Lebensunterhalt zu verdienen. Es gab keinen Plan. Anfangs hatte ich nebenher Jobs, Büchermachen war pure Lust am Machen selbst, und natürlich daran, in unseren Augen wichtige Inhalte zu vermitteln.

Es ist das Gefühl des Außersichseins, was mich an Bücher fesselt. Die rauschhaften Zustände sowohl in den Nächten von Buchproduktionen, in denen all das Kleine, die Einzelteile, aus denen das Buch geformt wird, wichtiger erscheinen als der Rest der Welt, der Alltag, die anderen Arbeiten, auch

Im Tübinger Sudhaus seit 1997. Büchertischaufbau ür eine Veranstaltung in der Galerie 2018 . 1997 beim Streichen unseres Raums (mit der damaligen Mitarbeiterin Anja Hansen–Schmidt und Berndt Milde). Rechts: Florian Rogge, Berndt Milde, 2018. Unten: In der Münzgasse 1980: Gast Autor Udo Rabsch arbeitet an seinem ersten Roman. Rechts: Regina Nössler 2017 bei einer Lesung im Krimisalon der Bruno–Lösche–Bibliothek, Berlin. Ein ganzer Raum gefüllt mit Krimis.

das Weltgeschehen, alles scheint nicht mehr da zu sein. Ein Rausch ohne Drogenzufuhr, abgesehen von Kaffee und wenig Schlaf. Beim Lesen geht es mir genauso, einmal hineingesogen, höre ich nicht auf, egal ob ich schlafen müsste, und die Welt ist weg. Ich lese schnell und viel, unterbreche mich nicht in kurzen Abständen, wie es bei allen anderen Tätigkeiten im digitalen Zeitalter der Fall zu sein scheint (es gibt Angebote für Ferien ohne Smartphones). Auch in kurzen Pausen lese ich. Ein paar Seiten treiben mich hinaus aus dem Stress, aus der durchs Klicken zerstückelten Zeit.

Genau genommen stimmt es nicht, dass ich die Welt vergessen könnte. Denn sie begegnet mir aus den Büchern heraus immerzu. Bei jedem Leserausch und jedem Buchproduktionsrausch gibt es erhellende „Ich habe etwas begriffen"-Gefühle. Mitten im Spannungssog eines Krimis genauso wie bei anderen Romanen –. Viele Bücher lege ich auch wieder weg. Da ich kaum Zeit finde, nach fesselnden und erhellenden Büchern anderer Verlage zu suchen, lasse ich sie mir empfehlen. Beispielsweise von Frau Sander, der Einkäuferin der Buchhandlung Osiander. Von befreundeten Verlegern und Verlegerinnen, in Berlin manchmal von Franz oder Nancy vom Buchladen Eisenherz. Autorin Regina Nössler versorgt mich mit Tipps für Krimis. Viele der empfohlenen Romane konnten mich in den Zustand der rauschhaften Welterfahrung versetzen. Und sicher gäbe es in vielen Städten noch viele weitere Buchhändlerinnen und Buchhändler, die mir Bücher empfehlen könnten!

Sich gegenseitig Bücher zu empfehlen, sie zu tauschen, nacheinander zu lesen, darüber zu reden, fördert, vertieft Freundschaften, gibt dem Miteinander eine spezielle Ebene gemeinsamer Erfahrung und des Austauschs. Anders als auf gemeinsamen Reisen lesen und versinken wir alleine, Lesen zu zweit ist schwer möglich, aber danach die anderen auf die gleiche Reise zu schicken (auch wenn sie anders erlebt wird) ... schon die Vorfreude darauf, was die, der andere zu einem Buch sagen wird, das uns aus der Gemeinsamkeit ins Lesen entführt hat, ist ein Genuss. In Paarzusammenhängen ist es manchmal sogar leichter über Bücher zu reden als direkt über sich selbst. Immer wieder erhalten wir Mails oder Paare kommen auf den Buchmessen vorbei und

2014, 1958, 1962, 1997 (vor den Love Bites im Sudhaus mit den damaligen Mitarbeiter*innen, u.a. Nicola, ich rauchte damals vor Auftritten zum Aufputschen) berichten, dass sie sich über Beiträge aus unserem erotischen Jahrbuch „Mein heimliches Auge" auseinandersetzen und auf diesem „Umweg" die eigene und die andere Lust des/der Partners*in besser kennenlernen. Besser als in Beziehungsgesprächen, in denen man sich ernsthaft gegenübersitzt: „Jetzt lass uns über unsere Sexualität/deine Gefühle reden."

Als Kind las ich mit meiner ein Jahr jüngeren Schwester Nicola gemeinsam. Als ich mich in der ersten Klasse damit abmühte, lesen zu lernen, unser Vater saß neben mir am Tisch und übte mit mir (ich verwechselte rechts und links, las spätere Buchstaben zuerst, sodass ich unsinnige Wörter vorlas), saß Nicola uns gegenüber und konnte schon auf dem Kopf stehende Schrift flüssig lesen, obwohl sie noch nicht in die Schule ging. Bevor sie in die Schule kam, hatte sie den Roman Heidi ausgelesen. „Für mich war Lesen immer sehr wichtig", sagte sie in einem Interview. „Ich lese heute noch genauso wie als Kind, dass ich mich hineinversenke und nach dem Lesen weiterspinne, eine Stimmung mitnehme – nicht mehr so konkret wie damals, als ich mich mit einer Figur aus den Büchern identifiziert habe und deren Leben weitererlebte. Doch es bleibt das Gefühl, in einer anderen Welt zu sein." Sie riss mich mit. Sie las schnell und gab mir ihre Bücher. Bald konnte ich auch lesen. Wir hatten ein gemeinsames Kinderzimmer, der jüngere Bruder war seine ersten Lebensjahre mit in diesem Zimmer. Wir wollten lieber lesen als mit ihm spielen. Offiziell war nur eine halbe Stunde Lesen pro Tag erlaubt (eine Regel, die unsere Großmutter aufgestellt hatte, den Grund dafür weiß ich nicht mehr, wir brachen diese Regel jeden Tag). Wir lasen nachts mit Taschenlampe und drifteten zusammen in die anderen Welten, bis wir erwachsen wurden. In unserer Pubertät spielte dazu die Musik der Zeit, von einem Plattenwechsler fiel nachts eine Platte nach anderen herunter, und wir lasen Liebesromane, in denen heiße Küsse vorkamen, Dostojewski (den ich danach nie wieder gelesen habe) und die Übersetzung eines schwedisches Aufklärungsbuchs, dass uns ein Student in der Frankfurt Disco Zoom ausgeliehen oder geschenkt hatte. Den anderen Lesestoff besorgten wir uns seit Grundschulzeiten in der Bücherei der Chemiefirma Cassella, in der unser Vater arbeitete. Historische Romane, Thriller und Liebesromane, Bücher, die für ältere Kinder als wir, bzw. für Erwachsene gedacht waren. Auch später, als wir erwachsen waren, tauschten wir uns über Bücher aus.

Viele Jahre lang bat ich knapp vor Weihnachten die sympathische Einkäuferin auch um einen Romantipp für Nicola, gegenseitig schenkten wir uns seit Ewigkeiten Bücher. Im vergangenen Jahr, 2018, ging ich wie automatisch am letzten Samstag vor Weihnachten in die Buchhandlung. Als ich Frau Sander in die Arme lief, begann ich zu weinen. Meine Schwester, immer stark, ist nach schwerer kurzer Krebserkrankung im Dezember gestorben. Ich nahm den Roman mit und lese ihn für sie. Und ihre Traumtagebücher. Sie hatte mir vor Kurzem vorgeschlagen, dass sie unter dem Label „Nicola Kids" eine kleine Serie Kinderbücher im Verlag herausgeben könne. Zuerst ein historisches Naturmärchenbuch ferner Vorfahren von uns, mit Zeichnungen von Anna Blau und Geschichten von Paul Blau. Paul Blau hat übrigens eine Zeitlang an dem Internat Religion unterrichtet (soweit ich weiß nicht lange, weil er zu liberal eingestellt war), in dem die Handlung eines Klassikers spielt: „Das Mädchen Manuela" (Mädchen in Uniform, 1933, neuaufgelegt von Krug und Schadenberg 2012) von Christa Winsloe, in dem sich das Mädchen, die Autorin, in ihre Lehrerin verliebt. Das erste Buch mit lesbischer Thematik, das ich gelesen habe, war soweit ich mich erinnere in den frühen 70er-Jahren „Rubinroter Dschungel" von Rita Mae Brown.

Zurück zum Rausch des Büchermachens.

Sich ununterbrochen dem Rausch hinzugeben geht natürlich nicht. Druckkosten müssen finanziert werden und Verlagsnebenkosten. Viele wissen nicht, wie viel vom Ladenpreis bei den Verlagen ankommt. Zehn Prozent davon wird im Schnitt an die Autor*innen bezahlt. Zwischen dem Verlag und dem Ort des Buchverkaufs, sei es eine Buchhandlung oder Amazon, liegen einige Stationen. Versand- und Rechnungslogistik rauben Zeit und Kraft, das macht der Verlag selten selbst, sondern eine Auslieferung für eine große oder kleinere Gruppe von Verlagen. Auch für Buchhändler wäre es zu aufwendig, direkt bei vielen verschiedenen Verlagen zu bestellen. Die Buchhandlungen haben Wiederverkäuferrabatt. Die Verlagsauslieferung, die das Versenden und Rechnungen stellen etc. übernimmt, berechnet dem Verlag dafür Lagerkosten und Prozente vom Umsatz. Zwischen Auslieferung und Buchhandel stehen noch die sogenannten Barsortimente (alle Praktikantinnen fragten irgendwann im Verlauf ihres Praktikums: Was ist das eigentlich, ein Barsortiment?): ein Großhändler, der viele, aber längst nicht alle lieferbaren Titel vorrätig hat und innerhalb eines Tages liefern kann; so kann der Buchhandel auf Nachfragen, z.B. nach Rezensionen, schnell reagieren. (Kurz vor Erscheinen dieser dritten Auflage vom Bücherbuch haben vielleicht viele erstmals von Barsortimenten gelesen oder gehört, denn die Anmeldung der Insolvenz eines der größten (Koch, Neff und Volckmar, KNV) ging durch die Presse.) Die Verlagsauslieferung liefert auch an das Barsortiment oder an Amazon, was vom Ladenpreis an den Verlag geht, wird noch einmal weniger, denn Großhändler und Amazon haben einen höheren Rabatt als Buchhändler. Verlagsvertreter besuchen die Buchhandlungen, und sie bekommen natürlich auch Prozente –! Was nach Abzug von allem übrig bleibt, ist maximal ein Viertel des Ladenpreises. Davon müssen der Druck- und die Verlagskosten bezahlt werden. Wir leben von der Summe einer Unmenge kleinster Beträge. All das inklusive der jährlichen Autorinnenabrechnungen für teils leider Minibeträge und Meldungen an die Künstlersozialkasse, in der wir Verleger selbst nicht sein dürfen, etc. – ein enormer buchhalterischer Aufwand. Das ist das Einzige, was mich am Verlegerinnendasein stört! Um sichtbar zu sein, organisieren wir Lesungen und andere Events, um unserem Publikum direkt zu begegnen, denn der Buchhandel allein reicht seit Langem nicht mehr aus. Und natürlich brauchten wir dazu „eigentlich" mehr Mitarbeiter; immer bleibt das Gefühl, dass wir noch viel mehr für die Autorinnen tun könnten. Wir sind nur zu dritt. Einer davon betreut unser eigenes kleines Mailordergeschäft, was wir von Anfang an hatten, schon vor Onlineshopzeiten, d.h. für die eigentliche Verlagsarbeit bleiben noch zwei: der oder die Volontär/in bzw. auch mal eine langjährige Mitarbeiterin und ich sowie Praktikantinnen, eine freie Lektorin und Herausgeberinnen – und dann das Netz aus Freundschaften mit den Autor*innen und manchen ehemaligen Praktikant*innen und Volontär*innen! Es sind doch viele!

Auch wenn es nicht Bücher sind, lesen und schreiben die Menschen dauernd. In Chats, Mails, über WhatsApp-Gruppen. Es gibt Fortsetzungsromane für Handys, wo sich mitschreiben lässt. Eine neue Welt des Lesens und Schreibens, in der es nicht um das Feilen, das Ringen um eine Formulierung geht, die Bilder und Gefühle erzeugen kann, sondern in der schnell alles hingeschrieben wird, oft in Kürzelsprache, sonst würde es ja nicht so schnell gehen.

Das unendliche Lesen und Schreiben ist nicht neu, Medium und Geschwindigkeit sind neu. Vielleicht ist es vergleichbar mit den endlosen Briefwechseln früherer Zeiten und den endlos langen Romanen z.B. von Madame de Scudery aus dem 17. Jahrhundert, in denen alle Details des Liebeslebens rund um die Autorin ausgebreitet wurden, politische Ansichten, die Auffassung, dass es möglich sei, mehr

Veronika Nadj

178

als einen Menschen zu lieben. All das in eine Geschichte mit etwas Handlung umgearbeitet. Dessen Sprache arbeitete auch mit Kürzeln. Es gab z. B. eine „Landkarte der Zärtlichkeit" – darin Begriffe, die etwas aus dem Liebesleben wiedergaben. Diese wurden in das reale Geplauder der Salons übernommen. Ihre Bücher wurden wahnsinnig gut verkauft, schnell übersetzt und beeinflussten nachfolgende Autorinnen, heute kennt sie keine*r mehr. Ich kann mich noch an das Gefühl erinnern, vor inzwischen Jahrzehnten bei einer Recherche einen 10000 Seiten dicken Roman in der Universitätsbibliothek in den Händen gehalten zu haben, sehr kleines Format, dünnes, schön knisterndes Papier. Und der Duft nach hunderte Jahre altem Buch.

Digitales Kommunizieren, Arbeiten und Lesen zerstreut. Es versetzt mich kaum in diese erkenntnishaltigen Außersichzustände. Nicht umsonst werden, ob in Politik oder Arbeitswelt, persönliche Treffen arrangiert, Kommunikation jenseits des Netzes. Das ist auch bei der Gestaltung unserer Bücher so. Beim Nebeneinandersitzen vor dem Bildschirm entstehen Ideen, die allein über Mailkontakt nicht hätten entstehen können – ein Funke, der sich nur direkt von Mensch zu Mensch überträgt.

Vielleicht geht es mir mit Büchern ähnlich. Das Buch mit seinen unmerklichen haptischen Eigenschaften, die das Aufnehmen von Text und Sprache begleiten. Das Papier macht beim Umschlagen ein feines Geräusch, es duftet minimal, ich fasse etwas an beim Lesen, lege es neben mich, nehme es wieder in die Hand, schreibe etwas an den Rand und so weiter, – natürlich lässt sich vieles digital imitieren, auch Umblättergeräusche – und natürlich wird auch das E-Book-Lesegerät beim Lesen berührt – aber nicht mehr ein Buch selbst. Es lassen sich Gestaltungselemente in ein E-Book integrieren, auch solche, die im Buch aus Papier nicht möglich sind. Als Leserin habe ich Freiheiten, die ich beim gedruckten Buch nicht habe, kann die Schriftgröße verändern.Der Bildschirm ist fürs Lesen im Dunkeln geeignet, ich störe Bettpartner*innen nicht mehr, wenn ich nachts noch lese (mein Leseplatz ist allerdings ein Sofa und nicht das Bett). Beim wissenschaftlichen Arbeiten lässt sich mit einem Klick zu Hintergrundinfos und Aktualisierungen kommen, die nicht im Buch stehen, und so weiter.

Aber das Buch selbst hat keine Individualität, es ist nur noch Text. Das Cover lasse sich doch anzeigen!, sagte eine Praktikantin daraufhin, mit hörbarem Ausrufezeichen. Ich genieße Bilder auch am PC, klar. Manche Bilder sehen auf einem Bildschirm fast schöner aus als gedruckt, sie sind von hinten beleuchtet, sie leuchten von innen. Sicher kann sich der Zauber von Worten auch bei E-Book-Lektüren zeigen. Es spart Papier, und erspart das Stöhnen, was auch mich manchmal überkommt – sodass ich Buch- und andere Papierberge am liebsten wegwerfen möchte. Das unvergleichliche Lustgefühl, ein frisch gedrucktes Buch das erste Mal in den Händen zu halten, weicht dann. So viele unverkaufte Bücher! Dazu die anderen vielen einst gelesen Bücher, die zu viele Lesespuren enthalten, um sie weiterverkaufen zu können. Ich habe jahrzehntelang unser Verlagslager nicht geleert, nicht makuliert und auch wenig verramscht – in der Hoffnung, dass Bücher auch spät entdeckt werden können, bis unsere Lagerkosten untragbar wurden.

Der Zauber der Kommunikation, dass ich in den Rausch gerate, das ist mir bisher nur mit gedruckten Büchern passiert.

Die Kommunikation mit einem Buch geht auch über es selbst hinaus. Nach dem Tod unserer Eltern habe ich den Bücherschrank ausgeräumt. Meine Mutter war Leserin, mein Vater Nichtleser aus einer Handwerkerfamilie, Chemiker mit Freude am Experimentieren und am Geschichten erzählen: mündliche Literatur. Meine Mutter erzählte auch schreibend und lesend. In den Büchern aus diesem Schrank steckten Briefe der Verwandtschaft und Freunde aus mehreren Generationen, die die Bücher geschenkt hatten, auf den Seitenrändern Anmerkungen meiner Mutter und in Kinderbüchern von ihr farbig ausgemalte Schwarzweißillustrationen. Die Anmerkungen stellten Bezüge zu ihrem Leben her, manchmal ein Lesezeichen an der Stelle, wo sie stecken geblieben war. Ich habe Bücher für mich entdeckt, deren Inhalt mir gleichzeitig viel über das Leben meiner Familie erzählt hat.

Doris Hermanns
Bücherleidenschaft und Entdeckungslust

AUFGEWACHSEN AM WALDRAND in einem kleinen Dorf, blieb mir als Kind nur die katholische Pfarrbücherei, die jedoch nur zweimal in der Woche – Donnerstagsabends und Sonntagsmorgens – geöffnet hatte. Auch durften nur drei Bücher gleichzeitig ausgeliehen werden. Und meine Handarbeitslehrerin, die dort die Ausleihe betreute, wachte streng darüber, dass ich in der Kinderbuchabteilung blieb und mich nicht heimlich zu den Büchern für Erwachsene schleichen konnte. Welch Qual das war! Mit drei Büchern konnte ich gerade so von Donnerstag bis Sonntag auskommen, aber keinesfalls von Sonntag bis Donnerstag. Gekaufte Bücher gab es höchstens zum Geburtstag und an Weihnachten, alle wurden dann auch immer mehrfach gelesen. Später musste ich auf die Karl-May-Bände meiner älteren Brüder zurückgreifen, für die ich mich kurzzeitig begeistern konnte, besser als gar nichts zu lesen!

Meine Eltern fanden Lesen nicht so wichtig, Unterstützung fand ich hingegen bei der Mutter meiner Freundin, die gleich nebenan wohnte. Nicht nur gab es dort völlig andere Kinderbücher, auch die Mutter las regelmäßig und viel – was sie bis zu ihrem Tod im vorigen Jahr auch beibehalten hat.

Wie froh war ich, als ich älter wurde und in die Stadtbibliothek der nächstliegenden Stadt fahren konnte! Was gab es dort alles zu entdecken! Noch begeisterter war ich allerdings, als ich später nach England fuhr und dort Antiquariate kennenlernte. Läden voller Bücher, oft vor den Regalen noch bis an die Decke gestapelt, aber die InhaberInnen wussten meist, was sie hatten, und wo genau es zu finden war, was mich sehr beeindruckt hat! Ich konnte dort stundenlang stöbern, und als Jugendliche war noch fast alles neu für mich. Wenn ich dort hinfuhr, packte ich meinen Rucksack nie ganz voll, denn ich wusste, dass ich auf der Rückfahrt Platz für Bücher brauchen würde. Und gebrauchte Bücher waren im England der 1970er-Jahre sehr billig. Die meisten meiner Klassiker, die ich heute noch habe, stammen aus dieser Zeit.

Die Liebe zum Stöbern und zu den Antiquariaten ist geblieben. 25 Jahre habe ich in den Niederlanden gelebt und als Antiquarin gearbeitet, fast 20 davon mit eigenem Antiquariat, das auf Bücher von und über Frauen spezialisiert war. Natürlich haben sich während dieser Zeit meine Schwerpunkte verfestigt, und es war für mich immer klar, dass mein Hauptinteresse vor allem bei Biografien lag, genauer gesagt bei Lebensgeschichten von Frauen. Dreisprachig leben hatte und hat den großen Vorteil, dass die Menge an Büchern, die ich lesen kann, um ein Vielfaches größer ist, als wenn ich mich auf Deutschsprachiges beschränken müsste, und die Diversität einfach viel größer ist. Zudem als Antiquarin, wo mir eben nicht nur die aktuellen Titel zur Verfügung standen, sondern wo es wichtig war, immer wieder vergriffene Bücher aufzuspüren. Wichtig war mir auch, Werke von Frauen sichtbar zu machen. Was bei den einen zum Staunen führte („Was, so viele Bücher haben Frauen geschrieben?" – na ja, es sind schon deutlich mehr als die ca. 12.000 Bücher, die dort standen …) und zu neugierigem Stöbern, veranlasste andere zum Mansplaining („Ich habe mich mein ganzes Leben schon mit Philosophie, Musik – oder was auch immer – beschäftigt, da gibt es keine Frauen!"), und sie rauschten dann ohne Blick auf die entsprechenden Regale aus dem Laden. Viele KundInnen waren einfach froh, dass Bücher, die in anderen Antiquariaten nicht zu finden waren und die dort oft nicht als wichtig betrachtet wurden, bei mir standen. Eingekauft wird in Antiquariaten häufig von Männern, die meistens nur den männlichen Kanon kennen und bedienen, das Wissen über Werke von Frauen ist gelinde gesagt gering. Als ich einige Jahre in einem allgemeinen Antiquariat gearbeitet habe, habe ich gesehen, wie meine Kollegen mit Büchern von Frauen umgingen: Was sie nicht kannten, schien ihnen nicht wichtig und wurde schnell weggeworfen. So wird natürlich auch ein Mangel an Büchern von Frauen kreiert. Ich erinnere mich noch an das große Staunen meiner damaligen Kollegen, als Toni Morrison 1993 den Nobelpreis für Literatur erhielt. Sie konnten es kaum glauben, dass ich nicht nur ihren Namen bereits gehört hatte, sondern auch mehrere Bücher von ihr gelesen hatte.

Auch das Sammeln hat sich verändert. Sowieso waren es immer schon mehr Männer, die Bücher zu bestimmten Themen oder von bestimmten AutorInnen gesammelt haben, die bereit waren, mehr zu kaufen und auch größere Summen für seltene Werke auszugeben. Männer haben in der Regel zum einen mehr Geld zur Verfügung und geben es zum anderen auch eher für „Unnützes" aus (also für Dinge, die nicht zum unmittelbaren Lebensunterhalt gehören). Trotzdem hat es natürlich immer auch einige Frauen gegeben, die sich das leisten konnten. Früher war es üblich, dass manche stundenlang im Antiquariat stöberten und dabei auch Bücher fanden, von deren Existenz sie vorher nichts gewusst hatten, was oft in einem ganzen Stapel endete. Für die gesuchten, aber nicht gefundenen

Doris Hermanns

Meerkatzen,
Meißel und das
Mädchen Manuela
Die Schriftstellerin und
Tierbildhauerin Christa Winsloe

AvivA

Titel bekamen wir oft Suchaufträge, so-dass wir diese Bücher dann gleich anbieten konnten, wenn wir sie gefunden hatten. Einmal habe ich einer Kundin eine Broschüre aus dem 19. Jahrhundert zehn Jahre nach ihrer

Anfrage anbieten können, worüber sie völlig begeistert war. Aber dies hat sich inzwischen auch verändert. Diejenigen, die stöbern wollten, wurden immer seltener, nach einzelnen gesuchten Titeln wurde im Internet gesucht. Wo es anfangs noch zu neuen KundInnen kam, die manchmal sogar den ganzen Bestand eines Antiquariats durchsuchten (etwa Mitte der 1990er Jahre), fielen diese mit dem zunehmenden Angebot im Netz auf Dauer weg. Einzelbestellungen wurden zur Regel, Suchanfragen und Aufträge wurden immer seltener. Immer mehr Antiquariate mussten und müssen schließen, wodurch ein Stück Kultur verloren geht.

Das Internet hat den ganzen Handel inzwischen völlig verändert: Häufig wird einfach alles eingestellt – sei es von Antiquariaten, Vereinen oder Privatpersonen –, in der Hoffnung, dass sich irgendwer schon finden wird, die oder den es interessiert. Aber trotzdem sind auch dort nicht alle Bücher zu finden, wie gerne behauptet wird. Vor allem geht der direkte Kontakt mit KundInnen verloren, an die oft Schätze verkauft werden können, die erst gar nicht online gehen. Auch E-Books werden höchstens für eine Ausdünnung der Büchermassen sorgen, aber gedruckte Bücher letztendlich nicht für alle ersetzen können.

Das Lesen alleine reiche auf Dauer nicht. Es gab und gibt so viele spannende Frauen, über die wenig bekannt ist, die wollte ich sowohl schreibend als auch durch mein Antiquariat bekannter machen. Die, über die ständig geschrieben wird, als ob sie die großen Ausnahmen waren bzw. sind, interessieren mich dabei weniger. Lieber fange ich an zu stöbern, zu recherchieren, fange an, Fäden zu ziehen und lasse mich überraschen, was sich herausfinden lässt. Meist sehr spannende Frauenleben, über die viel zu wenig bekannt ist. Und deren Werke zu wenig zugänglich sind, weswegen es wichtig ist, dass es wagemutige Verlegerinnen gibt, die sich um Neuauflagen von vergessenen Autorinnen kümmern.

Dass ich bei den BücherFrauen, einem Netzwerk von Frauen in der Buchbranche, bin, ist nur folgerichtig, denn wir brauchen die Zusammenarbeit von Autorinnen, Übersetzerinnen, Rezensentinnen, Buchhändlerinnen und Verlegerinnen, wenn wir auf die gesamte Bandbreite von Frauenleben aufmerksam machen wollen. Und da gibt es noch viel zu entdecken!

Wolfgang Zwierzynski
Quichotte

WIE ICH BUCHHÄNDLER GEWORDEN BIN, das ist eine ganze eigene Geschichte, das hat sich eher so ergeben: Ich habe Literatur und Philosophie studiert, u. a. bei Paul Hoffmann in Tübingen. Anschließend habe ich an der Uni gearbeitet. Danach wollte ich eigentlich ein Lektoratsbüro aufmachen. Ich kannte ziemlich viele Leute von Verlagen, darunter auch Rudi Deuble, den Vertriebsleiter des Stroemfeld-Verlags. Der erzählte mir dann eines Tages, dass er bei den großen Buchhandelsketten als Vertreter von kleinen Verlagen überhaupt keinen Fuß mehr in die Tür bekommt. Das hat mich sehr geärgert, dieser respektlose Umgang mit kleinen Verlagen. Und so bin ich eigentlich aus Wut auf die Idee gekommen: ich mache selbst etwas mit Büchern aus kleinen Verlagen. Dann hatte ich also ein Depot von Stroemfeld. Außerdem habe ich den Peter Gente vom Merve Verlag gut gekannt. Das Gesamtprojekt dieses Verlags ist ja wie ein einziger Titel. So bin ich schließlich auch Buchhändler geworden. Das war im Jahr 2006, nach dem Jahr des 400. Geburtstags von Cervantes' „Don Quichotte" – so kam mir die Idee, meine Buchhandlung danach zu benennen. Später haben Besucher und Journalisten diesen Einfall weitergesponnen: Ein kleiner Buchhändler kämpft gegen Windmühlen ... Diese Assoziation hatte ich selbst ursprünglich gar nicht, aber sie stört mich natürlich auch nicht.

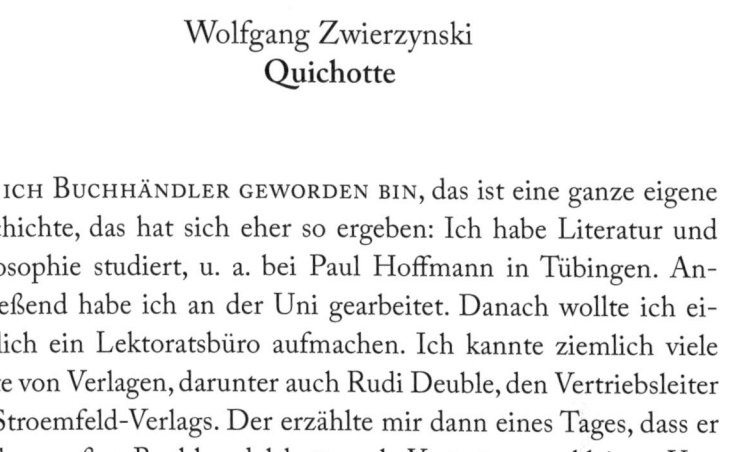
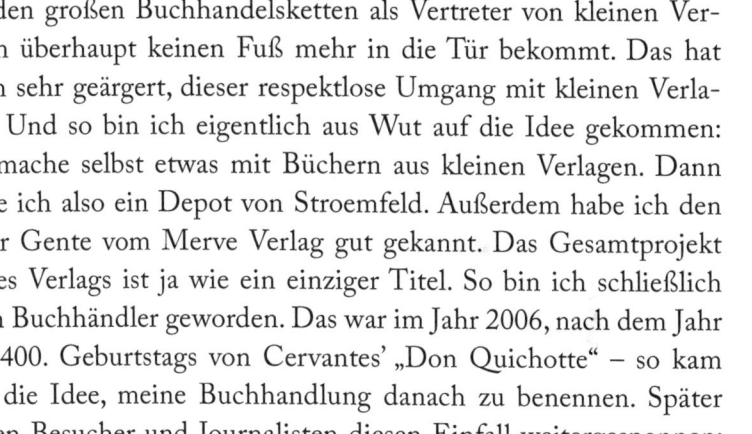

Der Laden in der Neckarhalde war die Keimzelle meiner Buchhandlung. Das war ein ganz kleiner Laden, da gab es gar nie genug Platz für alle Bücher, so türmten sie sich. Viele Leute haben gerade das geliebt, dass sich dort alles so gestapelt hat. Da gab es immer viel zu entdecken. Vor allem Bücher, die es in den anderen Buchhandlungen nicht gab; ich habe mich ja von Anfang an auf die kleinen Verlage konzentriert. Die kleinen Verlage hatten unglaublich viel, was mich interessiert. Ein großartiger Reichtum.

So hat sich das alles irgendwie entwickelt. Ich habe den Laden immer etwas größer gemacht, als er eigentlich war. Nie vergessen werde ich die Verhandlungen mit den Grossisten, u. a. mit Libri. Einmal kam ein Herr von Libri vorbei, um sich meinen Laden anzuschauen. Aber er hat nur die Nase gerümpft, zu klein, um Geschäfte zu machen. Da habe ich dann auch die Nase über ihn und seine Vorstellungen gerümpft. Überhaupt haben mir viele Leute gesagt: „Eine Buchhandlung aufmachen? Du spinnst wohl." Aber es hat funktioniert. Es ist organisch gewachsen; es kamen immer wieder neue Verlage und Bücher hinzu.

Ich habe heute noch immer regelmäßig mit Vertretern von kleinen Verlagen zu tun. Aber ich arbeite auch selbst die Prospekte durch und bestelle dann – meistens viel zu viel. Doch die Kleinverlage sind mir schon wichtig, dass ich mir da meine spannenden Titel zusammensuche. Leider kann ich nicht alles bestellen, den Platz habe ich einfach nicht. Ein Vertreter kam mal zu mir, der hat gar nicht begriffen, was ich mache. Der bot mir einen Titel an, wenn ich davon zwanzig nehmen würde, bekäme ich einen sehr guten Rabatt usf. Aber mich interessiert ja gerade die Vielfalt, ich habe in der Regel immer nur ein Exemplar von jedem Buch. Auf den Buchmessen war ich anfangs mit einem Faltblatt und dem Nietzsche-Zitat von der ‚Ewigen Wiederkehr des Gleichen' unterwegs, Vielheit ist nicht gleich Vielfalt, überall ist dasselbe massenhaft. Diese Stapel gehen bei mir im Laden gar nicht. Wenn ich zwanzig Exemplare eines Buches nehmen würde, hätte ich neunzehn Plätze weniger für andere Bücher frei. So kann ein kleiner Buchladen eine weitaus größere Vielfalt haben als ein großer.

Große Veränderungen im Kundenverhalten konnte ich nicht feststellen. Ich hatte immer meine spezielle Kundschaft. Ich hatte schon in der Neckarhalde kaum Laufkundschaft. Leute, die mich einmal entdeckt haben, haben mich dann immer an andere weiterempfohlen, sehr nachhaltig. Zum Beispiel kam einmal ein Fotograf aus Oldenburg, der hat bei mir einen Fotoband gefunden, den er schon lange gesucht hatte: „Invasion Prag 68" von Josef Koudelka; Fotos zwischen den Panzern, Bilder ohne Rand, über die ganze Seite, man wurde hineingesogen, so eindringlich. Ein bisschen schade, dass das Buch jetzt nicht mehr hier ist, ich vermisse es. Aber der Fotograf hat einem befreundeten Schweizer Fotografen geschrieben: Wenn Du jemals nach Tübingen kommst, musst Du unbedingt in diesen Buchladen gehen. Und dieser Freund kam dann eines Tages tatsächlich nach Tübingen, blieb eine Woche und hat jeden Tag eine Menge Bücher bei mir gekauft.

Ich war anfangs auch mal bei einer Unternehmensberatung, da hat man gar nicht verstanden, was ich genau mache, man hat auch gar nicht danach gefragt. Nur Floskeln. „Großartig, was Sie da machen", „Ganz toll, dieses Gegen-den-Strom-Arbeiten" usw. Aber etwas wirklich Praktisches konnten die nicht für mich tun, als ich nach einem Zuschuss fragte, hat man mich bloß wieder an die Banken verwiesen.

Der Unternehmensberater fragte mich nur, wie viel ich für Werbung ausgeben wolle. Da sagte ich, nun ja, ich habe eine Idee und kenne viele Leute aus der Uni und Buchbranche, bin sehr für Nachhaltigkeit. Da meinte er: Wenn Sie nicht sofort mindestens zehntausend Euro in die Anschubwerbung stecken, dann sehen wir absolut schwarz für Sie. So geschieht es oft, glaube ich, es wird unnütz viel in die Werbung gesteckt, anstatt die eigensinnige Qualität der Bücher selber sprechen zu lassen, und man treibt die Leute zur Kreditaufnahme.

Ausbilden könnte ich inzwischen übrigens auch. Ich hatte mal eine Anfrage von einer jungen Frau aus Paris, die über Hanna Arendt promoviert worden war, die wollte unbedingt in einer Buchhandlung arbeiten, um sich ein Standbein zu schaffen. Das hat mich dazu veranlasst, die Ausbildungsbefähigung zu beantragen, die ich letztlich auch bekommen habe.

Ich bin einfach eigensinnig geblieben. Es war nicht immer einfach, man muss viel dafür tun, aber es ist angekommen. Ich habe angefangen, als überall die kleinen Buchhandlungen zugemacht haben. Jetzt dreht es sich ja gerade wieder, dass auch kleine Buchhandlungen wieder entstehen und bestehen können. Aber als ich angefangen habe, machten alle zu. Da gab's damals einen Artikel in der Stuttgarter Zeitung, Tenor: „Ja, ist der denn total verrückt?". Ganz am Anfang kam mit diesem Artikel eine Frau aus Stuttgart in meinen Buchladen. Ich war unsicher, wusste nicht, ob ich es schaffe. Aber die Frau sagte mit ganz fester Stimme: Machen Sie sich da gar keine Sorgen, der Wendelin Niedlich hat auch so angefangen. Und

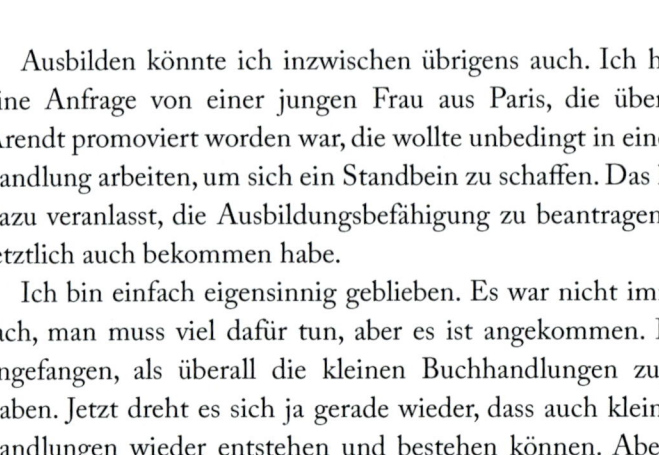
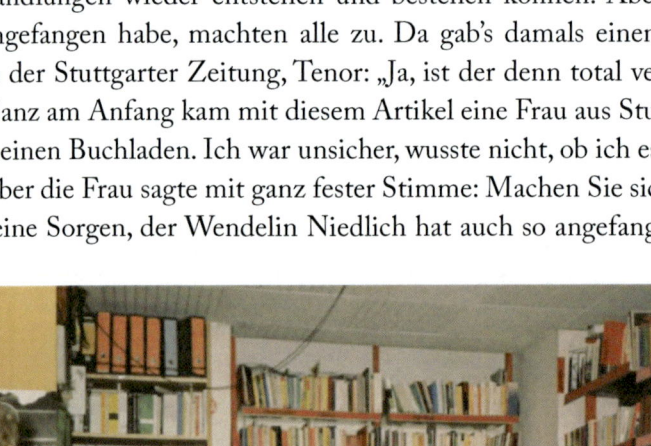

Yoko Tawada liest in der Buchhandlung Niedlich in Stuttgart, Wendelin Niedlich fotografiert, 1987.

der wurde später Kult. Im letzten Jahr habe ich für meine kleine intensive Buchhandlung auch den Deutschen Buchhandlungspreis bekommen.

In Tübingen wurde ich nicht von allen herzlich aufgenommen, manche wünschten mir viel Glück; andere haben mir ein moralisches Verbot erteilt; es gehöre sich nicht, hier Konkurrenz zu machen; ich solle mit meinem Laden doch nach Reutlingen gehen. Aber mir auch wurde gesagt: „Leute, die das Besondere lieben, werden Dich schon finden. Mach Dir keine Sorgen."

Letzten Sommer hatte ich noch zwei Läden, einen in der Ammergasse und den in der Neckarhalde. Im Sommer habe ich zum Teil beide Läden alleine gemacht, ich war dann vormittags in dem einen, nachmittags im anderen Laden. Ich ließ die Bücher draußen stehen, habe ein Schild hingehängt, auf dem stand, wo ich zu finden bin. Und es hat geklappt. Da kamen dann Leute mit vier, fünf Büchern in der Hand zu mir, haben sie durch die ganze Stadt getragen. „Das ist doch schön, so lernen wir auch die Stadt kennen", meinten sie zu mir, als ich mich bei Ihnen für die Umstände entschuldigen wollte. Die Stadt kennenlernen mit Büchern unterm Arm! Auch nicht schlecht.

Mit einem Verleger habe ich neulich noch über die Zukunft von Buchhandlungen gesprochen. Da ging er ans Regal, nahm ein Buch raus und sagte: Siehst Du, das ist ein Buch, das wird bleiben, das schwöre ich Dir. Er erzählte dann die Geschichte einer großen Bibliothek, die für acht Millionen Euro ein neues Gebäude errichten muss, damit die Rechner nicht überhitzen und keine Daten verlorengehen. Mit diesen Problemen der Digitalisierung muss ich mich nicht rumärgern, Bücher werden bleiben und mit ihnen die speziellen Buchhandlungen, die für ihre Verbreitung sorgen.

Vorgestern war jemand da, der hat die „Grammatik" von Yoko gekauft. Von Yoko Tawada habe ich einmal „Etüden im Schnee" im Radio besprochen. Ich finde sie wirklich einmalig. Yoko Tawada ist die einzige Autorin, die um ein Wort herumgehen kann wie um eine Skulptur. Sie kann Wörter in ihrer Fremdheit stehen lassen, und sie pflegt diese Fremdheit. Bei einer Lesung vor einigen Jahren mit Tina Stroheker und anderen in Eislingen, da las Yoko Tawada zum Schluss ein Gedicht auf Japanisch; es war großartig. Die Zuhörer waren gebannt vor Aufmerksamkeit. Das Gedicht, ein funkelnder, fremder Brillant.

Manchmal habe ich so verrückte Bücher. Zum Beispiel letzten Sommer, da hatte ich die Beckett-Briefe, die gerade bei Suhrkamp erschienen waren, komplett im Fenster. Sehr teuer. „Die sind doch nichts fürs Fenster", bekam ich zu hören. Und dann kamen eines Tages Leute vorbei, die waren ganz begeistert: „Oh, Sie haben da diese Beckett-Briefe, die haben wir noch nie in einem Schaufenster gesehen." Und kauften alle drei Bände.

Ein Professor der Altphilologie hatte Vorlesungen über „Liebe in der Antike" gehalten, die kamen dann bei Klostermann als Buch heraus. Er brachte mir dann das Buch vorbei, damit ich es ins Schaufenster stellen kann. Das habe ich gerne gemacht, eine Stunde später ruft zufällig das Börsenblatt an, jemand wollte einen Artikel über „Lieblingsbücher" schreiben. Was mein Lieblingsbuch sei? Schwere Frage, ich habe so viele. Da habe ich einfach erzählt, was sich gerade zugetragen hatte. So habe ich dann über das Buch des Altphilologen gesprochen und erklärt, dies sei jetzt gerade mein Lieblingsbuch. Und es wurde dann tatsächlich im Artikel des Börsenblatts erwähnt, sehr zur Freude des Verlags und des Autors. Aber ich habe mich auch so gefreut, über diese schöne Geste des Vorbeibringens.

Das Schaufenster in der Neckarhalde gestaltete ich immer selber, manchmal müsste ich da vielleicht öfter wechseln; aber ich stelle immer die Bücher ins Fenster, die ich selbst spannend finde. Zum Beispiel „Der Pirat und das Recht", von einem Harvard-Professor. Kurz vor Weihnachten kam einmal ein junger Mann rein, schmiss seine Tasche in den Laden, er bräuchte fünf Bücher; für Mutter, Vater, Tante, Schwester, Bruder. Und dann haben wir innerhalb einer

Stunde die Tasche gefüllt, und im Endeffekt hat er dann gar nicht alle Bücher verschenkt, sondern manche selber behalten, weil sie ihm so gefallen haben.

Oder „Blake und die Göttliche Komödie" hier im Fenster, ich liebe Blake. Und hier, Serhij Zhadan, der ukrainische Autor; der war auch mal hier; da habe ich Büchertische für das Slawische Seminar gemacht, als er mal hier an der Uni war. Das sind einfach so Preziosen. Und da unten natürlich, Joanot Martorell, „Der Roman vom weißen Ritter Tirant lo Blanc"; den letzten Teil dieses Romans übersetzte der große Fritz Vogelgsang erst zwei Jahre vor seinem Tod: und zwar ist das der Roman, den Cervantes gelesen hat, bevor er Don Quichotte geschrieben hat; ein Ritter-Roman, 1490 erschienen, es wird in Don Quichotte als das ‚beste Buch der Welt' bezeichnet. Vor solchen Büchern habe ich wirklich Ehrfurcht. Und hier, Walt Whitmanns ‚Grasblätter', nun erstmals vollständig und neu übersetzt von Jürgen Brôcan! Den liebe ich auch. So ist das hier in meinem Fenster eine ganz wilde Mischung; alles, was mich persönlich interessiert. Ganz subjektiv, fast wie eine Privatbibliothek. Ich könnte Führungen anbieten.

Und ich bin wirklich froh, wenn ich sehe, dass Bücher in gute Hände kommen. Bücher sind mir so nah; das sind Menschen, Freunde, die erzählen. Das muss man auch in Händen halten. Das ist etwas anderes als nur der Text; es ist etwas Haptisches. So setzen sich auch Bibliotheken zusammen. Das ist ein einziges Gemurmel, und wenn man vor einem Buch steht, hört man ihm zu. Und manche Bücher, da braucht es Jahre, bis man sie wirklich erkennt in ihrer Bedeutung.

Und Bücher kann man ja jahrelang im Regal stehen haben, wenn man es dann irgendwann aufschlägt, kann man es noch lesen. In der Unibibliothek habe ich mal eine sehr gute Dissertation aus den Siebzigerjahren über Gottfried Keller gefunden, die stand etwas abseits; ich schlage sie auf; und es war wirklich wie ein Aufbrechen; wenn das Buch lange nicht bewegt wurde, knackt die Bindung richtig. Und es war das beste Buch, was ich je über Keller gelesen habe. Ich habe es dann an eine andere Stelle gestellt, zu den Kanon-Büchern;

es wurde dann von den Bibliotheksmitarbeitern schnell wieder an seinen ordnungsgemäßen Platz gerückt; ich habe es dann wieder zu den wichtigen, oft ausgeliehenen Büchern gestellt – und so fort. Und das habe ich dann für mich übernommen: die Freiheit, Bücher nach meinen Gedanken anzuordnen; auch mal einen Gedichtband neben einen Reiseführer zu stellen. Das war mein Bestreben, ungewöhnliche Dinge, Bücher nebeneinanderzustellen; das ist das Anregende, nicht die Einordnung in bestimmte Fächer. Diese Freiheit nehme ich mir. Deswegen baue ich manchmal Stapel, andere, die mir helfen, bauen sie wieder ab, ich baue sie wieder auf; das ist wie ein Spiel. So entwickelt sich die Anordnung der Bücher.

Und ich spreche viel mit Kunden und mit den Verlagen. Früher bin ich tagelang über die Buchmesse getingelt. Aber mittlerweile habe ich leider weniger Zeit dazu und es gibt da, bis auf die kleinen literarischen Verlage, weniger zu entdecken. Es wird ja vieles lange vorher schon medial durchgearbeitet; man wird richtig zugerichtet auf mediale Ereignisse hin.

Ich habe viel mit Leuten gesprochen, unter anderem mit dem Verleger des A1 Verlags, der hat den nigerianischen Autor Ngũgĩ wa Thiong'o verlegt, „Der Herr der Krähen". Ich habe den Verleger gefragt, wie er das schafft, solch ein anspruchsvolles Buch zu machen. Und er hat von seinen Schwierigkeiten berichtet, von der schwierigen dreijährigen Arbeit. Und ich habe ihm gesagt, wie toll ich das finde, dass er dieses Buch gemacht hat. Als ich gehen wollte, hat er sich bei mir bedankt, er hat sich richtig gefreut, nicht viele fragen danach, sagte er. Das hat mich doch erschüttert. Früher war ich bei der Buchmesse auch oft bei Gerhard Wolf und seinem kleinen Verlag; das waren schöne Gespräche, mit Grüßen von Hans Mayer aus Tübingen; jenseits des Trubels; in den Seitenarmen des Buchmessen-Amazonas …

Quichotte, Bei der Fruchtschranne, Fotos Saskia Saskianella

RosaLux, Lange Gasse, Foto oben Saskia Saskianella, andere Claudia Gehrke

Wekenmann, Lange Gasse

Antiquariat Bader, Wilhelmstraße, Fotos Claudia Gehrke

H. P. Willi, Wilhelmstraße, Fotos Andreas Licht

Gastl, Am Lustnauer Tor. Fotos Saskia Saskianella

Osiander, Metzgergasse, Fotos Saskia Saskianella

unser beliebtes Sofa... 1980

Frauenbuchladen Thalestris, Archiv. Entstanden aus der autonomen Frauenbewegung 1979 mit Nicola Poppe, Hanne Haeusler, Kornelia Wagenblast , sie machen den Laden samt Onlineshop noch heute.

Frauenbuchladen Thalestris, Bursagasse, Fotos Saskia Saskianella

... und weiter

Erlkönig, Nesenbachstraße in Stuttgart. Foto Facebookseite

Löwenherz, Berggasse Wien. Foto Facebookseite

Prinz Eisenherz, Berlin-Schöneberg, Motzstraße. Fotos Homepage

*Der erste Eisenherzladen, gegrün
1978. Foto: jearldmoldenhauer.co*

Lillemor's Frauenbuchladen, Barer Sraße, München, Foto: wikipedia

Hammett Krimibuchhandlung, Foto: Lang, wikimedia, Berlin-Kreuzberg, Bergmannkiez, Friesenstraße.

Librería Trasera, Santa Cruz de la Palma, Calle Álvarez de Abreu

Das erste Mal Buchmesse:
Mich hat die Wandlungsfähigkeit der Messehallen sehr beeindruckt; die Infrastruktur, die dem Ganzen zugrunde liegt, ist wirklich imponierend. Da wird für drei Tage kilometerweise Teppich verlegt, Fernsehstudios und Bühnen entstehen wie aus dem Nichts; dazu natürlich hunderte Stände mit tausenden von Büchern – und wenige Stunden nachdem die letzten Besucher am letzten Messetag die Hallen verlassen haben, ist diese künstliche und bunte Welt auch schon wieder verschwunden; eine Woche später findet schon die nächste Messe statt; Thema: Energiemanagement. Besonders gefallen hat mir auch das allmorgendliche Plakatieren an den Hallenwänden (was auf der Frankfurter Buchmesse leider nicht möglich ist). An den Hallenwänden lässt sich das lebendige Treiben auf der Messe vielleicht am besten ablesen; ein panoramaartiges Kaleidoskop ständig wechselnder Veranstaltungshinweise.

Ohne dass es die oben geschilderten Eindrücke schmälern würde, hat mich auf der Messe aber auch manches nachdenklich gemacht. Dabei geht es mir nicht um die im Anschluss an die Messe im Feuilleton aufbrandende Diskussion, ob die auf dem Gelände herumlaufenden Cosplayer mit ihren Verkleidungen die hochkulturelle Würde oder den politischen Anspruch der Messe („Für das Wort und die Freiheit #freeTheWords") beschädigen würden. Als Branchenneuling verstörte mich vielmehr, auf welch rabiate Weise bei der Buchmesse die Literatur zur Ware gemacht wird. Man muss kein vergeistigter, weltentrückter Idealist sein, um es merk- und fragwürdig zu finden, wozu die auf der Messe extrem verdichtete Aufmerksamkeitskonkurrenz gelegentlich führt: Lesungen vor Laufpublikum, unterbrochen von johlenden Beifallsstürmen aus anderen Ecken der Halle, wo irgendein Bestsellerautor auftritt oder ein neuer Shootingstar der Selfpublisher-Szene sich für sein neuestes Fantasy E-Book feiern lässt.
Hinzu kommen die ökonomischen Rahmenbedingungen, die dem Event-Charakter der Buchmesse zugrunde liegen. Natürlich ist es gerade für kleine

Verlage enorm wichtig, auf der Messe präsent zu sein. Die Bücher des
Konkursbuch Verlags sind zum Beispiel nicht in vielen Schaufenstern
von Buchhandlungen zu sehen, auch Rezensionen in Zeitungen mit
großer Reichweite sind keine Selbstverständlichkeit. Da sind Veranstal-
tungen wie die Leipziger Buchmesse eine seltene Chance, ein größeres
Publikum zu erreichen.

Bezeichnend finde ich die superlativische Sprache der Buchmesse selbst;
die, das gerät bei all dem Gerede von Kultur und Literatur leicht in Ver-
gessenheit, in erster Linie ein Wirtschaftsunternehmen ist. Die Rhetorik
der Buchmesse strotzt nur so vor Rekorden: Die meisten Besucher, der
höchste Umsatz … die Buchmesse als Vermessung des Literaturbetriebs?
Ich finde diesen Drang nach Rekorden jedenfalls nicht ganz angemessen,
denn Literatur lässt sich nun einmal nicht ganz so einfach in Zahlen
umrechnen, ohne dass etwas Wichtiges dabei verlorengeht. Gerade für
kleine Verlage könnte sich der Rekordhunger der Buchmesse negativ
auswirken, schon heute ist die Teilnahme für kleine Verlage unter rein
wirtschaftlichen Gesichtspunkten ein eher fragwürdiges Unterfangen.
Da haben sie schon einmal die Möglichkeit, ihre Bücher einem größeren
Publikum vorzustellen, und dann dürfen die Bücher ausschließlich über
eine Messebuchhandlung verkauft werden, die als gewinnorientiertes
Unternehmen an jedem verkauften Buch mitverdient, als wäre es eine
Selbstverständlichkeit (als würden nicht die Verlage alle anderen Kosten
und dazu die Standgebühren tragen). Der Service von Menschen mit
Kassen ist hilfreich, aber die hohen Prozente erhielte eine Buchhand-
lung außerhalb der Messe nur, wenn sie auch die Transporte bezahlt, die
Bücher ausstellt, die Leser berät, und nicht allein dafür, dass sie eine Kasse
zur Verfügung stellt.

Vielleicht werden sogar die Verlage insgesamt an den Rand der Messe
gedrängt, der Amazon-Stand jedenfalls war schon auf dieser Messe von
beinahe einschüchternder Dimension; es braucht nicht viel Fantasie, um
diese demonstrative Raumnahme als Kampfansage zu verstehen.
Florian Rogge

Jürgen Foltz
Vertreter auf Reisen

Seit 2000 bin ich Verlagsvertreter. Vorher hatte ich fünfzehn Jahre lang eine eigene Buchhandlung in Wuppertal, davor Ausbildung in Düsseldorf, Buchhändlerschule in Seckbach, angestellt in zwei großen Buchhandlungen in Düsseldorf und Dortmund.

Als ich mit der Arbeit im Buchhandel in den Siebzigern begann, stand das Ökonomische dort nicht im Mittelpunkt, sondern das „Herzblut" und die Ideen, aber auch das Elitäre. In den Neunzigerjahren begann sich das nach und nach zu verändern. Die Filialisten kamen auf. Menschen aus anderen Branchen versuchten, dem Buchhandel zu zeigen, wie sich mit Büchern Geld verdienen lässt. Dieses brachte natürlich auch eine breitere Öffnung. Das Problem der „Schwellenangst", mit dem der Buchhandel noch bis weit in die Achtzigerjahre zu kämpfen hatte verschwand durch großzügigere Präsentationen und offenere Ladenlokale. Wenn ein Kunde damals den Mut fasste die heiligen Hallen einer Buchhandlung zu betreten und sich an den strengen ihn permanent fixierenden Blicken vorbei zu einer endlosen Wand von Bücherrücken heranwagte, und feststellen musste, dass der von ihm nur ungenau im Gedächtnis gebliebene Titel unmöglich zu finden war, blieb ihm nur übrig mit hochrotem Kopf und viel Überwindung den ihn immer noch etwas hochnäsig beobachtenden Buchhändler demütigst zu bitten wegen seiner Unkenntnis Nachsicht zu üben und ihm bei der Suche des gewünschten Titels doch behilflich zu sein.

Die Buchhandlungen öffneten sich, es wehte ein frischerer Wind, aber auch die Konkurrenz wuchs – zuerst mit den Filialisten – später durch das Internet (amazon etc.). Auch das Buch bekam Konkurrenz, durch das Hörbuch, durch die digitalen Lesegeräte und natürlich auch durch die mediale Veränderung überhaupt. Fertige Bilder verdrängen die Sprache und den Wunsch, Bilder durch das Wort entstehen zu lassen. Es geht an Phantasie verloren. (Wissen wird mehr über Bilder/Filme vermittelt. Lexika und Fortsetzungen werden immer mehr durch das Internet ersetzt). Diese Veränderungen führten zu vielen Schließungen oder Selbstausbeutungen von inhabergeführten Buchhandlungen. Neue Strategien wurden gesucht. Sparen war angesagt. Nicht nur zuhause, sondern auch in den Buchhandlungen. All jene Bücher mussten verschwinden, die für das Renommee und auch die, die wie Blei in den Regalen standen. Remissionsgenehmigungen, die früher von einem sehr gewogenen Vertreter mal ausnahmsweise erteilt wurden, sind inzwischen Voraussetzung für eine neue Bestellung.

Einkaufsstrukturen wurden verändert. Der geschätzte Bedarf der Novitäten und der wichtigsten Backlist eines Halbjahres, der damals zur Freude des Vertreters beim Frühjahrs- oder Herbstbesuch die Auftragsbögen füllte, reduzierte sich zusehends auf ein paar wichtige Neuerscheinungen. Nachbestellen kann man ja beim Barsortiment und Backlist braucht man sowieso nicht mehr. Denn Bücher aus dem letzten Halbjahr sind out, es sei denn eine Bestsellerliste, eine besondere Besprechung oder ein großes Event holen die Bücher wieder aus dem großen Teich des Vergessens.

War die Partie ein Anreiz, etwas mehr einzukaufen, mahnte der Betriebsberater dringend zur Vorsicht. Porto- und Rechnungskosten mussten reduziert werden. So entstand das Zauberwort „Bündeln". Auslieferungen änderten ihre Konzepte, um den Barsortimenten nicht das Geschäft zu überlassen. Die Barsortimente konterten mit Themenpaketen zu Reisekonditionen und lockten mit niedrigen Zufuhrkosten durch ihre Bücherwagendienste. So wurde immer mehr gebündelt. Erst die Bücher, dann die Verlage. Und was nicht gebündelt werden konnte wurde weggelassen – erst die Bücher, dann die Verlage. So wichtig es war und ist, die Betriebskosten in den Griff zu bekommen, haben sie den Buchhandel doch sehr verändert. So glänzt das Auge eines Buchhändlers bei der Erwähnung eines Portoersatzes oft mehr, als bei der Erzählung eines großartigen Inhaltes einer Neuerscheinung.

Das Verhältnis zum Buch begann sich zu ändern. Heute stehen bei meinen Vertretergesprächen ökonomische Fragen im Vordergrund. Der Buchhandel war ein Ausdrucksmittel für Ideen und damit für lebende Kultur. Nicht, dass das heute nicht mehr der Fall ist – aber das Ökonomische hat sehr viel mehr Platz eingenommen – Gespräche über Verkaufsideen, Pakete, Themen. Die Suche nach Wegen den Umsatzrückgängen entgegenzuwirken führte die inhabergeführten Buchhandlungen immer mehr dazu, die Strategien der Filialisten zu kopieren. Der Sortimenter, der wie der Begriff schon sagt, seine eigene Auswahl trifft und somit der Buchhandlung seine individuelle Note gab, weshalb sie interessant und besonders war, machte sie dadurch austauschbarer. Lange Zeit war der Buchhandel das wichtigste Organ für den Vertrieb der Verlage, das ist er nicht mehr.

Wenn ich 2000 in eine Buchhandlung kam, gab es eine große Freude an Inhalten, an Themen; darüber wurde geredet. Ich habe die Bücher über Themen und Inhalte vermittelt. Heute rücken die Gespräche über Verkaufsmöglichkeiten in den Vordergrund. Das heißt, Angebote machen für einfache, kostengünstige Rückgabemöglichkeit, für Verkaufsideen, Verkaufshilfen und so weiter. Auch das Reisen selbst hat sich verändert. Ich wohne in Bonn. Bonn liegt im Südwesten von NRW. Bis zum Ruhrgebiet fahre ich meistens zurück, aber in Gegenden darüber hinaus, im Münsterland zum Beispiel, übernachte ich. Im Moment übernachte ich um die zehn Tage auf einer Reise, das hält sich in Grenzen. Die Übernachtungen wurden immer weniger. Jetzt besuche ich nur noch etwas mehr als die Hälfte der Buchhandlungen, die ich vor achtzehn Jahren besucht habe. Entweder gibt es die Buchhandlungen nicht mehr. Oder sie sind von Filialisten übernommen worden. 2004 gab es von der Mayerschen Buchhandlung vielleicht zehn Filialen in NRW, jetzt sind es weit über fünfzig. Bei Thalia haben wir eine ähnliche Entwicklung. In den meisten Fällen waren es keine Neugründungen. Es wurden vorwiegend große Sortimente übernommen, weil ein Generationenwechsel anstand, und es keine Nachfolger gab aber manchmal auch mit Druck und der Drohung, sich daneben zu setzen. Einige Buchhändler sind dann Kooperationen eingegangen, was bedeutete, dass der ehemalige Inhaber noch mit seinem Namen sichtbar blieb oder eine Zeitlang mitgearbeitet hat, bis irgendwann er und dann der Name ganz verschwunden ist. Die Mayersche geht inzwischen auch immer mehr in Stadtteilbuchhandlungen. Zum Beispiel haben sie in Köln in den letzten Jahren einige Stadtteilbuchhandlungen übernommen. Das Besondere einer Stadtteilbuchhandlung ist ja, auch wenn sie sehr klein sind, dass sie einen sehr direkten Kontakt zu ihren Kunden haben. Sie kennen ihre Namen, wissen, was sie brauchen, wissen, wer kommt, und können also sehr gezielt einkaufen. Auch wenn die Filialisten vor einigen Jahren Mitarbeiter entließen, die Flächen reduzierten und auch Filialen schlossen, geht diese Entwicklung, die in anderen Branchen ja noch sehr viel ausgeprägter ist, weiter.

Aber auch der inhabergeführte Buchhandel organisiert sich mehr in Einkaufsgemeinschaften, die nicht mehr über die Vertreter oder die Verlage direkt bestellen, wie zum Beispiel die Anabellisten. „Anabel" ist ein Verbund von Buchhandlungen, die Abkürzung bedeutet „Automatische NAchführ- und Bestell-Logistik". Der Buchhandel versucht, rationeller zu arbeiten und andere Vertriebsstrukturen aufzubauen. Buchhandlungen werden bei Anabel Mitglied und haben logistische Vorteile, die Bestellung und Versendung aller Titel erfolgt aus einem Lager, alles wird mit gleichen Konditionen geliefert und ist ohne Umstände und Kosten remittierbar, Rechnungen kommen nicht einzeln, sondern ein paar Mal monatlich. Im Gegenzug verpflichten sie sich, nur dort einzukaufen. Sie dürfen nicht mehr bei Verlagen direkt, deren Auslieferung oder Vertretern bestellen. Das Lager ist Libri angegliedert. Das Ganze spart den Buchhändlern also Arbeit und Kosten, macht sie aber auch austauschbar denn diese Buchhandlungen haben mehr oder weniger alle das, was über das Anabel Zentrallager vorgegeben ist. Als Vertreter haben wir kaum eine Möglichkeit, überhaupt in einer Anabel-Buchhandlung Fuß zu fassen, und wenn nur in beratender Funktion. Es gibt andere, offenere Gemeinschaften wie LG-Buch etc. Aber auch diese Buchhandlungen fallen für uns Vertreter mehr oder weniger weg, wenn die Verlage nicht auch LG Buch angeschlossen sind.

Natürlich gibt es immer wieder kleine Neugründungen, aber sie wiegen den insgesamt in diesen achtzehn Jahren enorm großen Schwund nicht auf. So bin ich also früher viel mehr unterwegs gewesen, habe viel übernachtet. Kleine unabhängige Neugründungen gehen oft gleich zu Anabel oder sie fangen so klein an, dass sie möglichst wenig Warenbestand im Laden haben.

Der Buchhandel hat sich auch inhaltlich verändert, indem er immer mehr Non-Books hinzunimmt.

Dort ist Marge größer und er zieht andere Kundegruppen an.

Ich reise aber nach wie vor gerne. Im inhabergeführten Bereich bauen sich Freundschaften auf, Kontakte werden über die Jahre aufrechterhalten und das ist schön. Das macht noch immer Spaß und gibt Sinn. Bei den Filialen in meinem Reisegebiet ändern sich die Einkäufer oft.

Wir Vertreter, und diese Rolle nehme ich gerne ein, sind Vermittler. Das Denken eines Verlages ist ein anderes als das eines Buchhändlers. Die ganzen Jahre über habe ich dies immer auch als meine Aufgabe gesehen. Um neue Bücher herauszugeben, braucht es Inspiration, Ideen, und in jedem fertigen Buch steckt viel, was im Kontakt mit den Autoren und bei der Gestaltung des Buchs entstanden ist – doch der Buchhandel sieht zunächst nur den Titel, viele der Ideen, die ins Buch eingeflossen sind, sind nur für den Verlag sichtbar. Einkäufer denken darüber nach, ob sie den Titel verkaufen könnten, er in ihr Sortiment passt. Und ich vermittle zwischen den Ideen des Verlags und den Gedanken der Buchhändler*innen. Es ist wichtig, denke ich, dass jemand dazwischen steht und nicht nur eine Vorschau vorliegt. Auch bin ich der Ansprechpartner bei Problemen, Sachen die falsch laufen und Unstimmigkeiten zwischen Verlag und Buchhandel.

Noch etwas hat sich verändert. Der Buchhändler heute ist besser vorbereitet. Die Vorschauen liegen schon mit voreingefügten Zahlen da, oder eben oft mit keiner Zahl. Das gab es, als ich anfing, noch nicht in dem Maße. Diese gründliche Vorbereitung liegt zum Teil daran, dass die Einkäufer die Vorgabe haben, nicht zu viel beim Vertreter einzukaufen, sich nicht zu sehr überraschen und überreden zu lassen. Früher konnte ich viel mehr spontan empfehlen und Begeisterung wecken, und so manches Buch mehr aufschreiben.

Und doch ist es immer ein schönes Erlebnis, wenn man für einen Titel Begeisterung wecken kann, für die vorher keine Zahl da war. Auf der anderen Seite ist es genau so wichtig, den Buchhändler zu bremsen, wenn er unverkäufliches einkaufen will. Im Laufe der Jahre entwickelt sich schon ein Blick dafür, was in eine Buchhandlung passt. Ein ganz wichtiges Element für eine gute Zusammenarbeit ist Vertrauen und Vertrauen aufzubauen. Es geht ja nicht um ein schnelles Geschäft, sondern um eine langjährige Zusammenarbeit!

Ich halte es trotz allem immer noch für sinnvoll, als Vertreter zu reisen. Wenn ich allerdings zwanzig wäre, würde ich nicht mehr damit anfangen.

Eine Anekdote nicht aus meiner Vertreterzeit, sondern aus der Zeit als Buchhändler:

Ein junger Mann kam regelmäßig in meine Buchhandlung, stöberte gerne und lange in den Regalen, und hat auch Bücher gekauft.

Eines Tages kam er mit einer großen Tasche und baute einen Stapel Bücher vor mir auf.

„Diese habe ich alle geklaut im den letzten Jahr". Es täte ihm leid, aber er habe sie sich nicht leisten können. Nun sei er nicht mehr mit seinem schlechten Gewissen klar gekommen. Ob ich jetzt anzeigen würde? (Ich hatte das nicht getan)

Petra Troxler
Vertreterin auf Reisen

ICH REISE SEIT EINEM JAHR. Grundsätzlich ist die Arbeit als Verlagsvertreterin ein abwechslungsreicher, schöner Job. Ich reise für tolle Verlage und tolle Programme, es sind viele kleine spezielle Verlage.

Im ersten Reisejahr habe ich für mich die Schweiz neu entdeckt. Die Schweiz ist zwar klein (ich kann mir die Reisetermine so legen, dass ich zuhause übernachten kann), aber trotzdem kennt man ja nicht alle Gegenden. Ich habe einige Ortschaften kennengelernt, die mir sehr gut gefallen haben. Und konnte sie dazu aus einem ganz anderen Blick wahrnehmen. Man bekommt immer etwas mit von der Charakteristik der Orte und der Menschen. Buchhändler richten sich auch an ihrem jeweiligen Publikum aus.

Besonders schön finde ich, dass es einige Buchhandlungen gibt, die von Leuten geführt werden, die sich, teilweise fast ohne Lohn, wahnsinnig für das Medium Buch engagieren, einfach deshalb, weil es ihnen wichtig ist – das ist unglaublich toll. In den letzten Jahren haben einige junge Unternehmer neue Buchhandlungen eröffnet oder etablierte Geschäfte übernommen. Einige sind Quereinsteiger*innen, die ganz interessante Konzepte vorlegen. Sie haben teilweise nicht nur Bücher im Laden, sondern auch Papeterie und Deko-Artikel – kein Kitsch, sondern gute, qualitativ hochwertige Sachen. Oder sie betreiben ein Café mit Buchhandlung.

Die Jungen, die jetzt frisch anfangen, sind motiviert, sie haben keine Angst vor beispielsweise neuen Arbeitswerkzeugen. Sie kennen sich aus mit Vernetzung, Social Media und profitieren davon. Es gäbe einige Beispiel. In Zürich gibt in einem alten Industriegebäude eine Bar in Verbindung mit einer Buchhandlung. Die Stimmung da drin ist ganz toll. Geführt wird sie von einer Quereinsteigerin, die sich aktuell zur Buchhändlerin ausbilden lässt. Sie hat einen ganz frischen Blick auf Literatur und genauso auf den Handel und keine Angst vor Ungewöhnlichem.

Eine andere Alltagssituation, im April, als es lange nicht geregnet hat, hat sich eine regelrechte Blütenstaubwolke entwickelt. Eine Buchhändlerin ist schier verzweifelt, weil der Blütenstaub überall eingedrungen ist, sie hatte ihn natürlich auch auf den Büchern. Kaum hatte sie eine Schicht entfernt, war alles wieder zugestaubt. Von solchen alltäglichen Ereignissen berichten die Buchhändler.

Eine Erfahrung der Reisen ist, dass manchmal zu stark auf den Mainstream geachtet wird, dass Buchhändler sich nicht trauen, speziellere Titel für das Sortiment abzunehmen. Das ist schade, denn die Qualität – vor allem der kleinen und mittleren – Buchhandlungen ist es ja, dass die Buchhändler das Sortiment individuell gestalten und die Möglichkeit haben, die Endkunden auf ausgewählte Bücher abseits der Bestsellerlisten aufmerksam zu machen. Es gibt Buchhändlerinnen und Buchhändler, die das ausgesprochen gut machen. Sie sind voller Motivation dabei und stehen für die Titel ein. Leider finde ich aber in anderen Buchhandlungen oft ein sehr ähnliches, vergleichbares Sortiment vor. Von klein bis groß haben viele das Gefühl, sich dem Mainstream beugen zu müssen um nichts zu verpassen – bzw. keinen Umsatz einzubüßen. Bei über 70'000 Neuerscheinungen pro Jahr (Börsenverein des Deutschen Buchhandels, 2017)* finde ich es schade, dass der Buchhändler sein Sortiment nicht einzigartiger gestaltet.

Ich bin seit zehn Jahren im Buchhandel, bevor ich Vertreterin wurde, war ich Buchhändlerin. Während dieser ganzen zehn Jahre und auch heute noch befindet sich die Buchwelt in einem Wandel, der noch nicht abgeschlossen ist. Meiner Meinung nach hat sich unsere Berufsgruppe noch nicht endgültig in der neuen Zeit positioniert, hat sich noch nicht mit dem Wandel abgefunden.

Kurz bevor ich die Berufslehre begann, fiel die Preisbindung. Damals herrschte eine Angststimmung, fast schon Panik, unter den Buchhändlern. Mittlerweile haben sich alle damit arrangiert, klar, die einen sind glücklicher damit, die anderen weniger. Jetzt sorgen wir uns nicht mehr darum, sondern um die Onlinehändler und den fehlenden Nachwuchs an Lesern. Der Wegfall der Preisbindung hatte gar nicht so schlimme Auswirkungen wie alle befürchtet haben. Aber seit ich im Buchhandel bin, herrscht generell eher eine Stimmung der Angst. Natürlich nicht bei allen, aber bei vielen.

Auf der anderen Seite höre ich als Vertreterin naturgemäß oft von den negativen Seiten. Die Buchhändlerinnen oder Buchhändler deponieren bei mir ihre Sorgen. Ich weiß nicht, ob das ab und zu einen etwas falschen, einen zu pessimistischen Eindruck des Buchhändlers erweckt.

Bei einem Programm wie Ihrem höre ich leider oft: brauch ich nicht!, ohne dass sie überhaupt einen der Titel anschauen würden. Ich picke mir dann zwei Titel heraus und bitte die Buchhändler, sich diese doch einmal anzusehen – oder ich gebe ein Leseexemplar. Wenn sie es gelesen haben, können sie es auch verkaufen. Man versucht, die Highlights emporzustreichen. Es gibt Buchhändler, die sind empfänglich dafür, und es gibt welche, die sind es nicht. Die wissen schon vor dem Besuch sehr genau, was sie möchten und was nicht. Es kann auch sein, dass sie es, obwohl sie es eingekauft haben, unsichtbar in eine Ecke stellen. Manchmal kann ich einen Buchhändler begeistern und trotzdem wird der Titel dann remittiert.

Ich muss mir das Vertrauen der Buchhändler natürlich erarbeiten. Und das dauert einfach seine Zeit.

Abschließend.

Ich habe den Beruf „Vertreterin" ergriffen, weil ich an eine Zukunft des Buchhandels glaube. Vielleicht nicht mehr in der Form, in der wir ihn jetzt kennen, aber irgendwie geht's garantiert weiter.

---

* Quelle (Börsenverein des Deutschen Buchhandels, 2017):
https://www.boersenverein.de/de/portal/Presse/158382?presse_id=1321703
„Die Titelproduktion (Erstauflagen) der Verlage sank 2016 um rund 5 Prozent auf 72.820 Titel (2015: 76.547 Titel). Damit ist die Titelproduktion über die letzten zehn Jahre betrachtet rückläufig."

Traude Bührmann
Speisen & Spesen

„SOLL ICH DAS BETT FRISCH BEZIEHEN?"

Olga Linz wendet wortlos ihr Gesicht von dem muffigen Bett ab und bedauert, dass sie sich auf die leere Wohnung als Übernachtungsquartier eingelassen hat. Ihr Solidaritätsbeitrag, um Hotelkosten zu sparen. Dachte sie doch, dass Angebote solcher Qualität der Vergangenheit angehören, den Siebziger-, Achtzigerjahren, wie in ihrem neuen Roman beschrieben: *An dem Schlafplatz, der ihr vermittelt wurde, konnte sie ihren gegenwärtigen Kurswert ablesen: das Bett, das sie mit einer Unbekannten teilen sollte, die Isomatte zwischen zusammengekehrten Staubflocken in einem verlassenen Raum, der Besen stand noch an der Wand, oder die Bettwäsche, in der sich alle Gerüche, die ein Körper monatelang ausstrahlen kann, angesammelt hatten, volle Aschenbecher zum Frühstück auf den Wohngemeinschaftstischen. Supersparpreise wurden umverteilt. Es reichte gerade für eine Mitfahrgelegenheit. Hotelzimmer lagen in einer anderen Welt.* Beim Einschlafen im frisch bezogenen, leider ungebügelten Bett überlegt Olga Linz, ob ihr die Frage nach dem Frischegrad der Bettwäsche auch gestellt worden wäre, wenn die Lesung auf der Sie-Ebene ausgehandelt worden wäre.

Eine Lesereise besteht, wie das Wort schon sagt, aus Lesen und Reisen. Aus Reisen und Lesen. Mit allem, was dazu gehört: Hotel- und Privatunterkünften, einer Tasche voller Bücher, so schwer, als transportiere sie Steine, zugige Bahnsteige, eine Schachtel Rheila-Perlen, U-Bahnfahrten, Taxifahrten, Schwarzfahrten, Spaziergänge rund um einen See. Seemöwen kreischen in einer Binnenstadt. Wie jede Reise besteht sie aus freudigen Überraschungen, Verkühlungen, kleinen Abenteuern und Pannen. Manchmal Lesepannen. Der Empfang, die Gesten hängen ab vom Weltbild und von der persönlichen Befindlichkeit der Veranstalterinnen, die Räume von den zur Verfügung stehenden Mitteln. Olga Linz ist immer auf alles gefasst und trotzdem verschlägt es ihr manchmal die Sprache. Manchmal wird sie hofiert wie eine Königin, mit einer exotischen Blüte, einer Flasche Veuve Clicquot und genussvollem Hors d'œuvre empfangen, gewürdigt wie eine angesehene Schriftstellerin, ihr literarischer Werdegang und ihre Bücher in professioneller Weise einleitend zur Lesung vorgestellt, manchmal wird sie stehen gelassen wie eine Bettlerin: „Was? Wie viel willste haben? Muss ich erst mal gucken, ob wir so viel in der Kasse haben. Können wir es dir nicht überweisen?"

Olga Linz ist unterwegs mit ihrem Roman ROT zu Lesungen in Frauenbuchläden, Bibliotheken, Lesbenarchiven, Literatursalons, Matineen im Kiez. Vom norddeutschen Raum über NRW, die Schweiz, Thüringen und Sachsen nach Berlin-Mitte. Sie ist guter Laune, sitzt im ICE Else Lasker-Schüler nach Basel, blickt auf Weinhänge an der anderen Rheinseite, ein Hauch Japan haftet dieser Landschaft an, vor allem im weißblühenden Frühling. Olga sucht sich die Züge nach dem Namen aus, stimmt sich so auf ihre Lesungen ein. Die Umgebung muss stimmen. Eine Horde Bundeswehrsoldaten stürzt rülpsend, die Bierdosen am Hals, in den Waggon. Wieder einmal hat Olga den Freitagnachmittag bei der Wahl des Zuges vergessen. Sie zieht um in den Speisewagen, spickt in den Salat der Saison mit warmen Putenbruststreifen, auch den hat es vor zehn Jahren schon in den Restaurants der DSG gegeben. Die Spesen bestimmen die Speisen. Dabei sollten die Speisen die Spesen bestimmen. Ist Olgas dialektisches Denken im Laufe des letzten Jahrzehnts auf der Strecke geblieben? Hat die Wechselwirkung von Ökonomie und Utopie ihre Balance verloren? Zumindest eine zarte Putenbrust, denkt sie, andere müssen hungern, und nimmt sich ihre Notizen vor für den Ablauf des Abends in einem Schweizer Frauenbad. Die Einleitung, die verbindenden Worte zwischen den zu lesenden Seiten. Sie ist gelassen. Die Schweizerinnen kennt sie als aufmerksames, wohlwollendes Publikum, sie geben ihr Raum, sich zu entfalten. „Die Existenz dieses Bades ist der Schweizer Trägheit zu verdanken", hatte die Veranstalterin am Telefon auf Olgas langgezogenes „Aaah" erklärt, ein Überbleibsel aus getrennten Geschlechterzeiten, die bis in die jüngste Vergangenheit reichten. Frauenbewegte Frauen haben zur rechten Zeit zugegriffen, verteidigten die Geschlechtertrennung für ihre Kulturévénements. Olga liebt Bäder. Hamams, Luftbäder, Sonnenbäder und eben Frauenbäder. Bäder entspannen sie. Olga legt letzte Hand an ihr Einleitungsgedicht „Semiramis", ausgewählt speziell für diesen Ort, die Geschichte von einer, die auszog, ihre Existenz nicht mit Luftschlössern, sondern mit Luftbädern in Monte Verità zu behaupten. Olga Linz liebt es, ihre Lesungen zu inszenieren, eine Performance zu gestalten oder wie es zu Hippiezeiten hieß: ein Happening. Und dazu ist ihr dieser Ort gerade recht, vielleicht ein Kopfsprung um Mitternacht.

Olga wird nicht enttäuscht. Eine Flötenspielerin leitet den Abend ein. In dieser Atmosphäre kann sie nur ihr Bestes geben. Ihre Stimme verliert jeden Vorbehalt. Die Luft steht still. Und schwingt. Olga spürt geradezu die gespitzten Ohren. Direkt an ihrem Mund. In der Café-Bar des Bades tauschen die Schönen nach musikalischem Ausklang literarische Meinungen, Banalitäten und Badeshorts aus. Im Hotel am Bad, im schon malvenfarbenen Morgen, hat Olga das Gefühl, Semiramis selbst zu sein. Im Ausland ist eine eben immer geschätzter als zu Hause, wo man sie kennt. So gut oder so schlecht wie in einer Familie, wo es an Neugier mangelt, an Respekt, schlicht an Höflichkeit.

„Na, wie war's für dich?", fragt eine befreundete Kollegin nach der ersten Lesung in NRW. „Schon seltsam, so gar keine Reaktion. Das ist mir noch nie passiert."

„Na ja, das ist hier nun mal so, bei Lesungen wird selten diskutiert. Und außerdem finde ich deine Geschichte langweilig."

„Zumindest eine Aussage", überspielt Olga den Stich. Sie schluckt. „Was für eine Art Literatur gefällt dir denn?"

„So wie ich schreibe."

„Hab ich doch schon mal gehört. Gertrude Stein oder Marguerite Duras?"

Am nächsten Tag liest Olga in einer Nachbarstadt dieselben Kapitel, in derselben Reihenfolge, im selben Ton. Sie will es wissen. Ihre Leselust nicht aus dem Gleichgewicht bringen lassen. Es wird geschmunzelt, laut gelacht, gelauscht, applaudiert, sich bedankt. Eine Einladung zum Griechen ausgesprochen, Bauernsalat und überbackene Auberginen.

Der Abend geht über von der Literatur im Besonderen zur Kunst im Allgemeinen und endet beim Geburtstagsfest einer Malerin. Eine gute Gelegenheit für Olga, ihren Blumenstrauß weiterzureichen. Auf der Reise würden die Köpfe doch nur hängen.

Vor allem darf sie den Humor nicht verlieren, auch wenn alles über Olga zusammenbricht. Seit dem Monat, als Daten und Reiseroute festgelegt wurden, hat sich die Welt für sie verschoben. Eine Nachricht brachte ihre Stimme, den Sinn ihres Lebens und Tuns ins Wanken. Langfristige Terminabsprachen hasst sie sowieso. Sie könnte die Lesung absagen, in diesem äußersten Fall. Doch schließlich ist sie froh, mit der Romanfigur, einer lebendigen Vertrauten, vor das Publikum zu treten und für diesen Abend Abstand zu nehmen von ihrer Traurigkeit.

Wie wird ihr Roman, der sich unter anderem auf Szenen und Bewegungen westdeutscher Lesben&Kultur&Geschichte bezieht, in Leipzig und Rostock aufgenommen, in Erfurt und Berlin-Mitte. Sind Sätze und Zusammenhänge verständlich? Die Andeutungen, Wortspiele und die Ironie nicht zu wenig offensichtlich? Oder spielen Ost und West keine Rolle mehr, versteht die Anspielungen keine mehr? Jede liest anders, versteht aus ihrem persönlichen Erfahrungsbereich. Olgas Befürchtungen erweisen sich als unbegründet: Die Zuhörerinnen sind offen und gespannt, bewegt, lachen an den so gemeinten Stellen. Durch manche Frage sieht Olga ihre Wortlandschaft in einem anderen Licht, entdeckt eine neue Spur. Ihr Blickwinkel kann sich erweitern, vertiefen. Manchmal verlorengehen.

Am liebsten diskutiert Olga über die Form, den Stil, das Schreiben an sich. Aber noch lieber liest sie vor. Und würde dann gern schweigen. Schließlich sind der Roman, die Geschichte, das Gedicht ihre Sprache, sich auszudrücken.

Manchmal sagte Olga auch NEIN. Diese Frage beantworte ich nicht. Wenn die Gier nach persönlicher Sensationslust zu groß wird.

Oder Zuhörerinnen genau das wissen wollen, was sie beim Schreiben ausgelassen hat. Wenn sie am liebsten einen Blick zwischen ihre Herzfalten werfen würden. Oder in ihren Schädel. Und wie ging es weiter? War es tatsächlich so? Was ist erfunden, was nicht. Eine Köchin verrät auch nicht die Zutaten und die spezielle Zubereitung ihrer Kreationen.

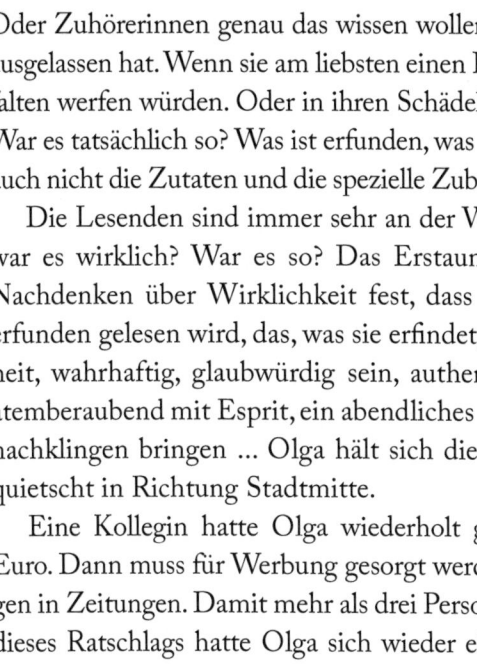

Die Lesenden sind immer sehr an der Wahrheit interessiert. Wie war es wirklich? War es so? Das Erstaunliche ist, stellt Olga im Nachdenken über Wirklichkeit fest, dass das Tatsächliche oft als erfunden gelesen wird, das, was sie erfindet, als rohe Realität. Wahrheit, wahrhaftig, glaubwürdig sein, authentisch, witzig, spannend, atemberaubend mit Esprit, ein abendliches Feuerwerk und alles zum nachklingen bringen ... Olga hält sich die Ohren zu. Die U-Bahn quietscht in Richtung Stadtmitte.

Eine Kollegin hatte Olga wiederholt gesagt: „Nicht unter 300 Euro. Dann muss für Werbung gesorgt werden, für Buchbesprechungen in Zeitungen. Damit mehr als drei Personen kommen." Entgegen dieses Ratschlags hatte Olga sich wieder einmal auf weniger eingelassen. Sie ist eben keine Bestsellerautorin, da muss sie Kompromisse machen, schließlich geht es auch um ihre materielle Existenz, von den Tantiemen ihrer Bücher kann sie nicht leben. Ausnahme, dachte sie, in einem Frauencafé meiner Stadt, ist ja nicht mit einer weiten Anreise verbunden. Außerdem liest sie gern, will Antworten, will wissen, ob und wie ihr Buch bei den Leserinnen ankommt. 96,95 Euro werden ihr im Austausch gegen drei Unterschriften überreicht. Auf ihre Frage, warum nicht 96 oder 97 – 100 erscheinen ihr vermessen, dermaßen haben sie die fehlenden fünf Cent irritiert – kurz angebunden die Antwort: „Der Senat zahlt genau das, keinen Pfennig mehr, keinen weniger." Der Ton macht die Musik. Die zwei Euro für Kaffee muss Olga wie alle anderen Gäste zahlen. Schließlich muss das Café überleben. Zumindest gehen bei der Lesung die Pointen ihrer Sätze nicht im Glucksen der Kaffeemaschine unter, wie bei der Frühstücksmatinee im norddeutschen Raum.

Eine Entschädigung könnte für Olga die nicht-materielle Seite ihres Auftritts sein. Das energetische Gespräch. Hundertzwanzig

Euro nimmt eine Therapeutin dafür. Also wäre Olga bei einem Honorar von 216,95 Euro. Schließlich wird sie animiert. Aufgemuntert weiterzuschreiben. In Zeiten, in denen ein Buch kaum erschienen, schon wieder veraltet ist, braucht Olga diese Ermunterung. Sie ist Gold wert, bare Münze. *Überhaupt ist der Roman überflüssig. Die Buchläden quellen über, vollgestopfte Regale, Tische voller Neuerscheinungen erscheinen. Welle auf Welle werden sie angeschwemmt. Am liebsten geht Olga in keinen Buchladen mehr, da ertrinkt ihre Lust am Schreiben.* Olga versucht immer wieder, ihre Lust und ihr Produkt zu retten Ihre Kopfgeburt soll keine Totgeburt sein.

Und immer wieder dieselben Fragen nach Motivation, Entstehung, warum ROT? Wie viele Stunden, wie viele Seiten am Tag? Oder lieber nachts und regelmäßig? Können Sie von Ihrem Schreiben leben? Warum dieser Verlag? Und überhaupt ... Eine Amerikanerin wundert sich, dass es so wenige deutsche lesbische Autorinnen in den hiesigen Buchhandlungen gibt, fast alles nur Übersetzungen. Aus dem Amerikanischen. Wie wird ein Buch veröffentlicht? Wie verkauft es sich? Ist der Roman autobiografisch? Was ist daran autobiografisch?

Die Romanfigur wird gern mit der Autorin identifiziert, zumindest werden verwandte Züge vermutet. Gesucht. Wie weit muss Olga sich von ihren Wünschen und Fantasien entfernen? Umdichten, umdeuten, abstrahieren? Wie weit kann sie umdenken, neu denken? Sich fremd werden, um frei zu erfinden? Wie frei ist ihre schriftstellerische Freiheit?

Olga Linz bedankt sich für die Aufmerksamkeit, für die Fragen, für das Lachen an den richtigen und falschen Stellen und verabschiedet sich vom offiziellen Teil mit der Antwort auf eine nicht gestellte Frage: „Warum gerade 22 Kapitel?"

„Die 22 ist im Tarot the fool. Die Närrin. Guten Abend."

Olga Linz fühlt sich leicht. Und leer. Sie hat Hunger. Zum Glück ist noch McDonald's am Alexanderplatz geöffnet, direkt vor der Bushaltestelle. Touristin im ersten Stock, der Beletage mit Frontblick des 100er Busses, vordere Reihe, durchquert sie die nächtliche Stadt und versucht, über angestrahlte Baustellen hinweg eine Strophe auf ihrer eigenen Liedlandkarte zu verfolgen.

SERIOUS PLEASURE — Lesbian erotic stories and poetry
SWITCH HITTERS
Das dritte Mal
Wirklich ungeheuer praktisch
Susanne Amrain So geheim und vertraut
Grenzen lesbischer Identitäten
Die Möse
THE PERSISTENT DESIRE
A Femme-Butch Reader edited by Joan Nestle
MIR ERSCHIEN EINE FRAU
CAROLIN EMCKE WIE WIR BEGEHREN
SEX IST DIE ANTWORT
Karin Rick
DEAR SAPPHO
A Legacy of Lesbian Love Letters
THAMES AND HUDSON
Frauenliebe / Männerliebe
ZEHN TAGE IM IRRENHAUS
Schön! Stark! Frei!
Patricia Highsmith Small g – eine Sommeridylle
Am Ende des Fegefeuers
Regina Nössler Wanderurlaub
Bisse und Küsse 2
Bisse und Küsse 3
Bisse und Küsse 4
Butch/Femme – Eine erotische Kultur
HOT Lesbian Erotica
Krista Beinstein OBSZÖNE FRAUEN
COMPAÑERAS LATINA LESBIANS
Mein lesbisches Auge 7
Mein lesbisches Auge 8
Mein lesbisches Auge 12/13
Mein lesbisches Auge 11
Mein lesbisches Auge 10
Karen-Susan Fessel
Leise Töne
Frauensexualität
Rubinroter Dschungel
Rita Mae Brown
die Bedeutung der Baubo
DRAG KINGS

DEUTSCHLAND
Die kleine große Stadt
DRAUSSEN UND DRINNEN
WALTER C. TÜRCK DIE DORFKIRCHEN VON BERLIN
RAVENSBURGER BILDERBIBEL

Jan Gympel
Vom Zauber des Bücherbesprechens oder: Brause und Bier gingen gar nicht

BÜCHER ZU BESPRECHEN bringt nicht viel. Jedenfalls nicht finanziell. Man liest stundenlang, tagelang, selbst wenn man das Werk eher überfliegt. Solch ein Vorgehen wird übrigens allgemein akzeptiert, ganz anders als beim kritischen Betrachten von Filmen. Ob Filmkritiker einen anderen Ehrenkodex haben als Buchkritiker? Oder gesteht man letzteren nur von vornherein zu, es angesichts ihres ungleich größeren Zeitaufwands nicht so genau zu nehmen? Erhalten am Ende doch die einen wie die anderen einen Stundenlohn, der freundlich als „eher vernachlässigenswert" zu umschreiben ist. Wobei sich der Literaturrezensent, auch nach offizieller Auskunft mancher Redaktion oder Buchhaltung (wo die Beschäftigten für solche Entgelte keinen Finger rühren würden), damit trösten darf, „das schöne Buch" behalten zu dürfen. Sollte es nicht so schön sein, fällt das Honorar natürlich auch nicht höher aus.

Und doch umgibt das Besprechen von Büchern für mich ein besonderer Reiz. Denn ich verbinde es mit einem Bild vollkommener Harmonie, obgleich – oder gerade weil? – sich selbiges aus lauter Dingen zusammensetzt, welche ich niemals erreichen werde.

In diesem Bild sitze ich im gediegenen Wohnzimmer meines gediegenen Hauses im gediegenen Ohrensessel am gediegenen Kamin, welcher selbstverständlich behaglich lodert (zu große Hitze oder ebenfalls durch das Feuer verursachte stickige Luft gibt es in solchen Bildern natürlich nicht), und begutachte noch ein Buch, die Brille, über welche ich höchst kritisch hinweggucken kann, auf der Nase, Block und Stift vielleicht in der Hand, vielleicht auch auf dem kleinen hölzernen (und gediegenen!) Tisch neben mir, auf welchem zudem eine Lampe steht (Wagenfeld oder Jugendstil oder sowas, klar). Womöglich darüber hinaus eine Tasse Tee, in feinstem Porzellan. Eigentlich geht nur Tee. Kaffee wäre bestenfalls denkbar, wenn er aus ganz erlesenen Bohnen ganz erlesen zubereitet wurde, keinesfalls mit Hilfe einer schnöden Maschine, wie auch immer diese beschaffen sein und was auch immer sie kosten mag. Wein stellte noch eine Möglichkeit dar. Wasser oder Saft wären zu profan. Brause und Bier gingen gar nicht. Aber rauchen könnte ich noch. Am besten Pfeife.

Die Lampe wirft ein warmes Licht, denn es ist schon Abend. Oder ein winterlicher Nachmittag.

Mir gegenüber, in dem anderen Ohrensessel vor dem behaglichen Kamin, sitzt mein Mann. Ein richtiger Bär. Ein Meter neunzig. Oder noch ein wenig mehr. Breitschultrig, doch nur bedingt athletisch. Mit mindestens einem Ansatz von Bauch (man möchte sich ja an etwas festhalten können). Selbstverständlich Vollbart. Und große, kräftige Hände, die zupacken können. Vermutlich wäre ein Holzfällerhemd unvermeidlich. Dazu aber nur Jeans – Cordhosen kann ich kaum mehr ertragen, seit meine Lehrer in den Siebzigerjahren in schlabberigen beigefarbenen Exemplaren dieser Gattung herumgelaufen sind. Beim Gedanken daran kommt mir sofort Kaffee-Mundgeruch in den Sinn, wie er durch verhängnisvoll koffeingeschwängerte Pausen im Pädagogenarbeitsraum entsteht.

In stummem Einvernehmen sitzen mein Mann und ich vor dem Feuer, ich denke, wie glücklich ich mich an seiner Seite schätzen kann, er denkt vielleicht daran, daß er bald wieder Holz nachlegen muß. Oder gar schlagen. Wobei ich ihm natürlich zusehen werde, zumal er dafür seinen Oberkörper mit der breiten haarigen Brust entblößen wird. Womöglich liest auch er. Aber eher eine Autozeitschrift oder etwas über Fußball. Und gleich wird er ohnehin wieder in der Küche verschwinden, um nach dem Essen zu sehen, welches er sachkundig zubereitet hat. Mit ihm über meine Bücher reden, kann ich kaum, sei es Belletristik, sei es Sachliteratur. Er hört mir vielleicht interessiert zu (oder täuscht dies auch nur vor), aber mit Sicherheit versteht er kaum etwas davon. Weshalb ich es längst aufgegeben habe, nach anfänglichen, frustrierenden Versuchen. Manchmal noch innerlich darüber seufzend. Doch letztendlich habe ich beschlossen, mich nicht mehr darüber zu ärgern.

Man kann ja nicht alles haben.

Norbert Tefelski
Dem Nichtleser

Will dir in 'nem bunten Reigen
kurz die Welt der Bücher zeigen
Schau nur, was es alles gibt
das der Leser hasst und liebt

Bibliot und Bücherfresser
Überflieger Plotvergesser
Buchfink (schließlich warum nicht)
Klebebindung, die leicht bricht

Schnell erregter Stellensucher
Antiquariatsbuchwucher
Porno- oder Typograf
Buch-auf-Bauch-Minutenschlaf

Rückenknicker Seitenschmierer
Widmer Vorsatzblattverzierer
Sammelwut Regalanbau
Lebenshilfe und Know-how

Kochkosmetik Hochglanzreisen
Spannungsstoff für langes Scheißen
Heftroman als Klopapier
Lederrückenflurspalier

Bücher sprechen quasi Bände
sie kaschieren morsche Wände
Doch du meckerst Bleib mir weg
Darauf sammelt sich nur Dreck

Sind dir Staub und Gilb zuwider
hilft vielleicht der E-Book-Reader
Scheitert jeglicher Versuch
warte auf den Film zum Buch

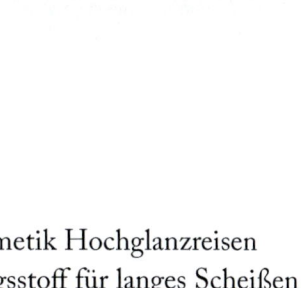

Peter Butschkow

Hans-Peter Willi
Augenspiegel

Kürzlich erhielt ich eine Einladung zum Klassentreffen „40 Jahre Abitur". Abitur – das war für mich 1978. Die Zeitspanne „40 Jahre" kann ich also lebensgeschichtlich ganz gut nachvollziehen und überblicken. In dieser Hinsicht vermag ich auch „40 Jahre Konkursbuch Verlag Tübingen" besonders zu würdigen. So möchte ich mich gerne in die Schar der Gratulanten einreihen und meinerseits herzlich gratulieren und alles Gute wünschen zum Jubiläum und zu dem damit verbundenen dreitägigen Bücherfest.

Andreas Licht

Mein Beitrag zu Ihrem Jubiläumsbuch ist, dass ich eine persönliche Erfahrung beisteuere und die Frage beantworte: wie ich dazu gekommen bin, das Titelblatt eines mehr als fünfhundert Jahre alten Buches als Logo meiner 1996 in Tübingen gegründeten Buchhandlung auszuwählen. Gemeint ist die Schrift „Augenspiegel" von Johannes Reuchlin (1455-1522), gedruckt von Thomas Anshelm in Tübingen 1511. Begonnen hat alles mit meinem Interesse an Büchern, und auch der Zufall hat dabei eine Rolle gespielt: So ist mein Logo etwas, das mir auf der Spur, der ich gefolgt bin, zugefallen ist, und das ich dankbar aufgenommen habe. Grund genug, nicht nur dankbar innezuhalten, sondern diesen Dank auch einmal auszusprechen. Denn „was hast du, das du nicht empfangen hast?" (1. Korinther 4, 7).

Im Jahr 1982 führte mich das Theologie- und Philosophiestudium zur Stadt und Universität Tübingen, die mir – auch im geistigen Sinne – zur Heimat wurde und in der ich mich entfalten konnte. Zunächst in der Hochschulgruppe der SMD und wenig später in der Tübinger Kreuzkirche fand ich ein geistliches Zuhause. Meinen akademischen Lehrern an der hiesigen Universität, vor allem Prof. Dr. Rüdiger Bubner und Prof. Dr. Eberhard Jüngel, meinem späteren Doktorvater, danke ich ebenso wie meinen Freunden, die ich während meiner Studienzeit in Tübingen kennenlernte. Hier in Tübingen konnte ich eine Buchhandlung gründen, wie sie mir vorschwebte, und hier fand ich voller Dankbarkeit vom Tag meiner Geschäftseröffnung an zahlreiche Kundinnen und Kunden aus der Nähe und aus der Ferne, die mein Angebot zu schätzen wussten. Dankbar erwähne ich meine Kolleginnen und Kollegen im Buchhandel und Verlagswesen, die viel zum geistigen Klima Tübingens beitragen. Insbesondere danke ich Norbert Schuler („Antiquariat Bader", Tübingen) und Reinhard Schulte (ehemalige „Buchhandlung in der Gartenstraße", Tübingen), die mich durch ihr Vorbild lehrten, ein Antiquariat und eine Buchhandlung zu führen, sowie meinen früheren und aktuellen Mitarbeiterinnen und Mitarbeitern.

Äußerer Anlass für die Aufnahme des Titelblatts von Johannes Reuchlins „Augenspiegel" in mein Geschäftslogo war das 500-jährige Tübinger Buchdruckjubiläum: Am 24. März 1498 wurde zum ersten Mal in Tübingen ein Buch gedruckt, ein theologisches Werk von Paulus Scriptoris aus der Presse von Johann Otmar, dem Tübinger Erstdrucker. Zu diesem Anlass gab es 1998 das erste Tübinger Bücherfest (2017 fand das 10. Bücherfest statt) sowie eine Ausstellung im Tübinger Stadtmuseum („Eine Stadt des Buches. Tübingen 1498-1998", Titelblatt des „Augenspiegels" im Ausstellungskatalog auf Seite 25). Ich selbst hatte zu diesem Anlass Bücher, die seit 1498 in Tübingen gedruckt oder verlegt worden waren, zusammengetragen und in meinen Antiquariatskatalog Nr. 4 aufgenommen, der zum 24. März 1998 unter dem Titel: „500 Jahre Buchdruck in Tübingen 1498-1998. 500 Bücher aus Tübingen" erschien. Neben dem Tübinger Erstdruck und vielen anderen Büchern aus der 500-jährigen Buchdrucktradition fand dabei auch Reuchlins „Augenspiegel" Eingang in den Katalog (Abbildung des Titelblatts auf Seite 16). Davon ausgehend avancierte das Titelblatt von Reuchlins „Augenspiegel" vor zwanzig Jahren zum geschäftlichen Logo meiner Buchhandlung; es ist auf der Homepage www.hpwilli.de zu sehen, auf Tüten und Taschen, Bleistiften, Postkarten, Lesezeichen usw. Auch das äußere Erscheinungsbild des Tübinger Ladengeschäfts in der Wilhelmstr. 8 ist davon bestimmt: Das Titelblatt befindet sich auf der gläsernen Eingangstür und auf einer Leuchttafel.

Das außergewöhnlich gestaltete Titelblatt besteht aus einer Montage von Text und Bild. Beide Elemente sind so angeordnet, dass die äußeren Ränder die Gestalt bzw. Umrisse einer Sanduhr annehmen. Direkt unterhalb der engsten Stelle ist in vergrößerter Schrift das Wort „Augenspiegel" zu lesen: Dieses Wort bildet den (immer wieder zitierten) Haupttitel. Voran gehen Angaben zum Verfasser (Name und Amt) sowie zum Inhalt und Anlass der Schrift. Im unteren Teil steht ein Verweis auf die am Ende des Druckes befindlichen Korrekturen. Direkt unterhalb des Haupttitels „Augenspiegel" befindet sich das Bild, das eine Brille mit kreisrunden Augengläsern und gebogenem Nasenbügel zeigt, so wie es typisch ist für Brillen aus dieser Zeit. Eine Brille wurde damals „Augenspiegel" genannt. Der Sinn von Reuchlins Titelgebung liegt auf der Hand: Durch die unter dem Titel „Augenspiegel" publizierten Texte sollte das, was zuvor undeutlich, verschwommen und verzerrt erschien, klar, scharf und richtig zu sehen sein.

Ich wüsste nicht so leicht ein anderes Buch zu nennen, das in einem vergleichbaren äußeren und inneren Bedeutungsgehalt und Beziehungsreichtum all das in höchster Verdichtung und Konzentration artikuliert und in der Auseinandersetzung bewährt hat, was ich mit meiner Buchhandlung zu meiner Zeit und an meinem Ort sein und zum Ausdruck bringen will. Reuchlin selbst hat in seiner Zeit, in der Bücher sehr kostbar waren, die Formulierung geprägt: „Bücher sind manchen so lieb wie Kinder". In einem ähnlichen Sinn möchte ich sein Buch „Augenspiegel" als ein besonders kostbares Geschenk betrachten, das mir im Zuge meiner antiquarischen und buchhändlerischen Tätigkeit zugefallen ist und das ich mir durch die Art und Weise, wie ich meine Buchhandlung zusammen mit meinen Mitarbeiterinnen und Mitarbeitern führe, innerlich aneignen möchte, um es kraft seines inneren Lichtes leuchten zu lassen und all das, was damit verbunden ist, auch an spätere Zeiten und Generationen weiterzugeben.

Am Vorabend der Reformation, wenige Jahre vor den 95 Thesen Martin Luthers, ist Reuchlins „Augenspiegel" das zentrale Dokument im Streit um die Bücher der Juden, der von 1510 bis 1520 währte und das gesamte gebildete Europa in Atem hielt; noch vor den Stürmen der Reformation stellte er ein „Medienereignis" dar, das es zuvor in dieser Weise nicht gegeben hatte. Den Kern bildet ein Gutachten, das Reuchlin 1510 auf Anforderung des Kaisers schrieb. Anlass war das Ansinnen eines zum Christentum konvertierten Juden namens Johannes Pfefferkorn, der dafür eintrat, zum Zwecke der Judenmission die Bücher der Juden (mit Ausnahme der biblischen) zu beschlagnahmen und zu verbrennen. Unterstützung erhielt er von der geistlichen Macht in Gestalt der Kölner Dominikaner; zudem suchte er den Beistand der weltlichen Macht des Kaisers. In dieser Situation forderte der Kaiser von verschiedenen Institutionen und Personen fachliche Gutachten an. Reuchlin, „Deutschlands erster Humanist", sollte Gutachter sein, weil er zum einen ein hoch geachteter Jurist mit diplomatischer Erfahrung und zum anderen ein Gelehrter war, der das Hebräische beherrschte und wie kein christlicher Gelehrter vor ihm die jüdische Literatur erforschte – und so „die Wissenschaft vom Judentum in Europa ins Leben gerufen" hat (Gershom Scholem). Ungeachtet des geringen Umfangs dieser Schrift, die seinerzeit nur eine einzige Auflage erlebte, ist dieses kleine Büchlein doch schon für die Jahre des Ju-denbücherstreits bis 1520 von außerordentlicher Bedeutung, da es vielfach rezipiert und sehr kontrovers diskutiert wurde. Aus heutiger Sicht ist es mehr als nur historisch interessant: ein weithin leuchten-des Manifest für Recht, Freiheit und Toleranz. Davon zeugt auch die Reuchlin-Ausstellung im Tübinger Stadtmuseum, die vom Oktober 2017 bis Februar 2018 zu sehen war, sowie der entsprechende Kata-log „Ein Vater neuer Zeit: Reuchlin, die Juden und die Reformation" (der noch erhältlich ist).

Innerhalb der rechtlich definierten und für alle geltenden Gren-zen tritt Reuchlin hervor als ein Verteidiger der Bücher der Juden, aber auch grundsätzlich: als ein Verteidiger der Freiheit, Bücher her-zustellen und zu verbreiten, zu besitzen und zu lesen, zu studieren und sich damit geistig auseinanderzusetzen. Der Augenspiegel ist in vielfältiger Hinsicht ein Manifest der Freiheit. Dafür war Reuchlin bereit, sein Können, sein Vermögen, seinen Namen, seine Ehre und sein Leben einzusetzen, wie der lang währende und zermürbende Streit zeigt: Zwar wird er nicht wie später Luther persönlich mit dem Kirchenbann belegt, aber 1520 wird der Augenspiegel durch den Papst verurteilt und Reuchlin muss die Prozesskosten tragen, sodass er wirtschaftlich – und im hohen Alter auch gesundheitlich – ruiniert zurückbleibt.

Als Jurist hat Reuchlin die Juden auf der Basis der zu seiner Zeit geltenden Rechtstexte und Rechtsgrundlagen als gleichberechtigte Mitbürger im Heiligen Römischen Reich Deutscher Nation be-zeichnet und infolgedessen alles, was sie sind und haben, nicht nur in der Theorie, sondern auch in der Praxis verteidigt. Insofern ist sein Augenspiegel ein Manifest des Rechts.

Reuchlin hat sich im „Augenspiegel" für die wissenschaftliche Erforschung des Hebräischen eingesetzt. Damit hat Reuchlin das Anliegen Pfefferkorns und seiner Unterstützer geradezu umgekehrt: Auf der Basis seiner Kenntnis der hebräischen Sprache und der jü-dischen Literatur (die er kundig in Gattungen einzuteilen verstand) hat er nicht nur eindeutig gegen deren Beschlagnahme und Vernichtung votiert, sondern im Gegenteil die Ausweitung der akademischen Studien der hebräischen Literatur gefordert und entsprechend konkrete Vorschläge zur Institutionalisierung dieser Studien an allen Universitäten gemacht. Und gerade im Judenbücherstreit zeigt sich: In der anerkennenden und wohlwollenden Art und Weise, wie Reuchlin Juden aktiv aufsuchte, ihnen begegnete, mit ihnen und von ihnen sprach, von ihnen bereit war zu lernen, mit ihren Bücherschätzen umging – mit all dem verkörpert Reuchlin geradezu das Idealbild dessen, was heute im Blick auf den Dialog zwischen Christen und Juden und den Dialog zwischen den Religionen und Kulturen überhaupt zurecht gefordert wird. Reuchlins Grundhaltung ist – nicht nur im Falle der Zustimmung, sondern auch des Widerspruchs – von Anerkennung auf Grundlage wirklicher Kenntnis geprägt. Anerkennung und Kenntnis bedingen einander, gehören unauflöslich zusammen – dafür steht der Name Reuchlins. So wie Reuchlin in die Geschichte des jüdisch-christlichen Dialogs gehört, so gehört er auch in die Geschichte der Wissenschaft und der Toleranz. In diesem Sinne ist Reuchlins „Augenspiegel" ein im Streit bewährtes Manifest für Recht, Freiheit und Toleranz.

Aus alledem ist hoffentlich ersichtlich, dass ich mit diesem Logo meiner Buchhandlung selbstverständlich keinen Alleinanspruch auf Reuchlins „Augenspiegel" erhebe, sondern im Gegenteil: Alles ist hier darauf angelegt, für die weitere Verbreitung der Thesen Reuchlins einzutreten, die damit verbundene Geschichte des Judenbücherstreites bekannter zu machen, sie wie Samenkörner so weit wie möglich auszustreuen und mit anderen zu teilen – und das in einer Gegenwart, in der auch mitten in unserem Land Judenhass und Antisemitismus wieder zunehmen und selbst in westlichen Ländern die freie Presse verunglimpft und behindert wird, während „alternative Fakten" und „fake news" Konjunktur haben. Reuchlins „Augenspiegel" hält auch unserer Zeit den Spiegel vor, in dem wir uns selbst erkennen. So wie in den USA das Buch „Fahrenheit 451" von Ray Bradbury seit vielen Jahren zur Schullektüre gehört und die damit verbundenen Warnungen und Einsichten hoffentlich die Oberhand zurückgewinnen werden, so träume ich davon, dass das Gutachten aus dem „Augenspiegel" spätestens 2022, im 500. Todesjahr Reuchlins, zeitgemäß ediert in Reclams Universalbibliothek Aufnahme finden und auf diesem Weg in die Schule, in die Universität, in die Allgemeinbildung einsickern wird: um unser aller Bewusstsein für Recht, Freiheit und Toleranz neu zu schärfen und um uns vor Augen zu führen, wie gefährdet Recht, Freiheit und Toleranz immer waren und sind und dass sie immer wieder neu verteidigt und erkämpft werden müssen. In dieser Hinsicht haben Presse, Verlagswesen und Buchhandel nach wie vor viel Verantwortung und können viel Gutes beitragen, in Tübingen und überall in der Welt.

Tübingen, am 22. Mai 2018

Claude-Nicolas Ledoux, Coup d'œil du Théâtre de Besançon

Erik Grawert-May
Mein
Unheimliches
Auge
Ein Monogramm

FASZINIEREND, WIE SICH der Konkursbuch Verlag so lange über Wasser hält. Seine Erotica werden es noch weitere vierzig Jahre tun. Sogar mich, einen Lobredner der Prüderie, haben sie hinlänglich verführt und zu diesen Zeilen animiert.

In einem kurzen Schriftstück Leonardo da Vincis über das ‚Occhio‘ heißt es, man halte es kaum für möglich, dass ein so kleiner Raum die Bilder des ganzen Weltalls umfasse. Leonardo nennt es ein großartiges Geschehen. In seiner Begeisterung fragt er sich, welcher Verstand diese Naturerscheinung ergründen, welche Sprache ein solches Wunder erklären könne, um gleich darauf beides zu verneinen. Weder Verstand noch Sprache reichten an dieses Geschehen heran. Das führe den menschlichen Sinn, so Da Vincis Folgerung, zur Betrachtung des Göttlichen.

Wie leicht es Leonardo fällt, eine Beziehung zum Numinosen herzustellen! Man reibt sich die Augen und hält inne. Und wundert sich, wieso man das Phänomen bisher so selbstverständlich hingenommen hat. Es ist nicht selbstverständlich, dass unser Sehvermögen das Universum einschließt. Diese offenkundige Unverhältnismäßigkeit zwischen einer so winzigen Höhle und dem All ist umwerfend. Sie müsste einen zumindest in Erstaunen versetzen.

Wir sind mit Leonardo keine Geworfenen, wir sind göttliche Geschöpfe. Eines der göttlichsten ist er selbst, sind doch seine Werke gleichfalls voller Wunder, sodass Verstand und Sprache sie kaum fassen können. Den Bildern des ganzen Weltalls, von denen er voller Begeisterung spricht, hat er eine kaum überschaubare Reihe eigener künstlerischer Offenbarungen hinzugefügt. Als uomo universale ist er ein Universum für sich.

***

Wie konnte es geschehen, dass diese Sicht verloren ging? Dumme Frage, wird man sagen. Als ob wir noch in der italienischen Renaissance verharren könnten. Obwohl – wenn man dem Gedanken des Kreislaufs der Kulturen etwas abgewinnt, ließen sich die Zeiten seit damals locker bis zu jener Epoche überspringen, die wir die Neo-Renaissance nennen.

Nehmen wir Kandinsky als Beispiel. Nicht, dass er als Neo-Renaissance-Künstler begonnen hätte, auch wenn er in die Periode des Historismus hineingeboren wurde. Er war kein Universalmensch und fing erst verhältnismäßig spät zu malen an. Man sieht aber noch an seinen ersten Bildern über Themen aus der russischen Märchenwelt, wie sehr er anfangs den gegenständlichen Impressionen verhaftet war, auch wenn sein Pointillismus bereits in die ungegenständliche Richtung wies. In seiner Anfangsphase könnte man ihn einen Neo-Romantiker nennen. Jedenfalls war er zu wenig abstrakt, um nicht (teils zusammen mit Chagall) von zeitgenössischen Konstruktivisten einer Art Wischiwaschi geschmäht zu werden. Speziell hatte man etwas an seinen „durcheinandergewischten Dekorationen" auszusetzen. Da war noch kaum jenes Geistige in der Kunst zu erkennen, das ihn später zu einer Gegenfigur Leonardos stilisieren sollte.

Kandinsky öffnet den Blick nicht wie Da Vinci nach außen, ins Weltall. Als verlängere er das unterdessen erfundene Mikroskop in den Bereich der Kunst, kehrt er die Augen nach innen. Allerdings nicht von vornherein. Zunächst bleibt sein Blick an den Gegenständen haften. Erst nach und nach löst er sich von ihnen ab, bis er ganz gegenstandslos geworden ist. Es ist ein bisschen wie in einem Märchen. Ob es ein weiteres aus seiner russischen Heimat ist, wer weiß? Mir kommen als erste Assoziation jene Matroschka-Figuren in den Sinn: In jeder ist eine kleinere versteckt, bis zum Schluss eine klitzekleine Figurine übrig bleibt.

So weit hergeholt, wie es zunächst scheint, dürfte diese Assoziation nicht sein. Immerhin beschreibt Kandinsky einen Prozess, der

234

dem von ihm propagierten „slawischen Prinzip" gehorcht. Ihm zufolge soll dieser Prozess zur Verschiebung des Kunstzentrums vom Westen in den Osten führen. Weg vom (vorwiegend französischen) Impressionismus – hin zum russischen Expressionismus. Und das mit wissenschaftlicher Genauigkeit.

Vielleicht bin ich zu sehr auf die Optik Leonardos fixiert, um die epochemachende Schrift des Russen ihrem Rang entsprechend zu würdigen. Folgen wir also seinem mikroskopischen Blick. Worin besteht das Geistige, das er in allen Kunsterscheinungen entdeckt haben will? Es ist ein innerer Wert, der sich in den Gegenständen verborgen hält. Vorzugsweise gibt er sich ihm als reiner Klang zu erkennen, sodass über weite Strecken seiner Schrift der Eindruck entsteht, sie sei keine Abhandlung über die Malerei, sondern eine über die Musik. Schönberg ist immer ganz nah. Eine schlüssige Begründung dafür liefert er gleich mit: Die Tonkunst ist die geistigste der Künste. Anders als die Malerei geht sie nicht von etwas Gegenständlichem aus. Sie spielt sich in einer rein geistigen Sphäre ab. Daher ist sie zur ästhetischen Avantgardefunktion prädestiniert.

Der Abstraktionsprozess verläuft, schematisch verkürzt, etwa so: Jedes Wort hat einen äußeren und einen inneren Klang. Beispielsweise das Wort ‚Baum'. Je öfter ich es wiederhole, desto mehr löst sich die Bedeutung für ‚Baum' von dem Wort ab, sodass schließlich nur noch der Klang des Wortes, sein innerer Klang, übrig bleibt. Der Gegenstand des Baumes ist durch die Wiederholung völlig in Vergessenheit geraten.

Dieses Schema dekliniert Kandinsky an allen Künsten einzeln durch. Kraft der ihnen zugrunde liegenden Schematik ergänzen sie sich letztlich zu einer monumentalen Gesamtkunst, an der jeder Künstler teilhat, der sich traut, den Konventionen des Schönen zu entsagen und sich dem zu verschreiben, was zunächst von der Masse der Unwissenden als hässlich angesehen wird. Die reinen, nur den inneren Werten und Klängen verpflichteten Wissenden jedoch bilden die sogenannte ‚geistige Pyramide', deren Spitze stets in die Zukunft weist, während die unteren Segmente sich langsam der Spitze nähern, um sie zum Schluss selber einzunehmen. Bis die Pyramide endlich an den Himmel reicht.

Der Himmel ist bei Kandinsky nicht nur eine Metapher. An manchen Stellen seines Textes vergleicht er den Prozess der Bewegung nach oben mit den biblischen Schöpfungstagen. Heute wird man so weit gediehen sein, morgen schon weiter und so fort, bis, man möchte sagen: am siebenten Tag, die monumentale Stufe erreicht ist. Jeder, der über sein jeweiliges Segment hinaus auf die Spitze schaut, ist für ihn ein Prophet, dessen scharfes Auge den Überblick behält und der widerspenstigen Karre der übrigen, so wörtlich, den Weg weist. Weiter unten im Text nimmt der Prophet die Gestalt des unsichtbaren Moses an, der seine Herde, ihm selbst zunächst unbewusst, unaufhörlich hinaufzieht. Und alles, wie Kandinsky nicht müde wird zu wiederholen, mit genauester Gesetzmäßigkeit.

Zur Untermauerung dieses korrekt ablaufenden schöpferischen Prozesses bedient sich Kandinsky auch des Bildes von einem Embryo, der langsam, aber sicher heranwächst, sodass sich die Frage nach dem Charakter des Numinosen, mit dem seine Kunst schwanger geht, geradezu aufdrängt. Im Vergleich zur Betrachtung Leonardos, der letztlich bescheiden hinter die göttlichen Werke des Universums zurücktritt, erklärt Kandinsky den abstrakten Künstler selbst zum Schöpfergott. Moses und die Propheten verkündigen den Geist seiner Artefakte. Ein größeres religiöses Aufgebot lässt sich kaum denken.

***

Ganz so eindeutig, wie gerade behauptet, ist der Unterschied zwischen den beiden wohl nicht. Nicht nur, dass selbst Leonardo, trotz seines modesten Auftretens, von der Divinità seines Wirkens durchdrungen war, auch die Da Vinci-Mania im ausgehenden 19. Jahrhundert hatte einen nicht zu unterschätzenden Einfluss auf die zeitgenössischen Künstler – eine höchst verwickelte Angelegenheit, die ich noch kaum durchschaue. Namentlich Paul Valéry hat in seinen

Essays über den Italiener den womöglich leitenden Faden gefunden, an dem sich die künstlerischen Visionen Leonardos, die der Ausführung seiner Werke vorangingen, bis zu den Abstraktionen des reinen Sehens eines Degas oder selbst eines Kandinsky entlangfädeln lassen.

Sind die von Manet schwarz gemalten Augen der in Wirklichkeit grünäugigen Berthe Morisot vielleicht das Knäuel, über das sich der Faden aufwickelt? Valéry greift Manets Portrait der impressionistischen Malerin in einem einschlägigen Artikel auf, dabei vermutend, dass die dunkel wiedergegebene Netzhaut Morisots ihre grünen Pupillen, mit denen sie den reinen Blick nach innen wandte, verdecken sollte. Mysteriös, mysteriös. Aber von einem „mystère" ist in manchen Texten der Zeit die Rede, nicht nur in denen Valérys und Kandinskys.

***

Jenes reine Auge des Russen, das den inneren Wert von Dingen an ihrem puren Klang erkennt – es hat sich maßlos überschätzt. Die Spitze der geistigen Pyramide, wenn es sie denn gibt, wandte sich später wieder dem Gegenständlichen zu und verweigerte den Beitrag zur Entstehung seiner monumentalen Gesamtkunst. Doch scheint, wenigstens bis zu ihm hin, eine gewisse Gesetzmäßigkeit des Sehens, so irritierend sie auch ist, vorhanden gewesen zu sein. Man möchte es wegen des Autonomwerdens der Kunst seit Da Vinci eigentlich nicht recht für möglich halten. Doch die Künstler aus der Zeit des Übergangs zur Abstraktion waren während ihrer Emanzipation von der gegenständlichen Natur äußerst wissenschaftshörig und schienen an den Lippen der ihnen nahestehenden Farbtheoretiker zu hängen. Erst 1939, ein paar Jahre vor seinem Tod, gab Kandinsky den Glauben an die wissenschaftliche Logik der Kunstentwicklung auf.

Diesem seinem so lange Zeit unbeirrt gebliebenen Glauben an die Gesetzmäßigkeit des künstlerischen Avancements mag letztlich der Niedergang der russischen Revolution den Garaus gemacht haben. An sie heftete er spätestens nach dem Chaos des Ersten Weltkriegs seine Fortschrittshoffnungen, die außer der Kunst das gesamte soziale Leben betrafen. Allerdings hätte er schon während des Krieges an dem von ihm selbst kreierten Entwicklungsgesetz irre werden können. Einer seiner Kompatrioten kam ihm nämlich zuvor. Er ließ das Buch „Über das Geistige in der Kunst" ins Russische übersetzen, weil er kein Deutsch konnte und wechselte danach ziemlich plötzlich die Fronten. Vom expressionistischen Bauernmaler und Kubisten mauserte er sich flugs zum Suprematisten.

Kasimir Malewitsch, der maître suprême, war Kandinsky zuvorgekommen. Heimlich las er das Buch seines Landsmanns. Er brauchte es nicht einmal zu Ende zu lesen, er brauchte eigentlich nur darin zu blättern. Schon auf halber Strecke begegneten ihm jene geometrischen Figuren aus Quadrat, Kreis, Dreieck und Trapez, mit denen Kandinsky die vollständig abstrakte Kunst beschrieb. Nur hielt ihr Autor den Zeitpunkt damals für verfrüht. Noch blieb für ihn die zeitgenössische Kunst am Gegenständlichen hängen, in wie losgelöster Form auch immer. Sein Glaube an das gesetzmäßige Fortschreiten der Abstraktion hinderte ihn, sie in ihrer suprematistischen Form bereits für möglich zu halten. Erst in späteren Jahren erkannte er in ihm einen seiner Adepten. Dieser leugnete lieber, wem er seine Verwandlung verdankte und kümmerte sich nicht um das Verbot vorfristiger absoluter Malerei. Er hätte sonst zugeben müssen, ein heimlicher Leser seines damals schon berühmten Vorgängers zu sein.

Jedes Buch hat seine Geschichte. Autoren verstehen zuweilen langsamer als ihre Hörigen, was sie geschrieben haben. Grund genug, sich mit der künstlerischen Befreiung vom äußeren Blick zu beschäftigen – sie, die mit der Da Vinci-Mania eine derart rätselhafte Verbindung eingegangen war.

So oder so – die unglaubliche Sehkraft, von der Leonardo spricht, bleibt fabelhaft. Ebenso fabelhaft wäre es, wenn sie sich bis in den Arkanbereich des Blicks nach innen fortsetzte. Fabelhaft und unheimlich zugleich.

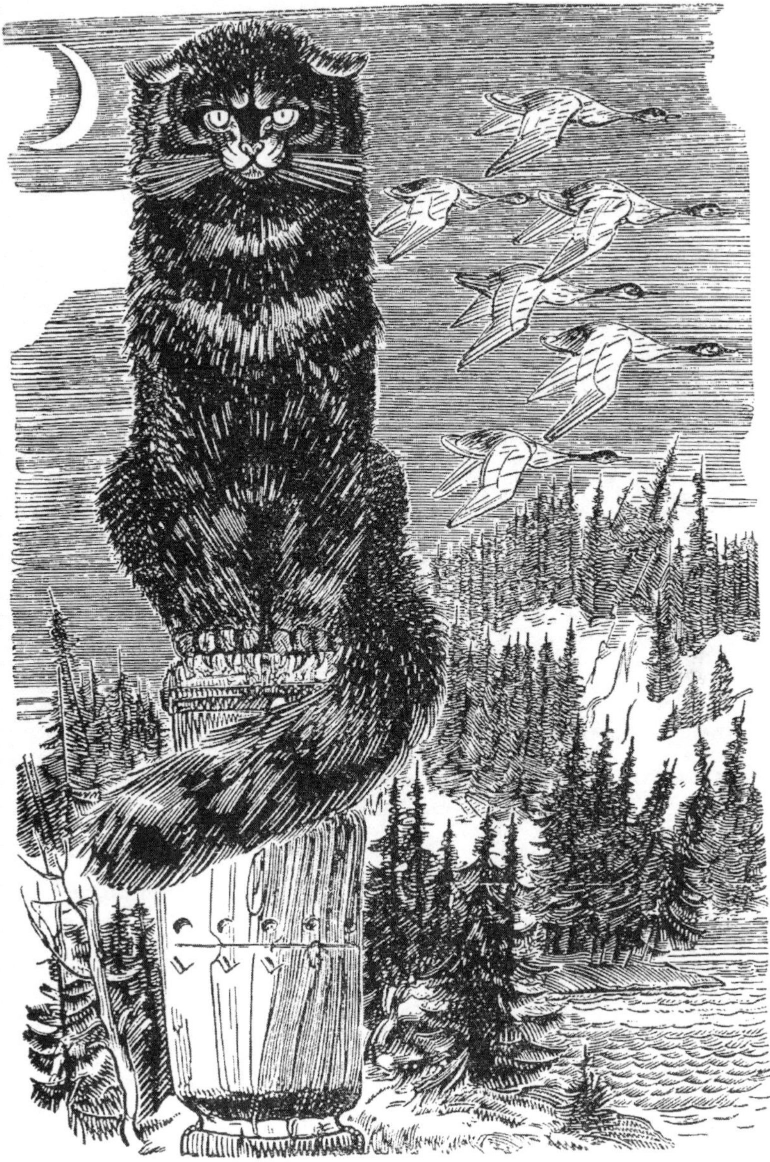

16*

Jürgen Wertheimer
Bücherverbrennung

DEUTSCHE PROFESSOREN WISSEN BEKANNTLICH ALLES besser. Mit dem Satz „Hier irrt Goethe" hat ein früherer Kollege sich unsterblich gemacht. An diese gefährliche Tradition schließe ich an, wenn ich dem aus Anlass der Bücherverbrennung am meisten geäußerten Zitat „Dort wo man Bücher verbrennt, verbrennt man auch am Ende Menschen" besserwisserisch hinzufüge: „Hier irrt Heine". Nicht immer ist die Verbrennung der Bücher die Vorstufe der Verbrennung von Menschen. Oft genug hat man die Bücher verbrannt, die dazugehörigen Menschen aber „nur" verbannt – was doch ein kleiner Unterschied ist. Fast wäre ich geneigt, Erich Kästner zuzustimmen, der gleichfalls Heine widersprach und von der Sache ja etwas verstand: „Bücher kann man nicht umbringen. Sie sterben nur eines natürlichen Todes. Sie sterben, wenn ihre Zeit erfüllt ist. Man kann […] nicht eine Minute abschneiden, abreißen oder absengen. Bücher kann man nicht verbrennen."

Will wohl sagen, man kann sie nicht ganz auslöschen, einige Exemplare bleiben immer übrig. Das ist tröstlich. Alle verbrannten Buchtitel haben überlebt. Nur für Menschen gilt: Tot ist tot! Und hier endet der Vergleich auch, man soll Vergleiche nicht zu Tode reiten. Ein Buch kann wie ein Phönix aus der Asche steigen. Ein verbrannter Mensch bleibt Asche – da kann man danach tun, was man will.

Ich möchte es uns ein bisschen schwer machen und immer wieder – auf der Folie *Bücherverbrennung* – die Frage nach *unserem* Umgang mit Kulturgütern stellen. Bücher sind nicht nur brandgefährdet, sie sind manchmal auch brandgefährlich. Dass Bücher brandgefährlich sein können, weiß man spätestens seit Umberto Ecos Weltbestseller „Der Name der Rose". Drei Tage und drei Nächte brennen Skriptorium und Kloster in dem Flammenmeer, das der greise blinde Bibliothekar vorsätzlich, um eines einzigen Buches willen, entfacht hat. Und es geht um nichts weniger als um die Welt. Jedenfalls die

Weltordnung. Denn es gibt Bücher, die die Welt aus dem Gleichgewicht bringen können. Jedenfalls manche. Zum Beispiel das Buch des Aristoteles über die Komödie. „Doch dieses Buch könnte lehren, dass die Befreiung von der Angst vor dem Teufel eine Wissenschaft ist [...] Doch dieses Buch könnte die Wissenden lehren, mit welchen Kunstgriffen, mit welchen [...] Argumenten sich der Umsturz rechtfertigen ließe!"

Angstvertreibung, Subversion, Auf-den-Kopf-stellen-der-Wirklichkeit, Farce, Rebellion – alles ausgelöst von *einem* Buch. Literarischer Sprengstoff, durch Verbrennen zu entschärfen?

Während der irre Bibliomane und Dogmatiker erst seitenweise den vergifteten Aristoteles vor den Augen des Aufklärers William buchstäblich verschlingt und mit dem Restmanuskript ins Feuer stürzt, werden draußen, vor den Klostertoren, auch drei vermeintliche Ketzer als Opfer der heiligen Inquisition verbrannt. Von nun an wird die Jagd nach der anderen Meinung auf institutionelle, fast schon industrielle Weise betrieben: Die Verfolgung wird immer systematischer, rigider, gnadenloser. Inquisition und Index. Bücher horten und Bücher morden – da wächst im Namen einer Institution zusammen, was nie zusammengehören sollte: Nämlich Denken und Dogma, Freiheit und Folter, Ordnung und Terror. Was wurde im Laufe der Jahrhunderte nicht alles mit Büchern im Namen einer „reinen Lehre" angestellt: öffentliche Hinrichtungen von Büchern sind beileibe keine Erfindung der Nationalsozialisten, an deren Fanale im Namen des „reinen deutschen Geistes" man natürlich zuerst denkt. Die Stimmung dieser absurd-aggressiven Veranstaltung ist merkwürdig: Wurstmaxe und Lachsalven, bengalische Beleuchtung und bedrohliche Kulisse. Der Schriftsteller Arnold Zweig berichtet darüber:

„Ich war neulich zur Hexenverbrennung der Bücher, stand eingepfercht von neun bis zwölf Uhr abends [...]. Umrahmt von einer Opernhausflanke, Hedwigskirche und Alter Bibliothek, war ein Scheiterhaufen errichtet von etwa drei Meter Durchmesser, ganz preußisch mit Lineal geschichtet. Das Publikum, meist kleine Leute mit etwas Mittelstandseinschlag, in weitem Bogen, von Schupo und

Seilen abgegrenzt. Auf dem freien Platz machten sich SA und Schupo wichtig. Dann gingen Verkäufer herum: ‚Bonbon, Schokolade, Zigaretten!' – ‚Warme Würstchen, warme Würstchen!' Wurstmaxe mit vielen Witzen, überall, wo er entlangging: Lachsalven im Volk. Das Publikum von tierisch zufriedener Blödheit, ganz stumpf, passiv und völlig ahnungslos. Unterhaltungen, wie wir sie nicht schöner erfinden könnten, wurden gezwitschert, Witze gemacht und belacht, die Zeit bis zur Verbrennung gemütlich vertrieben. ‚Was verbrennen die eigentlich?' – ‚Na, jüdische Bücher!' – ‚Nein, undeutsche, so unsittliche.' – ‚Sollte man alle nehmen und in die Spree schmeißen!' [...]

Gegen zehn Uhr fing es an zu regnen, [...]. Ich war schadenfroh wegen des nassen Holzes und hörte die einzelnen Meinungen, womit man die Biecher tränken würde, damit sie doch brennten. ‚Na, scheen schwarz werden wir ins Gesichte werden, und stinken wird das. Eigentlich war's doch scheener neulich auf dem Tempelhofer Feld.' Dann kam ein Zug sehr hässlicher Mädchen, mit roten Nasen, Haarsträhnen und giftigem Gesicht. Sie latschten mit Musikbegleitung, ziemlich klitschnaß und bibbernd über den Platz. Nach einer weiteren Stunde ein Zug Studenten, sehr schlapp, sehr hässlich aussehend, mufflig und in zufriedenem Trott, viele, viele, viele, mit Fackeln; Jungens und Kinder mit Fahnen. Jeder, der an dem preußischen Scheiterhaufen vorbeikam, schmiß seine pechgetränkte Fackel hinein; das Feuer lohte hoch auf, [...]. Jetzt rückten hinten drei Autors an, auf denen stand: ‚Möbelfuhre'. Das waren die Revolutionskarren mit den Opfern. Die Studenten saßen und standen bis aufs Dach dieser Karren, zum Teil in Wichs – bengalisch beleuchtet und gefilmt! Richtig Riesengaudi. Schließlich um Mitternacht, wegen Stimmung, ergriffen sie die Bücher und schmetterten sie einzeln mit Wollust ins Feuer. Die Funken stoben haushoch, und die einzelnen Blätter taumelten brennend durch die Luft, als spotteten sie über diesen Tod.“

In dem Text kommt die groteske Mischung aus Pomp, Pathos und Kitsch, die, wenn es um Politik geht, so besonders verhängnisvoll ist, gut zur Darstellung. Im Grunde müsste ein Schmieren-Schauspiel dieser Art in einer kollektiven Lachsalve enden. Aber im Gegenteil. Statt dem Zwerchfell tritt die Gänsehaut in Aktion. Einem anderen Augenzeugen der Aktion, Erich Kästner, vergeht das Lachen, als er in eine Situation gerät, wo er zum Zuschauer der Verbrennung der eigenen Bücher wird:

„Plötzlich rief eine schrille Frauenstimme: ‚Dort steht ja der Kästner!' Eine junge Kabarettistin, die sich mit einem Kollegen durch die Menge zwängte, hatte mich stehen sehen und ihrer Verblüffung übertrieben laut Ausdruck verliehen. Mir wurde unbehaglich zumute. Doch es geschah nichts. (Obwohl in diesen Tagen gerade sehr viel zu ‚geschehen' pflegte.) Die Bücher flogen weiter ins Feuer. Die Tiraden des kleinen abgefeimten Lügners ertönten weiterhin. Und die Gesichter der braunen Studentengarde blickten, den Sturmriemen unterm Kinn, unverändert geradeaus, hinüber zu dem Flammenstoß und zu dem psalmodierenden, gestikulierenden Teufelchen."

Herz auf Grundeis. Faust bleibt in der Tasche. Zuschauen, wie der „deutsche Geist" im „Namen des deutschen Geistes" verbrannt wird. So beschreibt der Autor – nicht nur seine – verhaltene Haltung. Wo man Bücher verbrennt, verbrennt man auch Menschen? Oder ist das Bücherverbrennen nur eine Ersatzhandlung? Absurd ist es auf jeden Fall. Zündelei, Pyrotechnik für Erwachsene. Mit Gebrauchsanweisungen für „Wohlverhalten". Etiketten-Schwindel. „Gegen „Materialismus", „Dekadenz" und „Verrat am Volksgeist", gegen „seelenfressende Überschätzung des Trieblebens", gegen „Verrat und Gesinnungslumperei" – gegen all diese völkischen Verfallserscheinungen – so die magischen Formeln – soll das Verbrennen von bedrucktem Papier ein Heilmittel sein. Ein Aberglaube, den die Nazis von der Katholischen Kirche übernommen zu haben scheinen, die glaubte, Montaigne, Descartes und Pascal, Voltaire, Diderot, Rousseau, Sterne, Swift, Heine aus der Welt schaffen zu können, indem sie ihre Werke auf eine *Index* genannte Verbotsliste schreiben ließ. Und dazu oft genug noch verbrannte. Nun offenbart das Wüten gegen Bücher zum einen ein angstmachendes Aggressionspotenzial. Andererseits ist es auch ein Symptom der Hilflosigkeit und der Ohnmacht: Im Zeitalter der Reproduzierbarkeit sind Bücher längst zu Klonen ihrer selbst geworden. Ecos Mönch konnte noch das sprichwörtliche letzte Manuskript vernichten. Im Zeitalter des Buchdrucks ist die Vernichtung einzelner Exemplare hohler symbolischer Gestus bzw. Offenbarung machtbewusster Dummheit – und atavistisches Relikt aus der Dunkelkammer des Ungeistes. Es ist, als ob man seine elektronischen Zugriffe löschen wollte, indem man seinen PC kaputt macht.

Dennoch sind sie unter uns – die Informationsvertilger, Bücher-Vernichter, die Brandstifter, Ausmärzer, Verurteiler, Henker und Audodafé-Veranstalter der Moderne. In den *Science fiction*-Welten der Zukunft rücken ganze Feuerzüge aus, um verbotene Bücher (und alle Bücher sind grundsätzlich verboten) aufzustöbern und abzufackeln: Denn Bücher verführen zum Nachdenken, verwirren, machen alles komplizierter und irritieren so die Menschen. Machen sie zu ungleichen Individuen – Schreckensvision der Gleichheitsvisionäre aller Zeiten. In Jacques Truffauts Verfilmung von Ray Bradburys „Fahrenheit 451" erleben wir ein perfekt eingespieltes Büchervernichtungsteam, das mit professionellen Mitteln auch noch das letzte im privaten Umlauf befindliche Buch – gleichgültig, ob Roman, Biographie, historischer Bericht – zu finden weiß, um es anschließend mit amtlicher Miene und im Bewusstsein, dem öffentlichen Fortschritt zu dienen, in Flammen aufgehen zu lassen. Zugegeben: ein Spätstadium. Hier gilt der Kampf dem Prinzip Buch an sich – unabhängig von dessen ideologischer Ausrichtung. Längst vorbei die Zeiten umständlicher Indoktrination und systemerhaltender Propaganda in Buchform: Die Menschen sitzen vor Mattscheiben und werden interaktiv unterhalten und vom Denken abgehalten. Eine Anti-Utopie – die wir hoffentlich noch nicht eingeholt haben. Doch es ist noch keine zweihundert Jahre her, dass die Kampflinie exakt entlang der Front Buch oder nicht Buch verlief. Kant und seine Forderung nach einer einzigen Freiheit, die der unbeschränkten schriftlichen Meinungsäußerung, hat hier ihren politischen Ursprung. Denn der freie öffentliche, d.h.

veröffentlichte Austausch jedweder Ideen, ohne Kontrolle, Zensur, Beschränkung ist die wahre *condition humaine* der Aufklärung. Mit Beginn der Neuzeit werden die Koordinaten neu abgesteckt. Weltbilder geraten ins Schwimmen, Individuen gehen auf Wanderschaft. Aufbruchsstimmung und Rückzugsgefechte erbitterter Art sind die Folge.

1497: Der fanatische Florentiner Bußprediger Girolamo Savonarola, der später selbst ein Opfer der Inquisition werden sollte, verbrennt öffentlich Bücher.

1520: Nach einem Aufruf Melanchthons werden vor den Toren der Stadt Wittenberg Bücher der scholastischen Theologie verbrannt. Thomas von Aquin entgeht den Flammen, weil man kein Exemplar seiner „summa theologica" auftreiben kann.

1562: Papst Leo X. verurteilt Pomponazzis „Traktat über die Unsterblichkeit der Seele" zum Tod durch öffentliches und feierliches Verbrennen.

1605: Auch Miguel de Cervantes Figur des traurigen Ritters Don Quichote ist ein Opfer der neuen „battle of books" – im zweifachen Sinn. Erst als Verführter, dann als Geführter. Der Pfarrer und die Damen der Familie sind sich einig: Erst durch die exzessive Lektüre von Rittergeschichten ist aus dem ruhigen Landedelmann ein gefährlicher und verrückter Phantast geworden, der unstet durch die Lande zieht, gegen imaginierte Windmühlen kämpft und für inexistente adlige Jungfrauen streitet.

„Verflucht und hundertmal verflucht sollen diese Ritterbücher sein." Don Quichotes gläubige Nichte hat regelrecht Angst um (und ein wenig auch vor) ihrem merkwürdigen Onkel, der anders lebt und anders liest als die anderen. Sein Vermögen, seine Zeit, seine Lebenskraft – alles investiert er in im 15. und 16. Jahrhundert ungemein erfolgreiche Romane aus der Welt des aussterbenden Rittertums: mythisch überhöhter, abenteuerlich romantisierender, nostalgiegetränkter Heldenkult war zwar durchaus nicht unüblich: Denn unter den Vorzeichen der ‚Reconquista‘ galt es, sich an alten Leitbildern und Symbolfiguren wie dem Rasenden Roland oder dem spanischen Nationalhelden El Cid zu orientieren.

Doch was Don Quichote als Leser trieb, ging den Zeitgenossen entschieden zu weit. Nichts ist gegen Hexen, Zauberer und Ungeheuer, die in diesen Büchern zuhauf auftreten, zu sagen – solange man sie als Literatur betrachtet. Don Quichote jedoch scheint die Figuren „ernst" zu nehmen. Er etabliert die Monstren der Vergangenheit als Realien in einer ganz und gar nicht mehr „romantischen" Wirklichkeit. Mit anderen Worten: ausufernde und frei flottierende Phantasien gefährden die gesellschaftliche Ordnung. Mehr noch: Don Quichotes Rebellion im Namen fiktiver und obsolet gewordener Rittertugenden gefährdet die Machtinteressen seiner Zeit. Die Reconquista konnte keine unfreiwilligen Humoristen und Karikaturen der eigenen Würde gebrauchen.

Die Vorwürfe haben kaum etwas an Aktualität eingebüßt. Im Gegenteil, es sind klassische Streitfelder jeder bürgerlichen Ordnung geblieben. In der modernen Welt geht es nicht mehr um Tod-, Erb- und Wurzelsünden, nicht mehr um Antichrist und apokalyptische Strafvisionen und theologische Welt- und Wertsysteme. Aber um den Erhalt von Ordnung geht es allemal. Und wieder stehen die Bücher im Zentrum, denn sie gefährden die Ordnung des Diskurses. Eigentlich ist es immer um Emotionen zu tun. War es bei Aristoteles die Bedrohung durch Hierarchien gefährdendes Gelächter, der es zu begegnen galt, so bekämpft man in Don Quichote den exzessiven Gebrauch frei flottierender Gefühle und Phantasien. Denn nach Meinung der Öffentlichkeit ist jede individuelle Übertreibung gefährlich.

„Zuviel Phantasie schadet ihrer bürgerlichen Gesundheit!" könnte als kleingedruckte Warnung auf jedem Buchumschlag stehen. Lesen ja. Aber auf Seite 695 steht dann ‚finis‘ und hat Schluss zu sein. Don Quichotes Todsünde in den Augen der aufgeklärten Zeitgenossen: Wo die anderen zu lesen aufhören, fängt er mit dem Leben an. Der Mann wird zum Substrat, zum Kondensat seiner Lektüren, flippt aus

– und wird nach ein paar Tagen wieder eingefangen. Die Szene ist absurd und beängstigend zugleich. Don Quichote liegt zerschlagen in der Kammer und schläft – nebenan wird in schöner Gemeinschaft der Vernünftigen sein Fundus an Imaginationen geplündert und mit Weihwasser besprengt. Nein, sagte die Nichte, es darf keines davon verschont werden, denn alle haben das Unglück angerichtet. „Es wäre am besten, sie durch das Fenster in den Hof zu schmeißen, sie auf einen Haufen zu packen und [...] einen Scheiterhaufen zu errichten."

Ganze drei Büchlein werden dem familiären Autodafé in Sachen „Vernünftigkeit" entgehen. Doch nicht genug damit. Am Ende entschließt man sich dazu, die gesamte Bibliothek unsichtbar zu machen. Was für die Abteien des Schreckens recht ist, ist nun auch für den Privathaushalt billig:

„Eines der Mittel, das der Pfarrer und der Barbier gegen die Krankheit des Freundes ersonnen, war, das Bücherzimmer zu vermauern und anzustreichen, damit er es nicht wiederfinde, wenn er aufstände."

Das Verfahren der Manipulation des vermeintlich Manipulierten hat Erfolg. Und als der rekonvaleszente Don nach seiner Bibliothek sucht und die Wände nach der Tür abtastet, ist die Familie schnell mit der Erklärung zur Hand, einer seiner Zauberer hätte sie wohl tückisch verschwinden lassen. So täuscht man mit dem Anspruch der Vernunft und führt den Betroffenen im wahrsten Sinne in die Irre. Endgültig. – Alle sind sich immer so erschreckend einig. Man könnte einwenden, es sei gefährlich, Leute wie Don Quichote für einen Heiligen zu halten. Der Mann ist verrückt. Ist es ein Verbrechen, einem Verrückten, einem Suchtkranken die Rauschmittel zu entziehen? Und ganz offenbar können eben auch Bücher Drogen sein. Jedenfalls für solche, die dann nicht mehr merken, wo das Buch aufhört und die Wirklichkeit beginnt. Bücherfreunde würden dagegenhalten und sagen: Wunderbar. Jetzt haben Sie in zwei Sätzen so ziemlich alle Klischees zu diesem Thema zusammengefasst. Phantasie wegsperren. Bücher wegsperren. Drogen wegsperren. Was Vernünftiges tun statt zu spintisieren. Bisschen frische Luft um die Nase, raus in die Wirklichkeit. So einfach ist das. So einfach, mit

Verlaub, ist das eben nicht: Und die Bücher sind ein Bestandteil dieser komplexen Wirklichkeit, nicht ein Rauschmittel. Opium fürs Volk – das ist nun wirklich die abstruseste Verdrehung. Und Bücherskeptiker würden verärgert einwenden: Euer Don Quichote-Typus würde auch heutzutage ziemlich anöden: diese Mischung aus intellektuellem Dünkel und melancholischer Ignoranz mag als fiktives Spiel interessant sein. Aber ich schwöre Ihnen, gerade Ihnen, wenn solch einer Ihr *wirkliches*, geregeltes Leben kreuzen sollte, wären Sie die ersten, die nach Ordnung riefen!

Wie man überhaupt die Rolle der schöngeistigen Intellektuellen diskutieren müsste. Die Art, wie Sie sich über das, was Sie verächtlich „Klischees" nennen, erheben. Sie scheinen so eine *community* der Eingeweihten zu sein. Zu vornehm, um über Klischees auch nur zu reden. Kurz: Die satte, giftige Behaglichkeit, mit der die Leute damals zuschauten, als die Bücher ins Feuer gingen, war auch Ausdruck eines ziemlich weit verbreiteten Hasses gegen „Kultur".

Falls man wirklich Interesse daran hat, zu erfahren, weshalb es Leute gibt, die wunderbare Geistesprodukte einäschern, vernichten oder aus dem Verkehr ziehen wollen, sollte man über diesen Aspekt gelegentlich nachdenken. Es ist der Hass gegen die ewig Besserwissenden, gegen den Gestus der lächelnden Herablassung oder der – wie soll ich sagen: elitären Selbstgewissheit. So gesehen war die Bücherverbrennung auch und vielleicht nur ein ebenso infantiles wie pyromanisches Ritual wie aber auch ein Aufstand gegen das Bildungsmonopol der traditionellen Eliten, Ausdruck einer lange unterdrückten Wut gegen die Kaste der Intellektuellen und damit verbundener Gefühle von Missgunst.

Kunstbewahrung, Gestaltung und Besitz – ökonomischer Besitz: Wenn sie zusammenkommen, ist es noch einfacher draufloszuschlagen. Was man nicht kann, kann man fürchten oder kaputtmachen. Und die Führer dieser Rachebedürfnisse werden zu Verwaltern eines kollektiven Minderwertigkeitskomplexes. Neid und Dogma erschaffen zusammen die notwendige Simplifikation. Der Literaturwissenschaftler Hans Mayer beschrieb das Phänomen in seinem Essay „In den Ruinen des Jahrhunderts" für die antike Bibliothek von Alexandria, ein universelles Dokumentationszentrum allen Denkens und Dichtens der hellenischen Welt. Angeblich hat der Kalif Omar sie mit einem ebenso absurden wie wirksamen Argument niederbrennen lassen: „Entweder enthält diese Bibliothek nichts anderes, als im Koran zu finden ist. Dann ist sie überflüssig. Oder sie enthält andere und gegensätzliche Betrachtungen. Dann ist sie schädlich."

Eine fatale Dialektik aus Kulturschöpfung und Kulturzerstörung, deren Ende noch nicht absehbar ist. Auch schließt sie eine nicht ungefährliche Denkfigur ein, die jede Zerstörung zum Anlass eines ästhetischen Wiederaufbauspektakels benutzen kann. Jeder Bibliotheksbrand als kultureller Feuerzauber: seit ein paar Monaten steht anstelle der verbrannten Bibliothek von Alexandria ein glas- und chromblitzendes, PC-gestütztes Büchermausoleum der gigantischen Art.

Und „der rote Hahn" sitzt nun einmal gerne auf Bibliotheken, immer und überall. Auch im alten China. Elias Canettis Sinologe Kien weiß darüber Bescheid wie kein zweiter. Von Beginn des Romans „Die Blendung" an wird er von Vernichtungs- und Verbrennungsphantasien und Albträumen heimgesucht: Mexiko und das alte Rom, Nero und der chinesische Kaiser Shi-Hoang-Ti verschwimmen ineinander, geraten aneinander:

„Im Jahre 213 v. Chr. wurden auf Befehl des chinesischen Kaisers Shi-Hoang-Ti, eines brutalen Usurpators, sämtliche Bücher Chinas verbrannt [...] Auch auf bloße Gespräche (über Literatur) stand der Tod. Die mündliche Tradition sollte zugleich mit der schriftlichen ausgerottet werden [...] Ich gestehe, dass der Brandgeruch jener Tage mir heute noch in die Nase sticht."

Natürlich schrieb Canetti unter dem Eindruck und mit Blick auf den immer rabiater werdenden Nationalsozialismus – China war Chiffre und Tarnung. Und die imaginäre Rede Kiens in seiner Bibliothek probt die Generalmobilmachung der Barbarei:

„Blut floss; da es Bücherblut war, wurde ihm totenübel. Da erhob sich rauschender Beifall, es klang wie wenn der Sturm durch einen

Wald von Blättern fuhr. Einzelne aus der Masse erkannte er an ihren Worten. *Ihre* Sprache, *ihre* Töne, ja, das waren sie, seine... Getreuen, sie folgten ihm in den Heiligen Krieg. [...] Einer solchen *Brand-Rede* hätte er sich nicht für fähig gehalten.“

Einmal mehr löst ein Fanal eine Bewegung aus: in Kiens Bibliothek findet nicht nur eine Art Generalmobilmachung statt, sondern ein an Büchern statuiertes Demokratie-Exempel ohnegleichen: Alle werden mit dem Rücken zur Wand – an die Wand – gestellt: ihrer Identität beraubt. Gleichgemacht. Neutralisiert. Und doch ist das alles nur das Vorspiel. Am Ende auch dieses Romans steht das große „Autodafé“ (wie der Titel der englischen Ausgabe lautet); der Sinologe setzt sich mitsamt seiner ganzen Bibliothek in Brand, ein flammendes Inferno steht am Ende, - auch ein Inferno, in dem die Sprache regelrecht zu brennen beginnt:

„– lebenslänglich – todeslänglich – Totentanz – Goldkalb – Millionenerbschaft – wer wagt gewinnt – weint – Abschied – nein – vereint – vereint bis in den Tod *Feuertod* – Not *Feuersnot* – Brunst *Feuersbrunst* – FEUER FEUER FEUER.

Zum Sterben ist ein Bruder gut genug, Räuberhölle Welt, Menschen fressen und rauben Bücher. Früher wurde die Habe mit dem Toten verbrannt, ein Testament war nirgends, und übrig, übrig blieben die Knochen.“

Flammendes Inferno im zweifachen Sinn: im Innern verglüht der Verstand, draußen wird die Bücherbastion zur lodernden Barrikade:

„Buchstaben klappern im Buch. Sind gefangen und können nicht heraus. Blutig haben sie ihn geschlagen. Er droht ihnen mit dem Feuertod. So rächt er sich an allen Feinden! [...]

Verschanzen! [...]

Von den Regalen stürzen sich Bücher zu Boden. [...] Und noch während der wüste Lärm sein Hirn zerfetzt, baut er aus Büchern eine mächtige Schanze. Der Vorraum füllt sich mit Bänden und Bänden. Er holt sich die Leiter zu Hilfe. Bald hat er die Decke erreicht. Er kehrt in sein Zimmer zurück. Regale gähnen ihn an. Vor dem Schreibtisch der Teppich brennt lichterloh. Er geht in die

Kammer neben der Küche und schleppt die alten Zeitungen sämtlich heraus. Er blättert sie auf und zerknüllt sie, ballt sie und wirft sie in alle Ecken. Er stellt die Leiter in die Mitte des Zimmers, wo sie früher stand. Er steigt auf die sechste Stufe, bewacht das Feuer und wartet. Als ihn die Flammen endlich erreichen, lacht er so laut, wie er in seinem ganzen Leben nie gelacht hat."

Sprachfanal – Bücherbrand – das Gehirn in Flammen: fast scheint es, als seien die Bücher keine wehrlosen Opfer oder dumpfe Materie, sondern ihrerseits Lebewesen, die Keime einer gefährlichen Krankheit in sich trügen. Vielleicht werden sie deshalb so häufig verbrannt. Und so wird weiter öffentlich verbrannt, gelegentlich auch ertränkt und zerrissen, mitten im aufgeklärten Europa:

1762: Jean Jacques Rousseau, „Emile" und andere Werke in Paris und Genf.

1752, zehn Jahre vorher, lässt Friedrich der Große sogar Exemplare einer Spottschrift seines Freundes Voltaire „auf den vornehmsten Plätzen Berlins durch die Hände des Henkers öffentlich" verbrennen.

1817 verbrennen die liberalen Burschenschaften im Verlauf des Wartburgfestes Bücher.

Und selbst die künstlerische und kritische Moderne möchte auf das Spektakel der flammenden Entrüstung nicht verzichten. Der Futurist Marinetti fordert im „Manifest des Futurismus" von 1909 „Feuer an die Regale der Bibliotheken zu legen".

Und 2001 verbrennen Fundamentalisten einer rigiden US-Kirche erstaunlicherweise J.K. Rowlings Weltbestseller „Harry Potter".

Gottlob sind alle diese infantil-aggressiven Rituale vollkommen wirkungslos. Dem Massenphänomenen Buch kommt man nicht durch eine noch so symbolhafte Jagd nach dem Einzelstück bei. Ein hoffnungsloses Bemühen. Einige Exemplare überleben immer. In den meisten Fällen kommt die Vernichtungsaktion zu spät: man verbrennt das Papier, aber die Buchstaben und Wörter sind längst schon in den Kopf des Lesers eingedrungen und halten – wie weiland bei Don Quichote – sein Gehirn besetzt und überleben dort. Oder es sind kleinste Partikel und Schnipsel übriggeblieben, die – Jahrzehnte, Jahrhunderte später – von Archäologen der Literatur geborgen, neu zusammengesetzt und neu gelesen werden. So findet bei Eco der mittlerweile zum alten Mann gewordene Adson Jahrzehnte nach dem Brand der Abtei beim Herumstöbern in den Trümmern ein paar Fetzen von Pergament, die im Schutt überlebt hatten: „Ich begann sie zu sammeln, als müsste ich die Seiten eines auseinandergefallenen Buches wieder zusammenlegen [...], sie (wieder) einzusammeln, als erhoffte ich mir von diesen *disiecta membra* der Bibliothek irgendeine Botschaft."

In Ecos Text treffen zwei Literaturwelten aufeinander: Eine, die das Buch als Sinnträger verklärt oder verdammt oder verfeuert. Und eine andere moderne, postmoderne, die den Text als Material, als Flugsand, Buchstabensalat betrachtet. Flugasche, die Sinngehalte auflöst oder wieder für Augenblicke so etwas wie Sinn herstellt.

Manchmal legen nicht die Leser oder die Feinde der Literatur Hand an die Texte, sondern die Autoren selbst. Diese Art von Autodafés werden oft als besonders prekär empfunden und lösen in der Regel kontroverse Diskussionen aus. Natürlich denkt man an Kleist, der seine größte Tragödie „Robert Guiscard" ebenso in die Flammen warf wie Heinrich Heine seinen wichtigsten Roman, den „Rabbi von Bacherach", nach eigenen Angaben fast zur Gänze. Wann immer Flammen im Spiel sind, geht es um nichts Geringes. Um Meisterwerke. Um Lebenswerke. Kafka macht seinem „Prozess" den Prozess und verurteilt ihn zum Tod durch Verbrennen. Urteilsbegründung: „Unvollendet sei das Werk und unvollkommen." Auch Gogol überantwortet einen großen Teil seines größten Projekts, der „Toten Seelen" aus ähnlichen Motiven dem Feuer. Grund: Künstlerische Mängel. Und die fehlende Anerkennung durch Kritik und Leser. Ein Motiv, dessen Wirkmächtigkeit nicht unterschätzt werden sollte. Thomas Bernhard hat in einer Episode seines „Stimmenimitators" den Fall eines solch verkannten Genies, das zunächst sein Werk verbrennt und dann sich selbst erhängt, auf seine unnachahmlich trocken-drastische Art skizziert. Es ist schon so: Die unnachsichtig-sten, blindesten, auch inhumansten Vollstrecker von Urteilen gegen die Kunst sind oft die Künstler selbst. Auch die grausamsten Urteile gegen das Leben werden von Kunst-Figuren vollstreckt. Und bei-leibe nicht nur von frevelnden, fanatischen Mönchen und düsteren romantischen Alchimisten in gotischen Gewölben.

Die Konvolute der Moderne sind die Aktenordner. Und die Ab-rechnung mit dem eigenen Lebensvermächtnis kennt keine Gna-de. Ein in dieser Hinsicht geradezu erschreckendes Beispiel wird im Roman des fast vergessenen Wilhelm Raabe beschrieben. In den „Akten des Vogelsangs" veranstaltet der Protagonist am Ende sei-nes Lebens ein Autodafé seines gesamten bürgerlichen Eigentums. Dokumente, Erinnerungsstücke, Bilder, Bücher – alles was norma-lerweise nostalgisch ein Leben lang verwahrt wird, übereignet er mit eigener Hand den Flammen. Denn: „Ich wünsche nüchtern zu ster-ben, oder wenn du lieber willst – vollkommen ernüchtert. So eigen-tumslos als möglich." Velten Andres Lebens- und Eigentumsmü-digkeit bleibt nicht nur Idee. Der bullernde Winterofen – „deutsch-gemüthlich" höhnt er – vermittelt eine trügerische Behaglichkeit. Der Erzähler steht fassungslos und hilflos daneben, während sein ehemaliger Freund sein Leben auslöscht, indem er seine sentimen-talen „Hab-Seligkeiten" und Spuren anzündet: Dies Autodafé eines Lebens wird systematisch und über Wochen hinweg vollstreckt. Der Beobachter schwankt zwischen Entsetzen und Faszination: „Ich wehrte mich vergebens gegen das Interesse, das ich von Tag zu Tag mehr an dem seltsamen Zerstörungswerk nahm."

In den Reaktionen des sonst so vernünftigen Erzähler-Protokol-lanten spiegelt sich eine merkwürdige Mischung der Gefühle. Es ist, als ob das Feuer seine Phantasie regelrecht befeuerte und wieder entflammte. Bedürfnisse, die im bürgerlichen Alltag allenfalls auf Sparflamme köcheln – im Moment des Fanals lodern die Flammen der Sehnsüchte auch in der Beamtenseele auf.

„Aufwühlen" und „Vernichten" – zwei Facetten eines Prinzips: Radi-kal-Revision. Von da her ist es kein Zufall, dass es immer die Wahrheitsfanatiker sind, die Feuer-Zeichen setzen und kein Vermodern und Vergilben dulden. Und während die einen horten, sammeln und archivieren, sichten und rekonstruieren, versuchen die anderen nicht weniger ausdauernd, alle Spuren zu tilgen und alte Dokumente zu vernichten. Ein unendlicher Wettlauf zwischen ‚Archäologen' und ‚Archivaren' auf der einen, ‚Anzündern' und ‚Abfacklern' auf der anderen Seite findet statt. Unmittelbar nach dem Anschluss Österreichs hat Hitler einer Einheit den Auftrag gegeben, das Archiv der Kunstakademie zu vernichten – v.a. natürlich mit der Absicht, etwaige Akten und Aufzeichnungen über seine eigenen erfolglosen Bewerbungsversuche an der Wiener Kunstakademie zu tilgen. Und schon macht sich ein Expertenteam deutscher Historiker auf die Suche nach möglichen Resten genau jener Dokumente. Es ist, als ob ein geheimer Pakt von Zerstörung und Wiederherstellung zwei Menschengruppen Sisyphos-artig aneinanderzwänge. Deshalb gilt auch immer wieder den Büchern die besondere Aufmerksamkeit der Vertilger. Bücher sind per se Archive – auch Archive des bereits Zerstörten, das sie neuerlich sammeln: erinnerte Gefühle, Gipsabdrücke von gewesenem Leben, Reste von Spuren – alles in Worte gefasst.

Deshalb kann die Bedeutung einer liebevollen Sisyphusarbeit, wie Archivare allerorten sie leisten, auch kaum überschätzt werden: als unwiderlegbares Dokument des Sieges des „Archivs" über die „Scheiterhaufen"! Dennoch, trotz dieses moralischen, ja faktischen Sieges muss auch die Gegenfrage erlaubt sein. Die Frage danach, weshalb uns Bücherleute eigentlich dieses Herumwühlen in Asche und Schlamm so sehr fasziniert? Schnipsel, Splitter, Fragmente. Fehlen Euch für die Wirklichkeit die Sinne? Realität wird offenbar als indezent empfunden. Eine merkwürdige Kulturnekrophilie, für die nur die Vergangenheit zu existieren scheint. Ein Begriff wie Zukunft verursacht körperliche Beschwerden. Sind wir nicht zukunftsfähig, nur weil wir nicht auf jede Art von Zukunft Lust haben?

Ist uns die normale Zukunft zu wenig sentimental? Zu unromantisch? Zu unindividuell? Man denkt an Huxley, Orwell und die Angst vor der großen Einschläferung des kritischen Denkens. Als ob *jedes* Buch ein Kulturgut wäre. Ich frage, muss alles konserviert werden!? In einem Museum wird man nach zwei Stunden schläfrig. Die ganze Welt als Kultur- und Geschichtsmuseum – eine grauenhafte Vorstellung. Ab und zu sollte man auch Wissensballast abwerfen. Die Unterhaltungs- und Kulturindustrie hat dreimal so hohe Umsatzzahlen wie die Waffenindustrie.

Nein, Bücher an sich stehen nicht unter Artenschutz. Als ob das Überleben von ein paar Büchern mehr oder weniger Verlust an kritischer Substanz bedeute. Bücher sind genauso wertvoll oder wertlos wie Menschen. Es gibt gewaltige Bibliotheken, in denen trotzdem verkalkte Ignoranten herumstochern. Natürlich sind Bücher an sich keine intellektuellen Aufputschmittel, keine Intelligenzgarantie. Und wenn ein Buch und ein Kopf zusammenstoßen und es hohl klingt, ist dies nicht immer die Schuld der Bücher. Heute ist der Mythos „Buch" längst entzaubert. Wir denken nicht mehr in Individuen, wir denken in Zielgruppen. Kein Mensch will heute mehr Bücher vernichten. Der Markt vernichtet Bücher. Und der Markt kreiert Bücher, Massen, Fluten von Büchern, die von kritischen Reißwölfen und Speichelleckern medial in Szene gesetzt werden und ausschließlich Hosianna-Rufe oder Vernichtungstiraden als Ausdrucksform nutzen. Binär programmierte Leser stürmen dann pflichtschuldig die Läden oder lassen due Kulturgüter desinteressiert die Lager hüten. Lesen ist auch eine Art Verbrennungs- oder Verdauungsprozess. Das war schon immer so, könnte man einwenden und auf die gnadenlos profitorientierten Marktstrategen des 19. Jahrhunderts verweisen, wie sie in den Romanen von Balzac oder Dickens so realitätsnah geschildert werden. Etwa wenn der berühmte Verleger Dauriat in Balzacs „Verlorenen Illusionen" dem Nachwuchsautor die Rechnung aufstellt wie folgt:

„Mein Kleiner, in sechs Monaten werden Sie ein großer Dichter sein, es wird Ihnen nicht an Kritiken fehlen und ich brauche nichts zu tun, um Ihr Buch zu verkaufen. Ich stehe heute auf demselben geschäftlichen Standpunkt wie vorher [...] In der letzten Woche waren Ihre Gedichte für mich Spreu, heute sind sie Weizen."

Natürlich: der Markt bleibt noch immer die größte Bücherver-
nichtungsinstitution. Sozialgeschichtler schätzen, dass nur knapp
drei Prozent qualitätsvoller Manuskripte den Weg vom Schreibtisch
des Verlegers in die Regale finden, alle anderen Bücher werden noch
als Manuskript-Föten abgetrieben. Oder neuerdings selbstverlegt,
auf Bestellung einzeln gedruckt und nicht im Buchhändlerregal.
Von denen, die das Licht der Bücherwelt erblicken, sterben buch-
händlerisch gesehen über sechzig Prozent im ersten Lebensjahr.
Bleibt knapp ein Prozent „übrig".

Dass diese ‚survival-of-the-fittest'-Prozedur nicht notwendigerwei-
se einen Sieg der Qualität beinhaltet, versteht sich. Robuste, griffige
Produkte setzen sich durch: Küngs kompaktes „Weltethos"-Buch
etwa oder die holzschnittartigen Kulturkampfthesen eines Samuel
Huntington. Trotz der scheinbaren Fülle beeinflussen immer weniger Titel in immer größeren Auflagen die sogenannte öffentliche
Meinung. Ein Buchhändler: „Für die fünf Titel, die bei mir laufen,
mach ich Stapel. Die andern sind Staffage. Ohne Staffage kommen
die wichtigen nicht gut raus." In der Tat: Wir leben in einer Welt,
die in einen riesigen glänzenden Buchladen verwandelt zu sein
scheint, wo Bücher mit der peppigen Sprache der Cola-Werbung
angepriesen werden. „global book store" und „world-Wide-Web":
Informationsflut und intellektuelle Dürre – wie soll das zusammen-
passen?

Nur auf den ersten Blick sind Info-Inflation und intellektuell-
emotionale Verödung ein Widerspruch in sich. Denn Inflation und
Wertverfall sind ein und dasselbe. Das Buch als Serienprodukt ist für
sich gesehen problematisch. Zum Unikat, zum wertvollen Einzelstück nämlich wird es ja erst durch einen kongenialen Einzel-Leser.
In der globalisierten Informations-Bücherwelt ist aber genau diese
Information schwer zu bekommen: wie findet ein wirklicher Leser
seinen Autor und ein wirklicher Autor seinen Leser. Der Kampf um
die individuelle Wahrnehmung eines Buches durch seinen Leser ist
ein *politischer* Akt. Einzigartigkeit oder Einheitlichkeit – an dieser

Frage werden sich die Geister scheiden. Die kroatische Autorin Dubravka Ugrešić malt sich dazu folgendes Szenarium aus:

„Schriftsteller und Leser finden einander am Ende doch noch. Nach langer Suche treffen sie zusammen und schließen sich in die Arme. Das Treffen findet unter konspirativen Bedingungen statt, auf einer Waldlichtung, im Kreis literarisch Illegaler, abstruser Angehöriger einer ‚Vereinigung der Freunde der wahren Literatur‘.“

Eine Szene, die gespenstisch an das Ende des eingangs erwähnten Films „Fahrenheit 451“ erinnert. Dort retten Leser die verbrannten Bücher, indem sie sie vor ihrer Vernichtung auswendig lernen und unablässig memorieren. Sich in lebende Bücher verwandeln. Zugegeben, vielleicht eine etwas überzogen anmutende Vorstellung. Immerhin verdichtet sich in diesem Bild die Sehnsucht nach einer – längst abhanden gekommenen – Identität zwischen Autor, Buch und Leser, ein persönlicher, emotionaler, körperlicher Bezug, über den Marketing-Strategen allenfalls lächeln werden. Dahinter lauert die Gefahr einer immer stärker spürbar werdenden Verflachung, die alle Eigenarten aufhebt und Unterschiede verschleift. Diese Art der Gleichmacherei aber ist der sicherste Weg in den neuen Totalitarismus der reinen Konsumwelt. Standarddesign der Phantasie in standardisierter Sprache. Der Ruf nach Bildungs-Standards, „Bildungs-Normen“ – wie er derzeit immer eindringlicher aus den Verbildungsministerien unserer Republik zu hören ist, ist von grotesker Absurdität:

Bildung als genormtes Serienprodukt, sauber evaluierbar, multiple-choice-test-geeignet, kanongeregelt – die Wunschvorstellung der Euro-Bürokraten und Kulturmarketing-Experten ist zur wahren, eigentlichen intellektuellen Einschläferungsdroge geworden. Intelligenzvernichtung durch Bücherverdichtung – eine neue Methode der Indizierung. Die Gegenwart zeigt deutliche Zeichen, dass wir uns auf dem Weg zu einer gut organisierten schönen neuen Welt befinden. Fanatische Bibliothekare im Stil des greisen autoritären Mönchs in Umberto Ecos Abtei des Schreckens oder düstere Inquisitoren und Autodafé-Zündler sind bei dieser Form der Überwachung nicht mehr angesagt und nicht mehr nötig.

Wir alle müssen auf der Hut sein und auch die verborgenen Formen des „Prinzips Bücherverbrennung" attackieren. Und zwar rechtzeitig, das heißt wenn sie sich uns zeigen, wenn wir sie spüren. Erich Kästners Vermächtnis fordert dazu auf, die Faust rechtzeitig aus der Tasche zu nehmen. Und die vielen Duckmäuser zu ermutigen, aus ihrer passiven Rolle zu treten.

„Ich hatte angesichts des Scheiterhaufens nicht aufgeschrien. Ich hatte nicht mit der Faust gedroht. Ich hatte sie nur in der Tasche geballt. Warum erzähle ich das? Warum mische ich mich unter die Bekenner? [...] Weil keiner unter uns und überhaupt niemand die Mutfrage beantworten kann, bevor die Zumutung an ihn herantritt. Keiner weiß, ob er aus dem Stoffe gemacht ist, aus dem der entscheidende Augenblick Helden formt. Kein Volk und keine Elite darf die Hände in den Schoß legen und darauf hoffen, dass im Ernstfall, im ernstesten Falle, genügend Helden zur Stelle sein werden."

Der Zar hörte das Schreien und schickte Leute aus, Kusma zu retten.

Sie holten ihn aus dem Wasser, da schreit die Füchsin: »Gebt ihm trockene Kleider — aber schöne!«

Der Zar gab Kusma seinen Sonntagsstaat.

Kusma kommt zum Zaren. Da braucht weder Bier gebraut, noch Schnaps gebrannt zu werden — alles ist schon fertig.

Kusma wird mit der Zarewna getraut — sie leben beim Zaren erst eine Woche, und dann noch eine Woche...

»Jetzt aber, mein lieber Schwiegersohn«, sagt der Zar, »laß uns mal zu dir auf Besuch fahren!«

Kusma bleibt weiter nichts übrig, er muß sich zur Reise rüsten. Die Pferde werden angeschirrt, und sie fahren los. Die Füchsin war aber schon vorausgelaufen.

1 Zarewna — Zarentochter.

Sie trifft Hirten mit einer Schafherde und erkundigt sich:

»Hirten, Hirten! Wem gehört die Herde?«

»Dem Drachen Gorynytsch!«

»Sagt, sie gehört Kusma dem Schnellreichen, hinter mir kommen der Zar Feuer und die Zarin Blitz gefahren, sagt ihr nicht, daß die Herde Kusma dem Schnellreichen gehört, werden sie euch mitsamt euren Schafen versengen und verbrennen!«

Die Hirten sehen, es ist Gefahr im Anzug und versprechen das zu sagen, was die Füchsin sie gelehrt.

Sie aber lief weiter, da trifft sie andere Hirten — mit Kühen:

»Hirten, Hirten! Wem gehört die Herde?«

»Dem Drachen Gorynytsch!«

»Sagt, daß die Herde Kusma dem Schnellreichen gehört. Hinter mir kommen der Zar Feuer und die Zarin Blitz gefahren, sie werden euch alle mitsamt euren

Lena Höft
Historisch getreu oder erzählerisch ergeben?
Sachbücher des ‚Dritten Reiches' und ihre Neuauflagen
in der Bundesrepublik

KARL ALOYS SCHENZINGERS Tatsachenroman „Anilin" bildete vor
ein paar Jahren den Ausgangspunkt zur Auseinandersetzung mit
Sachbüchern aus der Zeit des Nationalsozialismus. Schenzinger berichtet darin von der Entwicklung der Teerfarben und dem Aufbau
der deutschen chemischen Farbenindustrie. Es ist die Geschichte
deutscher Erfinder, die widrigste Forschungs- und Produktionsbe-
dingungen überwinden. Sie setzen sich gegen alle Konkurrenz ‚des
Auslands' durch und schaffen es, den Betrieben der späteren I.G.
Farbenindustrie, allen voran Bayer und der BASF, zu wirtschaftli-
chem Erfolg zu verhelfen.

Im Rahmen einer Seminarveranstaltung fragte eine Kommilitonin
etwas zaghaft, wo ein vormals angesprochenes Zitat stehe. Sie habe
zwar den Textabschnitt gefunden, die genaue Stelle könne sie aber
nicht ausmachen. Hatten wir anderen Exemplare aus den Dreißiger-
und Vierzigerjahren erworben, lag vor ihr die letzte Taschenbuchausgabe aus dem Jahr 1973, elf Jahre nach Schenzingers Tod erschienen.
Dort preist der Verlag den Tatsachenroman als den „Inbegriff des historisch getreuen und doch dramatisch erzählten Industrieromans".
Was dabei unerwähnt bleibt, ist die Tatsache, dass es sich um eine
„durchgesehene und ergänzte Neuauflage" des erstmals 1936 erschienen Buches handelt, das ab 1949 in der vorliegenden geänderten Fassung mehrfach aufgelegt wurde. Was wir zuerst etwas irritiert
bestaunten, stellte sich nach einiger Recherche als durchaus gängige

---

* Erhard Schütz, Jochen Vogt: Einführung in die deutsche Literatur des 20. Jahrhunderts. Bd. 2. Weimarer Republik, Faschismus und Exil. Opladen 1977 (Grundkurs Literaturgeschichte), S. 251-275, hier
S. 255.

Praxis heraus: Sachbuchbestseller aus der Zeit des Nationalsozialismus, also Tatsachenromane, Biografien und Ratgeber, wurden mit Gründung der Bundesrepublik 1949 und der damit endenden alliierten Literaturzensur in geänderter Textfassung auf den Buchmarkt gebracht. Ein Teil der nationalsozialistischen Bestseller wurde also mit einigen Änderungen an den bundesdeutschen Buchmarkt angepasst und eröffnete den Autoren so eine Möglichkeit zur Rückkehr in den Handel, noch bevor sie neue Bücher veröffentlichen konnten.

Das schriftstellerische Schaffen scheinbar NS-konformer oder -getreuer Autoren über die Zeit des ‚Dritten Reiches' hinaus ist insofern erst einmal verwunderlich, da der Bezugspunkt ihres Schaffens politisch konform die nationalsozialistische Volksgemeinschaft war: „Es darf ein Erfinder nicht nur erscheinen als Erfinder, sondern er muß größer noch erscheinen als Volksgenosse", wie es in Hitlers „Mein Kampf" gefordert steht.* Damit ist der Bezugspunkt des literarischen Schaffens der Sachbuchautoren umrissen. Das gilt sowohl für Schenzingers Erfinder in „Anilin" oder dem Nachfolger „Metall" (1939) oder als Bezugspunkt für Anton Zischkas Schreiben, aber auch für die Biografien von Adolf Ahrens: „Die Siegesfahrt der Bremen" (1940, Neuauflage 1949) und Elly Rosemeyer-Beinhorn: „Mein Mann der Rennfahrer" (1938, Neuauflage 1955) oder die von Johanna Haarer geschaffene „Deutsche Mutter"**.

Die betreffenden Sachbücher verkauften sich vor 1945 massenhaft. Sie waren Bestseller mit einer Gesamtauflage von über 100.000 Exemplaren. Nach 1949 gab es für sie abermals einen Absatzmarkt, wenn auch einen etwas kleineren als vor dem Krieg. Dabei galt es,

---

* Adolf Hitler: Mein Kampf. Zit. nach: Konrad Hecker: Der Faschismus und seine demokratische Bewältigung. München: Gegenstandpunkt Verlag 1996, S. 205.
** Johanna Haarers Erziehungsratgeber *Die deutsche Mutter und ihr erstes Kind* (1934) war der erfolgreichste Ratgeber des Nationalsozialismus und hatte bis 1944 eine Gesamtauflage von gut einer halben Million Exemplaren. Ab 1949 unter dem Titel *Die Mutter und ihr erstes Kind* erneut auf den Markt gebracht, verkaufte sich Haarers Ratgeber zu Schwangerschaft, Geburt und dem ersten Lebensjahr des Kindes bis zur letzten Auflage 1986 1,2 Millionen Mal. Schon während der nationalsozialistischen Herrschaft kommen im Abstand von höchstens 24 Monaten immer neue Auflagen auf den Buchmarkt. Haarer aktualisierte den Ratgeber fortlaufend um die neuesten Erkenntnisse der Säuglingsaufzucht und passte den Ratgebertext den Versorgungsbedingungen während des Zweiten Weltkrieges an. Damit ist ihr Text nach 1949 nicht nur politisch, sondern auch fachlich bearbeitungsbedürftig geworden. Das unterscheidet den Ratgeber von den sachliterarischen Genres Tatsachenroman und Biografie.

sich den neuen Gegebenheiten der Bundesrepublik anzupassen und eben nicht mehr populäre Massenunterhaltung für die nationalsozialistische Volksgemeinschaft, sondern für die bundesdeutsche Demokratie zu produzieren. Schaut man sich die einzelnen Sachbücher im Detail an, fällt schnell auf, dass allzu deutliche Parteinahmen für den Nationalsozialismus – sofern es die überhaupt gab – gestrichen wurden. Die oben genannten Autoren nahmen inhaltlich nur verhalten Änderungen am Text vor.

Es mag vor diesem Hintergrund wenig verwundern, dass viele der Sachbuch-Bestsellerautoren in der unmittelbaren Nachkriegszeit bis 1949 in den vier Besatzungszonen und in Österreich unter die alliierte Literaturzensur fielen.* Neben den genannten Autorinnen und Autoren war auch der Autor und Rowohlt-Lektor Kurt W. Marek betroffen. Er schrieb unter dem Titel „Wir hielten Narvik" (1941) einen Kriegsbericht, der auf diversen Indices der alliierten Besatzungstruppen stand.** Eine Neuauflage in der Bundesrepublik hat es hier nie gegeben. Marek wurde aber unter dem Pseudonym C.W. Ceram weltbekannt. Mit „Götter, Gräber und Gelehrte" (1949) schrieb er das erfolgreichste Sachbuch der Nachkriegszeit und prägte den Sachbuchmarkt der Bundesrepublik wesentlich. Sein Kriegsbericht, ein erster schriftstellerischer Erfolg noch im Nationalsozialismus, erscheint dem Rowohlt-Verlag unangemessen. So heißt es in einer biografischen Notiz: „Er war von 1938 bis 1945 Soldat, veröffentlichte 1941 ein Kriegstagebuch, eine realistische Reportage, die nach der ersten Auflage verboten wurde."*** Marek und der Verlag stellten das Buch als regimekritisch dar, wobei es dem Aufbau nach stark an die Schenzinger'schen Tatsachenromane erinnert. Nach der zweiten Auflage 1942 wurde keine weitere

---

* Alle genannten Autoren finden sich in mindestens einer der nachfolgenden Zensurlisten. Karl Aloys Schenzingers Titel waren zeitweise – wenn auch nicht vollumfänglich – in allen Besatzungszonen und in Österreich verboten. Vgl. Illustrative List of National Socialist and Militarist Literature (US-Zone, 1946), Liste des kath. Borromäusvereins (britische Zone, nach Oktober 1945), Liste unerwünschten Schrifttums (Nordrhein-Westfahlen, Juni 1947), Liste der auszusondernden Literatur (Sowjetische Besatzungszone, 1946-48), Liste der gesperrten Autoren und Bücher (Österreich, 1946).
** Der Titel findet sich in den Zensurlisten Liste unerwünschten Schrifttums, Liste der auszusondernden Literatur (Fassung 1. April 1946) sowie Liste der gesperrten Autoren und Bücher.
*** [o.V.]: Zu diesem Buch. In: Kurt W. Marek: Provokatorische Notizen. Reinbek bei Hamburg: Rowohlt 1962, S. 2.

herausgegeben. Auch wenn Marek sich dem NS-Regime in „Wir hielten Narvik" nicht anbiedert, erfüllte das Buch weitgehend die Anforderungen der Wehrmachts-Propaganda.[*]

Das erste schriftstellerische Schaffen im ‚Dritten Reich' war für die meisten Sachbuchautoren kein Hindernis, auch in der Bundesrepublik als Schriftsteller tätig zu sein – abgesehen von einigen wenigen Ausnahmen wie Johanna Haarer oder Elly Beinhorn war der Sachbuchmarkt den männlichen Autoren vorbehalten. Der Tatsachenroman war es allemal. Zwei Autoren dominierten dabei in der Wahrnehmung des Genres: „Wer einen Tatsachenroman schreiben will, der lerne entweder bei Ceram und seinem: ‚Götter, Gräber und Gelehrte' [...], oder aber er lernt bei *Altmeister* Schenzinger, dem Auflagenkönig der deutschen Literatur."[**] So transformierte Schenzinger nicht nur seine Texte in die Bundesrepublik, die Anerkennung seiner Auflagenerfolge überdauerte ebenfalls den Systembruch.

In der Nachkriegszeit musste sich Schenzinger einem Entnazifizierungsverfahren im Bayerischen Landau stellen. Er wurde – basierend auf dem großen Verkaufserfolg des „Hitlerjungen Quex" und der damit einhergehenden Verleihung des goldenen HJ-Abzeichens – angeklagt, zur Gruppe der Belasteten zu gehören. Schenzinger plädierte auf eine Einstufung in die Gruppe III/Bewährungsgruppe und wird schlussendlich als Mitläufer quasi freigesprochen. In seiner Verteidigung berief er sich darauf, keine offiziellen Parteiämter innegehabt zu haben.[***] Außerdem seien „Anilin" und „Metall" „alles eher als parteigefällig".[****] In seiner Schlussbemerkung zur Verhandlung 1948 zog Schenzinger folgende Parallele:

„[D]er Gesetzgeber will, dass aus dem deutschen Volke der Nationalsozialismus ausgerottet wird und der deutsche Mensch wieder frei

---

[*] Vgl. David Oels: Rowohlts Rotationsroutine. Markterfolge und Modernisierung eines Buchverlags vom Ende der Weimarer Republik bis in die fünfziger Jahre. Essen: Klartext 2013, S. 286 f.

[**] [o.V.]: Kalter Dampf in freien Rhythmen. In: DIE ZEIT (48) 1953. Verfügbar über: https://www.zeit.de/1953/48/kalter-dampf-in-freien-rhythmen [16.05.2018]. Hervorh. i. Orig.

[***] Vgl. Entnazifizierungsakte Karl Aloys Schenzinger, Staatsarchiv Landshut, StALa, Spruchkammer Landau (Rep.241/9) Nr. 2664.

[****] Dr. Fritz Höchtl und Dr. Otto Höchtl: Vertretungsanzeige-Erklärung u. Antrag. Straubing, den 31. März 1948. In: Entnazifizierungsakte Karl Aloys Schenzinger, Staatsarchiv Landshut, StALa, Spruchkammer Landau (Rep.241/9) Nr. 2664.

denken lernt. Ich habe aber schon vor 13 Jahren das nationalsozialistische Gedankengut distensiert. – Schiller hat auch seine Räuber geschrieben und niemandem ist eingefallen, ihn als Räuber zu verdächtigen."*

Mit der Arbeit an „Anilin" habe er auch jede Nähe zum National-
sozialismus aufgegeben, so Schenzinger in seiner Verteidigung. Der
Vergleich mit Schiller zeigt dabei ganz eindrücklich, dass er seine
Bücher als Romane verstanden wissen will und somit eben auch als
Kunstwerke, nicht als politische Schriften. Die Spruchkammer sah
ihre Anklage schlussendlich widerlegt, da sie Schenzingers Distanzierung vom Nationalsozialismus als glaubwürdig erachtete.**
    Kurz nach Gründung der Bundesrepublik kommen Schenzingers
Tatsachenromane, in denen die Spruchkammer keine Anhaltspunk-
te für eine Unterstützung des Nationalsozialismus sah, abermals auf
den Markt – allerdings in geänderten Fassungen. Das Signum der
„durchgesehenen und ergänzten", „erweiterten" oder „überarbeite-
ten" Neuauflage passt die Tatsachenromane den veränderten politischen Umständen an, wie das nachfolgende Beispiel von Karl Aloys
Schenzinger eindrücklich zeigt. Daneben scheint der Autor ganz der
wissenschaftlichen Aktualität der Bücher verpflichtet, so als käme
einer Informationsverpflichtung qua Gattung nach. Dem Produkt
Tatsachenroman wird ein Mehrwert der aktuellen Wissensvermittlung hineingeschrieben.
    Nach dem Erscheinen der „durchgesehenen und ergänzten Neuauf-
lagen" von „Anilin" (1949) und „Metall" äußerte sich Schenzinger 1951
dem SPIEGEL gegenüber zu seiner literarischen Vergangenheit:
    „Ich bin kein Dichter. Ich will nur berichten, was los ist. *Anilin*
habe ich geschrieben, ohne ein Chemiker, *Metall* ohne Techniker,
Atom ohne Physiker – *Quex* ohne Nazi zu sein. [...] Uebrigens habe
ich vieles am Nationalsozialismus bewundert. Ich bewundere auch
Schmeling. Trotzdem kann ich das Boxen nicht ausstehen."***

---

* Protokoll der öffentlichen Sitzung am 25. Mai 1948. Landau/Isar. In: Entnazifizierungsakte Karl Aloys
Schenzinger, Staatsarchiv Landshut, StALa, Spruchkammer Landau (Rep.241/9) Nr. 2664.
** Vgl. ebd.
*** *Schenzinger. Berichten, was los ist.* In: *Der Spiegel* (1951), Heft 21, S. 32f., hier S. 32.

Damit betont Schenzinger abermals, sich aus dem Geiste schriftstellerischer Freiheit seiner Themen bedient zu haben. Er will als unpolitischer Autor wissenschaftlicher Unterhaltungsliteratur verstanden werden. Bemerkenswert für den SPIEGEL sind mit dem Erscheinen seines vierten Tatsachenromans „Schnelldampfer" (1951) vor allem die „astronomischen Auflageziffern" von „Anilin" (1936, Neuauflage 1949), „Metall" (1939, Neuauflage 1949) und „Atom" (1950). Der Grund seines Erfolgs wird in der Mischung aus Stoffauswahl und Erzählweise ausgemacht:

„Seine Technik der farbig-fesselnden Historie, der in Erzählung virtuos verpackten Chronik, der im besten Sinne populären, stets hochaktuellen Wissenschaftsgeschichte, entsprach genau dem allgemeinen Lese- und Lernbedürfnis, seine Bücher zeugten für einen nachtwandlerisch sicheren Instinkt in der Stoffwahl."[*]

Entscheidend für den Erfolg eines Sachbuches ist dessen „Synchronisierung mit den Wünschen und Phantasien des Publikums"[**], oder anders ausgedrückt: Leser können sich mit den dargestellten Rollenmodellen identifizieren und sehen in den Figuren viel Platz für persönliche Projektionen. Was bieten also die Tatsachenromane an? Sie alle können als Mischung aus Abenteuerunterhaltung und – zumindest oberflächlicher – Wissensvermittlung gelesen werden. Schenzinger konnte Geschichten schreiben, die den Geschmack der breiten Massen trafen und recht mühelos zu lesen waren.[***] Daneben boten sie den Mehrwert, bestens unterhalten zu werden und dabei auch noch etwas zu lernen.[****] Gerade diese Mischung im Tatsachenroma ist es, die die Gattung für Kurt W. Marek schon 1948 so zeitgemäß macht. Dabei beruft er sich neben Paul de Kruif, des-

---

[*] Ebd., S. 32.
[**] Ebd., S. 32.
[***] Hahnemann, Oels 2008, S. 21.
[****] Oder gut zu lesen sind. Glaubt man dem Bericht einer Antiquarin, die über Bestseller bloggt, lassen sich gerade Schenzingers Tatsachenromane trotz ihrer vormals massenhaften Verbreitung heute immer noch gut und schnell verkaufen. (Vgl. Martina Berg: Bestseller von gestern: „Anilin" von K.A. Schenzinger. 25.03.2015, verfügbar über: http://www.buechersammler.de/bestseller-von-gestern-anilin-von-k-a-schenzinger/ [14.05.2018].)
[*****] Vgl. Christian Adam: Der Traum vom Jahre Null. Autoren, Bestseller, Leser: Die Neuordnung der Bücherwelt in Ost und West nach 1945. Berlin: Galiani 2016, S. 245.

sen „Mikrobenjäger" (1926) gemeinhin als erster Tatsachenroman gilt, ausschließlich auf Autoren, die bei unterschiedlicher Position gegenüber dem Nationalsozialismus alle während des ‚Dritten Reiches' in Deutschland veröffentlichen konnten: Rudolf Brunngraber, Christoph Erik Ganter (Pseudonym von Curt Elwenspoek), Anton Zischka, Frank Thiess, Rudolf Thiel und eben Karl Aloys Schenzinger. Für Marek ist es bei allen Autoren stets ein Schreiben über Tatsachen. Die gesellschaftlichen, wirtschaftlichen und politischen Bezugspunkte der Bücher werden dabei nicht beachtet.[*]

Wie sehr sie aber den Text selbst mitbestimmen, zeigt ganz eindrücklich Schenzingers Schaffen. In „Metall" (1939) schildert er die technisch-maschinenbauliche Entwicklung vom 18. Jahrhundert bis zum Ersten Weltkrieg im Jahr 1916. Einen wesentlichen Teil der Handlung nimmt die Entwicklung des Automobils ein. Schenzinger schildert ausgiebig Daimlers Zusammenarbeit mit dem österreichisch-ungarischen Beamten Emil Jellinek, dessen Tochter Mercedes Namenspatronin des gleichnamigen Wagens ist. Jellineks Beratungen waren wesentlich dafür, dass Daimler mit seinen Fahrzeugen der Durchbruch auf dem internationalen Markt gelang.[**] Nimmt man die Ausführungen Mareks ernst, schreibt Schenzinger hier ganz den historischen Tatsachen verpflichtet, indem er die Geschäftsbeziehung zwischen Daimler und Jellinek ausbreitet. Doch bereits in der Auflage 61.-75. Tausend 1939 wurden alle Textpassagen zum Wirken Jellineks aus dem Text gestrichen.[***] Jellinek stammte – was im Romantext mit keinem Wort erwähnt wird – aus einer Wiener Rabbinerfamilie.[****] Die 1939 gestrichenen Textpassagen, also die nachträgliche Anpassung für den nationalsozialistischen Buchmarkt, fehlen auch noch in der Neuauflage 1949. Vielmehr gilt es hier, allzu offensichtlich NS-konforme Textstellen aus dem Text zu streichen oder umzuformen. Dabei ist das Verfahren der Änderun-

---

[*] Vgl. Kurt W. Marek: Romane ohne Erfindung. In: benjamin (19) 1948, S. 10.

[**] Vgl. Elfriede Grunow-Osswald: Die Internationalisierung eines Konzerns. Daimler-Benz 1890-1997. Königswinter: Heel-Verlag 2006 (=Wissenschaftliche Schriftenreihe des Daimler-Chrysler-Konzernarchivs 10), S. 68f.

[***] Vgl. Karl Aloys Schenzinger: Metall. Aufl. 1. bis 20. Tausend. Berlin: Andermann 1939, S. 388-394; 420-424; 428f.

[****] Vgl. Hannes Stekl: Jellinek-Mercédè, Emil. In: Neue Deutsche Biographie 10 (1974), S. 396f.

gen immer ähnlich. Die nachfolgenden Textstellen sollen exemplarisch das Verfahren der „durchgesehenen und ergänzten Neuauflage" deutlich machen.

1. bis 20. Tausend. München: Andermann 1939.	Durchgesehene und ergänzte Neuauflage. 1. bis 10. Tausend. München: Andermann 1949.	
„Der Frieden von Utrecht gab den Engländern nach einem Kolonialkrieg, den sie auf fremdem Boden und meist auch mit fremdem Blut geführt hatten, die ganze Ostküste Nordamerikas […]." (S. 9)	„Der Frieden von Utrecht gab den Engländern nach einem Kolonialkrieg, den sie auf fremdem Boden und meist auch mit fremden Kräften geführt hatten, die ganze Ostküste Nordamerikas […]." (S. 9)	Hier wird im Auftakt des Romans auf die Zusammensetzung der britischen Truppen bei der Kolonialisierung Amerikas angespielt. Die Umformung des Textes betrifft hier eine Sprache, die allzu deutlich an die nationalsozialistische Blut-und-Boden-Ideologie erinnert.
„Wären diese Deutschen im Lande geblieben, hätte Großdeutschland heute 150 Millionen Einwohner. Die deutschen Grenzen sind aber schon für 80 Millionen zu eng. […] Aber immer haben die Deutschen der neuen Heimat das Gepräge gegeben." (S. 41)	„Wären diese Deutschen im Lande geblieben, hätte es Deutschland mit der Zeit auf die doppelte Zahl Einwohner gebracht. Die deutschen Grenzen waren aber schon für die Hälfte zu eng. […] Aber immer haben die Deutschen der neuen Heimat ein Gepräge gegeben." (S. 47)	Die nach Amerika ausgewanderten Deutschen haben nicht im Land bleiben können, weil es schon flächenmäßig nicht für ihre Versorgung ausreiche. Es bestehe bzw. bestand die Notwendigkeit der Ausbreitung. Der Gedanke bleibt in der Neuauflage erhalten, wird aber historisiert. Der vormals behauptete Geltungsanspruch der deutschen Kultur wird abgemildert, findet sich aber ebenfalls noch im Text.
[Start des Zeppelins am 4. August 1908] „Die Leistung ist aber doch großartig.' ‚Nichts gegen die Leistung. Ich überlege mir im Augenblick nur die Zweckmäßigkeit. Ein Luftfahrzeug wird einmal in erster Linie Kriegswaffe sein müssen. Das seht ihr doch ein.' ‚Klar, sehen wir das ein.' ‚Also dann. Ich schätze den Abstand von hier zu dem Luftschiff auf zwanzig Kilometer. Noch auf diese Entfernung trifft die Artillerie Ziele, die erheblich kleiner sind.'" (S. 453)	„Die Leistung ist aber doch großartig.' ‚Nichts gegen die Leistung. Ich überlege mir im Augenblick nur die Zweckmäßigkeit.' Die anderen sahen ihn verständnislos an." (S. 445)	Der spätere Flugzeugkonstrukteur Hellmuth Hirth leitet aus dem eigenen Erleben die Notwendigkeit einer technischen Verbesserung ab. Hier wird exemplarisch ein Verfahren der Schenzinger'schen Tatsachenromane deutlich. Sie liegt in der NS-Fassung in der Nutzbarmachung einer Erfindung für das Militär. In der Nachkriegszeit wird diese aus dem Text gestrichen und der Nutzen des Zeppelins verrätselt. Damit obliegt es dem Leser selbst, über die Verständnislosigkeit der Protagonisten hinaus die Textstelle zu füllen.

„Der Krieg ist die große Waage. Hier werden die Leistungen der Völker gegeneinander abgewogen, die Erfindungen, ihr Wissen, ihr Können, ihre Stärke und ihr Wille, ihr Glaube an das eigene Blut. Im Frieden haben die Erfindungen die Ebene des Lebens. Im Krieg bedingen sie die Stärke der Wehrkraft. Von der Keule zum Schwert, vom Wurfspeer zum MG., von der Schleuder zum Mörser ist die Entwicklung durch die Jahrtausende offensichtlich. Das Flugzeug ist ohne Vorfahren. Es ist unbedingt neu. Es hat dem Frieden und dem Krieg ein neues Gesicht gegeben. Der Krieg aber ist die große Waage." (S. 505)	„Ein Krieg bringt äußerste Notwendigkeiten. Die Not fordert die Höchstleistung und bekommt sie. Ein Genie aber läßt sich nicht züchten, und ein Einfall lässt sich nicht erzwingen."	Hier zeigt sich, welche Art Textstellen für die Neuauflage komplett umgeschrieben wurden. Das Zitat ist der Auftakt des Kapitels, das nach Ausbruch des Ersten Weltkrieges 1914 spielt. Die Nützlichkeit im Krieg bestimmt den Wert der Erfindung Flugzeug. Auch in der Neuauflage ist noch der Gedanke der „Höchstleistung" enthalten, wird aber durch den genialen Einfall in seiner Entstehung von den politischen Umständen entkoppelt. Schenzinger relativiert alle technischen Erfindungen für den Kriegseinsatz, da der eine äußeren Zwang für den Erfinder bedeutet, dem sich dieser nicht entziehen kann.

Die Protagonisten in Schenzingers Tatsachenroman setzen sich allzeit durch – sei es bei der Besiedelung eines Landes oder bei der Forschung und technischen Entwicklung. In der Neuauflage nach dem Zweiten Weltkrieg ist es nicht mehr die Entwicklung für den Kriegsfall oder die Höchstleistung durch den Krieg. In der „durchgesehenen und ergänzten Neuauflage" ist das Genie unabhängig von den politischen Umständen zu Höchstleistungen möglich und in der Lage, auch wenn es noch über der friedlichen Verwendung der Erfindungen grübeln mag.

Anders als in den Neuauflagen kommentiert Schenzinger in den Neuerscheinungen der Fünfzigerjahre auch das ‚Dritte Reich'. In seinem ersten Nachkriegsbuch „Atom" (1950) schildert er die Entstehung der Atomphysik und kritisiert deutlich den Abwurf der Atombomben im Zweiten Weltkrieg.[*] Neben den Opfern der Atombombe nimmt Schenzinger auch auf Deutschland nach der Kapitulation Bezug. Der Physikers Max Planck wartet mit seiner Frau auf die Rückkehr ihres Sohnes:

„Erwin müßte noch leben', sagte er tonlos.

---

[*] Vgl. Karl Aloys Schenzinger: Atom. Roman des neuen Weltbildes. Heidelberg, Marbach/Neckar: Bücher für alle 1950, S. 323, 344f.

Der Staatssekretär Erwin Planck war noch kurz vor Kriegsende gehängt worden. Er hatte Deutschland geliebt und die Freiheit des Gewissens. Wie sein Vater."*

Die Parallele zwischen Vater und Sohn spielt hier darauf an, dass das Gewissen des Wissenschaftlers ganz seiner eigenen Forschung verpflichtet ist. Damit ist im Nationalsozialismus die Wissenschaft selbst für Schenzinger ein Opfer politischer Interessen geworden; darin liegt der Kern seiner Kritik am ‚Dritten Reich'. Was Schenzinger beschreibt, ist die jeweils herausragende Leistung der Forscher. Ihrer Vereinnahmung durch ein politisches System stellt er sich in den Nachkriegsbüchern entgegen. Waren es in „Anilin" und „Metall" noch durch die Jahrhunderte hindurch größtenteils deutsche Forscher, die sich gegenseitig zu Spitzenleistungen beflügelten, wird in *Atom* eine internationale Forschergemeinschaft dargestellt.

Mit jedem der folgenden Tatsachenromane wird Schenzinger deutlicher. „Schnelldampfer" (1951) stellt er nach dem verlorenen Krieg das Motto „Eine Niederlage kann etwas Gutes sein. Man muß sie nur zur rechten Zeit erleiden"** voran. Die Stärke, die er hier betont, ist der abermalige Wiederaufbau der Handelsschifffahrt nach den verlorenen Weltkriegen. Zwei Jahre später goutiert er in „Bei I.G. Farben" (1953) zwar den wirtschaftlichen Aufschwung, der mit der Machtübernahme der Nationalsozialisten einsetzte, gleichzeitig kritisiert er deren aggressive Außenpolitik:
„Im Jahr 1933 kam in Deutschland eine Regierung zur Macht, die das Wirtschaftsproblem und die Arbeitslosigkeit mit drastischen Mitteln angriff. […]
Als ebenso drastisch wie ihre Maßnahmen zeigte sich ihre Intoleranz nach innen und außen.
Die diplomatische Welt geriet in Unruhe."***
Problematisch ist für Schenzinger hierbei der Eingriff in die konzer-

* Ebd., S. 329.
** Karl Aloys Schenzinger: Schnelldampfer. München: Andermann 1951, S. 5.
*** Karl Aloys Schenzinger: Bei I.G. Farben. München: Andermann 1953, S. 319f.

neigene Entwicklung und Produktion.* Was dabei nicht zur Sprache kommt, ist die Beteiligung der I.G. Farben-Konzerne an Zwangsarbeit und Holocaust. Ihn interessiert ganz die technische Überlegenheit der Betriebe. Der Roman endet vor 1945.

Abermals Anlass zur Kritik am Nationalsozialismus hat Schenzinger in „Magie der lebenden Zelle" (1957). Schenzinger berichtet von der um ein Jahr verspäteten Überreichung des Chemienobelpreises an Richard Kuhn, dem der Preis zeitgleich mit Adolf Butenandt, dem Preisträger 1939, verliehen wurde. Abermals geht es also um die Einmischung des Staates in den Forschungsbetrieb: „Ihn [den Nobelpreis] anzunehmen, wurde beiden vom Regime verboten."**

Der „Schenzinger-Stil"*** fand seine Leser im ‚Dritten Reich' und in der Bundesrepublik. Dort gehörten „Anilin" und „Metall" „zu den Klassikern des populären Sachbbuches"****.Was die Bücher sowohl für die Aufbauzeit des Nationalsozialismus als auch für die Wiederaufbaujahre der Bundesrepublik anschlussfähig machte, ist immer wieder eine scheinbar unpolitische Erzählung, die ihre Leser unterhält und ihnen gleichzeitig das Gefühl gibt, nebenbei etwas gelernt zu haben. Was für Schenzinger gilt, muss weitreichender untersucht werden: der über die politischen Systeme und die damit verbundenen Textstellen und Änderungen hinausgehende Arbeitsethos der Protagonisten: „Was unsere Männer an die Arbeit treibt, ist nicht die Hoffnung, es ist der Glaube."***** Davon lenken die Autoren Schenzinger und Marek in der Nachkriegszeit ab. Die Presse, hier am Beispiel der ZEIT und des Spiegels, nehmen es nicht in den Blick. Die Fokussierung auf die sachliche Grundlage der Tatsachenromane führt gerade davon weg, dass die Geschichten eben auch ein Arbeitsethos, ein Gesellschaftsbild und die Positionierung einer Wissenschaft (gegenüber dem Staat) bzw. ihren Nutzen im internationalen Wettbewerb aus- und verbreiten.

---

* Vgl. ebd., S. 320.
** Karl Aloys Schenzinger: Magie der lebenden Zelle. München: Andermann 1957, S. 297.
*** Rudolf-Walter Leonhardt: Hitlerjunge Quex nach zwanzig Jahren. In: DIE ZEIT (49) 1962. Verfügbar über: https://www.zeit.de/1962/49/hitlerjunge-quex-nach-zwanzig-jahren/komplettansicht [16.05.2018].
**** Ebd.
***** Schenzinger: Schnelldampfer, S. 378.

Isabelle Holz
Genet, Flaubert und die RAF

2017 inszenierte der Fotograf Arwed Messmer eine Ausstellung mit dem Titel „RAF – No Evidence / Kein Beweis". Das Material verschiedener staatlicher Bildarchive wurde dabei künstlerisch produktiv gemacht und ermöglicht einen neuen Blick auf die Protagonist_innen und den Terrorismus der ersten Generation der RAF. Was seine Bilder abseits der ikonischen Fotos der Studentenbewegung und der RAF sichtbar machen, sind sowohl architektonische als auch emotionale Innenräume: Statt Terror und Tod zeigt Messmer beispielsweise den Schallplattenspieler Gudrun Ensslins, auf dem am 18.10.1977 noch die Platte „Desire" von Bob Dylan liegt, daneben ein Duden. Ein Bild zeigt einen Stapel „Micky Maus"-Hefte in der Zelle von Andreas Baader, ein anderes die Bücherregale der Zellen – gefüllt mit den Autoren Fromm, Lenin, Marx, Benjamin, von Clausewitz und Flaubert.[*] Die Bücher, die sich in den Zellen, auf den Gängen und in einer extra zur Verfügung gestellten „Bücherzelle" immer weiter vermehrten, wurden zwar zur Kenntnis genommen[**], jedoch nie – abgesehen von Verweisen auf die programmatischen Basistexte – als zentraler Baustein des RAF-Terrorismus identifiziert. Dabei erschließen besonders die Romane und Dramen – ähnlich wie auch Messmers Bilder – neue Bedeutungsebenen des RAF-Terrorismus.

1976 bat die Strafvollzugsleitung in Stammheim die Gefangenen der RAF, aus den mittlerweile 2300 gesammelten Büchern 1000 auszusondern, um die Zellen-Kontrollen zu erleichtern. Im Herbst 1977 wurden in den Zellen von Raspe, Baader, Ensslin und Möller

---

[*] Messmer, Arwed: RAF – No Evidence / Kein Beweis. Ausstellungskatalog. Hatje Cantz Verlag, Berlin 2017.
[**] In einem Anschreiben an den Vorsitzenden des Untersuchungsausschusses des Landtags von Baden-Württemberg verweist Prof. Engler auf die „Bücherliste der in der Vollzugsanstalt Stuttgart inhaftierten terroristischen Gewalt-täter" und übermittelt eine „Aufstellung der für die Gefangenen Baader, Ensslin, Meinhof und Raspe seit dem 10.3.1975 in der Anstalt eingegangenen Bücher" in mehrfacher Ausfertigung. (Hauptstaatsarchiv Stuttgart, Akte EA4/413, Bü99).

noch immer über 1500 Bücher gezählt:* Neben Zeitschriften, „Micky Maus"-Magazinen und Bauanleitungen für Molotow-Cocktails** fanden sich programmatische Schriften von Marx, Engels, Lenin und Mao, staatstheoretische Texte von Rousseau, Platon, Morus und Münzer, Klassiker der Literaturtheorie und Literaturgeschichte von Barthes, Benjamin und Lukács, Klassiker der Philosophie wie „Geist der Utopie" und „Das Prinzip Hoffnung" von Bloch, Texte von Chomsky, Camus, Fanon, Bourdieu und Marcuse, aber auch Klassiker der literarischen Moderne: so unter anderem eine Gesamtausgabe von Brecht, „Querelle" und „Notre Dame des Fleurs" von Genet, „Fuck Maschine" von Bukowski, „Die Briefe" und „Ein schlichtes Herz" von Flaubert, der chinesische Roman „Die Räuber von Liang Schan Moor" (einst das Lieblingsbuch Maos) und der Roman „Moby Dick" von Melville. Bücher mussten von den Gefangenen beantragt und dann genehmigt werden; jemand musste sie kaufen und schicken; sie wurden kontrolliert, dokumentiert und dann erst zugänglich gemacht. Angesichts dieses komplexen Procederes lassen sich, was die Literaturauswahl betrifft, Zufälle nahezu ausschließen. Man kann also davon ausgehen, dass jeder Text, der sich in den Zellen der RAF befunden hat, Bedeutung für den Einzelnen oder die Gruppe hatte; ob als Handlungsanleitung, Instrument der Sinnstiftung oder im Prozess der terroristischen Radikalisierung zwischen 1975 und 1977.

Für einen kurzen Einblick in die Bücherregale der RAF in Stammheim werden im Folgenden drei Bücher herausgegriffen, die exemplarisch zeigen, wie die RAF den schiffsartigen Bau des Terroristentraktes – unter anderem auch über den Roman „Moby Dick" – zu einem „Imaginationsareal"*** umgebaut hat, das durch die Analyse der Zellenliteratur erschlossen und für die historische Rekonstruktion des Radikalisierungsprozesses der RAF über eine gemeinsame Text-Welt und gemeinsame Narrative produktiv gemacht werden kann.

---

* Hauptstaatsarchiv Stuttgart, Akte EA4/607, Bü43. Vgl. dazu außerdem: RAF. Terror im Südwesten. Katalog zur Ausstellung im Haus der Geschichte Baden-Württemberg. Stuttgart 2013. S. 71.
** Berendse, Gerrit-Jan: Schreiben im Terrordrom. Gewaltcodierungen, kulturelle Erinnerung und das Bedingungsverhältnis zwischen Literatur und RAF-Terrorismus. München 2005. S. 125.
*** Foucault, Michel: Andere Räume. In: Barck, Karlheinz u.a. (Hrsg.): Aisthesis. Wahrnehmung heute oder Perspektiven einer anderen Ästhetik. Leipzig 1992. S. 46.

Zelle von Andreas Baader, 974 Bücher.
Hier: Die Zofen und Querelle von Jean Genet

In Baaders Zelle finden sich neben den programmatischen Texten, Texten von Bukowski und stapelweise „Micky Maus"-Magazinen auch Romane und Dramen des französischen Schriftstellers und Dramatikers Genet. In den autobiografisch geprägten Werken treten hauptsächlich Zuhälter, Diebe und andere Randexistenzen und Außenseiter ihrer Zeit auf. Genet selbst kam als Kind in ein Fürsorgeheim, brach aus, trat in die Fremdenlegion ein und desertierte wieder. In den Vierzigerjahren wurde er wegen Landstreicherei, Diebstahl von Büchern und Prostitution aus fünf Ländern ausgewiesen und insgesamt sechzehnmal verurteilt, zuletzt zu lebenslanger Haft. Sein erster Roman, „Notre-Dame-des-Fleurs", den er 1942 im Gefängnis schrieb, ist einem Mörder gewidmet. Neben diesem Roman von Genet finden sich in Baaders Zelle aber auch der Roman „Querelle" [1947] und die Tragödie „Die Zofen" [1947]. Die Tragödie handelt von zwei Schwestern, die als *Zofen* in einem Haushalt dienen. Ihren „Herrn" haben sie mit falschen Anschuldigungen ins Gefängnis gebracht, um ihn als Verbrecher glorifizieren zu können. Der erste Akt beginnt mit einem Stück im Stück: die beiden Schwestern spielen „Herrin" und „Untergebene", in einem Dialog wird der Mord an der „Herrin" durchgespielt; das Sprach-Spiel wird dann aber vom Heimkommen der echten *Herrin* unterbrochen. Daraufhin beschließen die *Zofen*, die *Herrin* mit Gift zu ermorden. In dem Augenblick jedoch, in dem sie einen vergifteten Tee servieren, erreicht die *Herrin* ein Anruf: Ihr Mann, der *Herr,* wurde aus der Haft entlassen. Während die *Herrin* ihrem Mann entgegeneilt, spielen die *Zofen* die Phantasie mit und an sich selbst zu Ende. Die erst nur virtuell ausgeübte Tat, die Gewaltphantasie der *Zofen,* materialisiert sich im Stück zuletzt im realen Akt des Tötens. Die Auflösung der Grenze von Gewaltphantasie und Gewalthandeln zeigt sich als immanentes Strukturmotiv des RAF-Terrorismus bereits bei der Kaufhausbrandstiftung 1968*, und diese Auflösung zieht sich über die Analogie der Terrorjahre 1970–1972 mit dem Film „Schlacht um Algier"** bis zur Selbstfiktionalisierung*** und der Selbstinszenierung der Gruppe im Stammheim-Prozess.

Genets Texte und Dramen bewegen sich in dem Grenzgebiet von Phantasie und Tat; ein Raum, der nur über die Literatur erschlossen werden kann. In diesem Raum entstehen extreme Gewaltphantasien, entwickelt sich ein neues Moral- und Wertesystem, werden Autoritäten abgeschafft und die Verhältnisse auf den Kopf gestellt. Genets Grenzgänger, auch die *Zofen*, entstehen erst im Akt der Gewalt. Gudrun Ensslin schreibt in einem Kassiber 1973 „reden wir [...] von der befreiung von der gewalt durch die gewalt"****; Andreas Baader schreibt 1976 in einem Kassiber: „es geht mit dieser ganzen sache – guerilla – [...] um das verhältnis zu sein, also dauernd zu *werden*."***** Die (moralischen) Um-Wertungen und Um-Deutungen in der brutalen Text-Welt Genets gelten bis heute als skandalös, seine Bücher wurden verboten, Vorführungen endeten in Schlägereien.****** In einem Interview mit der ZEIT 1976 antwortet Genet auf die Frage, ob es rechtens wäre, dass ein Entrechteter mordet: „Man darf die Katego-

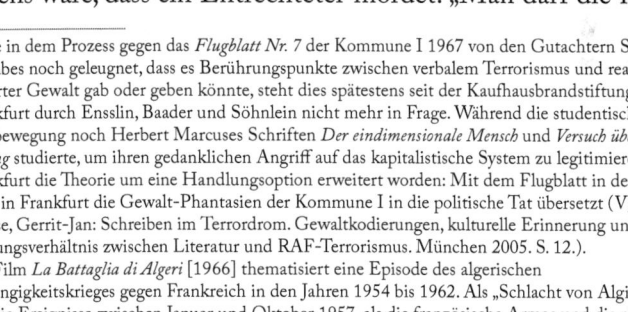

---

* Wurde in dem Prozess gegen das *Flugblatt Nr. 7* der Kommune I 1967 von den Gutachtern Szondi und Taubes noch geleugnet, dass es Berührungspunkte zwischen verbalem Terrorismus und realpolitisch motivierter Gewalt gab oder geben könnte, steht dies spätestens seit der Kaufhausbrandstiftung 1968 in Frankfurt durch Ensslin, Baader und Söhnlein nicht mehr in Frage. Während die studentische Protestbewegung noch Herbert Marcuses Schriften *Der eindimensionale Mensch* und *Versuch über die Befreiung* studierte, um ihren gedanklichen Angriff auf das kapitalistische System zu legitimieren, war in Frankfurt die Theorie um eine Handlungsoption erweitert worden: Mit dem Flugblatt in der Tasche wurden in Frankfurt die Gewalt-Phantasien der Kommune I in die politische Tat übersetzt (Vgl. dazu: Berendse, Gerrit-Jan: Schreiben im Terrordrom. Gewaltkodierungen, kulturelle Erinnerung und das Bedingungsverhältnis zwischen Literatur und RAF-Terrorismus. München 2005. S. 12.).
** Der Film *La Battaglia di Algeri* [1966] thematisiert eine Episode des algerischen Unabhängigkeitskrieges gegen Frankreich in den Jahren 1954 bis 1962. Als „Schlacht von Algier" gelten die Ereignisse zwischen Januar und Oktober 1957, als die französische Armee und die algerisch-nationalistische Rebellenorganisation FLN in der Hauptstadt Algier aufeinandertrafen. Geschildert wird, wie Einheiten der franz. Armee Jagd auf die Urheber immer neuer Bombenanschläge der FLN machen, die sich zunehmend auch gegen Zivilisten richten. Die Aufständischen werden dabei von *Ali La Pointe* angeführt, der vom Kleinkriminellen zum Leiter des Widerstands aufsteigt.
*** Gudrun Ensslin machte die Namen der Schiffscrew aus dem Roman *Moby Dick* zu den Decknamen der RAF und verknüpfte damit die Narration des Kampfes gegen den weißen Wal mit der Narration des Kampfes der RAF gegen den Staat.
**** das info. Briefe von Gefangenen aus der RAF 1973–1977. Hrsg. von Pieter H. Bakker Schut. Hamburg 1987. S. 14.
***** das info. S. 243.
****** Ein literarisch fremdartiges Leben. In: Deutschlandfunk. 18.05.2018. URL: http://www.deutschlandfunk.de/ein-literarisch-fremdartiges-leben.871.de.html?dram:article_id=127183. Stand: 18.05.2018.

rien nicht durcheinanderbringen. Es gibt literarische Kategorien und Erlebniskategorien."* Abgesehen davon, dass für den RAF-Terrorismus die Trennung dieser Kategorien nicht gilt, kann man sich über Genets Texte, seiner Theologie der Gewalt folgend, radikalen Phantasien aussetzen, und so der komplexen (emotionalen) Logik der Gewaltlegitimation des RAF-Terrorismus einen Schritt näherkommen. In Aufzeichnungen von Vollzugsbeamten aus Stammheim und auch im „info", dem Kommunikationssystem der RAF in Stammheim, ist zu lesen, dass Baader Ensslin und Meinhof in Anlehnung an das Stück von Genet gerne als „Zofen" bezeichnete.**

Eine ähnliche Dynamik ist in dem Roman „Querelle" zu beobachten: Der bisexuelle Matrose *Querelle* wird inszeniert als „apokalyptischer Engel", dessen Gefühle von einer „bestimmten Ausdrucksweise", einer „besonderen Orthographie"*** geprägt sind. *Querelle* ist ein Grenzgänger, eine Figur der maritimen Gegen-Welt, schillernd, schön, brutal. In Baaders Zelle in Stammheim fand man später Lidschatten, Pelze und Haarspray."**** *Querelle* geht im Hafen von Brest von Bord, besucht ein Bordell, ermordet seinen einzigen Freund während eines Drogengeschäfts, verliebt sich in dessen Geliebte und hängt schließlich den zuvor begangenen Mord einem anderen an. *Querelle* ist eine Gegen-Phantasie, eine Gegen-Welt. Die Gewalt dieses Gegenentwurfs zeigt sich wiederum in einem eigenen Moral- und Wertsystem – einer eigenen „Theologie gleichsam neuer Formeln, die aus Gewalttätigkeit *Zärtlichkeit,* aus der Prostitution Reinheit gewinnt und – *als Mord Heiligkeit: eine Theologie des Verbrechens.*"***** Die Tötung eines anderen (und in letzter Konsequenz auch die eigene) ist die Auflösung innerer und äußerer Hierarchien oder Unterwerfungen, ein Akt der totalen

* Fichte, Hubert: Ich erlaube mir die Revolte. In: Zeit online, 13. Februar 1976. URL: https://www.zeit. de/1976/08/ich-erlaube-mir-die-revolte. Stand: 18.05.2018.
** Kraushaar, Wolfgang; Wieland, Karin; Reemtsma, Jan Philipp: Rudi Dutschke, Andreas Baader und die RAF. Hamburg 2005. S. 71.
*** Genet, Jean: Querelle. Hamburg 2011. S. 13.
**** Kraushaar, Wolfgang; Wieland, Karin; Reemtsma, Jan Philipp: Rudi Dutschke, Andreas Baader und die RAF S. 85.
***** Querelle. In: Zeit online, 21. März 1980. URL: https://www.zeit.de/1980/13/querelle: Stand: 01.05.2018.

Selbstbefreiung. *Querelle* ist damit eine in jeder Beziehung, auch in der zu sich selbst, freie Figur. In einem Kassiber in Stammheim schreibt Ulrike Meinhof über Baader: „[…] andreas ist der wichtigste typ in der raf für uns, weil wir von ihm lernen können, wie das zu machen ist, was wir wollen, wie das bedürfnis zu realisieren ist, von dem wir ausgehen: widerstand zu leisten, um frei zu werden – das bedürfnis nach subjektivität und herrschaftsfreier menschlicher beziehung [...]"*

Im Zentrum von Genets Romanen und Dramen steht immer der AKT (des Verbrechens) als ein Akt der Befreiung, mehr noch: der Transsubstantiation. Von der Theorie zur Praxis war das Entwicklungsmodell der RAF, die TAT als Befreiung im doppelten Sinn: Sich im terroristischen Akt selbst befreien, durch den terroristischen Akt die Gesellschaft befreien. Liebe existiert in Genets Text-Welt nur in Begriffen der Härte: Glas, Stahl, Metall, Messer, Waffe.** Liebe ist Aggressivität, ist Gewalt, zeigt sich in Gewalt – „Die RAF hat euch lieb", schreibt Ulrike Meinhof aus dem Gefängnis an ihre Kinder. Freiheit gibt es in Genets Texten nur im und durch den Akt der Gewalt, Gewalt ist Befreiung, Autorität „kann es nur *in* einem Menschen geben, nicht außerhalb, die Gesellschaft hat keine"***. Über die Text-Welt Genets, über seine Gewaltphantasien, die zwischen erlebter, ausgeübter und hinter Gefängnismauern eingeschlossener Gewalt oszillieren, kann man auch den Gewalt- und Gesellschaftsphantasien des RAF-Terrorismus näherkommen.

Zelle von Gudrun Ensslin, 450 Bücher.
Hier: „Das schlichte Herz" von Gustav Flaubert und „Moby Dick" von Herman Melville
In der Sammlung Ensslins finden sich, ebenfalls neben den programmatischen Texten, die „Briefe" und „Das schlichte Herz" von Flaubert. Die kurze Erzählung „Das schlichte Herz" (1877) erzählt die Lebensgeschichte eines Landmädchens, einer späteren Dienst-

---

* Zit. nach: Stern, Klaus; Herrmann, Jörg: Andreas Baader. Das Leben eines Staatsfeindes. München 2007. S. 244f.
** Querelle. In: Zeit online, 21. März 1980. URL: https://www.zeit.de/1980/13/querelle: Stand: 01.05.2018.
*** Ebd.

magd. Der Traum eigener Kinder erfüllt sich in dem Großziehen und Umsorgen der Kinder ihrer Herrin, ihr Lebenssinn ist ein funktionaler. Flaubert dokumentiert dabei wie durch ein Vergrößerungsglas die Existenz einer Randfigur der Gesellschaft und macht damit eine proletarische Existenz zur Hauptfigur und zum Helden seiner Texte. Flaubert verachtete seine Epoche und die Oberflächlichkeit, den Verfall der Ideen der Aufklärung und das fehlende Bewusstsein seiner Klasse, der Bourgeoisie, zutiefst. Dabei war Flaubert „kein politischer Feind" des Systems, er hasste es nicht vom Standpunkt eines Revolutionärs aus, sondern vom Standpunkt „eines verhinderten Romantikers."* In der Sehnsucht nach vollkommenen gesellschaftlichen Bedingungen sieht Flaubert quälend scharf die Entfremdung des Menschen von seinen individuellen, menschlichen, authentischen Gefühlen. Seine Texte sind subtile Angriffe auf die fehlende Authentizität seines Umfelds im Umgang mit Gefühlen – und Dokumente wütender Ablehnung der von der bürgerlichen Romantik vorgefertigten und dann nachgeahmten Gefühle: So „opfert" *Madame Bovary* „ihr Leben uneigentlichen Gefühlen, von denen sie glaubt, sie müsse sie empfinden, weil sie das bei den Romantikern gelesen hat."** In seiner Zeit war der Roman „Madame Bovary" ein Skandalroman, der Flaubert wegen „Vergehen des Verstoßes gegen die öffentliche und religiöse Moral sowie gegen die Sittlichkeit" vor Gericht brachte. Flaubert sieht das Falsche, das Entfremdete in der Gesellschaft und benennt es, muss es benennen – wie auch Ulrike Meinhof ihre Kolumnen der Fünfziger- und Sechzigerjahre als Dokumente des politischen Aufbegehrens an die von ihrem Mitgefühl entfremdeten Menschen richtete.

Neben Flaubert ist vor allem ein Werk aus der Bibliothek durch das Buch „Der Baader Meinhof Komplex" von Aust bekannt: „Moby Dick". Ensslin machte die Namen der Schiffscrew aus „Moby Dick" zu den Decknamen der RAF und verknüpfte damit die Narration des Kampfes gegen den weißen Wal mit der Narration des Kamp-

---

* Oswald, Georg M.: Ein Gesellschaftsfeind nimmt Rache. In: FAZ, 25.12.2012. URL: http://www.faz.net/aktuell/feuilleton/buecher/madame-bovary-neu-uebersetzt-ein-gesellschaftsfeind-nimmt-rache-11994980.html. Stand: 01.10.2017.
** Ebd.

fes der RAF gegen den Staat. In einer Projektion ihrer Situation auf den Roman „Moby Dick" fiktionalisiert die RAF die Realität; und damit gewährt die Lektüre dieses Romans Einblick in die Strukturen der subtilen Dynamiken und der Ideologisierung der Gruppe. Ausgehend von einem politisch-radikalisierten Lektüreansatz, kann dieser an sich philosophische Roman so gleichsam als eine Terroristen-Fibel über die Geburt von Ideologie und Terror gelesen werden: *Ahab*, Kapitän des Walfangschiffes *Pequod*, hat während eines Kampfes mit einem weißen Wal, *Moby Dick*, ein Bein verloren und sinnt auf Rache. Unweigerlich muss man dabei an Baader denken, wie er, bei einem Schusswechsel mit der Polizei während seiner Festnahme 1972 in Frankfurt am Oberschenkel getroffen, vor Wut brüllend über den Hof geschleppt wurde. Nachdem *Ahab* das Kap der Guten Hoffnung umsegelt und andere Wale gemeinsam mit seiner Crew erlegt hat, wird schließlich der mythenumwobene weiße Wal östlich von Japan gesichtet. Doch die von Anbeginn an existenziell und spirituell anmutende Jagd auf *Moby Dick* wird *Ahab* zum Verhängnis: Die finale wechselseitige Jagd dauert drei Tage und endet mit dem Untergang in einem vom Wal erzeugten Strudel, als Sinnbild einer Verstrickung.

In *Der Baader Meinhof Komplex* schreibt Aust, dass Kapitän *Ahab* für Andreas Baader stand, *Starbuck* für Holger Meins, *Zimmermann* für Jan-Carl Raspe, *Queequeg* für den *„edlen Wilden"* Gerhard Müller, *Bildad* für Horst Mahler und *Smutje*, der „gegen die Haie predigt" für Ensslin selbst.[*] Ulrike Meinhof wurde von Ensslin, folgt man dem Text, zumindest ideologisch aus der Crew ausgeschlossen. Der Wal, *Moby Dick*, – so Aust – stand für den Leviathan, für den „weißen Terror des Staates"[**], den die RAF bekämpfen wollte. Über *Ahab* sagt der Erzähler in „Moby Dick": „Dann steht ein solcher Mann mit seinem Volke da als der einzige unter den vielen, eine bedeutende Gestalt, sichtbar vor aller Welt, geschaffen für die große Tragödie. Und sollte, von Geburt an oder durch besondere Umstände hervorgerufen, tief auf dem Grunde seiner Natur etwas Krankhaftes ein

---

[*] Aust, Stefan: Der Baader Meinhof Komplex. München 2008. S. 287f.
[**] Vgl. Theweleit, Klaus: Männerphantasien/ Männerkörper. Zur Psychoanalyse des weißen Terrors. Frankfurt am Main 1978. S. 310ff.

279

eigensinnig grillenhaftes Wesen treiben, so tut das seinem dramatischen Charakter nicht den geringsten Eintrag. Alle tragische Größe beruht auf dem Bruch mit der gesunden Natur [...]."* Auszüge aus diesem Textabschnitt aus „Moby Dick" schrieb Ensslin über Baader an Meinhof und ergänzte sie um den Satz: „Was dem europäischen Kampf um den Sozialismus seit hundert Jahren fehlt, ist doch das ‚wahnsinnige' Element..."** Die destruktive Dynamik des Kapitän *Ahab* wirkt sich aber nicht nur (durch sein Handeln) auf die Welt aus – sie infiziert auch andere Figuren/Personen: „Wie es zuging, daß sein Titanenzorn so innigen Widerhall bei ihnen [der Crew] fand, welcher böse Zauber ihnen die Seelen berückte, daß manchmal sein Haß in sie überfloß und sein Todfeind der ihre wurde [...] um darauf Antwort zu finden, müßte man tiefer graben."***

Auch wenn man hinter die anderen Decknamen aus „Moby Dick" schaut, offenbart der Text eine unheimliche Semiotik in Bezug auf die Verbindung zu den Mitgliedern der RAF****: Exemplarisch sei hier angeführt *Starbuck* – Holger Meins –, der erste Steuermann auf dem Boot, der sich wie kein anderer dem Kampf der RAF verschrieben hat. In seiner Hingabe an die Gruppe und die Ideologie hat er als einziger den dritten Hungerstreik „zu Ende" geführt und starb 1974 an dessen Folgen. In „Moby Dick" sagt *Starbuck* zu seiner Verbindung zu *Ahab*: „Meine Seele hat ihren Herrn gefunden: Ein Rasender hat sie übermannt. Daß Vernunft in einem solchen Kampf die Waffen strecken muß, das tut weh! [...] Etwas Unsägliches fesselt mich an ihn. Er hat mich im Schlepp und ich habe kein Messer, die Tosse zu kappen."***** In einer Aufzeichnung des Gymnasiasten Holger Meins aus der 12. Klasse heißt es: „Es gibt niemanden, dem ich zutiefst vertraue und glaube, von dessen Wahrheitswillen und Zuständigkeit ich überzeugt bin. Ich kann mich nicht mit bloßem Betrachten und Ausdeuten des Gewesenen begnügen, sondern muss

---

* Melville, Herman: Moby Dick. Zürich 1977. S. 99.
** Gudrun Ensslin an Berward Vesper am 24.08.1968. Zit. nach: Koenen, Gerd: Vesper, Ensslin, Baader. S. 168.
*** Melville, Hermann: Moby Dick. S. 206.
**** Vgl. Koenen, Gerd: Das rote Jahrzehnt. Frankfurt am Main 2011. S. 382.
***** Melville, Hermann: Moby Dick. S. 189.

weiter fragen bis zur letzten Frage, bis in den Bereich, wo es um Sein oder Nichtsein geht. Auch auf die Gefahr hin, dass man daran zerbricht. Wenn ich wüsste, wer Gott ist, wüsste ich auch, wer ich bin."* In Andreas Baader scheint Holger Meins eine Art spirituelle Führung gefunden zu haben, der seine ideologische Leidenschaft zu lenken wusste. Die durch die Mitglieder selbst ausgestellte Analogie über die gegenseitige Namensgebung ist ein entscheidender Anhaltspunkt, wenn es um die Erschließung der inneren Strukturen der RAF und des RAF-Terrorismus geht. Die sich subtil durch das Buch ziehenden Leitmotive scheinen wie für die Identitätsbildung von Guerillatruppen bzw. terroristischen Gruppierungen gemacht zu sein: die Identifikation des Feindes, dessen kompromisslose Bekämpfung und die Akzeptanz der damit verbundenen Notwendigkeiten.

In der mehrdimensionalen Realität der RAF-Ideologie stößt man immer wieder sowohl auf literarische Strategeme der Selbstfiktionalisierung, als auch auf literarische Rückkoppelungsphänomene, die sich im Außen abbilden: So wird beispielweise in der Urteilsverkündung am 28. April 1977 die Feststellung der „anerkannten Leitfigur"** Baaders in der Gruppe mit Auszügen aus Kassibern der Angeklagten begründet. Dabei orientiert man sich, neben Schriftstücken von Meinhof, vor allem auf die Verteilung der Decknamen aus Melvilles Roman „Moby Dick". Zitiert wird dazu im Urteil unter anderem der Kassiber „Meinhof-Mat. II/1-6 v. 16.7.1973" von Gudrun Ensslin***:

"... und klar, dass die zuletzt brauchbarsten, treffendsten begriffe eben gar nicht zufällig aus dem bereich der kriegsführung kommen/ stammen/ dahingehören/ führen - ———> AHAB <——— ".

Der Gerichtsprozess gegen Baader, Meinhof, Ensslin und Raspe zeigt, wie sich die Rezeptionsprozesse der Gruppe im Außen abbilden

---

* Zit. nach: Jähner, Harald: Der lange Marsch in die Realität. 01.09.2007. In: Berliner Zeitung. URL: http://www.berliner-zeitung.de/archiv/warum-ich-es-bis-heute-bedaure--beim-hungerstreik-nicht-heimlich-einen-keksriegel-gegessen-zu-haben-der-lange-marsch-in-die-realitaet,10810590,10501624. html. Stand: 07.10.2014.

** Zit. nach: Stuberger, Ulf G.: In der Strafsache gegen Andreas Baader, Ulrike Meinhof, Gudrun Ensslin, Jan-Carl Raspe wegen Mordes u.a. Dokumente aus dem Prozess gegen die RAF in der Justizfestung Stammheim. 2014. S. 392.

*** Ebd. S. 392f.

bis zu dem Punkt, an dem zur Urteilsverkündung gewissermaßen *AHAB* auf der leeren Anklagebank der Mehrzweckhalle sitzt – während sich Baader und der Rest der RAF auf den „Kampf" gegen den *weißen Wal* vorbereiten.

Die exemplarischen Analysen der kleinen Textauswahl zeigen, dass die Stammheim-Bibliothek ein Schlüssel zur häufig hermetisch geschlossen erscheinenden Welt der RAF-Organisation, ihrer Ideologie, ihrer personellen Struktur wie auch ihrer Selbstinszenierung sein kann. Bereits 1971 erklärt der SPIEGEL – Peter Brückner zitierend – die Gründung der RAF mit dem sog. „Brechtsche[n] Erlebnis"** und verweist damit noch vor „Stammheim" auf das spezifische Verhältnis der RAF zur modernen Literatur. In dem Roman „Der Mann ohne Eigenschaften" – auch das ein Schlüsseltext der 68er Bewegung – gibt Robert Musil dem vierten Romankapitel die Überschrift: „Wenn es Wirklichkeitssinn gibt, muß es auch Möglichkeitssinn geben", und schreibt dazu: „Wer ihn besitzt, sagt beispielsweise nicht: Hier ist dies oder das geschehen, wird geschehen, muß geschehen; sondern er erfindet: Hier könnte, sollte oder müßte geschehen [...]. So ließe sich der Möglichkeitssinn geradezu als die Fähigkeit definieren, alles, was ebensogut sein könnte, zu denken [...]."*** „Möglichkeitsmenschen" haben, so Musil weiter, „einen Flug, einen Bauwillen und bewußten Utopismus [in sich], der die Wirklichkeit nicht scheut, wohl aber als Aufgabe und Erfindung behandelt."**** Für „den Terroristen" ist die „Möglichkeit", anders als für „den Schriftsteller", nicht die Infragestellung der Realität, sondern das Absolut-Setzen des Möglichen gegen jede Realität. „Terroristen-Bibliotheken" sind, gut analysiert, der Quell-Code terroristischer Zellen.

---

* Melville, Herman: Moby Dick. Ergänzung: Ganz am Ende des Romans, am letzten Tag des „Kampfes" heißt es: „unselig bin ich wie kein zweiter und darum groß. [...] Dir, Wal, treibt sie [die Welle] mich zu, du magst mich vernichten, wie du alles zerstörst – überwinden wirst du mich nie! Bis ans Ende ring ich mit dir, aus der tiefsten Hölle noch stoß ich nach dir, mit dem letzten Atemzug spei ich dir meinen Haß ins Gesicht. (Melville, Herman: Moby Dick. S. 568.)
** Fall Baader/Meinhof. Staatsaktion im Untergrund. In: Der Spiegel Nr. 9/22.02.1971.
*** Musil, Robert: Der Mann ohne Eigenschaften. Erstes und zweites Buch. Hamburg 1996. S. 16.
**** Ebd.

Buch, materiell ein größeres Schrift-
oder Druckwerk aus miteinander verbundenen Blättern oder Bogen, in eine
Einbanddecke oder in einen Umschlag
eingefügt; meist aus Papier, im MA. auch
aus Pergament; Ende des 20. Jh. in elek-
tron. Form z.B. als digitales Buch (elek-
tron. Buch, /E-Book). Seiner Funktion
nach eine graf. Materialisierung geistig-
immaterieller Inhalte zum Zweck ihrer
Erhaltung, Überlieferung und Verbreitung in der Gesellschaft.

Ausschnitt aus Angelika Kauffmann, Lesende Frau und aus Brockhaus (2000).

heiraten und nehm' dich nicht zur Frau. Mach, daß du fortkommst!«

Die Reiherin weinte vor Scham und ging nach Hause.

Kaum war sie weg, da überlegte sich der Kranich:

»Ich hätte die Reiherin nehmen sollen! Das Alleinsein ist gar so langweilig.«

Er kommt wieder zur Reiherin und spricht:

»Reiherin, ich hab' mir's überlegt, ich will dich heiraten, nimm mich zum Mann!«

»Nein, Kranich, ich mag dich nicht zum Manne haben!«

Der Kranich ging heim. Da überlegte es sich die Reiherin nochmals:

»Warum habe ich ihn weggeschickt? Warum soll ich alleine leben! Besser ist's, ich heirate den Kranich doch.«

Sie kommt zum Kranich und hält um ihn an. Der Kranich aber will nicht.

So gehn sie bis auf den heutigen Tag eines zum anderen, werben umeinander und kommen nicht zum Heiraten.

Christa Karpenstein-Eßbach
Wo alles aufhörte, wo alles anfing. Rückblick auf die Achtzigerjahre

ALS 1978 DER KONKURSBUCHVERLAG gegründet wird, da provoziert er mit dieser Namensgebung mindestens zwei Assoziationen. „Konkurs" bezeichnet ein gerichtliches Vollstreckungsverfahren zur gleichmäßigen und gleichzeitigen Befriedigung aller Gläubiger eines Unternehmens, das die Zahlungen eingestellt hat – einen Bankrott, Ruin, eine Pleite: etwas hat abgewirtschaftet. Man darf aber auch an den lateinischen „concursus" denken, an das Zusammenlaufen, den Auflauf und Aufruhr, an ein Zusammentreffen oder einen Zusammenstoß; von „cursus" unterscheidet sich der „concursus" in der Richtungsbestimmtheit. Während mit einen „Konkurs" auf ein Geschehen geantwortet wird, das sich schon vollzogen hat, gehört zum „concursus" die Gegenwärtigkeit eines Geschehens; während der eine bezeichnet, dass etwas aufgehört hat, bezeichnet der andere etwas, das anfängt – eine Doppelung, die uns hier für die Achtzigerjahre und die ihnen eigenen Problemlagen interessiert. In diesen Rahmen gehört auf wesentliche und einflussreiche Weise auch die Öffentlichkeit, die der Konkursbuchverlag für Intellektuelle, Schriftsteller und Künstler eröffnet und gepflegt hat. Eine dritte Assoziation in den Gemengelagen von „Konkurs" und „concursus" verweist auf das „Kursbuch", das mit seiner ebenfalls doppelsinnigen Namensgebung lange für einen orientierenden Fahrplan in Sachen Linksintellektualität gesorgt hatte.

In einem 1981 erschienenen Roman wird das Lebensgefühl seines Helden so beschrieben: „Er hatte plötzlich die Empfindung, in zwei verschiedenen Zeiten zugleich zu leben. Zum einen lebte er innerhalb seiner gesamten Lebenszeit, die ihm häufig als zu lang vorkam, und zum zweiten lebte er innerhalb der gerade stattfindenden Erlebniszeit, die ihm fast immer als zu kurz erschien. Das bedeutete doch, dass er in einer langsamen und einer schnellen Zeit zugleich lebte, und dazu passte auch, dass er oft nicht wusste, in welcher der beiden Zeiten er das wirkliche Leben zu suchen hatte: in der ewig langsamen Aneinanderreihung gleich aussehender Tage oder in den kurzen Verdichtungen bestimmter Erfahrungen und Zustände.*" Man mag in diesen Sätzen die Erfahrung von Ungleichzeitigkeit ausgesprochen finden, aber die zu „Ungleichzeitigkeit" gehörende Vorstellung von einem geschichtlichen Fortschritt will zum unvermittelten Nebeneinander der beiden Zeiten von differenzloser Dauer und hervorgehobenen Zuständen nicht recht passen. Es ist denn auch eine für die Achtzigerjahre charakteristische Denkhaltung, dass an geschichtsteleologisch unterfütterte Ungleichzeitigkeiten mit Entwicklungszielen kaum noch in intellektueller Redlichkeit geglaubt werden kann. Wo liegen dann die andrängenden Erfahrungen der Zeit und die herausfordernden Problemzonen, in denen sich dieses Jahrzehnt vor dem unerwarteten Ende der bipolaren Weltordnung seine Signatur gibt?

Wer so fragt, ist zunächst einmal mit den Zeichnungen eines Bildes der Achtzigerjahre konfrontiert, das nach 1989 in der bundesrepublikanischen Öffentlichkeit entsteht. 1992 hatte Gerhard Schulze in seinem Buch „Die Erlebnisgesellschaft" festgestellt, dass die Gegenwart von einer Orientierung an Individualisierung, Vergnügen, Spaß und Erregungslust, differenziert nach verschiedenen „Milieus", geprägt sei, die sich in den Achtzigerjahren herausgebildet habe. Nach dem 11. September 2001 wurde dann das Ende der „Spaßgesellschaft", die ihre Hochzeit in den 90er Jahren gehabt habe, ausgerufen und eingefordert. Zu solcher Spaßigkeit sollte ein postmodernes Denken der 80er mit seinen Transformationen von Ethisierungen in Ästhetisierungen, seinem Verzicht auf Finalisierungen und große Systementwürfe und nicht zuletzt mit seinen spielerischen Ironisierungen aller Fundamentalismen entscheidend beigetragen haben. Als der Kapitalismus mit dem Einschnitt von 1989 gesiegt hatte und in seinem Zeichen jetzt mit vollem Ernst das Ende der Geschichte ausgerufen wurde**, entstand zugleich im Blick zurück

* Wilhelm Genazino: Die Ausschweifung, Reinbek 1981, S. 204.
** Francis Fukuyama: Das Ende der Geschichte, München 1992 (zuerst als Essay in: The National Interest, Summer 1989).

eine Dekade des spielerischen Leichtsinns einer Postmoderne, die nun beendet sei. 9/11 hat diese Forderungen noch einmal verschärft und einen neuen Ernst im „Kampf der Kulturen"* etabliert.

Es gibt gute Gründe, an diesem späteren Bild der Achtzigerjahre zu zweifeln und es anders zu zeichnen. Auf drei Problemzonen ist hier aufmerksam zu machen, die für dieses Jahrzehnt charakteristisch sind: zunächst die gewaltige Expansion der Medien, die bisherige intellektuelle und kulturelle Selbstverständnisse herausforderte; dann die Diskurse über eine katastrophische Gegenwart, die als Endstation erfahren wurde; und schließlich ein ethnologisch-dekonstruktiver Blick auf das eigene Land und seine Leute. Wie wenig das sog. postmoderne Jahrzehnt mit jener „Spaßgesellschaft" zu tun hat, dürften die ersten beiden Punkte deutlich machen; wie viel hingegen die Ironie intellektueller Distanznahmen leisten kann, der letzte. Beim Blick zurück steht hier vor allem die Prosa dieses Jahrzehnts im Zentrum, und von ihr aus können Resonanzen zu den theoretischen und politischen Denkmotiven der Zeit skizziert werden.**

I.

Als 1981 der erste Personal-Computer vorgestellt wird und 1984 das Privatfernsehen in Deutschland auf Sendung geht, ist das der Beginn einer informationstechnischen Revolution, die das analoge Zeitalter mit einer Menge neuer Geräte und Programme ausstattet. Von jetzt an kann alles im 0/1-Code gerechnet, prozessiert und gespeichert werden, und die kommerziellen Fernsehformate stellen ganz neue, gesteigerte Erregungspotentiale bereit, die mit den Bildungsaufträgen des öffentlich-rechtlichen Fernsehens nichts mehr zu tun haben. Die Technisierung von Schrift und Audiovision führt dazu, dass das, was ältere Medien leisteten, an neue übergeht und von ihnen ganz anders formatiert wird. Die alte Einsicht Friedrich Nietzsches angesichts seiner Schreibmaschine, wonach unser

---

* Samuel Huntington: Kampf der Kulturen, München 2002 (New York 1998).
** S. hierzu ausführlich Christa Karpenstein-Eßbach: Medien – Wörterwelten – Lebenszusammenhang. Prosa der Bundesrepublik Deutschland 1975-1990 in literatursoziologischer, diskursanalytischer und hermenautischer Sicht, München 1995.

Schreibzeug an unseren Gedanken mitarbeitet – was nun auf noch mehr technische Darstellungsmittel von Vorstellungen zu erweitern ist – forderte dazu heraus, über das, mit Friedrich Kittler gesagt, „medientechnische Apriori" der Gegenwart aufzuklären.* In dem Verständnis einer Anfang der Achtzigerjahre entstehenden neuen und anderen Medienwissenschaft sind Medien viel mehr als bloße Mittel der Kommunikation, weil sie unsere Welt- und Selbstverhältnisse, Wahrnehmungen und Empfindungen, Wirklichkeitsverständnisse und Wahrheitspotentiale sowohl irritieren wie in-formieren, d.h. in Form bringen. Der Theoriedruck, unter den Intellektuelle gerieten, weil das traditionelle Instrumentarium der Ideologiekritik als Antidot gegenüber Medien völlig unzureichend geworden war, bedeutete für Schriftsteller, die Möglichkeit von Literatur unter den Bedingungen neuer Medienkonkurrenz zu reflektieren. Urs Jaeggi notierte lapidar, Schreiben sei „ein verrücktes und schwer zu rechtfertigendes Unterfangen".** Das Erzählen selbst und sein Aufzeichnungsmittel, die Schrift, werden problematisiert. Was das Erzählen betrifft, so wurde das vom Autor regierte Zentrum der einen großen Erzählung fraglich, und der Erzähler ist nicht mehr jener Gerechte im Sinne Walter Benjamins, dessen einheits- und gemeinschaftsbildende Kraft darauf beruhte, dass seine Worte für sich sprechen konnten und er die Kunst beherrschte, eine Geschichte „von Erklärungen freizuhalten".***

Jean-Francois Lyotard hat diese veränderte Lage nicht allein im Blick auf die Literatur im engeren Sinne beschrieben, sondern in ihr auch eine neue denkgeschichtliche Konstellation gesehen. An die Stelle der einen großen Erzählung von der Emanzipation der Menschheit und des wissenschaftlichen Fortschritts im Gang der Geschichte ist eine Pluralität von Erzählungen getreten, in denen die unterschiedlichsten Perspektiven formuliert werden, die auch nicht mehr nach dem hierarchisierenden Schema der Relevanzstufen von Problemen sortiert werden können.**** Nicht mit der Einheit der Ver-

---

* S. Friedrich Kittler: Film Grammophon Typewriter, Berlin 1986.
** Urs Jaeggi: Versuch über den Verrat, Darmstadt 1984, S. 219.
*** Walter Benjamin: Der Erzähler, in: Gesammelte Schriften Bd. II.2, Frankfurt 1977, S. 445.
**** Jean-Francois Lyotard: Das postmoderne Wissen, Wien 1982 (Paris 1979).

nunft war zu rechnen, sondern mit einer nicht zuletzt auch medial ermöglichten Aufspreizung: zum einen in die Pluralität des Wissens einer sog. Informationsgesellschaft, zum anderen in die Vielfalt all der Ansichten und Stimmen, die audiovisuell zur Geltung kommen wollten. Von dieser Lage ist denn auch in der Literatur zu lesen.

In einem Roman von Hans Bemmann werden weit entlegene Dörfer jenseits hoher Gebirge aufgesucht, denn dort „erzählen einem die Leute Geschichten, in denen Geschichten erzählt werden", und man weiß noch: „Im Anfang war das Wort".* Wo es nicht so klösterlich entlegen zugeht, hat sich die Technisierung des Wortes des Erzählens bemächtigt, wenn, wie in Martin Grzimeks Roman „Die Beschattung", ein CIB-Speicher des „Centralinstituts für Biographik" für die „Realisation einer unvergleichlichen Idee (sorgt): das geistige Leben des einzelnen Menschen zu retten, bevor es durch seinen Tod für immer und unwiderrufbar ausgelöscht wird".** Der Protagonist des Romans, in dessen Namen Felix Seyner das „Seyn" so steigerungsfähig geworden ist wie die CIB-Technologisierung des „authentischen" Wortes literarisch überboten wird, entschließt sich, Schriftsteller zu werden, um jenem Speicher die geforderten Texte, ganz besondere Sprachkunststücke, zu entziehen. Was in diesen literarischen Medienkonkurrenzen zu Computer und Audiovision an Neuem entsteht, das ist ein Schreiben *vom* Erzählen, das sich weder mit den Strategien der Selbstüberbietung eines eher medienaffinen Avantgardismus der Moderne vergleichen lässt noch einer naiven Wiederkehr des Erzählens gehorcht.

In diesem Schreiben verbinden sich die Suche nach Erzählern und die Artifizierung des Erzählens so miteinander, dass Literatur – jenseits der Regression oder Überbietung überschaubarer Erzählungen – kompliziert gehalten werden und sich im Angesicht der neuen Medien profilieren kann. Das Erzählen, der Erzähler muß sich nun erklären, und selbst ein Roman wie Klaus Modicks „Das Grau der Karolinen" mit seiner kriminalistischen Dynamisierung des Erzählens kommt

---

* Hans Bemmann: Erwins Badezimmer oder Die Gefährlichkeit der Sprache. Eine Geschichte in Briefen mit diversen Beilagen, Stuttgart 1984, S. 197 u. S. 235.
** Martin Grzimek: Die Beschattung, München 1989, S. 17.

nicht daran vorbei, sich medienrelational zu explizieren – in diesem Fall im Bezug auf Bilder, deren unter ihrem Grau verborgenes Grauen die erzählerische Suche herausfordert. Man darf in der Problematisierung des Erzählens eine Antwort auf den Aufstieg der Audiovision, in der Inszenierung der Schrift eine Antwort auf den Computer sehen – Antworten, die beide in der Achtzigerjahren ausgearbeitet wurden.

Den „linguistic turn" hatte es schon lange gegeben, aber die Problematik des Zeichens wird nun angesichts des Computers anders reflektiert. Das traditionelle Zeichen, das eine innere Spannung oder Spaltung mit sich führt, weil es sich gemäß einer bestimmten Ordnung auf etwas anderes bezieht, hat eine symbolische Dimension, die dem 0/1-Code fehlt, weil dieser Code, mit dem alles gerechnet werden kann, gegenüber dem, was gerechnet wird, völlig indifferent ist. Jean Baudrillard hat in seinem Buch „Der symbolische Tausch und der Tod" das Verenden des Symbolischen des Zeichens im Code beschrieben und mit tiefem Pessimismus beklagt, weshalb man es nicht mit einem Ende des Realen, sondern mit dessen Verdopplung, mit einem Hyper-Realismus in den Simulationen des Realen zu tun hat, der die Dimension des Symbolischen kassiert. Simulationen, z.B. Küchenentwürfe, Automodelle oder Flugtrainingsprogramme, zeichnen sich dadurch aus und funktionieren nur dann, wenn sie überaus „real" sind.

So, wie Baudrillard der Vorwurf treffen sollte, er überantworte die Wirklichkeit dem Rausch scheinhafter Simulation, gegen die doch das Reale gesetzt werden müsse – während doch das Symbolische seine Rettung viel eher nötig gehabt hätte – , so konnte man über die Literatur der Achtzigerjahre lesen, sie hätte sich mit bloßen Zeichenspielereien begnügt.[*] Tatsächlich fand sich hier eine ausgeprägte Aufmerksamkeit gegenüber der Materialität der Literatur: ihren Schriftzeichen, die dem neuen medienwissenschaftlichen Interesse an der Materialität der Medienapparate vergleichbar ist. Schon früh, nämlich 1976, war in Ursula Ziebarths viel zu wenig gelesenem Roman „Hexenspeise" zu lesen: „Wie Maulwürfe graben

---

[*] S. z.B. Matthias Altenburg: Kampf den Flaneuren. Über Deutschlands junge, lahme Dichtung, in: Der Spiegel 12. 10. 1992; Franz Josef Görtz, Volker Hage, Uwe Wittstock: Deutsche Literatur 1992. Ein Jahresüberblick, Stuttgart 1993.

wir uns durch unsere Schriftlichkeit, dringen in den langen Lauf-
gängen der Sätze vor, kriechen manchmal zurück, um ein Wort wieder aufzuheben und zu einer entfernteren Stelle voranzutragen. Mit
krummer schreibender Maulwurfshand bewegen wir die Sprache (…)
Wir sind auf die dunklen Spuren angewiesen, die Druckerschwärze
auf Papier hinterläßt, auf die Buchstaben." Und an anderer Stelle heißt
es, es sei „merkwürdig, daß immer versucht wird, Kunst auf das Leben zurückzuführen".[*] Wo Schrift, die „Prozession der Buchstaben"[,]
im Zentrum steht, geht es nicht um Koppelungen an das Reale, sondern weitaus eher um eine Rettung des Symbolischen im Modus der
Schrift, weshalb diese Schreiber auch keine Erzähler suchen.

Solche Inszenierungen der Schrift finden sich in einer Fülle von
literarischen Werken der Achtzigerjahre. Bei Botho Strauß fällt sie
emphatisch-heiligend aus, wenn es vom Buch heißt, es sei „das einzige
Wesen, vor dem der heutige Mensch noch den Blick niederschlägt,
niederschlagen muß! Alles Höhere sonst wird geradeaus besehen,
ohne Scham und Scheu!"[**] Bodo Morshäusers Verfasser der roman-
haften Aufzeichnungen notiert: „Ich halte das nur schriftlich aus" und
strebt in schöner Doppeldeutigkeit der Formulierung danach, mit der
Schrift „wenigstens zu einem Zeugen zu kommen".[****] Lukas Hammer-
steins Roman „Eins:Eins" gibt schon im Titel den Maßstab an, in
dem sich die Schrift des fiktiven Verfassers auf die ihm vorliegenden Schriftstücke und Aufzeichnungen eines anderen beziehen soll:
„Nichts als die Papiere selbst (…) konnte es geben, was hätte Maßstab
sein können".[*****] Es ist nicht zufällig, dass das Wort „einschreiben", das
früher den Akt der Immatrikulation an einer Universität bezeichnete,
in den Achtzigerjahren Konjunktur hatte. Damit war nun gemeint,
dass, matrizenähnlich, die Spur einer Schrift auf einen textuellen
Mutterboden eingeritzt und lesbar wird. Für den „Hang und Drang
zur Matrize" ist die „physikalische Offenbarung Gottes" das Buch.[******]

* Ursula Ziebarth: Hexenspeise, Pfullingen 1976, S. 8 f u. S. 370.
** Ebd., S. 247.
*** Botho Strauß: Kongreß. Die Kette der Demütigungen, München 1989, S. 19.
**** Bodo Morshäuser: Nervöse Leser, Frankfurt 1987, S. 146 u. S. 10.
***** Lukas Hammerstein: Eins:Eins, Stuttgart 1990, S. 131.
****** Herbert Rosendorfer: Großes Solo für Anton, Zürich 1976, S. 184 u. S. 318.

Dass Worte zu einer körperlichen Erfahrung werden, verbunden mit ihrer eigentümlichen Einverleibung und Verleiblichung, ist bei Yoko Tawada zu lesen. Dazu ist ihre Entbindung vom Prinzip „Kommunikation" und der mit ihm gemeinhin verbundenen prozessierenden Vernunft nötig. An seine Stelle tritt, so heißt es in der 1987 im Konkursbuchverlag erschienenen Prosa- und Lyriksammlung „nur da wo du bist da ist nichts", die Vorstellung von „imaginären ,Bücher'(n), die noch nicht geschrieben sind", oder von „Bücher(n) voller fremder Buchstaben (...) die ich nicht lesen konnte".* Statt „nur noch den Inhalt" zu sehen, kommt es darauf an, ihn zu übersehen, durch ihn hindurch bis zum Wort und zu den Zeichen für die Wörter in ihrer ganzen Materialität zu sehen. Der Wortkörper eines anderen Buchtitels von Tawada: „Über*see*zungen" untersteht denn auch nicht den Gesetzen der Entschlüsselung eines (einfachen) Symbols, sondern dem einer Wucherung von Imaginationen und Assoziationen im Hof einer Versammlung von Vokabeln und möglichen Variationen in der Setzung von Zeichen und Buchstaben: Übersee, Seezunge, übersehen, über Seezungen, Übersetzungen. Für die aus Japan kommende und auf deutsch und japanisch schreibende Tawada wird Literatur aus Übersetzungen geboren und spricht Literatur in „Überseezungen". Indem eine Sprache in eine andere interveniert, entsteht eine neue Sprache für die Entfaltung der Imaginationen, die den Dingen einen Namen geben können. Die Voraussetzung dafür ist eine blockierte Mündlichkeit, literarisch imaginiert im Zungenverlust der Ich-Erzählerin, zu deren bevorzugten Speisen die Seezunge gehört, die das „Gefühl (erzeugt), daß eine andere Zunge für mich weiterspricht, wenn ich einmal um Worte verlegen bin".** Zum Verlangen, wie ein (stummer) Fisch im Wasser in der Sprache schwimmen zu können, gehört, wie bei Jacques Derrida, die Insistenz auf der (stimmlosen) Schrift.

Solche Inszenierungen der Schrift und ihrer medialen Materialität machen vor der Reflexion ihrer Beschädigung und Zersetzung nicht halt. So heißt es in dem seinem Titel „Semplicità" zum Trotz überaus komplexen Roman von Wolfgang Rohner-Radegast, einer

* Yoko Tawada: nur wo du bist da ist nichts, Tübingen 1987, S. 9.
** Yoko Tawada: Das Bad, Tübingen o.J. (1989), o.S.; Tübingen 2010, S. 41.

Medienreise mit „Buchstabenzeichen" in einer „Landschaft ohne Handlung": „die literarische Aussage, brüchig geworden", weshalb das Programm gilt: „ein Loch in die Wörter schlagen, in die Folge der Wörter" – oder auch: „Einritzungen ausritzen"*. Dass das Reich des Symbolischen gar nicht mehr mutwillig von avantgardistischen Schriftstellern zerschlagen werden muß, sondern von den Medien, die laut Friedrich Kittler unsere Lage bestimmen, kassiert oder „ausgeritzt" wird, ist 1990 in Silvio Lahtelas Roman „Zeichendämmerung" zu lesen. Sein in Haft genommener Protagonist wird zur Aufzeichnung seiner Geschichte am Computer gezwungen und sieht sich in einem Medium, mit dem er nicht lange leben kann: „Denn irgendwann erreiche ich wohl endgültig das Stadium, wo sich die Wörter in Buchstaben und die Buchstaben in Punkte und die Punkte in optische Monotonie auflösen."*** Der Medientheoretiker Vilém Flusser hat dies als den Zerfall des Universums in komputierbare Punktelemente beschrieben. Es ist eines der zentralen Interessen der Achtzigerjahre gewesen, diese „Zeichendämmerung", die mit dem alten „linguistic turn" nichts, mit den neuen technischen Medien aber alles zu tun hat, theoretisch und literarisch ins Auge zu fassen. Es gehört nicht einmal viel Phantasie dazu, dass die „Überseezungen", wie sie aus der Literatur Tawadas klingen, ein Gegenpol oder Antidot zu den technisierten „Überseezungen" neuer Medientechnologien sein könnten. In der Folge der Achtzigerjahre ist es nicht mehr nur die eine Muttersprache, die „brüchig geworden" ist. Vielleicht bildet sich in den Räumen zwischensprachlicher Interventionen und unter dem Druck der Übersetzungen eine neue Sprache, die die Existenz einer anderen Sprache spüren läßt und die dem Zeichen mit seiner inneren Spannung oder Spaltung im Unterschied zum Code ein Recht einräumt.

II.

Es gab in der Achtzigerjahren eine Fülle von Diskursen, in denen die Gegenwart als eine akute Lage ohne Zukunft, als letzte Station

---

* Wolfgang Rohner-Radegast: Semplicità, Frankfurt 1982, S. 73, 27, 422.
** Ebd., S. 100, 131, 491 u.ö.
*** Silvio Lahtela: Zeichendämmerung, Frankfurt 1990, S. 246.

erfahren wurde. Es wurde über ein Ende gesprochen, und vieles hatte in dieser Zeit ein Ende: z.b. die Erzählung, die Geschichte, der Autor, das Subjekt, die Philosophie, die Zukunft, die Politik, die Kunst – eine Liste, die sich verlängern ließe. Ob solche Reden vom Ende geteilt oder bestritten werden – sie sind virulent. Formuliert wurde eine „Lehre vom Zusammenbruch (LvZ)"*, es gab „neuartige Ruinenfelder"** oder die „unverschämte Gegenwart des Überflüssigen"***; eine „Liste über die sog. patentierten Katastrophen oder Desaster" war anzufertigen**** oder „wortreich zusammenfabulierte Endzeit-Episoden" waren zurückzuweisen.***** 1983 fragte Volker Hage: „Dürfen Schriftsteller so pessimistisch klingen, so defätistisch sein?"****** Spätestens 1986 war dann der Streit über die Berechtigung eines Denkens im Zeichen einer sog. Apokalypse einigermaßen beendet mit der Havarie des Atomreaktors von Tschernobyl, und das Rowohlt Literaturmagazin veranstaltete angesichts der „Desaster unserer Zeit" eine Umfrage unter Schriftstellern darüber, ob „das, was sich mit ‚Tschernobyl' bezeichnen ließe, für Ihr Schreiben inhaltliche oder formale Konsequenzen hat?"*******

Es gab vor der Katastrophe von Tschernobyl genügend andere „Desaster unserer Zeit", die die Zeitgenossen dem Druck des Akuten aussetzten: die Drohung des atomaren Patts der Supermächte, die Warnung vor den „Grenzen des Wachstums", den Nachrüstungsbeschluss, mit dem das Atompotential noch einmal potenziert wurde, es gab die Friedensbewegung und die Parteigründung der Grünen sowie die bange Frage „Schaffen wir das Jahr 2000?"******** – genügend Stoff also für Intellektuelle, sich solch akuter politischer Themen wie auch immer engagiert anzunehmen. Offensichtlich aber gab es auch einen Widerstand, einen solchen vertrauensvollen Auftrag ohne

---

* Günter Steffens: Der Rest, Köln 1981, S. 192.
** Michael Buselmeier: Der Untergang von Heidelberg, Frankfurt 1981, S, 94.
*** Udo Rabsch: Julius oder Der schwarze Sommer, Tübingen 1983, S. 166.
**** Ingomar von Kieseritzky: Das Buch der Desaster, Stuttgart 1988, S. 22.
***** Matthias Bröckers: Apokalypse flau. Ein Terror-Anschlag auf Leseratten: Günter Grass' Endzeit-Vision „Die Rättin", in: die tageszeitung, 6. 3. 1986.
****** Volker Hage: Deutsche Literatur 1983. Ein Jahresüberblick, Stuttgart 1984, S. 6.
******* Rowohlt Literaturmagazin 19: Warum sie schreiben wie sie schreiben, Reinbek 1987, S. 16 f.
******** Gerd E. Hoffmann (Hg): Schaffen wir das Jahr 2000?, Düsseldorf, Wien 1984.

294

weiteres schriftstellerisch zu akzeptieren und einer Verführung apokalyptischen Denkens zu gehorchen, wonach die Dramatik des En-
des letztendlich einen neuen Zustand gebären könnte. Auf die Frage
des Rowohlt Literaturmagazins antwortete Hubert Winkels: „Sehr
geehrte Literaten, Sie sprechen vom Ende der Welt und fragen,
ob es mich angehe, das Ende. Diese Frage muß ich sehr begrüßen.
Denn schon lange ist mir kein Grund zum Schreiben mehr eingefallen.
Nicht, dass ich nicht schriebe, nur: Der Grund ist mir entfallen. Und
Sie erinnern mich daran. Dankeschön, ja, schön." Wofür sich der Autor
abweisend bedankt ist das Ansinnen, die alte apokalyptische Rede in
ein begründetes oder begründbares „Weiter" umzumünzen und aus der
Dramatisierung der Gegenwart zukunftweisendes Kapital zu schlagen
– als ob damit etwas besser werden oder der „Grund" des Schreibens
von apokalyptischen Lagen produktiv genährt werden könnte. Dietmar
Kamper hat denn auch von einer „kupierten Apokalypse" gesprochen,
die um ihre Erlösungsdimensionen gebracht wurde."

Dass mit den Reden vom Ende etwas anderes gemeint war, lässt
sich mit dem 1983 im Konkursbuchverlag erschienenen Roman „Julius oder Der schwarze Sommer" von Udo Rabsch zeigen. In diesem
Roman, der mit einem Atomschlag auf Stuttgart beginnt, wird die
ganze Textmenge von Untergangsszenarien literarisch reflektiert.
Julius „hatte sich jahrelang auf das Weltende vorbereitet. Zuerst waren seine Aktivitäten rein geistiger Natur gewesen. (…) Bald be-
diente er sich der wissenschaftlichen Daten zu diesem Thema (…)
Gab es ein günstiges Taschenbuchangebot über ein Detail oder den
Gesamtprozeß einer atomaren Katastrophe, so zögerte er nicht, es
gleich zu erwerben. Seine Privatlektüre über den Weltuntergang
füllte ein ganzes Ikearegal." Dann, im tatsächlichen Fall der Katastrophe, zeigt sich: sie „hat nichts erzeugt, was nicht vorher schon
da war"; es ist nichts Neues entstanden, und „hielte man dagegen,
daß es wenigstens für den Einzelnen, für diesen Julius zum Beispiel,

---

* Hubert Winkels: ja, schön, in: Rowohlt Literaturmagazin 19, Reinbek 1987, S. 129.
** Dietmar Kamper: Die kupierte Apokalypse. Eschatologie und Posthistoire, in: Ästhetik und
Kommunikation H. 60, 1985, S. 83-90.
*** Udo Rabsch: Julius oder Der schwarze Sommer, Tübingen 1983, S. 180 f.

eine enorme Neuigkeit bedeutete, oder eine unerhörte Intensität des Fühlens, so darf man sich ebenso getäuscht sehen."* Dies dürfte nicht nur gegen die mit Katastrophenszenarien gefüllten Ikaregale, sondern auch gegen eine Kriegsliteratur z.b. eines Ernst Jünger geschrieben sein, der es, wie andere auch, vermochte, der Katastrophe etwas abzugewinnen.

Das Ende, das sich in solchen Szenarien des Untergangs, wie sie sich etwa auch in Matthias Horx' „Glückliche Reise" oder Günter Grass' „Die Rättin" finden, ausspricht, ist das Ende einer Moderne, die aus und angesichts ihrer Katastrophen noch Veränderung, Neues, Fortschritt oder ihre Vollendung meint beziehen zu können. In Grass' Roman – acht Wochen vor dem Tschernobyl-Unfall erschienen – nimmt der Erzähler, Dialogpartner der Rättin, einen außerirdischen Ort ein – „Ich im Raumgestühl" – von dem aus er die Vision vom Ende der Welt und ihren Geschichten hat.** Ein Orientierungsmittel zur Navigation durch die Katastrophe fehlt: „Ich, eine Fehlbesetzung. Nicht mal ein Handbuch für Kosmonauten wurde mir mitgegeben"; allerdings sieht er „die schlimmsten Prognosen bestätigt".*** Diesem außerirdischen Blick des Erzählers sind vor allem zwei andere Perspektivierungen beiseitegestellt. Zum einen gibt es Oskar Matzerath, der inzwischen zum Videofilmer geworden ist; er filmt nach Bloch und „weiß, wie man Zukunft einfängt. Geschmäcklerisch versteht er es, Kommendes vorzukosten. Den Vorschein, von dem Bloch sprach, setzt er in Szene", und er kann alles „historisch einbetten".**** Die andere Perspektive verkörpert die Rättin, die eine höhere Vernunft als der Mensch besitzt, womit in Geschichte begründete Hoffnung à la Bloch ebenso wie das Vertrauen auf die Leistungskraft der Vernunft in weite Ferne gerückt werden. Im Medium der literarisch imaginierten Katastrophe wird eine Moderne distanziert, die nicht nur diese imaginierten Enden hervorbringen könnte, sondern die von außen auf ihre eigenen Modernitätskata-

---

* Ebd., S. 66.
** Günter Grass: Die Rättin, Reinbek 1988 (1986), S. 304.
*** Ebd., S. 126.
**** Ebd., S. 410.

strophen zurückblicken muß. Weil Auschwitz, Hiroshima und der Archipel Gulag nicht mehr als Gegenteil der Moderne, sondern als ihr zugehörig zu verstehen sind, kann eine Antwort auf die akuten Lagen der Gegenwart nicht mehr im Anschluss an die Moderne und ihre Dramatisierungen gefunden werden.*

Man darf in der postmodernen Distanzierung der Moderne, die aus solchen skizzierten literarischen Überbietungen einer katastrophischen Moderne spricht, eine tiefe Skepsis gegenüber den Bestrebungen sehen, die ihre Hoffnungen auf eine Vollendung der Moderne im Regelwerk der kommunikativen Vernunft eines Jürgen Habermas setzten. Demgegenüber wurden die Vernunft und die Ordnungen des Denkens selbst im Rahmen der Auseinandersetzungen mit Horkheimers und Adornos „Dialektik der Aufklärung", vor allem aber auch mit den Diskursanalysen Michel Foucaults zur Geschichte der Denksysteme zur theoretischen Herausforderung. Sie wurde auch in der Literatur virulent. In Ingomar von Kieseritzkys Roman „Die ungeheuerliche Ohrfeige oder Szenen aus der Geschichte der Vernunft" werden drei Philosophen im fernen Altertum auf die Reise geschickt, um die „Menge oder Unmenge oder Masse oder große Zahl von Ideen und Antiideen" zu erkunden, durch die die Welt bzw. die Menschen meliorisiert werden könnten.** Das Programm des Philosophen Ploikos lautet: „Grundsätzlich aufklären, sagte er, heißt eben, unter allen Umständen und mit allen Mitteln aufklären; die Folgen sind nicht so wichtig."*** Der wiederkehrende Disput betrifft aber genau die Frage, ob dem Gesetz des „Meliorisierens", also dem Prinzip, unter dem die Geschichte der Vernunft sich selbst versteht, zu folgen sei angesichts der Erfahrung der Philosophen, dass auf der Rückseite des Fortschritts im Zeichen der Vernunft die Gewalt von Ohrfeigen oder Schlimmeres liegt.

All die vielen Endzeit-Diskurse, die die Achtzigerjahre durchzogen und die eben nicht nur die akuten politischen und ökologischen Katastrophen thematisierten, sondern auf Kategorien und Selbstver-

* S. Wolfgang Eßbach: Radikalismus und Modernität bei Jünger und Bloch, Lukács und Schmitt, in: ders.: Die Gesellschaft der Dinge, Menschen, Götter, Wiesbaden 2011, S. 141-153.
** Ingomar von Kieseritzky: Die ungeheuerliche Ohrfeige oder Szenen aus der Geschichte der Vernunft, Stuttgart 1981, S. 146.
*** Ebd., S. 17.

ständnisse philosophischen Denkens ausgriffen, haben das bis heute unhintergehbare Bewusstsein davon geschaffen, dass die Geschichte der Moderne nicht mehr als Erfolgs- und Fortschrittsgeschichte zu schreiben ist und uns das alte hegelianische Vertrauen in Geschichte und Fortschritt mit den Erfahrungen des 20. Jahrhunderts ebenso abhanden gekommen ist wie die Unschuld der Vernunft oder die Rationalität prognostischer Vorsorgen.

III.

Nimmt man die um die medien- wie informationstechnologische Revolution und die um Moderne-Kritik wie Endstations-Bewußtsein zentrierten Diskurse in den Blick, dann spricht sich in ihnen ein tiefer Pessimismus der Achtzigerjahre aus. Es gibt aber zugleich Versuche, in leichteren Tönen zu sprechen. Dies allerdings ist wiederum nicht „leicht", weil es hier um Verhältnisse zum eigenen Land geht, die von seiner Geschichte bestimmt und die von extremen Polen, hörbar in den Sätzen: „Nie wieder Deutschland" und „Ich bin stolz, ein Deutscher zu sein", markiert sind. Es geht um die Frage, ob der Bezug auf die Besonderheit der Deutschen mit ihrer Geschichte die Regel für die Diskurse der Frontstellungen in Ausnahmezuständen abgibt oder nicht. In einem „Geistergespräch zwischen Lyotard und Habermas" hatte Manfred Frank unter dem Titel „Die Grenzen der Verständigung" auf der „motivierenden Kraft eines Traditionszusammenhanges" mit dem Gebot, „an einem Interpretationszusammenhang teil(zu)nehmen", insistiert, der „einheitslosen Pluralität von Äußerungen" eine Absage erteilt und über die Feststellung des Franzosen Lyotard, die Ermordung der Juden sei ein unheilbares Unrecht, geschrieben: „Unverständlich wird allerdings das moralische Engagement zugunsten der Opfer".* Unverständlich für Frank ist dies deshalb, weil Lyotard nicht auf einer Einheit des Diskurses bestehe, sondern eben an einer „einheitslosen Pluralität von Äußerungen" festhalte.** Dieses „Geistergespräch" läuft schließlich darauf hinaus, dass

---

* Manfred Frank: Die Grenzen der Verständigung. Ein Geistergespräch zwischen Lyotard und Habermas, Frankfurt 1988, S. 76, 5, 28.
** Ebd., S. 5.

einzig das Volk der Täter legitim von seinen Opfern spricht und alle
(Selbst-)Verständigungen über das eigene Land nur im Horizont des
Deutschen und der Einmaligkeit seiner Verbrechen vorstellbar sind.

Solcher Selbstbezug auf die eigene Geschichte mit seiner seltsamen
Legitimationsdynamik, der nicht zuletzt auch für den bundesrepublikanischen Terrorismus der 70er Jahre neben seinem antikapitalistischen
Selbstverständnis als Antifaschismus tragend gewesen war, wurde in
den Achtzigerjahren brüchig und vorsichtig distanziert. Neben Sätzen,
die auf der unabweisbaren Pathologie der Deutschen insistierten und
jene abwiesen, die „der Versuchung erliegen, Geschichte und Gegenwart für normal zu erklären", stehen andere: „Alles ist möglich. Es ist
sogar möglich, daß Deutschland ein ganz normales Land wird."*

Wie sehr die Erkundigungen nach dem Zustand der Bundesrepublik vom spannungsreichen Bewusstsein des deutschen Sonderwegs geprägt waren, ist in einem Roman von Peter O. Chotjewitz
von 1977 zu lesen, dessen Protagonist nicht das Interesse aufbringt,
mit dem z.B. eine Italienerin „ihr Heimatland studiert. (…) Er kann
sich nicht vorstellen, daß jemand auf die Idee käme, die Bundesrepublik auf diese Weise zu bereisen und Land und Leute zu erforschen.
Fast so wie ein Völkerkundler, als wäre es ein fremdes, unerforschtes
Land. Zugleich wird ihm bewusst, wie wenig er über seine Heimat
weiß."*** Mit „Deutschland. Versuch einer Heimkehr" unternimmt
Hermann Peter Piwitt 1981 dann eine vorsichtige Annäherung an
die Bundesrepublik und fasst ins Auge, was sie mit anderen teilt.
„Die Küche griechisch, das Kleid aus Indien, Wandschmuck und
Weltanschauung aus Fernost. Und selbst der kleine blondgefärbte
Synthetik-Germane, der ihnen die Nationalhymne singt, Heino,
sieht aus wie ein Souvenir aus Disneyland."**** Doch scheinen diejenigen, die nicht auf ihr „Eigenes" bezogen sind, sondern auf Formen des Genießens, die sie mit anderen teilen, „kulturell kaum noch
identifizierbar" zu sein.***** Der zunehmend aus Teilen anderer Kultu-

---

* Ulrike Kolb (Hg): Die Versuchung des Normalen,. Autoren stellen sich ihrer Geschichte, Frankfurt 1986, S. 7.
** Urs Jaeggi: Grundrisse, Darmstadt, Neuwied 1981, S. 262.
*** Peter O. Chotjewitz: Der dreißigjährige Friede, Düsseldorf 1977, S. 187.
**** Hermann Peter Piwitt: Deutschland. Versuch einer Heimkehr, Hamburg 1981, S. 215.
***** Ebd., S. 216.

ren zusammengesetzte Alltag wurde zum Problem für alte Identitätsprogramme, in deren Perspektive es dann „nur noch Verwalten eines identitätslosen, wenn auch humanen, rechtsstaatlichen Gemeinwesens (gibt)", wenn die gescholtenen „Konsumidioten" nun gar nicht mehr daran denken, in den richtigen Geschäften die richtigen Dinge zur richtigen Identitätsproduktion zu kaufen.* Das alte Drama um den Sonderweg der Deutschen verschob sich zum Gefühl einer Lage, in der der Vergleich mit anderen möglich wurde und die postfaschistische Spannung entdramatisiert wurde, weil die Fixierung auf Totalitarismen nachließ.

In den Achtzigerjahren hat sich das Schisma von Hass und Feier des Deutschen als Orientierungsrahmen der Selbstproblematisierung verflüssigt. Die deutlich leichter daherkommende Frage „Lieben Sie Deutschland?" findet die Antwort: „Der Befehl Deutschland ist unausführbar".** Nicht Einheit von was auch immer, sondern Pluralität und Mannigfaltigkeit werden entdeckt, wenn es heißt: „Ich mal Deutschland" und sich so das Land mit der Menge seiner Leute multipliziert. Die Bundesrepublik erscheint nun in einer Lage, die genießbar ist. Die Rede ist von „mein Westdeutschland"; Bernhard Lassahn schreibt, es solle „keiner sagen können, ich hätte mein Westdeutschland nicht geliebt".*** Lassahn, der sich in diesem kleinen Text selbstironisch als Herrscher imaginiert, stellt nicht die beste aller möglichen Welten dar, er macht vielmehr „ein paar Vorschläge" zur Änderung, die leicht daherkommen und zum Lachen über die Gewohnheiten anstiften, die er an Land und Leuten entdeckt; so habe das „99-Pfennig-Denken" aufzuhören, „und wenn der ganze 2001-Versand dabei draufgeht".**** Von „mein Westdeutschland" spricht auch Michael Rutschky*****, und Horst Krüger schreibt in seinen Reiseberichten von einem „Land, das so übel nicht ist. Es heißt: die Bundesrepublik Deutschland. Davon will ich erzählen. Denn

---

* Joachim Lottman: Schuld hat Adenauer, in: Helge Malchow, Hubert Winkels (Hg): Feindschaft, Köln 1989, S. 193.
** Hubert Winkels: Ich mal Deutschland, in: Marie-Louise Janssen-Jurreit (Hg): Lieben Sie Deutschland?, München 1986, S. 317.
*** Bernhard Lassahn: Schwarz Rot Gold, in: Der Rabe. Magazin für jede Art von Literatur Nr. 17, Zürich 1987, S. 31.
**** Ebd., S. 29.
***** Michael Rutschky: Mein Westdeutschland, in: Merkur Heft 494, 44. Jg., S. 269-281.

vielleicht wird eines Tages einmal diese meine Republik, genau wie die Eure von Weimar, nichts als Erinnerung sein? Man kann es nicht wissen in unserer Geschichte."* Hier vergehen genau jene deutschen Gefühle, die sich zwischen einer Verharmlosung und Dramatisierung des Deutschen in seiner Sonderstellung reproduziert hatten.

Man darf darin eine Zivilisierung der spezifisch deutschen Problematik mit ihrer Tendenz zu komplexhafter Selbstbezüglichkeit und -unzufriedenheit sehen. Dass sie fragil sein könnte, fasst Christof Stählin ironisch ins Auge. „Ich wollte etwas Positives über mein Land sagen. Da fragten sie mich, wer mich denn eigentlich bezahle. (...) Da sagte ich, man könne hier immerhin sehr frei seine Meinung sagen. Da sagten sie: Ja, noch! Noch!, als wäre ihnen der zukünftige Zustand wichtiger als der gegenwärtige." Einem imaginierten Gesprächspartner vertraut der Schreiber an: „Ich mag die große Freiheit, die mir gelassen wird, ohne die könnte ich gar nicht leben! Aber das bleibt unter uns, du!"** Das ist eine andere „klammheimliche Freude" als jene, die angesichts des westdeutschen Terrorismus der 70er Jahre die Runde machte, denn später nimmt sie sich, durchaus ironisch, den Blick auf bundesrepublikanische Normalitäten heraus.

Hier entstand eine der Ethnologie vergleichbare Perspektive auf die Bundesrepublik, die Ende der Achtzigerjahre auch auf die DDR ausgriff. In Thorsten Beckers deutsch-deutschem Roman „Die Bürgschaft" beschließt der Erzähler mit selbstironischer Distanz, „in dem bekannten Ensemble neue Details zu entdecken, ganz so, wie große Schriftsteller, die einmal den Entwurf der Welt durchschaut haben, sich nicht der Langeweile hingeben, sondern sich die Kunst des Erstaunens behalten, indem sie ihre Aufmerksamkeit seltenen Blumen, absonderlichen Menschen und vergessenen Zeiten widmen."*** Hier werden keine wesenhaften Bestände gesichert oder einheitliche Zustände beschrieben, sondern Tableaus von Unterschieden im eigenen Land erkundet. Ethnologische Neugier ist das Programm, von Hubert Fichte beispielhaft formuliert: „Berichte über Entdeckungsfahrten

---

* Horst Krüger: Tiefer deutscher Raum. Reisen in die Vergangenheit, Hamburg 1983, S. 334.
** Christof Stählin: Das Positive, in: Der Rabe. Magazin für jede Art von Literatur Nr. 17, Zürich 1987, S. 25 f.
*** Thorsten Becker: Die Bürgschaft, Zürich 1985, S. 28.

sind so alt wie Entdeckungsfahrten selbst. Noch heute kann niemand zum Sommerschlussverkauf in die Stadt gehen, ohne von den Bauarbeiten und den Umleitungen zu erzählen, den Farben der Stoffreste und den unmöglichen Hüten der gierigen Nachbarinnen.“* In einem solchem Programm liegt das Potential, Radikalismen, die auf die Homogenisierung von Eigenheiten gegenüber Fremdheiten zielen, zu deradikalisieren und zu zivilisieren. Es trägt dazu bei, das Drama des Sonderwegs der Deutschen als postfaschistische Verständigungsregel selbst zu ethnologisieren. Man darf darin eine Affinität zu den intellektuellen Impulsen sehen, die z.B. auch die hermeneutischen Dekonstruktionen eines Jacques Derrida getragen haben. „Läuterung, Säuberung, Totalisierung, Wiederaneignung, Homogenisierung, Objektivierung im Eiltempo, gutes Gewissen, Stereotype und keine Lektüre, *unmittelbare* Politisierung oder Entpolitisierung (beides geht immer Hand in Hand), *unmittelbare* Historisierung oder Enthistorisierung (damit verhält es sich wie eben), unmittelbare ideologisierende Moralisierung (die Immoralität selbst) aller Texte und aller Probleme, Prozeß, Rechtsspruch, Verurteilung oder Freispruch im Eilverfahren, standrechtliche Hinrichtung oder Verklärung. Das ist es, was es zu dekonstruieren gilt (...) das den Arbeiten und Verantwortlichkeiten offensteht, die seit zwei Jahrzehnten Dekonstruktion*en*, im Plural heißen.“** Die Dekonstruktion von Homogenitäten ist eine Antwort auf und Flucht vor den Totalitarismen, die das 20. Jahrhundert hervorgebracht hat. In den Achtzigerjahren wurde das Spiel mit Staunen machenden Differenzen und den ironischen Ethnologisierungen von Land und Leuten in einer Bundesrepublik entdeckt, die möglicherweise und in aller Vorsicht einmal geliebt gewesen sein wird, sofern der dramatische Ernst deutscher Eigen- und Wesenheiten als Maßstab des Denkens verflüssigt werden kann.

---

* Hubert Fichte: Mein Freund Herodot. New York, November 1980, in: ders.: Die schwarze Stadt, Frankfurt 1990, S. 330.
** Jacques Derrida: Wie Meeresrauschen auf dem Grund einer Muschel...Paul de Mans Krieg. Mémoires II, Wien 1988, S. 106.

Grenzenlose Räume
MEMENTO 1945
MALEREI UND PHOTOGRAPHIE IM DIALOG
ERIKA BILLETER
Modotti
DIE WELT DER FRIDA KAHLO
Frida Kahlo
GEMALTES TAGEBUCH
NEW YORK NEW
Photoportraits
Renate von Mangoldt
STEINER
Kultur
Richard Friedenthal
Karl Marx
Die Bibel
FRAUEN

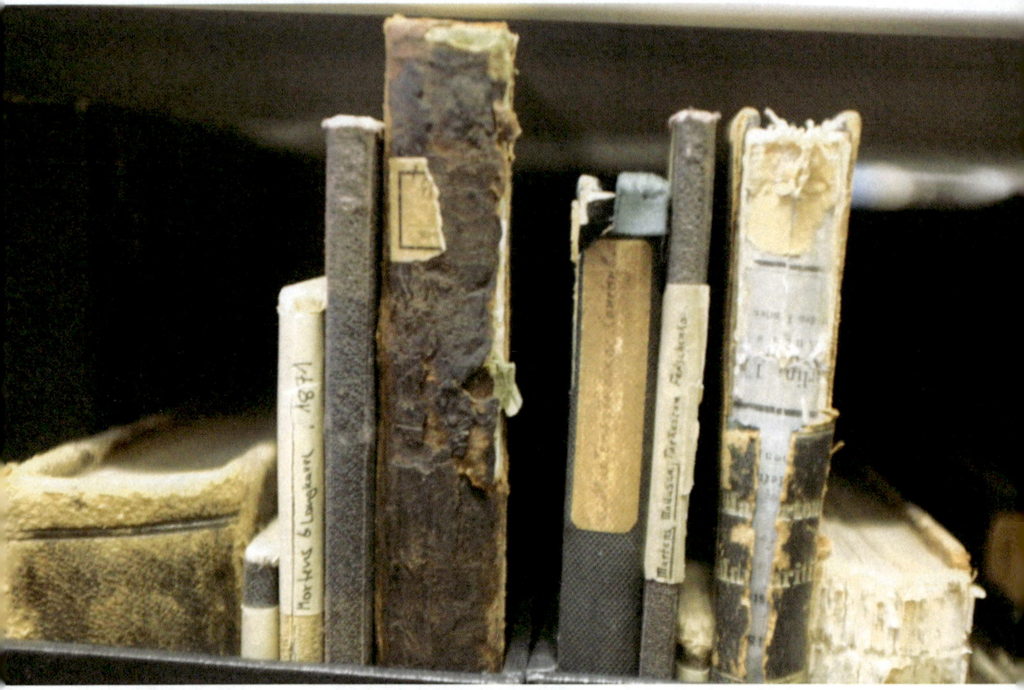

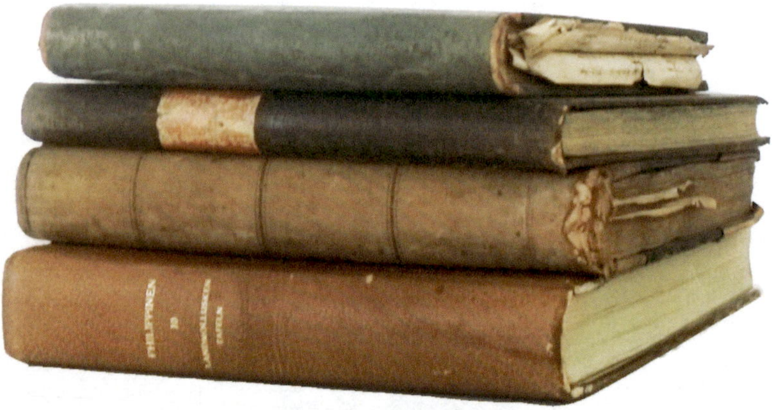

Johann A. Makowsky
Ich packe meine Bibliothek aus

1

JA, AUCH ICH PACKE MEINE BIBLIOTHEK aus, wie anno dazumal Walter Benjamin. Ein Teil von Benjamins Bibliothek landete in Jerusalem in Gershom Scholems Wohnung. So auch Klees Bild „Angelus Novus". Benjamin und Scholem waren widersprüchliche Freunde. Benjamin hat sich auf der Flucht vor Deportation das Leben genommen. Obwohl er anfänglich eine Emigration nach Palästina in Erwägung zog, verwarf er diesen Plan später. Scholem verließ Berlin rechtzeitig und wurde Professor in Jerusalem. Von „Berlin nach Jerusalem" ist der Titel seines Emigrationsberichts. Scholem war Zionist zu einer Zeit, da Zionismus und Humanismus noch friedliebende Freunde waren. Scholem, Buber, Magnes, Einstein, Ruppin wollten ein Palästina schaffen, das Juden und Arabern gleichermaßen eine Heimstätte bieten sollte, ohne Nationalismus, basierend auf universellen Werten des Humanismus.

Meine Wanderung ging von Budapest via Zürich und Berlin nach Haifa. Meine Suche galt aber der Mathematik und wurde durch romantische Verwicklungen bestärkt. Zionismus spielte keine Rolle, und weltgeschichtliche Politik war nur im Spiel bei der Emigration aus Ungarn, die ich als Einjähriger unfreiwillig mitmachen musste. In Zürich wuchs ich auf, es folgten Wanderjahre die mich schließlich erst nach Berlin, und dann nach Haifa führten.

Bücher haben mich auf meiner Wanderung stets begleitet. Bücher haben mir meine Welt erhalten und sie sind Zeugen meines Dialogs mit einer Kultur, die über dreitausend Jahre gewachsen ist.

2

Mein Bücherschatz wuchs ständig. Ich kaufte und sammelte Bücher, erbte Bücher aus der Familie, oder ich zog in Wohnungen ein, wo man mir die verbliebenen Bücher überlassen hatte. Manchmal schied ich Bücher aus, zweimal wurde der gemeinsame Bücherschatz bei Ehescheidung geteilt. Bei jedem Umzug merke ich, dass es der Bücher zu viel wird.

Brot und Bücher wirft man nicht weg. Die Juden begraben ihre ausgedienten Lehr- und Gebetsbücher auf ihren Friedhöfen, damit sie ewige Ruhe finden. Bücherverbrennungen sind deshalb so schlimm, weil damit auch die Seelen des Textes und derer, die das Buch gelesen haben, versengt werden. Will man sich von Büchern trennen, ist Vorsicht geboten. Verschenken ist wohl das Beste, soweit der Beschenkte das Geschenk zu schätzen weiß. Die Bücher an anonymen Tauschplätzen zu hinterlegen ist dem Vernichten vorzuziehen. Es gibt schon heute viele solcher Plätze, in Parks, an Bahnhöfen, Flugplätzen, Busstationen, in Kaffeehäusern oder auf dem Gelände von Universitäten oder anderen Kulturstätten wie Museen oder Theater. Nur der Anblick von Büchern in Mülltonnen, wo sie auf ihr Schicksal in der Kehrichtverbrennungsanlage warten, weckt in mir Grauen und Abscheu.

3

Zu meinem siebzigsten Geburtstag ziehen wir in unsere neue Wohnung, ein Penthouse auf dem Karmelberg in Haifa. Wir haben drei Balkone auf einer großen Zinne mit Blicken aufs Mittelmeer im Südwesten und die Hügel Galiläas im Nordosten. Ich habe seit meiner Gymnasialzeit Bücher gesammelt, ein absurder Luxus aus der heutigen Perspektive. Der Platz, den die Bücher beanspruchen, kostet bei den heutigen Liegenschaftspreisen zu viel. Und dank Projekt Gutenberg ist vieles auch via Internet abrufbar. Dennoch, unsere Bücher erzählen Geschichten verschiedenster Art. Da sind zum Teil noch Bücher, die ich in der mütterlichen und großväterlichen Wohnung zum ersten Mal bemerkt habe. Viele waren es nicht, wir waren Emigranten, 1949 aus Ungarn in die Schweiz gekommen. Da sind auch die Bücher, die meine Frau 1990 aus der Sowjetunion mitgebracht hat, mit ihren Geschichten vom Verstekken und Bewahren.

4

Meine Mutter war 1949 verliebt geschieden und heiratete unver-
liebt 1950 einen neureichen Schweizer, der ihr das Bleibe- und
Bürgerrecht verschaffte und sich dann 1958 das Leben nahm. Die
meisten Bücher stammten vom neureichen Stiefvater. Da war das
„Schweizer Lexikon" in sieben Bänden (1941–1948), da war Fuchs'
„Sittengeschichte" von 1912 in sechs Bänden und „Die Sitten der
Völker" in drei Bänden von Georg Buschan, das „Liebe, Ehe, Heirat,
Geburt, Religion, Aberglaube, Lebensgewohnheiten, Kultureigen-
tümlichkeiten, Tod und Bestattungen bei allen Völkern der Erde auf
Grund der Beiträge hervorragender Fachgelehrter" behandelt, so der
damalige Verkaufsprospekt. Beide Werke waren reich illustriert, und
hatten auch anrüchigen Charakter, die Grenzen zwischen Ethno-
graphie und Voyeurismus waren verschwommen.

Mit Begeisterung las ich damals als Zehnjähriger aus der Hausbi-
bliothek die „Schachnovelle" von Stefan Zweig und die „Drei Kameraden" von E.M. Remarque. Bei letzterem entdeckte ich auch, dass
Mädchen für drei Zigaretten eine ganze Nacht mit einem Mann zu
verbringen bereit waren. Andere Bücher waren weniger direkt: Thomas Mann und noch mehr Stefan Zweig, Pearl S. Buck, Daphne du
Maurier, die „Forsyth Sage" mit einem Vorwort von Thomas Mann,
auch etwas Kafka, und Shalom Asch auf Deutsch, obwohl er auf Jid-
disch schrieb. 1966 verriet mir die Schweizer Polizei bei einem Ein-
bürgerungsverhör, dass der Stiefvater früher, vor dem 2. Weltkrieg,
Mitglied der kommunistischen Partei gewesen sei. Und tatsächlich,
unter seinen Büchern, die ich noch habe, findet sich einiges aus der
damals gängigen kommunistischen Literatur, wie die „Verfassung
der Sowjetunion" oder Briefe von Rosa Luxemburg. Da waren auch
viele Bücher aus dem Malik Verlag, linke Avantgarde und russische
Literatur von Tolstoi und Gorki und die Fotomontagen von Wieland Herzfelde (Heartfield). Da waren auch noch die zwei Bände
von W. Flicke über die Rote Kapelle, die von Karl Barth gepriesene
universal-antifaschistische Spionagegruppe, die auch in Peter Weiss'
„Ästhetik des Widerstands" eine wichtige Rolle spielt. Ach ja, fast

hätte ich die deutsche Übersetzung von Lady Chatterley vergessen, die etwas versteckt hinter anderen Büchern vor sich hin schmollte.

Das große Bücheregal im Herrenzimmer (so hieß das Wohnzimmer in der Herrschaftswohnung im Mythenschloss in Zürich) enthielt auch eine Reihe von Lederattrappen, die teure Bücherrücken darstellen sollten. Dahinter verborgen waren ein Radio, ein Plattenspieler – und die Hausbar.

Erst viel später, nach dem Tod meiner Mutter, schaute ich mir ein Buch an, das in hebräischen Lettern geschrieben war, in Pergament gebunden, mit einem Hakenschloss. Es gehörte meinem Stiefvater, er hatte es wohl kurz nach dem großen Krieg auf dem Schwarzmarkt erworben, wie vieles andere auch. Er wurde durch den Schwarzmarkt reich, und auch wieder arm, als das Ganze aufflog. Das Buch ist eine Ausgabe des Schulchan Aruch, der Kodifizierung des Rabbinischen Regelwerks, gedruckt in Amsterdam 1664. Der Schulchan Aruch stammte von Joseph Karo aus dem Jahre 1565. Unser Buch heißt „Be'er HaGo- lah" und enthält einen Kommentar, verfasst von Moses Rivkas, gedruckt von Joseph Athias. Zu meinen Lebzeiten hat es wohl niemand gelesen, aber es ist eines der wichtigeren Bücher zur Auslegung des rabbinischen Judentums. Außer den üblichen zweisprachigen Gebetsbüchern war es das einzige Buch jüdisch-religiösen Inhalts in der Bibliothek meines Stiefvaters.

5

Meine Bibliothek wuchs in meiner Gymnasialzeit beachtlich. Ich sammelte Gesamtausgaben der Autoren, die wir in der Schule lasen, auf Deutsch, Französisch, Lateinisch, Griechisch, Englisch. Später kam Philosophie dazu. Das Geld dazu zwackte ich zum Teil vom Essensgeld ab, das ich von meiner Mutter bekam, um in der Kantine der Schule zu essen. Doch das meiste Geld dafür kam von Jobs, wie Zeitungsaustragen, Weihnachtsdienst bei der Post oder Arbeit auf dem Bau während der Herbstferien.

Bei einem Parisaufenthalt, noch zur Gymnasialzeit, kaufte ich für wenig Geld sieben Bände der kritischen 12-bändigen Molière

Gesamtausgabe von Pierre Moland (Éditions Garnier). Da waren die Bouquinists entlang der Seine noch Fundgruben. Jahre später sprach ich bei Garnier vor: sollten sie nicht die fehlenden Bände zufällig auf Lager haben? Ja, hatten sie, aber seltsamerweise nur diese, die mir fehlten. Die sieben, die ich gekauft hatte, waren nicht mehr erhältlich.

In Theo Pinkus' Antiquariat, Tummelplatz der Schweizer Kommunisten und Büchernarren, kaufte ich eine 36-bändige Wieland-Gesamtausgabe, bei der ein Band fehlte. Später, in Berlin, erzählte ich einem meiner Diplomanden, dass ich eben diese Gesamtausgabe im Antiquariat von Pels-Leusden gesehen hätte, vollständig. Ein halbes Jahr später schenkte er mir den fehlenden Band zum Geburtstag, wohl gestohlen. Bücher stehlen war damals noch ein antikapitalistisches Kavaliers- oder Genossendelikt.

6

Während der Studienzeit arbeitete ich in der Bibliothek des Sozialarchivs und am Theater am Neumarkt in Zürich. Ich studierte Mathematik, Physik und Logik, und nebenbei Philosophie, Soziologie und Psychologie. Ich konnte mich nicht entscheiden. Ich spielte auch mit dem Gedanken, zum Theater zu gehen. Zudem war ich Redakteur der damaligen Studentenzeitung „Der Zürcher Student". Meine Kauf- und Sammelwut für Bücher dehnte sich auf Mathematik- und Philosophiebücher aus. Damals verschickte das Antiquariat „Neues Schloss" in Zürich wöchentlich Kataloge der Neueingänge, die mit der Nachmittagspost ins Haus kamen. Damals kam die Post zweimal täglich und war ein zuverlässiger monopolistischer Staatsbetrieb. Service publique nennt man es heute, wenn man es vergeblich fordert. Eines Tages wurde in einem dieser Kataloge Bolzanos Wissenschaftslehre in vier Bänden angeboten. Noch am selben Tag kaufte ich diese zum damals horrenden Betrag von 400 Schweizer Franken. Am selben Abend dann erzählte mir mein engster Freund und Nachbar im Mythenschloss, Rudolf Lüscher, dass er eben enttäuscht aus dem Antiquariat gekommen sei, wo er den Bolzano kaufen wollte. Jemand sei ihm zuvorgekommen. R. Lüscher war aus wohlhabender Familie und ein passionierter Bücherwurm. Zum 18. Geburtstag ersteigerte ihm sein Vater die vollständige Originalausgabe der von Karl Kraus im Alleingang produzierten „Die Fackel". Am nächsten Tag, im Philosophieseminar zur transzendentalen Philosophie Kants, bemerkte der Dozent, dass er am Vormittag eben diesen Bolzano kaufen wollte, und der Buchhändler hätte ihm gesagt, er sei der Dritte. Die Bücher seien sehr schnell weggegangen. Der Dozent ergänzte zwiespältig, er hätte nicht geahnt, dass in Zürich so viele Interessenten für Bolzanos Werk vorhanden seien. Mit Lüscher zusammen entdeckten wir Wittgensteins Philosophie, die uns nachhaltig beeinflusste. Dank sei H.M. Enzensberger, dessen Kursbuch damals auch uns den Kurs gewiesen hatte.

Viele Jahre später, als das „Konkursbuch" uns auf abschweifende Wege schickte, brachten wir das Buch unseres Freundes R. Lüscher aus seinem Nachlass 1985 im konkursbuch-Verlag heraus: „Henri und die Krümelmonster". Es geht darin um die Entwicklung moderner Psychen.

7

In meiner ersten eigenen Wohnung in Zürich nahmen die Bücher schon volle zwei Zimmerwände in Anspruch. Von 1972 bis 1976 lebte ich in Polen, den USA, Canada, Italien. Die Bücher aus Zürich blieben in Zürich. Aber bei all diesen Auslandaufenthalten vermehrte sich meine Bibliothek beachtlich. Im Frühjahr 1973 kaufte ich in Warschau an einem Kiosk für 20 Zloty ein Buch mit einem Text von Diderot und Illustrationen von P. Picasso. Es war ein leicht beschädigtes Exemplar, das wohl von der internationalen Buchmesse zurückgeblieben war. Als ich es näher anschaute, entdeckte ich, dass es ein mit römischen Zahlen nummeriertes Exemplar war, von Picasso signiert. Am nächsten Tag las ich in der Zeitung, dass Picasso am Tag meines Kaufs gestorben war. Sic transit gloria. Ebenfalls in Warschau ergatterte ich die von E. Cassirer besorgte Kant-Gesamtausgabe von 1918 und später. Cassirers Philosophie hatte ich noch zu Gymnasialzeiten entdeckt, weil ich mich schon damals für die psychologischen und epistemologischen Grundlagen mathematischer Erkenntnis interessierte. Der Export dieser Ausgabe aus Polen war verboten, weil es sich um Kulturgut aus der Zeit vor 1945 handelte. Ich bekam schließlich eine Ausfuhrerlaubnis. Mit Hilfe der polnischen Logiker konnte ich glaubhaft machen, dass ich diese Bücher aus beruflichen Gründen brauchte.

8

In Nordamerika entdeckte ich die immensen Universitätsbuchhandlungen von Berkeley, Stanford und Toronto, Buchhandlungen und Antiquariate, die mich verführen sollten – der Bücherfreak in mir frohlockte. Bei Shakespeare & Co an der Telegraph Avenue in Berkeley kaufte ich eine vollständige Ausgabe der Werke von E.A. Poe von 1908, in Moe's Antiquariat verlor ich mich vollends. Letztes Jahr war ich wieder da: Shakespeare & Co war gerade geschlossen worden, die Universitätsbuchhandlungen waren zu Geschenkbuchhandlungen degeneriert, in denen T-Shirts mit Aufschriften wie „mein Enkel studiert in Stanford" feilgeboten wurden, aber kaum ernstzunehmende Bücher, die den Namen verdienten. Nur Moe's Tochter in Berkeley führt den legendären Laden ihres Vaters weiter, als ob nichts geschehen wäre. Ihr Vater, Moe Moskowitz, hatte den Laden 1959 gegründet. Aber ein T-Shirt mit Moe's Insignien verkauft auch sie. Gesegnet sei Moes Angedenken.

9

1976 zog ich nach Berlin, und alle meine Bücher fanden in der Berliner Wohnung wieder zusammen. 1977 starb mein leiblicher Vater in Paris. Unsere Beziehung ist eine komplizierte und lange Geschichte, die nicht hierher gehört. Zum Abitur schenkte er mir auf meinen Wunsch die sechs Bücher von N. Bourbakis Mathematik. Nach seinem frühen Tod hinterließ mir seine vierte Frau und Witwe nur ein paar Bücher, darunter eine Erstausgabe der Josephine Mutzenbacher, das Französische Wörterbuch „Le Grand Robert" in sieben schweren Bänden, und John Le Carrés „Der Spion, der aus der Kälte kam" auf Französisch. Auch mein Vater war aus der Kälte gekommen, 1956 aus Budapest, nach vier Jahren Haft wegen einer amourösen Intrige, die erst politisch schien, aber sich als Rache einer Ex entpuppen sollte. Das historische Archiv Ungarns hat mir erst kürzlich die Prozessakten zur Verfügung gestellt. 1980 zog ich mit all den Büchern nach Haifa in Israel. Dort sammelte ich weiter, Bücher aus Nachlässen deutscher Juden, meist Bildungsbürger der liberalen Art. Inzwischen ist diese Generation ausgestorben.

10

1989 kaufte ich die Dreizimmerwohnung eines russischen Hals-Nasen-Ohrenarztes, Dr. Marshak. Er war ein Verwandter von Samuil Marshak, des jüdisch-russischen Schriftstellers, bekannt vor allem durch seine Kinderliteratur und Übersetzungen englischer Gedichte (u. a. Shakespeares Sonette). Dr. Marshaks Sohn verkaufte mir die Wohnung seiner Eltern. Einige Bücher überließ er mir. Als Prunkstück den Großen Brockhaus, 15. Auflage in 20 Bänden, den Weimarer Brockhaus, mit einem Supplementband von 1935, der die Einträge über Juden, Rasse etc korrigiert, und biografische Beiträge zu Hitler und anderen Nazigrößen enthält. Interessant ist darin die Weltsicht der Weimarer Republik mit dem Beitrag zur Deutschen Sowjetrepublik mit Hauptstadt Engels, die als fortschrittlichste der Sowjetrepubliken gepriesen wird. Bis zur 11. Auflage hieß die Enzyklopädie „Allgemeine deutsche Real-Encyklopädie für die gebildeten Stände (Conversations-Lexikon)". Dr. Marshak muss ein Freund klassischer Musik gewesen sein. Aus seiner Bibliothek kam der auch der „Oxford Companion of Music", 10. Auflage, zu mir. Aber die größte Überraschung war die russische Erstausgabe von Boris Pasternaks Doktor Schiwago, die bei Feltrinelli auch auf Russisch 1957 in einer Auflage von dreitausend Exemplaren erschienen ist. Er las wohl russisch, hinterließ er mir doch auch ein vorrevolutionäres russisch-englisches Wörterbuch. Dr. Marshak kenne ich leider nur aus den Spuren in seiner Wohnung. Neben den Büchern fand sich darunter auch seinen Regenmantel mit Burberry-Futter, wie er in den Sechzigerjahren Mode war, gekauft in Zürich bei Fein-Kaller, ein damals vornehmes Herrenmodegeschäft. Er passte mir und ich trage ihn noch heute. Mein Großvater war mit einem der Besitzer des Geschäfts bekannt, und ich ging mit seiner Tochter zur Schule. Meine ersten Herrenanzüge stammten aus diesem Geschäft. In Marshaks Wohnung fanden sich auch noch mehrere Kleiderbügel mit der Aufschrift Fein-Kaller.

11

Marshaks Wohnung war in einem 1954 erbauten Haus auf dem Karmelberg, wo damals noch viele ältere mitteleuropäische Juden wohnten. Zwei Häuser weiter wohnte die Witwe eines ungarischen Arztes, die eine Schulfreundin meines Vaters gewesen war. Ich wartete ihr auf, sie lud mich zum Tee und war enttäuscht als sie mich sah. „Du bist sein Sohn", bemerkte sie, „er war doch so ein schöner Mann!". Erzählen konnte sie mir nicht viel, nach dem Krieg hatte sie meinen Vater aus den Augen verloren. Als Teenager war sie in ihn verliebt gewesen, wahrscheinlich waren sie ein zu junges Paar. Sie war mit ihm kurz vor Kriegsausbruch nach Paris gegangen, um da zu studieren. Daraus wurde nichts, beide wurden bei Kriegsausbruch in die ungarische Stadt Nagyvarad zurückgeschickt. Damals war es noch, und seit 1945 ist es wieder, in Rumänien.

Gegenüber Marshaks Haus befand sich ein Altersheim für mitteleuropäische Juden. Auf der Straße konnte man Deutsch, Ungarisch und Tschechisch hören, in der Intonation, wie ich es aus meiner Familie kannte, ein Deutsch, wie es 1930 in Preßburg gesprochen wurde, aber näher am Bühnendeutschen als am Dialekt, oder Ungarisch, wie meine Großmutter es sprach, so ganz verschieden vom proletarischen Ungarischen der Nachkriegszeit, wie meine Mutter zu sagen pflegte.

Marshaks Wohnung war im Erdgeschoss eines kleinen zweigeschossigen Hauses, das aus vier Wohnungen bestand. Das Grundstück hatte einen großen Garten und war von alten Bäumen umgeben. Obwohl in Fußgängerdistanz zum Karmelzentrum, war es in ruhiger Lage und abgeschieden. Die Nachbarswohnung auf demselben Stockwerk war kleiner und gehörte einer Frau Ruth Beermann aus Karlsruhe, die schon nicht mehr da wohnte, sondern in einem Altersheim. Sie starb 1990 und hatte keine Kinder. Die Erben waren ihr Neffe und ihre Nichte. 1990 gelang es mir, auch ihre Wohnung zu kaufen, und beide Wohnungen zusammenzulegen. Die Renovierung und Umgestaltung der beiden Wohnungen fand während des ersten Irakkrieges statt. Ich wohnte damals schon in Marshaks Teil der Wohnung. Raketen trafen Haifa, nicht unweit dieser Wohnung, die noch ohne Fensterrahmen und Luftschutzraum war. Der Krieg war im Frühjahr zu Ende, und im Sommer zogen auch meine Bücher ein, vermehrt um Frau Beermanns Bibliothek und die Bücher meiner Mutter, die 1987 in Zürich gestorben war.

12

Meine Mutter war in ihren späteren Jahren eine erfolgreiche Geschäftsfrau als Vertreterin von gehobenen Modemarken der Damenmode. Sie vertrat Cerruti Femme, Yves St. Laurent's Dessous, Hanae Mori, liebte die Ästhetik der großen Designer von Balenciaga und Chanel bis Valentino und Armani, und hasste die 320 Tage Alltagsarbeit. Sie liebte die großen Modemessen in Mailand, Paris und Düsseldorf, und raste, wenn es die Zeit erlaubte, durch Kunstausstellungen, kaufte die Kataloge, und hoffte, im Rentenalter die Kunst in den Katalogen in Ruhe genießen zu können. Dazu sollte es nicht kommen. Sie starb 63-jährig, schön und stolz, weil sie lebensverlängernde Therapien ablehnte. Morire in belezza. Ihre ungenutzte Sammlung von Ausstellungskatalogen sind ein trauriges Mahnmal ungenutzter Muße. „Mut zur Muße" war in den Siebzigerjahren ein Werbeslogan des Buchhandels.

13

Ganz anderes die Bücher der Ruth Beermann. Auch Ruth Beermann kenne ich nur aus den hinterlassenen Büchern und anderen Spuren in ihrer Wohnung. Ruth Beermann muss eine äußerst gebildete Frau gewesen sein. Sie las auf Deutsch, Englisch, Hebräisch, und scheint noch als Erwachsene Latein gelernt zu haben. Sie beschäftigte sich mit Religion, Geschichte, sozialen Fragen, Frauenemanzipation. Sie stammte aus einem modernen, noch religiösen Haus, und war ebenso eine deutsche Bildungsbürgerin als auch eine stolze, linksorientierte Jüdin. Unter ihren Büchern fanden sich zwei Bände, maschinenge-schrieben und hektographiert, die ihre Tante, Friede Hirsch, verfasst hatte: Ein Band Familiengeschichte, und ein Band mit Stammbäu-men. Familiennamen wie Goldberg, Mainz, Hirsch, Feuchtwanger, Oppenheimer, Beermann, Wertheimer, Auerbach, Breuer tauchen da auf, auch Metzger, Fränkel und Leibowitz, jüdische Familienna-men mit langer deutscher Tradition. Ruth Beermann bekleidete, so die Familienchronik, einen hohen Posten bei der Sozial-Fürsorge in Haifa. Sie führte in ihrem „cultivated home" auf dem Karmel im Kreise ihrer zahlreichen Freunde ein ausgefülltes Eigenleben.

Ruths Schwester Ilse (Rachel) Beermann, ausgebildet in der landwirtschaftlichen Schule in Ajanoth, dann im WIZO-Baby-Heim, war einige Jahre eine der begehrtesten Säuglingspflegerinnen in Jerusalem. Sie heiratet 1946 Walter Loewenstein aus Halberstadt. Er errichtete in Gan-Haschomron einen Meschek mit Kuhstall und Hühnerhof, und Ilse stellte sich schnell um und wurde, wie ihr Mann, eine tüchtige Farmerin. Sie haben zwei sehr begabte Kinder, Edna und Gideon, die von Ilse mit viel Verständnis erzogen wurden. Und eben diese Edna und Gideon verkauften mir die Wohnung.

Unter den bemerkenswerten Büchern der Ruth Beermann findet sich auch fast das gesamte Werk des Frankfurter Rabbiners Samson ben Raphael Hirsch. Dieser Hirsch taucht nicht in der Familien-chronik auf. Aber vielleicht ist er doch ein entfernter Verwandter, wenn auch nur im Geiste. Er war ein deutscher Rabbiner. Geboren 1808 in Hamburg und gestorben 1888 in Frankfurt am Main, gilt er gilt als führender Vertreter des orthodoxen Judentums im Deutsch-land des 19. Jahrhunderts und als Begründer der Neo-Orthodoxie, einer Denkrichtung, die u. a. zur Gründung unabhängiger Austrittsgemeinden im deutschen Kaiserreich führte. S.R. Hirsch war mir bekannt durch die Fußnoten in den zweisprachigen Gebetsbüchern, die wir in Zürich benutzten: „In Frankfurt a.m. wird dies durch folgendes ersetzt …" Hirsch hatte die Gebetstexte so verändert, dass sie von Außenstehenden nicht leicht missverstanden und antisemitisch ausgelegt werden konnten. Hirsch war ein Schüler von „Chacham"(der Weise) Isaak Bernays (geboren 1792 in Weisenau, heute Stadtteil von Mainz; gestorben 1849 in Hamburg), auch Isaac Ben Jacob Bernays, Sohn des Jacob Beer aus Mainz, seit 1808 Jacques Bernays, von Beruf Gastwirt, war ein deutscher Rabbiner und gilt mit Jakob Ettlinger als einer der Vorreiter einer modernen jüdischen Orthodoxie. Er bekleidete von 1821 bis zu seinem Tod das Amt des Rabbiners der aschkenasischen Gemeinde in Hamburg. Bernays war einer der ersten Rabbiner, der neben einem jüdischen Studium auch eine Universität besucht hatte. Gedankt sei Wikipedia für biografische Daten, nicht nur was Isaak Bernays betrifft.

Sein Urenkel, Paul Bernays, war ein bedeutender Logiker und Mathematiker, den ich noch im Logikseminar an der ETH in Zürich erleben durfte. Paul Bernays' Mutter war verschwägert mit Sigmund Freud. Er war ein äußerst bescheidener Wissenschaftler, dessen Bedeutung erst jetzt langsam erkennbar wird. Von 1917 bis 1933 war er als David Hilberts rechte Hand verantwortlich für Hilberts Programm der mathematischen Logik und Grundlagen der Mathematik. Das Buch „Grundzüge der Theoretischen Logik" von 1928 führt D. Hilbert und W. Ackermann als Autoren, beruht aber vollständig auf Bernays' Ausarbeitung der Vorlesungen, die er als Assistent von D. Hilbert gehalten hat. Der jungen K. Gödel las dieses Buch noch im Jahre seines Erscheinens. Seine bahnbrechende Arbeiten zur mathematischen Logik entstanden unmittelbar nach der Lektüre dieses Werks. Paul Bernays verdanke ich viel, er und seine Arbeiten haben meiner wissenschaftlichen Laufbahn die verschiedensten Impulse gegeben.

14

Neben den üblichen Klassikern Heine, Lessing, Goethe, Schiller gab es in Ruth Beermanns Bücherschrank auch Überraschungen. Zum Beispiel die Liedersammlung „Der Zupfgeigenhansl: Das Liederbuch der Wandervögel". Einige dieser Lieder wurden in der Mandatszeit in Israel umgetextet. So wurde „Im Frühtau zu Berge …" zu einem Lied, das den fahrenden Konsumgüterladen, das grün-blaue Auto besingt, das wöchentlich in die Kibbutzim fuhr, um zu verkaufen, was nicht selbst im Kibbutz hergestellt wurde. Ruth Beermann war ein Kind ihrer Zeit, Wandervogel und Zionistin, religiös-traditionell und aufgeschlossen, vielleicht auch ein bisschen sozialistisch und anarchistisch. Sie las wohl viel, auch Literatur ihrer Zeit. Friedrich Stoltzes Gedichte in Frankfurter Mundart, das „Blaue Klavier" von Else Lasker-Schüler, F. C. Weißkopfs „Zukunft im Rohbau", ein Reisebericht über 18000 Kilometer durch die Sowjetunion, Erstausgabe, 1932 im Malik Verlag. Sie las heute wohl vergessene Romane, Meisterwerke der schwierigen Zeit: Georg Finks „Mich hungert" oder Adrienne Thomas' „Reisen Sie ab, Mademoisell!". Adrienne Thomas gehörte vor 1933 zu den meistgelesenen Autorinnen ihrer Generation. Im letzteren erzählt sie, über weite Strecken autobiografisch, das Schicksal einer österreichischen Familie. Sie berichtet vom Alltag unter dem Nationalsozialismus, vom Zerfall von Familie und Freundschaft, von Vertreibung und Flucht als Folge der unmenschlichen politischen Verhältnisse. Georg Fink ist das Pseudonym des Schriftstellers Kurt Münzer. Sein größter Erfolg wurde der unter dem Pseudonym veröffentlichte Roman „Mich hungert", 1939 bei Bruno Cassirer erschienen, über die problematische Freundschaft eins halbjüdischen Proletarier-Sohnes zur Familie eines gutbürgerlichen Fabrikdirektors. Ich fand unter ihren Büchern auch die Broschüre „Europageist und Europäer" von A. E. Brinckmann, 1948 bei Hoffmann und Campe erschienen, der Verlag, der durch Heines Gedichte groß geworden ist. Brinckmann war wohl Sympathiesant der Faschisten, geriet aber mit ihnen in Konflikt, weil er die extrem chauvinistische Auffassung großbürgerlicher Europavorstellungen

im Sinne späterer Abendlandstheorie vertrat. Für ihn war ein Groß-
europa die logische Alternative zum Dritten Reich.

Sie hätte sich kaum im heutigen Israel wohlgefühlt, sie war zu
sehr geprägt von Europäischer Kultur der Zeit vor dem 2. Weltkrieg.

15

Ich packe meine Bibliothek aus. Der Stiefvater schaut mir zu. Er
hatte kurz vor seinem Tod seine beiden Töchter aus erster Ehe mit
der links-zionistischen Jugendbewegung Hashomer Hatzair nach
Israel geschickt. Sie leben noch heute in den Kibbutzim, wo sie 1958
als Mitglieder aufgenommen wurden. Er glaubte, dass beides, der
Kommunismus und der Zionismus, die Zukunft bedeuten würden.
Meine Mutter lächelt mir zu, stolz und traurig zugleich. Ihre Kunst-
kataloge und ihre Bücher warten noch darauf, in Muße betrachtet
und gelesen zu werden. Stolz als Mutter, und traurig, weil schon ihre
Enkel das europäische Erbe meiner Bücher nicht lesen und genießen können. Dr. Marshak blinzelt mir auch zu, schelmisch, mit seiner russischen Vergangenheit und seiner Liebe zur deutschen Kultur
und zu Zürichs Bahnhofstraße. Aber am intimsten lernte ich Ruth
Beermann kennen. Ich stelle sie mir vor, als 60-jährige, hager, klein,
stolz und bescheiden zugleich. Sie lebte fast vierzig Jahre in ihrer
kleinen Zweizimmerwohnung, dem „cultivated home" mit Garten-
sitzplatz, wo sie mit Freunden Tee trinkt und mal auf Deutsch, mal
auf Englisch, oft auf Hebräisch, Konversation der gebildeten Stände
pflegt. Sie gehörte zur jeckischen Elite, wie man die deutschen Juden hier nannte. Ihresgleichen waren Richter, Akademiker, Ärzte,
Erzieher, Verleger. Sie bildeten die zweitletzte Generation libera-
ler Juden, die aus der Weimarer Republik nach Palästina kamen. In
Ruth Beermanns Bibliothek, oder was davon bei mir gelandet ist,
lebt etwas davon weiter. Wie lange noch?

Jan Gympel
Im Gnadenhof der Bücher

BIEDER, BÜRGERLICH, BEHÄBIG – mit einem Wort: langweilig. Ich
bestätige gern solche Vorurteile gegen den Berliner Stadtteil Steglitz,
wo ich seit über zwanzig Jahre lebe. Denn man weiß ja mittlerweile,
was passiert, wenn eine Gegend als „angesagt" gilt: die Immobilien-
preise und die Mieten explodieren und die alteingesessene Bevölke-
rung wird vertrieben.

Dementsprechend dürfte ich eigentlich nicht über eine Attrak-
tion sprechen, welche sich ein paar Straßenecken von meinem Zuhause entfernt befindet: das größte Antiquariat Berlins. Zumindest
behauptet das Etablissement, das größte zu sein, und wer es besucht,
glaubt dies auf den ersten Blick: Im Hof eines schlichten Fünfzi-
gerjahre-Baus ist ein altes, aber völlig schmuckloses Fabrikgebäude
mit Hunderten hoher Regale vollgebaut, in denen die Bücher teils
in Doppelreihen stehen. Die Belletristik größtenteils alphabetisch
geordnet nach Autoren, die Sachbücher nach Themengebieten. Angesichts der Tausende von Regalmetern mit Zehntausenden von
Bänden könnte einem angst und bange werden um die Statik des
Flachbaus. Aber einmal abgesehen von der Frage, ob das Gebäude
überhaupt unterkellert ist: Die Unmengen Papier wird schon aushalten, was einst schwere Maschinen getragen hat. Sinnigerweise
waren es übrigens Druckmaschinen gewesen, denn hier arbeitete
jahrzehntelang ein Verlag mit angeschlossener Druckerei.

Seit das Unternehmen ausgezogen ist, ist der Bau allmählich mit
Büchern zugewachsen. Vor einigen Jahren gab es in ihm noch freie
Flächen, wo man sich auf Sesseln niederlassen und in den Büchern
schmökern konnte, existierten niedrige Ablagen, auf denen Stapel
jahrzehntealter Zeitschriften zum Verkauf angeboten wurden. Im
vordersten Raum, gegenüber dem Kassentresen, wurde ein kleines
Café betrieben. Unlängst sind die letzten verfügbaren Flächen auch
noch mit Regalen zugestellt worden. Seither bleibt nur noch, die

Gänge schmaler zu machen – allerdings stapeln sich auf manchen von ihnen Umzugskartons voller Bücher.

Das Antiquariat hat einen Bestand, um den manche öffentliche Bibliothek es beneiden würde. Nicht nur vom Umfang, sondern auch von der Auswahl her. Durften wir doch vor einiger Zeit aus den heftigen Auseinandersetzungen um das neue „Management" der Berliner Zentral- und Landesbibliothek erfahren, was passiert, wenn so eine Kultureinrichtung neoliberal „optimiert" wird: In der Regel sollen Bücher, die zwei Jahre lang nicht ausgeliehen wurden, als unnützer Ballast vernichtet werden.

Wenn so ein dynamischer Held der westlichen Welt das Riesenantiquariat sähe, fiele ihm wahrscheinlich vor Schreck die Designerbrille von der Nase, das Headset vom Kopf und das i-Dingens aus der Hand. Ob es Sinn hätte, versuchte man ihm zu erklären, welch großen Wert eine solche Einrichtung auch für Autoren besitzt?

Manche mögen meinen, junge, sich im Glauben an ihre Bedeutsamkeit und in den Verwertungsstrategien der Literaturindustrie sonnende Schreiberlinge würden früh genug zurechtgestutzt, wenn sie noch vor Erreichen der Lebensmitte von „mega angesagten", ein-, zweimal bestsellenden Popliteraten zu Kolumnisten in bizarren Blättern für verbitterte Rentner mutierten (was ihnen immerhin ein weiteres Auskommen durch die oft einzige Fertigkeit, über die sie verfügen, garantiert). Doch ich denke, gerade Nachwuchsautoren sollte man in diesen Gnadenhof der Bücher führen, damit sie Demut lernen. Siehe, auch deine Werke werden wahrscheinlich so enden wie die allermeisten Bücher: Einige wenige Exemplare kommen in Bibliotheken (natürlich nur noch-nicht-optimierten). Einige weitere – vergilbt und angestoßen – gelangen ins Antiquariat, wo sie darauf hoffen dürfen, noch einmal einen neuen Besitzer, womöglich gar Liebhaber, zu finden. Und die meisten landen im Altpapier.

Sigrun Casper
Verschafen

Seit jeher treibt uns
aneinander vorbei
die lange Weile.
Da sind wir nicht.
Wir sind nur hier
in unserer Angst.
Was wüst und dunkel
kontrollieren wir
im Beisein von
Ordnungen, Strafen.
Stellen uns Sinnstellen hin
gegen die lange Weile.

Nun ist fast alles gesagt,
erschaffen gerafft,
fast alles aufgeschrieben.
Die Angst, sie geht nicht weg
vor langer Weile.
Und wir, von Stein an
über die Himmel hinaus
wir verschafen.
Das ist die ganze,
die halbe Geschichte.

Uns retten
die Bibliotheken.

Florian Rogge
Bibliotheken: Mythos und Metapher

DER MYTHOS DER „GROSSEN BIBLIOTHEK" von Alexandria hält
uns bis heute in Atem, seine Wirkmächtigkeit zeigt sich in zum Teil
überraschenden Formen. So wählte etwa Wirtschaftsgigant Amazon als Aktivierungscode für sein als „persönlichen Assistenten"
vermarktetes Spracherkennungsspionagegerät „Echo" das liebevol-
le Zauberwort „Alexa" und will dies dezidiert als Würdigung des
legendären Wissens- und Datenschatzes in Alexandria verstanden
wissen. Eine besondere Form der Spracherkennung liegt auch dem
in der Bibliothek von Alexandria spielenden Übersetzungsmythos
der Septuaginta zugrunde: 72 jüdische Gelehrte in Alexandria über-
tragen innerhalb von 72 Tagen unabhängig voneinander die Tora
vom Hebräischen ins Griechische. Der Geist Gottes schwebte über
den Schreibern, denn am Ende stellt sich heraus, dass alle 72 Texte
aufs Wort genau identisch sind. Die Heiligen Schriften treten, unter
den Vorzeichen von Standardisierung und Kompatibilität, ins Zeitalter ihrer Reproduzierbarkeit.

Vertrauter als die Geschichte der „Großen Bibliothek" selbst ist
uns jedoch die (vermeintliche) Geschichte ihrer Zerstörung durch
Julius Caesar im Jahr 47 v. Chr. Die Vorstellung, die wir uns von
diesem Zerstörungsakt machen, ist in nicht geringem Maße von
Hollywood geprägt. Im Blockbuster „Cleopatra" (1963) wird der
Brand der Bibliothek eindrucksvoll inszeniert; nicht minder beein-
druckend ist die Folgeszene, in der Kleopatra Caesar als Barbaren
beschimpft. Das Niederbrennen einer Bibliothek als Verbrechen
gegen die Zivilisation – es ist nur zu verständlich, warum diese Geschichte gerade im 20. Jahrhundert auf Resonanz stößt. Historisch
nachweisbar ist diese Version der Geschichte freilich nicht. Wahr-
scheinlicher ist hingegen, dass die im Palastviertel gelegene Bibliothek von Alexandria erst 272 n. Chr. unter Kaiser Aurelian zerstört
wurde. Umso bemerkenswerter ist, dass nach dieser Zerstörung bald

wieder eine neue Bibliothek zusammengetragen wurde – die dann wiederum 640 n. Chr. im Zuge der Eroberung Alexandrias durch Kalif Omar dem Erdboden gleichgemacht wurde. Die überlieferte Argumentation des Kalifen, die Bibliothek sei entweder falsch und gefährlich (wenn sie dem Koran widerspräche) oder schlicht und ergreifend überflüssig (wenn sie ihm nicht widerspräche) zeugt nicht nur vom Machtpotential des Buches als universeller Maßstab, sie verweist auch auf die Idee einer vollkommenen Bibliothek. Gewiss, eine Bibliothek mit nur einem einzigen Buch, bzw. die Vorstellung, dass ein einziges Buch die vollkommene Bibliothek enthält, wirkt auf den ersten Blick ein wenig befremdlich. (Eine medienhistorische Ableitung dieser Vorstellung lässt sich in den in den letzten Jahren immer wieder erscheinenden kulturpessimistischen Karikaturen erkennen, die einen oder zwei Menschen in einem Bibliotheksraum zeigen, der sich dadurch auszeichnet, dass im fast vollständig leergeräumten, riesigen Regal in majestätischer Einsamkeit ein einziger E-Book-Reader thront).

Eine derart allumfassende Bibliothek kann aber auch ganz anders gedacht werden, nämlich als alle Grenzen des Vorstellbaren sprengende Universalbibliothek. Unter den zahlreichen Versuchen, sich eine solche Riesenbibliothek vorzustellen, sind zwei kurze Geschichten zweier sehr unterschiedlicher und doch in mancher Hinsicht überraschend ähnlicher Autoren hervorzuheben: Kurd Laßwitz („Die Universalbibliothek", 1904) und Jorge Luis Borges („Die Bibliothek von Babel", 1941). Das Modell von Kurd Laßwitz ist noch vergleichsweise übersichtlich: Er beschränkt sich bei seiner Berechnung auf die großen und kleinen Buchstaben des lateinischen Alphabets, das Spatium und einige Sonderzeichen; pro Buch werden 500 Seiten mit insgesamt rund einer Million Zeichen veranschlagt. Das Ergebnis:

„Wenn also der Bibliothekar mit der Geschwindigkeit des Lichtes an unserer Bänderreihe entlang saust, so würde er doch zwei Jahre brauchen, um an einer einzigen Trillion Bände vorüber zu kommen. [...] Wenn wir die ganze Bibliothek zusammenpackten, so daß 1000

Bände auf einen Kubikmeter kommen, so würde, um sie zu fassen, der ganze Weltraum bis zu den fernsten uns sichtbaren Nebelflecken so oft genommen werden müssen, daß auch diese Zahl der vollgepackten Welträume nur einige 60 Nullen weniger hätte, als diese 1 mit den zwei Millionen Nullen, die unsere Bändezahl angibt. (…)."

Viel gravierender als das Platzproblem ist indes der groteske Informationsüberschuss, denn diese Bibliothek enthält ja nicht nur alle geschriebenen und ungeschriebenen Werke der Weltliteratur inklusive Selfpublishern, sämtliche privaten Aufzeichnungen, Einkaufszettel und Behördenschreiben, sondern auch Bücher voller Leerzeichen, Fragezeichen, voll Wiederholungen von einzelnen Buchstaben usw. Bücher-Spam, Datenschrott. In dieser Universalbibliothek stieße selbst der disziplinierte Hofbibliothekar aus Musils „Der Mann ohne Eigenschaften" (1943) an seine Grenzen. („Sie wollen wissen, wieso ich jedes Buch kenne? Das kann ich Ihnen nun allerdings sagen: Weil ich keines lese!" Bzw.: „Es ist das Geheimnis aller guten Bibliothekare, dass sie von der ihnen anvertrauten Literatur niemals mehr als die Büchertitel und das Inhaltsverzeichnis lesen.") Allerdings: Den Katalog der „richtigen" Bücher müsste man auch erst einmal finden, denn die Universalbibliothek enthält ja logischerweise auch alle nur denkbaren falschen Kataloge und allerlei falsche Inhaltsverzeichnisse. Bei Borges wird die Bibliothek konsequenterweise zum wohlgeordneten, aber undurchdringlichen Labyrinth, in dem die Menschen ein Leben lang umherirren, ohne wirklich klüger zu werden. „Das Universum (von anderen die Bibliothek genannt) setzt sich aus einer unbestimmten, womöglich unendlichen Anzahl sechseckiger Galerien zusammen [...] Von jedem Sechseck kann man die unteren und oberen Stockwerke sehen, in nicht endender Folge. Die Anordnung der Galerien ist unwandelbar dieselbe. Zwanzig Büchergestelle, auf jeder Seite fünf, nehmen die Seitenflächen ein, von denen zwei freibleiben [...]. Eine der freien Flächen öffnet sich auf einen schmalen Gang, der in eine andere Galerie mündet [...]. Links und rechts des Ganges befinden sich zwei winzig kleine Kabinette. In dem einen kann man stehend schlafen, in dem anderen seine Leibesnotdurft verrichten. Hier geht die spiralförmige Treppe vorbei, die sich tief senkt und in ferne Höhen steigt."

Hier zeichnet sich eine neue Denkfigur ab; die Bibliothek entwickelt sich vom Mythos zur Metapher. Als solche muss die Bibliothek nicht unbedingt für existenzialistische Verlorenheit stehen, die Bewohner der Bibliothek müssen sich nicht in ihr verlieren, sie können sich auch in ihr suchen und (wieder)finden.

So etwa in Walter Mehrings „Die verlorene Bibliothek" (1952), ein Buch, das sich qua Untertitel nicht nur als persönliche Lebensgeschichte, sondern auch als „Autobiographie einer Kultur" ausweist. „All die Bücher werden einmal dir gehören, wenn ich tot bin, hatte mein Vater gesagt, sooft ich mir einen Band ausleihen kam. Das also sollte mein Erbe sein." Doch auf der Flucht vor den Nationalsozialisten muss der Bücherschatz zurückgelassen werden: „Ich ließ den Schutzwall hinter mir, den einst mein Vater mir errichtet hatte – aus Tausenden von Bänden –, jeder ein Anathema seiner weißen Aufklärungsmagie [...]." Im Exil entwickelt sich die Erinnerung an die verlorene Bibliothek zu einer Rekonstruktion der eigenen Identität durch kritische Auseinandersetzung mit den verlorenen Büchern. Der Mensch als lebendige Bibliothek.

Thomas Leon Heck
Ein Anheckdotenkranz aus meinem Leben mit Büchern

WAS WÄRE GEEIGNETER, mir Ansehen bei meinen Mitmenschen zu verschaffen, als das Buch?

Als ich, wieder mal selig im Bett lesend, so von meiner Stieftochter gesehen wurde, sagte sie nur zu ihrer Mutter: „Ich will mal nicht enden wie der Thomas".

Und: Ein Professor, sympathischer Stammkunde, besuchte mich mit seinem etwa zehnjährigen Sohn, der sich für Bücher interessierte, weshalb ich dem Kleinen anbot, irgendwann meinen Laden zu übernehmen. Der Vater: „Das wär' das Letzte".

Bei so viel mir entgegengebrachter Bewunderung werde ich schwerlich die Sünde vieler Vestalinnen begehen, die sich selbst die Würde dessen zuschreiben, dem sie eigentlich nur dienen sollten, ein besonders unter Buchhändlerinnen verbreitetes Laster.

Schulzeit

Meine älteste Erinnerung an das geliebte Medium ist meine Fibel, in der das Wort ATA vorkam, ein Waschmittel. Wir sollten das in Schreibschrift abschreiben. Ich verzweifelte fast, da ATA in Großbuchstaben der Schreibschrift mir immer wie AFA aussah.

Mein späterer Wunsch, Pfarrer zu werden, ging wohl darauf zurück, dass mein Vater mich mit ca. acht beim Lesen der Bibel erwischt hatte, sie ergriff und auf den Boden warf, für einen Lehrer eigentlich unverzeihlich. (Dafür erwischte ich ihn einmal beim Onanieren.)

Meine spätere Abneigung gegen Reisen zeigte sich früh, als ich mit etwa zehn in den Skiurlaub ein Lexikon mitnahm.

Zu Schulbüchern hatte ich kein inniges Verhältnis. Ich würde sogar sagen, dass ich Buchliebhaber nicht wegen meiner Schulzeit, sondern trotzdem wurde. Denn wie kann man erwarten, dass Schüler um 1970 sich für Erzählungen zum Thema Kriegsheimkehrer interessieren? Nicht mal mein Vater (Jg. 1935) war noch Soldat.

Mit siebzehn entdeckte ich in meiner Französisch-Grammatik einen Fehler, was mich später zu der Formulierung verleitete: „Andere hatten Freundinnen, ich hatte recht" Seitdem stehe ich wie ein Heisenberg-Teilchen zwischen den Zuständen als Empfangender unter und als Korrhecktor über dem Theckst. Von Dutzenden Verlagen aber und Autoren, die ich seitdem auf ihre Fehler hingewiesen habe, haben mir vielleicht drei gedankt.

Die Lebensgefährtin meines Vaters war Buchhändlerin, was zu ausreichender Versorgung mit Büchern führte. In ihrer Buchhandlung hatte einmal die Kaisertochter Victoria-Luise eine Lesung und signierte mir ihr Buch „für Thomas" mit ihrem Namen. Später verkaufte ich es trotzdem, weil ich diese Art des Tingelns nicht aristokratisch fand.

Meine Mathe- und Physikbücher verbrannte ich sogar nach dem Abi im Rahmen einer schulischen Tradition auf dem Marktplatz.

Lhecktüre privat

Ich las mit etwa fünfzehn von Bergengruen einen Roman aus dem Regal einer „Tante", nur weil er das mich faszinierende Wort „Großtyrann" im Titel trug. Aus derselben Quelle eher zufällig von Luis Trenker „Sperrfort Rocca Alta", ohne die geringste Erinnerung an den Inhalt der beiden Bücher.

Die Erwachsenen schimpften, wenn wir Jungen Comics lasen. Ich fand aber nie, dass das meiner Leselust geschadet hätte.

Das in der Pubertät begonnene Tagebuchschreiben gab ich mangels Masse schnell wieder auf, um es erst seit 1993 wieder konsheckuent zu praktizieren. Erstaunlicherweise kann ich diese Tagebücher nicht wieder lesen, sie sind zu belastend.

Einem Freund lhecktorierte ich kostenlos seine Dissertation und fand hunderte Fehler. Wert meiner Dienstleistung: ca 2000 bis 3000 €. Als ich ihm danach einen Stich zu seinem Thema anbot für 40 €, fragte er: „Was kannst du da preislich noch machen?"

Ein anderer wollte ein Buch für 5€ von mir vor einem möglichen Kauf erst probelesen. Das war der Anfang vom Ende einer fast 50-jährigen Freundschaft.

Studium

Als Student trieb ich die Mitarbeiterinnen der Unibibliothek fast zur Verzweiflung, weil ich so viel auslieh. Jedenfalls schloss ich das aus der spürbaren Abneigung, die sie gegen mich hatten. Ich konsumierte Bücher so heftig, dass ich mit einem Besen meinen Kopf abstützen musste, weil mein Nacken ihn nicht mehr halten konnte beim ständigen Lesen.

Nachdem ich recht bald nicht mehr Pfarrer werden wollte, zog es mich auf die Unilaufbahn. Meinem Professor bot ich ein Buch an im Wert von 300 DM und bat um Dubletten aus seiner Bibliothek. Doch anstatt des erhofften Kofferraums voller Bücher bot er mir dafür nur 2 mickrige Exemplare an im Wert von ca. 10 DM. Ich war empört und sah, dass ich unter solchen Leuten keine Chance haben würde auf eine akademische Laufbahn. Deshalb studierte ich nun auf Lehramt. Als mir klar wurde, dass mir auch das nicht lag, da ich neben unmotivierten Schüler(inne)n solche Nervensägen wie mich unterrichte müsste, brach ich das Studium ab und verkaufte meine Bücher in der Mensa. Da mir dort aufgrund meiner Werbung schon aufgelauert wurde, wollte ich nun Antiquar werden, zumal mein Vater auch aus dem Lehreramt in die Tätigkeit als Kunsthändler gewhecksel hatte.

Nach bald 20 Semestern Input hatte ich keinerlei Lust mehr auf weitere Wissensaufnahme, brach das Studium ab und wollte erst einmal etwas unternehmen, gestalten. Jahre lang las ich kaum mehr. Ich veranstaltete Auktionen mit Kunst, Antiquitäten, aber auch Büchern, von denen mir eines geklaut und ein Jahr später in meinem eigenen Laden auf den Tresen gelegt wurde. Ich ließ es beschlagnahmen.

Ein Lehrer stahl mir 1984 im ersten halben Jahr meiner Ladentätigkeit Bücher für ca. 3000 DM: Das brachte ihn um seinen Job, was man mir (!) noch 30 Jahre später übelgenommen hat. 2017 erwischte ich einen Polizisten beim Bücherklau und nahm es meinerseits den Staatsanwaltschaften in Tübingen und Stuttgart übel, dass sie kein Verfahren gegen den Dieb eröffneten, da angeblich bei 7€ Wert des Diebesguts „kein öffentliches Interesse" besteht.

Dazwischen liegen sehr viele bittere und deprimierende Erfahrungen, z.B. von zwei Brüdern aus der Oberschicht, die im Abstand mehrerer Jahre ihren eigenen Eltern dasselbe Buch klauten und mir anboten. Beide Male gab ich es zurück.

Fein die Nase des Kollegen Sonnewald, der anrief und sagte, ein Buch röche nach meinem Laden. Es war mir geklaut worden. Der Täter wurde verurteilt.

Ich selbst hatte als Jugendlicher auch einmal ein Buch geklaut, das ich später beschämt zurückstellte. Leider ist mir als Opfer so etwas nie passiert, dass ein reuiger Dieb mir etwas zurückgab.

Aufgrund von Namenseinträgen in Büchern fand ich u.a. heraus, dass Rudolf Hess Verwandtschaft in meiner Gegend hatte, was der Wissenschaft bis dahin unbekannt gewesen war.

Besonders hübsch ist das Kapitel Fundsachen in Büchern: Ich fand schon Geld (das aber einmal meiner Frau gehörte), einen Brief einer Mutter an ihren „gestörten" Sohn, den ich kannte, einen Zettel, auf dem sich Ernst Zinn die Uhrzeit unseres einzigen Treffens notiert hatte, ferner ein Telegramm der Mutter eines ermordeten Knaben aus dem Urlaub, als das Kind noch nicht einmal aufgefunden war, und am erschütterndsten ein Dokument mit den Unterschriften von 11 Juden, die in der Reichskristallnacht verhaftet und später meist umgebracht wurden. Das wohl älteste erhaltene Kunstwerk von Friedrich Meckseper (geb. 1936) fand ich auch in einem Buch: seinen Wunschzettel um 1944 mit reizenden Zeichnungen, orthographisch mangelhaft.

Schnäppchen sind übrigens viel seltener als angenommen. Ich habe etwa alle zehn Jahre eines gemacht, das der Rede wert ist.

Aus bedeutenden Bibliotheken hatte ich u.a. das einzige bekannte Buch aus Wilhelm Waiblingers Besitz sowie das Hecksemplar des West-Östlichen Diwan, das Goethe der Schwiegermutter seines Sohnes geschenkt hat. Ferner das Exemplar von Goethes erster bedeutender Publikation, dem Götz, mit Einband und Monogramm von Goethes Vater.

Von Ernst Blochs „Prinzip Hoffnung" hatte ich einige Seiten der eigenhändigen Urschrift.

Ein Buch hab ich schon dreimal verkauft (also mehrfach zurückerworben).

Der Reutlinger Malerin Gude Schaal bot ich ihr Buch an, das sie im Krieg illustriert hatte und von dem sie bis zu meinem Anruf über fünfzig Jahre nach Erscheinen gar nicht gewusst hatte, dass es überhaupt erschienen war! Nach ihrer Kenntnis war nämlich der Verlag im Bombenhagel abgebrannt.

Mit Preisauskünften bin ich sehr zurückhaltend, seitdem mir mal eine Uracherin ein Buch anbot für 300 000 DM, das ich für 300 DM im Laden hatte.

Regale, die es zu Beginn meiner Ladentätigkeit noch nicht gab: PC-Literatur und Esoterik.

Draußen stehet der Container – schwer war mir zumute, als ich mehrere Verlage auflöste, deren Produktion ich aus Kosten- und Platzgründen teilweise entsorgen musste, weil die Mengen einfach zu groß waren.

Als Antiquar habe ich angefangen, als Altpapierhändler ende ich, ein bitteres Resümee für einen ehemaligen Klassenprimus, das aber meiner Liebe zum Buch keinen Abbruch tut. Wenn ich zwischen meinen Regalen stehe, tanze ich mit Hunderten von Büchern, als wäre ich ein einzelner Herr mit vielen Damen auf dem Wiener Hofball. Manche Abteilungen belasten mich schwer, woanders ekelt es mich, manche stimulieren mich, in weiteren bin ich dankbar oder fühle mich gar erhoben. Vielleicht lasse ich meine spontanen Einfälle in einer solchen Situation mal aufzeichnen.

Von Beileidsbezeigungen bitte ich abzusehen. Ein Kondolenzbuch liegt aus.

Autor

Als ich um 1978 mal die Bibliographie zum 500-jährigen Jubiläum der Uni Tübingen in die Hand bekam, sah ich im Register nach, ob ich drinstünde. Was ich eigentlich aus narzisstischer Verblendung gesucht hatte, fand ich erstaunlicherweise aufgrund von Leistung: Ich stand darin, mit einer preisgekrönten Arbeit über einen Tübinger Prediger. Das Buch als Träger von Ewigkeit, eine neue Erfahrung. Aufgrund meiner Ladeneröffnung war ich aber nicht mehr motiviert, mein Buch zum Thema „Aussprache des klassischen Lateins" fertig zu schreiben, das Vandenhoeck verlegen wollte.

Verleger

Reinhard Breymayer (1944–2017) entdeckte 1984 ein Gedicht, das er Hölderlin zuschrieb. Er fragte mich, ob ich es verlegen würde. Da mir inzwischen das reine Handeln zu geistlos war, sagte ich zu und kam so zu meinem Verlag wie die Jungfrau zum Kind. Weltweite Medienresonanz war positiv, aber die Infamie eines FAZ-Journalisten, der mir versprochen hatte, den Text nicht vor der Buchmesse abzudrucken, sich aber daran nicht hielt, machte meinen Messestand in Frankfurt ziemlich überflüssig, zumal das Gedicht auch noch als unecht zerrissen wurde. Da ich selbst über 70 Bücher und Artikel veröffentlicht habe, kam mir ein eigener Verlag gelegen, da ich nun nicht mehr mit meinen Manuskripten hausieren gehen musste. Zwei der von mir verfassten und verlegten Bücher stehen in der Uni Tübingen im Lesesaal, was kaum einer der hiesigen Professoren geschafft haben dürfte.

Da ich meist nach dem Motto Bücher verlegte „Was mich interessiert, könnten auch andere kaufen", fühlte ich manchmal tiefe Befriedigung bei einem Erfolg, zum Teil aber auch tiefe Enttäuschung. Erfolgreich waren eigentlich nur die Bücher, bei denen ich die Zielgruppe hatte. Unterm Strich habe ich in 35 Jahren wohl nichts damit verdient, aber auch nicht draufgezahlt. Nur noch ein einziges Verlagsprojheckt verfolge ich, die Idee der „autonomothetischen

Selbstkanonifikation": Wieso entwickelt z.B. Platon ein philosophisches System, dessen Erfüllung er gleichzeitig ist? Und er ist beileibe nicht der einzige: Wenn ein Kaufmann wie ich philosophiert, kann man da etwas anderes erwarten als mein 1994 erschienenes Buch „Das Prinzip Egoismus"?

Als Nabel der Welt durfte ich mich fühlen, als die Antiquariats- und die Verlagsbranche ineinandergriffen wie hier: Ein Antiquariatskunde war bereit, für die von Karl Stirner illustrierte Fibel jeden Preis zu zahlen. So inserierte ich also: „Stirner-Fibel gesucht". Ein Mann rief an und fragte, ob diese Fibel von Max Stirner, dem Anarchisten, sei. Ich: „Nein. Aber ich habe ein Buch über Egoismus herausgegeben, in dem ein sehr guter Artikel über Max Stirner ist." Anrufer: „Das hab ich schon!"

Ausblick
Ob mein Verhältnis zum Buch fetischistisch, emotional, kompensatorisch, rational oder schlicht antiquiert ist, kann ich nicht hecksakt sagen.

Ein Buch aus dem Besitz von Bundeskanzler Kiesinger war oft mein Mantra, wenn ich in negativen Gedanken versank: ein vollkommenes Werk über die deutsch-englische Geschichte, von dem er ein Exemplar behielt, ein anderes der Queen schenkte. Nachdem ich vor einer TV-Kamera diese heilsame Wirkung preisgegeben hatte, stellte sie sich nicht mehr ein.

Für die Zukunft des Buches sehe ich trotz allem nicht schwarz: Die Flüchtigkeit moderner Speichermedien wird früher oder später alle wieder zum Buch zurückbringen. Fürs Ladenantiquariat sehe ich dagegen kaum noch Chancen: Schon jetzt bricht die Infrastruktur zusammen. Die allerorten naiv begrüßten Verschenkstationen sind Grabmale der Gebrauchtbuchkultur.

Wie oft hat mich meine Frau indirekt getadelt, wenn ich begeistert von guten Gesprächen im Laden berichtete: „Und hast du auch was eingenommen?" Das Antiquariat als Ort des mußevollen Stöberns ist fast schon tot in dieser hektischen Zeit, in der Suchergebnisse in Lichtgeschwindigkeit erwartet werden. Die Konsequenz: Früher zahlte ich die Hälfte meines Verkaufspreises, was 1. viel zu viel war und mir 2. niemand dankte. Inzwischen zahle ich bei Hausbesuchen nichts mehr dafür, allenfalls noch für mir hergebrachte Bücher oder Bibliophiles. Ich bin ein verglühender Schweifstern in der Gutenberg-Galaxis.

Wenn Claudia Gehrke sich mit ihrem Verlag mit niveauvollen Büchern seit vierzig Jahren hält, verdient das meinen vollen Respheckt. Ad multos annos.

Tzveta Sofronieva
Phantomschmerz

Mein Herz explodiert, mir fehlen Seiten
aus den Regalen, die jetzt nur die Leere bewohnt.
Die Einbrecher haben alles genommen, in Säcken,
meine ganze Bibliothek für Altpapier abgegeben,
Groschen entgegengenommen, geschafft sie zu versaufen.
Ich muss an die Wörterbücher denken, die verlorene
Zungen hüteten, an die Autogramme der schon
von hier gegangenen Dichterinnen, meiner Freundinnen,
an die unterstrichenen Zeilen in meinen Lieblingsessays,
an die Abenteuerromane, an die Wissensgeschichte
und die Bilder der Mythen.
Die Quellen brennen, Flammen in den Himmel hinein,
vielleicht wird aus ihnen neues Papier werden
und darauf werden neue Gedichte geschrieben,
wieder Bücher gedruckt.
Altpapiercontainer wissen viel von der Welt.
Ich rezitiere Zitate und male Kollagenszenen,
berühre die Leere der Bücherregale, spüre Hoffnung
auf eine Hoffnung, muss an den weiblichen Namen
der Hoffnung denken, Nadejda, und wie er missbraucht wird.
Ich greife zu einem Ort, wo einst meine Bibliothek war.
Ich kenne den Platz jedes Buches,
ich finde die Stelle jedes mir wichtigen Satzes.
Meine Finger zeichnen Leere und denken Buch.

Martin Knepper

HEUTE KAM MIT PAKETPOST aus den Staaten das bestellte Buch,
die Rock-Drill Cantos (Presslufthammergesänge) von Ezra Pound,
in der Erstausgabe von 1957. Der Umschlag slightly worn, wie es
auch hieß, das schöne schwarze Leinen durch einen kleinen weiß-
lichen Fleck auf der Rückseite verunziert, Papier und Bindung jedoch in gutem Zustand. Leider, so möchte ich fast sagen, hat sich
der Vorbesitzer nicht namentlich auf dem Vorsatzblatt verewigt;
Poundbücher, die Werke des poet's poet, haben oft interessante Vor-
geschichten. Meine 1933er Lieferung der Cantos etwa hat einem
literarischen Kleinmeister aus dem Umfeld der amerikanischen Sur-
realisten gehört, die ‚Frauen von Trachis‘ standen zuvor bei einem
schwulen Linguisten aus dem Badischen. Hier nun, bei der ‚Section:
Rock-Drill 85-95 de los Cantares‘, wie ihr vollständiger Titel in der
zunehmend verrätselten Sprache des Spätwerkes lautet, bleibt mir
der Erstbesitzer vermutlich immer unbekannt, doch eine Kleinigkeit
entzündet meine diesbezügliche Phantasie. Eingeklebt in die Innen-
seite des Deckels ist der Name der Buchhandlung:

Galignani 224
Rue de Tivoli – Paris (1er)
Tel: Opera 56–98

Galignani, die berühmte Kunstbuchhandlung in der Nähe der Tuilerien, seit Urzeiten eine Institution, sicher keiner der großen Pariser
des letzten Jahrhunderts, der dort nicht seinen Fuß hineingesetzt
hätte. Picasso grüßt beim Reingehen Duchamp, der gerade mit einem Band seines Freundes Man Ray herauskommt, den der ihm
eigentlich als Freiexemplar versprochen hat, aber typisch Ray, wieder mal irgendeine Frau im Kopf und den ganzen Tag im Foto-
studio. Dort nun also betritt im Herbst 1957 – ich vermute mal,
dass es Herbst war, gute Bücher (und auch schlechte) erscheinen
bevorzugt im Herbst, denn gut sein allein genügt nicht, wer gute

Bücher liest, hat oft auch eine unglückliche Inklination zur Armut, und so können Wohlmeinende das bevorstehende Weihnachtsfest zum Anlass des Geschenkkaufs nehmen, Bücherfreundesfreunde sind sensibel und wissen meist, wo das Herz schlägt und der Schuh drückt – Herbst 1957, noch mal, betritt also ein Mensch die ehrwürdigen, bis an die Decke mit Folianten und Magazinen vollgestopften Hallen, welchen ich mir wie alle sympathisch imaginierten Personen zunächst als etwas füllig zu denken gewillt bin (in Wahrheit schreit Pound geradezu nach der Askese, den ganzen Tag Wörterbücher und Historienschreibungen herumwuchten, da bleibt nicht viel Zeit für Hüftgold), stellt seinen Regenschirm achtsam am Eingang ab, kam doch kurz zuvor ein machtvoller Schauer die großzügigen Boulevards des Monsieur Haussmann heruntergefegt und nasse Regenschirme und Bücher werden niemals Freunde, das weiß unser bis jetzt immer noch gesichtsloser Kunde selbstredend, anders als viele dumme Riemen und Schnepfen, die eine Buchhandlung ohnehin nur betreten, um aus einem Reiseführer die Tipps abzuschreiben. Er tritt auf den Verkäufer zu, einen noch jungen Mann, vorschriftsmäßig adrett in einen Anzug gekleidet, doch in einer frechen Geste der Auflehnung mit einer zeittypischen Haartolle verunziert, was er sich leisten kann, gilt er doch als der beschlagensten Verkäufer einer, selbst rarste Privatdrucke des aufstrebenden Jean Dubuffet sind bereits durch seine Hände gewandert, und der Herr mit dem Regenschirm, der jetzt im Eingangsbereich, doch gut einsehbar vor fremdem Zugriff geschützt steht, sagt zu der Kulturtolle: *„Je veux acheter le nouveau libre d'Ezra Pound, les Rockdrill-Cantos …"*, wie man an seinem etwas unbeholfenen Französisch hört, ist es ein Engländer oder Amerikaner, wenn Amerikaner, dann jedoch von der Nordostküste, zu prononciert kommen die Vokale, und der Verkäufer im nur am Ärmelbereich bereits etwas glänzenden Anzug sagt so etwas wie *„Ah oui monsieur, c'est une bonne choice, je juaboirepoiteauxvieux lamerinacationneterifique"*, das konnte ich nicht verstehen, weil mein Französisch ausgesprochen schlecht ist. Nun wartet unser Kunde einen Moment, während die ansehnliche Tolle durch die Regale flitzt, nein huscht, jetzt sehe ich auch gerade kurz das Gesicht des Wartenden, auf Mitte vierzig würde ich ihn schätzen, als Erstes fallen die schönkonturierten Augenbrauen auf, ein fast etwas unzeitgemäßer Oberlippenbart ziert das dank der rund fünfzehnprozentigen Übergewichtigkeit faltenlose Gesicht, in der linken Hand trägt er eine Plastiktüte mit frischem Gemüse (Legumes, das Wort kenne ich noch, das fiel etwa bei Lektion 3 unseres Lehrbuches, die Kinder so früh an das Gemüse zu führen, ist eines der großen Verbrechen der Schulpolitik), die er neben einem der bequemen Fauteuils (das sind französische Sessel, glaube ich) abstellt, und in dem Moment fällt mir gerade ein, dass Gemüse, aber auch zum Beispiel *bœuf* damals sicher noch nicht in Plastiktüten verkauft wurde, ob die Kunden da immer einen Korb mithatten? Oder saßen vor den Markthallen alte Frauen, Einkaufsnetzstrickerinnen, das französische Wort dafür ist mir gerade nicht präsent? Jedenfalls ist der Verkäufer, während ich herumgeschwafelt habe, schon zurückgekehrt und reicht dem Kunden unter Abfeuerung einer Vielzahl sehr diphtongisiert klingender Laute, die ich wieder nicht verstehe, zumal er dem Dialekt nach aus einer eher ländlichen Region Frankreichs zu kommen scheint, Bretagne oder Guyana vielleicht, das in hochwertigstes (das ist wichtig, nachgerade Fetisch!) Leinen eingebundene Buch, gerade mal 108 Seiten stark, der mollige Schnauz öffnet es behutsam und: Ach du liebe Güte! Alles voll chinesischer Schriftzeichen, Hieroglyphenkartuschen, Altgriechisch sowieso, noch ärger als bei der letzten Lieferung, den Pisaner Cantos und die waren schon anstrengend, aber eben auch, wie mein damals ungeborener Bekannter Torsten sagen würde, ganz großer Sport. Der Kunde zahlt, in landesüblicher Währung, ob alte oder neue Franc kann ich auf die Entfernung nicht gut sehen, alte vermutlich, für ein so dünnes Buch einen stattlichen Betrag, aber das Schriftbild allein, der Drucker brauchte sicher eine Gefahrenzulage. Unser Kunde verlässt Galignani – gerade im Weggehen fallen seine breiten Schultern, durch den gewählten Schnitt des Anzugs noch betont, besonders auf – und sein Weg führt ihn, da die letzten warmen Sonnenstrahlen des späten Oktobers gerade wieder über der

Rue de Tivoli herausgebrochen sind, in die Tuilerien, wo er sich auf eine Parkbank zwischen zwei Bäumen setzt, das könnten Linden sein, oder doch eher Haseln? So etwas haben wir in der Schule nicht gelernt, nur *des legumes*, und wieviel osmotischer Druck pro Quadratmillimeter bei einer idealtypischen Kambiumschicht herrscht, oder ist das Kambium doch ein Erdzeitalter? Jedenfalls sitzt er da, schlägt das Buch auf, das damals natürlich noch herrlich knistrige Geräusche macht und nicht den Stockflecken auf dem Vorsatzblatt hat und liest:

LING²
Our dynasty came in because of a great sensibility.
All there by the time of Y Yin
All roots by the time of Y Yin
Galileo index'd 1616,
Wellington's peace after Vaterloo
chih³
a gnomon,
Our science is from watching of shadows;

und der in meinen Augen überaus attraktive Mittvierziger lässt das Buch zum ersten Mal sinken, gleichermaßen überwältigt wie strapaziert, der kommenden intellektuellen Wechselbäder eingedenk und beschließt, zunächst auf der Bank, die er zuvor mit einem richtigen gebügelten Stofftaschentuch abgewischt hatte (wir erinnern uns: noch vor einer halben Stunde Regen), sitzen zu bleiben, als sein Blick plötzlich auf den eines anderen Herren trifft, der den feinbekiesten Weg entlangflaniert, gerade vor der Globalisierung wurde nicht einfach gegangen, die Wegstrecken waren noch nicht optimiert, nicht alle Fußgängerüberwege, ja kaum einer war als blindenfreundlich zu bezeichnen, aber man kam doch immer irgendwie durch, da half einem auch immer jemand über die Straße, aber unsere beiden Herren sind ja nicht blind, sehen vielmehr einander, und dem Rockdrillbesitzer fällt als erstes die große physiognomische Ähnlichkeit des Passanten, der jetzt ungefähr auf gleicher Höhe an ihm vorbeischreitet, mit ihm selber auf, bemerkt des Weiteren ein paar überaus gepflegte Schuhe (obzwar durch den vorausgegangenen Regen in wenngleich schwache Mitleidenschaft gezogen) und ferner, dass dieser Herr, der in so vielem das Spiegelbild unseres Lesers zu sein scheint, etwa zehn Meter von ihm entfernt stehenbleibt, eine filterlose Gauloises (natürlich) aus einem eleganten Zigarettenetui nimmt und nach seinem Feuerzeug greift. Beziehungsweise danach sucht. Rechte Manteltasche, linke Manteltasche, Innentasche links, rechts schaut er gar nicht, da er als Rechtshänder da ohnehin nichts hineingibt, die Taschen der eleganten Tuchhose ... Da nun erbarmt sich unsere Hauptperson, steht auf, geht auf sein entferntes Spiegelbild zu und sagt in seinem akzentgefärbten Französisch einen Satz, den ich der besseren Verständlichkeit willen lieber direkt in Deutsch wiedergebe: »Ich würde Ihnen liebend gerne Feuer geben, bemerke jedoch, dass ich es zuhause gelassen habe ...« Jedem einigermaßen sensibilisierten Menschen, und somit auch dem Flaneur mit den minimal beschlammten Schuhen, ist in diesem Augenblick klar, auf welchen großen französischen Literaten dieser Satz anspielt, und die Herren sehen sich einen Augenblick lang an, ein um Sekundenbruchteile verlängertes Blinzeln der Augen ist ein letztes Unterpfand, und in einem der restriktiven Gesetzeslage der Zeit angepassten verzögerten Abstand schreiten beide, nun der Schuhe erst recht nicht achtend, in einen Seitenweg, von dort, an einem Rhododendronbusch abbiegend, eine kurze Strecke durch niedriges Gehölz, keine Glasscherben oder Papierreste, die ihnen vorauseilend Hänsel und Gretel machten, und sie gelangen schließlich an eine baumumschlossene Stelle, an der Mister Galignani, sage ich der Einfachheit halber, seine nichtexistente Plastiktüte auf einen verwitterten Baumstumpf legt, die Rock–Drill de los Cantares darauf, sie einerseits vor Bodennässe zu schützen, sie andererseits vor Verknitterungen zu bewahren, denn unmittelbar darauf greift ihm schon sein Gegenüber in den Schritt, was er mit der Einbringung des Zeige– und Mittelfingers in den Mund des anderen erwidert, dabei das Ohrläppchen knabbernd, während der anonyme Flaneur bereits das nicht unwesentlich versteifte Geschlecht des Poundianers aus der Hose geknöpft, ich betone: geknöpft hat. Was folgt, sind gegenseitige manipulative Handlungen, wie sie in dieser Form schon vielfältig beschrieben worden sind, unseren Protagonisten jedoch ganz offensichtlich ein ungeteiltes Vergnügen zu bereiten scheinen, den nach wenigen Minuten entladen sich beide unter nur mäßig unterdrücktem Seufzen in die herbstlich verfärbte Landschaft. Auch das Danach fällt nicht so stilvoll aus, wie man es vielleicht von einem Schöngeist erwarten dürfte, zudem wird der Abschied durch einen einsetzenden erneuten Regenschauer beschleunigt, wobei Mister Galignani bemerkt, dass er seinen Regenschirm in der gleichnamigen Buchhandlung stehengelassen hat. Hastig stopft er die Presslufthammergesänge des größten Lyrikers des zwanzigsten Jahrhunderts in seine Tasche, ohne dabei zu bemerken, dass ein Tropfen des Weihrauchs vom Altare Amors, welcher sich ihm erst kurz zuvor entrungen hat, auf den Rücken des druckfrischen Buches gelangt ist – er hatte das Datum der Ersterscheinung natürlich der angesagtesten literarischen *Revue* von Paris entnommen – und eilt nach Hause in seine durchaus typisch zu nennende Altbauwohnung im vierten Bezirk, als er während der Bereitung eines Tees, über welchem er zumindest Canto LXXXV und LXXXVI zu einem vorläufigen Ende zu lesen gedachte, durch einen in seinem Alter gänzlich überraschenden Hinterwandinfarkt gefällt und dauerhaft zu Boden gestreckt wird. Erst Wochen später findet die Concierge seine Leiche, da er einen mangels Lebendigkeit ungeheizten Kohlenofen besitzt und die Temperaturen in diesem Jahr überraschend schnell gesunken sind, sodass das übliche Sommergeruchsgejammer der Nachbarn entfiel und nur die sich über den langen Zeitraum doch anhäufende Post (eigentlich hatte er sich aus den USA weitgehend ohne Hinterlassung einer neuen Anschrift verabschiedet, aber die Werbeleute fanden einen schon immer) ins Blickfeld geriet. Das Buch lag noch neben ihm, als sie ihn fanden, fast wie um eines poetischen Abschlusses willen auf der letzten Seite, auf die es gefallen war, als es ihm aus den krampfenden Händen glitt, bevor er in das Meer aller Abgeschiedenen glitt:

That the wave crashed, whirling the raft, then
Tearing the oar from his hand, broke mast and yard–arm
And he was drown down under wave,
The wind tossing,
Notus, Boreas,
as it were thistle-down.
Then Leucothea had pity,
"mortal once
Who now is a sea–god:
νοστου γαιης Φαιηκων … "

Vincent van Gogh

Anje Müller

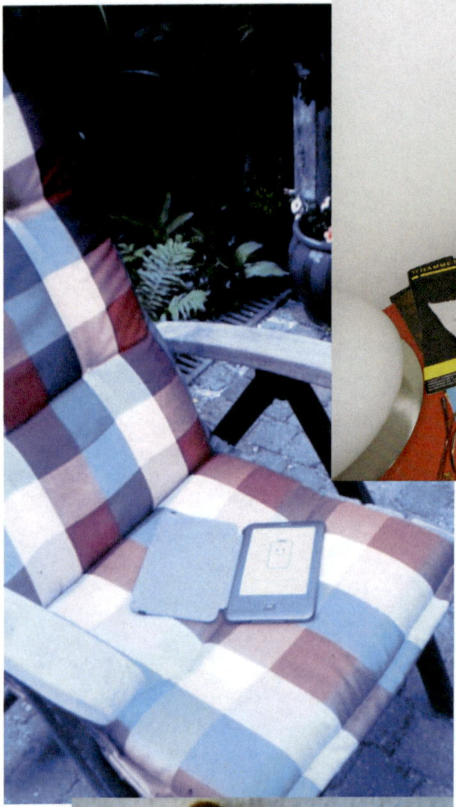

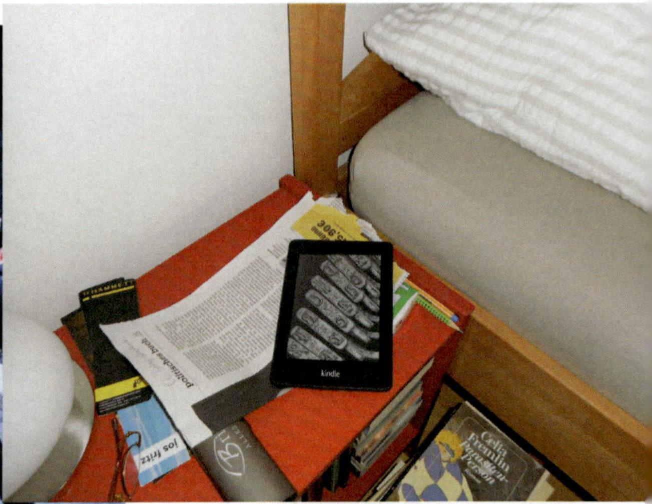

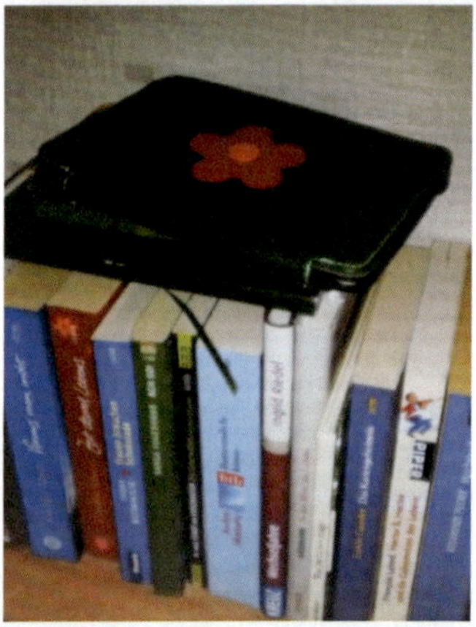

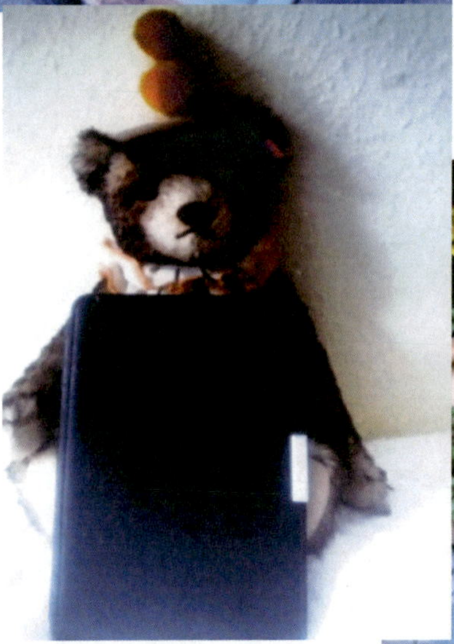

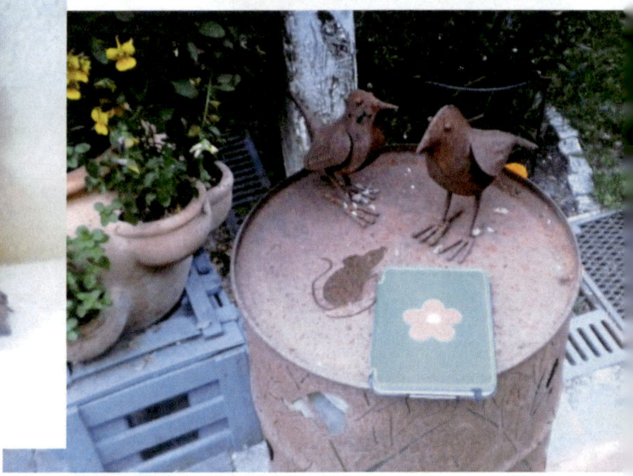

Sunita Sukhana
Ein Buch wie ein Leben

VOR FAST ZEHN JAHREN habe ich mir den Roman „On the Road" von Jack Kerouac während einer Sprachreise in Südengland gekauft. Es ist die Taschenbuch-Ausgabe der Penguin Modern Classic Reihe, die komplett in Schwarzweiß gehalten ist. Glaube ich zumindest, denn von dem eigentlichen Cover ist nicht mehr viel zu sehen. Mittlerweile ist das Buch nämlich über und über beschrieben und bemalt.

Der erste Eintrag war wohl der Ort, an dem ich es erworben haben: „TOTNES SPRING 2009". Mit etwas Fantasie kann man noch am unteren Rand des Covers „SPRING" erahnen, Ort und Jahr sind schon bis zur Unleserlichkeit verblasst. So fing es an. Es folgte noch während desselben Urlaubs ein Gedicht, das ich ins Ende des Buchs, zwischen der letzten Seite der Erzählung und der Vorstellung anderer Bücher des Autors, kritzelte.

Ich kann mich nicht erinnern, je eine bewusste Entscheidung gefällt zu haben, dass dieses Buch der Träger all meiner Reiseerinnerungen werden sollte, doch dazu hat es sich entwickelt. Ich habe „On the Road" insgesamt sicher mindestens fünf oder sechs Mal gelesen. Immer wenn ich verreise, nehme ich es mit und fahre dort fort, wo ich am Ende der letzten Reise aufgehört habe.

Auf dem Einband notiere ich all die Orte, zu denen mich dieses Buch begleitet hat: von München und Berlin über London und Amsterdam bis zu Chicago, Tokyo und Buenos Aires, um nur ein paar zu nennen. Meine „On the Road"-Ausgabe hat mehr von der Welt gesehen als viele Leute, die ich kenne. Hinzu gesellten sich Sprüche aus meinen politisch engagierten Zeiten sowie aus Zeiten, in denen ich Hals über Kopf verliebt war. Aus letzteren stammt auch ein extrem kitschiges Gedicht, das ich über meine erste große Liebe in das Buch geschrieben habe. Einer der neuesten Einträge ist ein Liebesgedicht über meinen Mann von vor einem Jahr. Das Dichten über die Liebe kann ich also noch immer nicht lassen, auch wenn ich nie besser darin geworden bin.

Da man nach ein paar Jahren erraten musste, um was für ein Buch es sich handelt, habe ich irgendwann Autor und Titel fett umrahmt. Trotzdem sieht das Buch mittlerweile sehr mitgenommen aus. Das Papier ist an vielen Stellen ein- oder abgerissen. Auf der Rückseite musste ich sogar bereits die linke untere Ecke ersetzen, um sie zu reparieren und gleichzeitig mehr Platz für Städtenamen zu schaffen.

Innen sieht es nicht anders aus. Ich glaube, es war das zweite oder dritte Mal, dass ich „On the Road" las, als ich begann, mir Notizen dazuzuschreiben: an die Ränder, zwischen die Zeilen, überall, wo ich Platz fand. Später ergänzte ich neue Gedanken oder kommentierte meine alten. Ich kann meine Weltsicht und mein Lebensgefühl des letzten Jahrzehnts nachverfolgen, indem ich meine alten Notizen durchlese. Diese reichen von Überlegungen zu „On the Road" über Analysen meiner Freunde und Schwärmereien über Ex-Liebhaber bis hin zu Erörterungen darüber, was ich zu Abend essen soll. Das Lesen von „On the Road" ist nur der halbe Spaß – das Lesen meiner Kommentare ist die andere Hälfte.

Manche Seiten sind so vollgeschrieben, dass man die eigentliche Erzählung kaum noch sehen kann. Außerdem habe ich Lieblingspassagen unterstrichen, umrahmt oder markiert. Da mich jedes Mal andere Formulierungen, Beobachtungen und Figuren ansprechen, ist mittlerweile fast jedes Wort auf irgendeine Art und Weise hervorgehoben. Nur das Vorwort und das letzte Kapitel sind vollkommen leer. Ersteres habe ich noch nie gelesen und letzteres nur einmal. Das Ende der wilden Abenteuer von Sal und Dean in „On the Road" interessiert mich nicht, nur die Abenteuer an sich faszinieren mich – jedes Mal aufs Neue.

Übrigens: Nein, das ist nicht, wie ich alle meine Bücher behandele. Normalerweise schreibe ich nie in Bücher, weil ich die große Mehrheit von ihnen nach dem Lesen wieder verkaufe. Nur ein gutes Dutzend gelesener Bücher hat es bisher in mein Regal geschafft. „On the Road" ist das einzige Buch, das ich besitze, dem man sein Alter und mein Leben ansieht. Es ist das einzige Buch, das mich je genug begeistern konnte, um es immer und immer wieder zu lesen und dabei reinzuschreiben, so viel ich will, weil ich es nie im Leben wieder hergeben würde.

PS

Ich kaufe inzwischen kaum noch gedruckte Bücher. Ich lese hauptsächlich E-Books. Natürlich genieße ich es auch, durch Buchläden und Flohmärkte zu schlendern und Bücher in die Hand zu nehmen und in ihnen zu blättern. Aber die Bequemlichkeit von E-Books überzeugt mich. Meinen E-Reader kann ich ohne Probleme in einer Hand halten. Er ist leicht und das Umblättern erfolgt durch einen einfachen Knopfdruck. Die andere Hand habe ich frei, um meine Teetasse zu halten oder meinen Snack zu essen. Beim Lesen von echten Büchern kämpfe ich oft damit, wie ich sie am besten halten soll. Unzählige Male schon ist mir ein Buch aus der Hand gerutscht oder aber mein Essen oder Getränk auf das Buch gekleckert. Außerdem finde ich viele Bücher, vor allem Hardcover-Ausgaben, schlicht zu schwer. All diese Probleme habe ich mit meinem E-Reader nicht. Das einzig Blöde ist, wenn der Akku an einer spannenden Stelle leer ist und ich erst einmal eine Steckdose finden muss, bevor ich weiterlesen kann. Das kann bei einem herkömmlichen Buch natürlich nicht passieren.

Wenn ich mal ein physisches Buch im Sonderangebot erworben habe, dann kann ich es trotzdem gar nicht erwarten, es durchzulesen und dann wieder loszuwerden. Ich finde nämlich kaum etwas belastender als materiellen Besitz. E-Books kommen mir deshalb entgegen. Da kann ich so viele anhäufen, wie ich möchte, und den einzigen Platz, den sie einnehmen, ist der Speicherplatz meines E-Readers. Das macht auch Umzüge viel unkomplizierter. Aber egal wie oft ich noch umziehen werde, für „On the Road" werde ich immer einen Platz auf meinem Bücherregal finden.

Tina Stroheker
Bücher

WÄHREND DU BEI DER ARBEIT WARST, habe ich Dein Bücherregal inspiziert. Viele gute Bekannte, unsere Begegnung freute mich. In den letzten Jahren habe ich Lektüre noch einmal neu erlebt: So las ich als Mädchen, fehlt nur die Taschenlampe unter der Bettdecke. Ich fand eine spät aufgeschriebene Geschichte und mir unbekannte Autorinnen. Ihre Bücher sprechen zu mir, auch diejenigen, deren Qualität meinem Urteil nicht standhält. Zuflucht, Modelle, Denk- und Traumangebote, Rat, alles sollen die Bücher liefern. *Welt, einem Riß entsprungen/ erschienen, Rauch zu sein!// Und doch: die Lampe brennt/ und einer sitzt und liest und liest*, schrieb Philippe Jaccottet. Ich bin die, die da sitzt, und doch war ich schon, bevor ich Dich traf, keine *Pappmaché-Sappho*. Einen Riß spüre ich ja schon länger, Tag für Tag und leibhaftig, in mir, und da geht es erst einmal um Feuer, nicht um Rauch. Die statistisch größere Nähe meines Todes facht dieses Feuer nur an. Was also tun? Was ich immer tat: Mich an die Bücher wenden. So entdeckte ich Djuna Barnes, Natalie Barney, Gerd Brantenberg, Audre Lorde, Pina Mandolfo, Isabel Miller, Kate Millett, Radclyffe Hall, Sarah Schulman, Annemarie Schwarzenbach, Jeanette Winterson und viele mehr. Irgendwann akzeptierte ich mich als Teil dieser Geschichte, erzählt von Frauen, *die sich entschieden haben zu sprechen.*

MANCHMAL GEBE ICH JETZT BÜCHER WEG. Keine Umschichtungs- und Verlagerungs-Prozesse, Erosionen im Buch-Gelände mehr, nicht noch ein Regal und sei's ein ganz kleines, alles ist voll. Bittere Arbeit; der Vorsatz, das Abschiednehmen zu üben, wird aufs Härteste geprüft. Nichts von dem verheißenen Befreiungsgefühl. Schließlich weiß ich doch, *die Dinge sind/ glücklich an ihrem/ Platz.* Wie untreu ich bin! Sind nicht Bücher die einzigen Gegenstände, ohne die ich nie leben wollte? Auf einem Jugendfoto sitze ich, eines in der Hand, vor dem ersten Bücherregal. Ikonographische Inszenierung: So sollte mein Leben werden, im Rücken immer den Schutz der Bücher. Tatsächlich fürchte ich zwischendurch, jedes weggegebene Buch schaffe ein Stück mehr Verlorenheit. Freilich, kein Anlaß zu Panik, viele, viele Bücher stehen und liegen im Haus, neue kommen hinzu. Dennoch, meine Buch-Libido ist schwächer geworden. Das Lesen geht trotzdem weiter, der Bedarf an *Kraftstößen von außen* bleibt. Zielgerichtet für bestimmte Arbeiten oder erfahrungssüchtig, dies Lesen, bis die Lider zufallen, das Buch aus den Händen kippt. Wie viele waren es seit Elsa Beskows *Hänschen im Blaubeerwald?* Den Vorsatz, jedes gelesene zu notieren – leider nie angepackt. Sie alle haben ihre Stunden, manchmal geht mir eines genau in dem Augenblick auf, *in dem die Frage den Fragenden verwandelt* und hilft bei *Pfadentscheidungen.* Unterwegs zu sein ohne Buch, unvorstellbar. Schon in die Tanzstunde (dorthin besonders) ging ich mit einem bewaffnet; während sonntäglicher Kaffeestunden lag auf der Stuhllehne eines, unhöflich nannte der Vater das, doch anders war die Tochter nicht zu haben. Welches wird das letzte sein? Was nähme ich auf die vielzitierte Insel mit? Allein der Versuch, eine Liste zusammenzustellen, verursacht Übelkeit. Josef Mühlberger beschrieb sich in einem seiner späten Gedichte vor seinen Bücherregalen: *Ich kreuze beide Arme vor meiner Brust,/ verneige mich nach vier Seiten/ und danke.*

Traude Bührmann

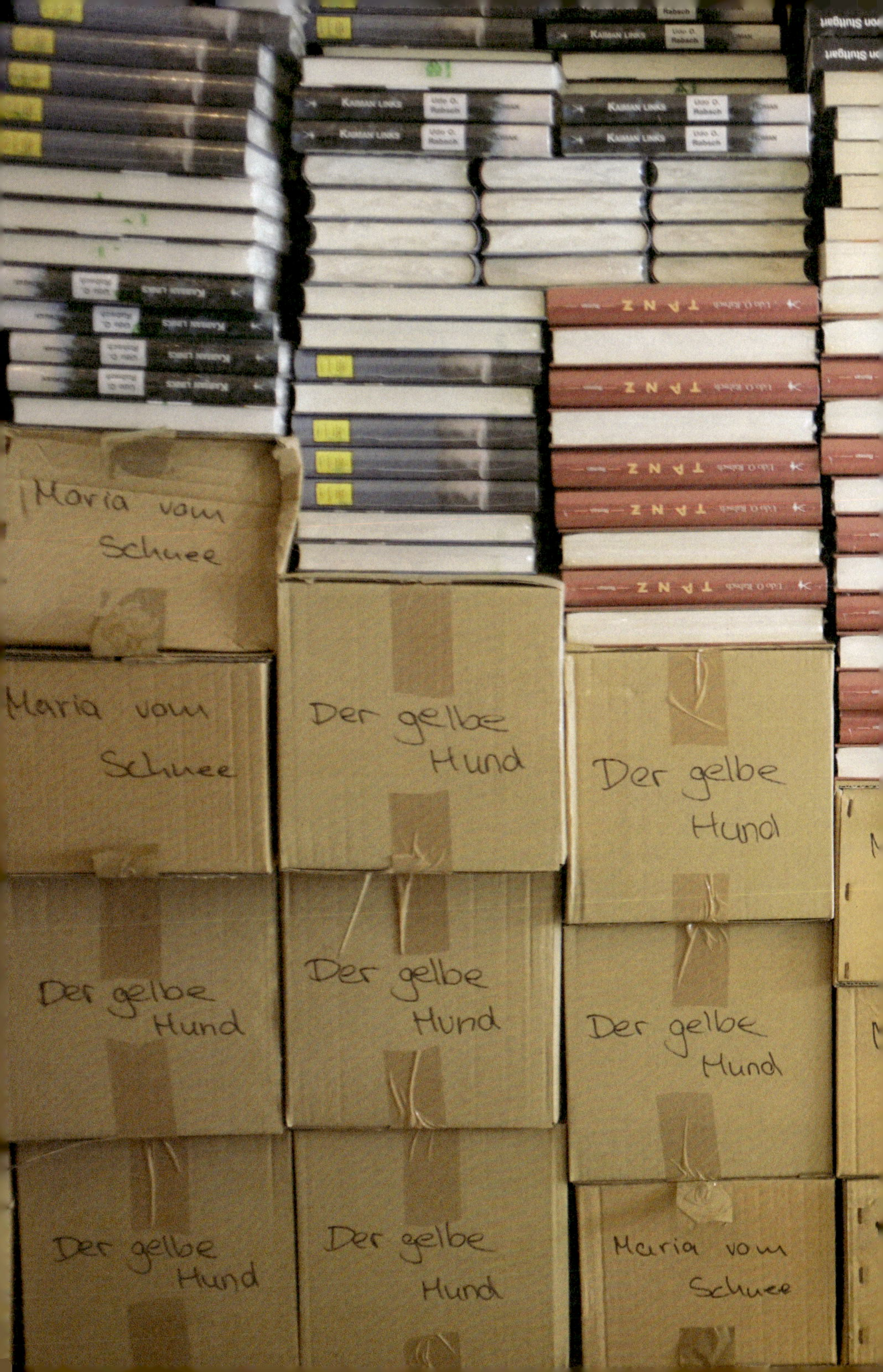

Autorinnen und Autoren

Balducci, Sam, Pseudonym, lebt und arbeitet als freier Autor und Therapeut in Frankfurt am Main. Div. Kurzgeschichten in Anthologien wie „Mein Schwules Auge" und „Hiebe und Triebe", aktueller Roman: „Sieben von hundert" (2019, Konkursbuch, Familienroman, eine Coming-out-Geschichte, eine Krankenhausgeschichte, eine erotische Erzählung – dieser „Entwicklungs-roman" ist eine Mixtur aus all dem und mehr, so wie das Leben selbst.) Freut sich über Rück-meldungen. Balducci@t-online.de

Bax, Anne: Autorin aus Duisburg. Tritt mit Anika Auweiler und dem Konzert- und Lesungs-programm „Spaß bei Saite" auf. Zuletzt: „Love me tinder" (Kurzgeschichten), „HerzKammer-Spiel" (Roman). 2019 neuer Kurzgeschichtenband.

Bührmann, Traude: Schriftstellerin, Übersetzerin, Fotografin. Debüt: „Flüge über Moabiter Mauern", danach zahlreiche weitere literarische Veröffentlichungen., u.a. „Faltenweise – Lesben und Alter" und die Stadtbegleiterinnen „Lesbisches Berlin" und „Lesbisches Paris". Im Kon-kursbuch Verlag erschienen die Kurzromane „Cocktailstunde" und „durchatmen".

Butschkow, Peter: *1944 in Cottbus, aufgewachsen in Berlin (West). Studium an privater Kunstschule, ein Lehrjahr als Bleisetzer. Abgeschlossenes Studium an der Akademie für Grafik, Druck und Werbung in Berlin. Cartoonist und Autor. 2. Platz beim Deutschen Karikaturenpreis 2016. 2017 erschien sein Romandebüt „Rebecca, Roswitha und die wilden Siebziger. Die Ge-schichte eines Betruges" im Konkursbuch Verlag. Die hier abgedruckte Geschichte ist ein Aus-zug aus seinem Typographie-Roman „Wer ist Emilia" (erscheint voraussichtlich Herbst 2019).

Casper, Sigrun: *1939 in Kleinmachnow. Industrienäherin, Stoffmusterentwerferin, Verkäu-ferin in der Deutschen Bücherstube (Berlin Mitte), Flucht 1961. Lehrerin an Sonderschulen. Autorin. Bücher u.a. „Unterbrochene Schienen" (Ostwestgeschichten), „Der Wortjongleur" (Roman), „Ein Fetzen Himmelsblau" (Gedichte) und „Der unerfindliche Herr Schmandlau" (Geschichten, 2019). Herausgeberin einiger Ausgaben von Konkursbuch. Walter-Serner-Preis.

Drische, Kali: Pseudonym (* 2010) lebt mit ihrem Stammhirn (* 1968) zusammen in Berlin. Weil beide schreiben, gibt es manchmal Streit um den Computer. Veröffentlichungen in Antho-logien. Erzählband „Neulich im Schrank"(2015, Konkursbuch Verlag).

Foltz, Jürgen: *1955, seit 1974 im Buchhandel, seit 1985 selbstständig mit Buchhandlung und ab 2000 als Verlagsvertreter.

Frei, Frederike: *1945 in Brandenburg/Havel. Studium Germanistik und Theologie, dann Schauspiel. Lebt in Berlin. Die Gedichte ihrer Lyrikaktion auf der Buchmesse '76 befinden sich im Literaturmuseum der Moderne in Marbach. www.frederikefrei.de

Gebhardt, Eike: promovierte 1973 an der Yale University in Sozialwissenschaften und Cul-tural Studies, lehrte 13 Jahre an US-Universitäten. Ab 1986 Talkshowmoderator für diverse ARD-Anstalten. Mitglied der Sachbuch-Jury der Süddeutschen Zeitung/NDR. Autor und Herausgeber mehrere Bücher, u. a. „Kreativität und Mündigkeit".

Gehrke, Claudia: *1953, bis 1972 in Frankfurt/M, als Schülerin eine Weile in einer Kommune im Westend gelebt, dann Studium Germanistik, Mathematik und etwas Philosophie in Tübin-gen, Staatsexamen. Verlagsgründung und Salon in einer WG, offizielle Gewerbeanmeldung am 1.4.1978. Nebenher Referendariatszeit, danach bis 1983 Krankenhauslehrerin, seitdem Vollzeit-verlegerin. Beiträge in Kunstkatalogen und Anthologien.

Görler, Ingeborg: *1937 in Dessau; Kindheit im Harz; Jugend in Mannheim; Studium in Heidelberg und Göttingen; unterrichtete in mehreren Orten der Bundesrepublik; Journalistin in Mannheim und Speyer; lebt seit 1985 in Berlin.

Grawert-May, Erik: *1944 in Lauban/Niederschlesische Oberlausitz (heute Polen), aufgewachsen in Hamburg und Bonn. 1956 kleine Gesangsrolle in einer Inszenierung von Gustaf Gründgens. Studium der Romanistik und Wirtschaftswissenschaften in Paris, Tübingen und Berlin. Professor für Unternehmensethik und -kultur (em.) an der Hochschule Lausitz, inzwischen fusioniert zu BTU Cottbus-Senftenberg. Lebt heute als Unternehmens-Ästhetiker in Berlin. Im Konkursbuch Verlag erschienen seine ersten Bücher „Zur Geschichte von Polizei- und Liebeskunst. Eine andere Geschichte des Auges" (1980) und „Theatrum Eroticum Ein Plädoyer für den Verrat an der Liebe. Versuch über Gustaf Gründgens" (1981).

Gympel, Jan: *1966, Berliner Eingeborener, Journalist, Autor und manches mehr. Viele Veröffentlichungen, u. a. in „Mein heimliches Auge" und „Mein schwules Auge".

Heck, Thomas Leon: *1957, Antiquar, Auktionator, Kunsthändler, Nachlassverwerter, Kunstsachverständiger, kunstwissenschaftlicher Publizist und Verleger (Noûs-Verlag). Lebt in Dusslingen, wo er sein Antiquariat betreibt. www.thomasleonheck.de

Hermanns, Doris: *1960, Studium der Pädagogik und Soziologie in Bielefeld, lebte 25 Jahre als Antiquarin in den Niederlanden, seit 2015 in Berlin als Redakteurin, Autorin und Übersetzerin. Seit 2000 ist sie in der Redaktion der Virginia Frauenbuchkritik, seit 2012 in der Redaktion des Online-Magazins AVIVA-Berlin. Zahlreiche Porträts von Frauen auf www.FemBio.org.

Höft, Lena: arbeitet als Lehrerin und promoviert zurzeit zum Thema: „Durchgesehene und ergänzte Neuauflage. Systembruch und/oder Transformation? Fortschreibungen und Entnazifizierungen literarischer Sachbücher des Dritten Reiches in den 50er Jahren."

Holz, Isabelle: *1989, studierte Germanistik, Geschichtswissenschaft und Komparatistik in Tübingen. Seit 2015 forscht sie im Rahmen eines interdisziplinären Promotionsprojekts zu den Themen Sprache, Text und Terror und ist Lehrbeauftragte an der Universität Tübingen.

Jürgs, Britta: geboren in Frankfurt am Main. Studium der Germanistik, Romanistik und Kunstgeschichte in Frankfurt am Main, Paris und Berlin. 1997 Gründung des AvivA Verlags. Auf der Frankfurter Buchmesse 2011 Auszeichnung als „BücherFrau des Jahres". Seit 2015 Vorsitzende der Kurt Wolff Stiftung.

Karpenstein-Eßbach, Christa: *1951, Apl. Professorin für Neuere deutsche Literaturwissenschaft an der Universität Mannheim. Studium der Germanistik, Soziologie, Politikwissenschaft und Philosophie in Göttingen. Zahlreiche Publikationen, darunter zuletzt „Deutsche Literaturgeschichte des 20. Jahrhunderts" (2013) und „Orte der Grausamkeit. Die Neuen Kriege in der Literatur" (2011).

Keuler, Dorothea: hat Bücher gelesen, verkauft, lektoriert, redigiert, rezensiert und geschrieben, vor allem über die Lebensgeschichten außergewöhnlicher Frauen, zuletzt „Beherzte Schwestern. Südwestdeutsche Klosterfrauen aus sechs Jahrhunderten" (2016).

Knepper, Martin: *1965 in Altena/Westf. Nach unsystematischen Studien langjährige Tätigkeit als Buchhändler. Lebt mit Mann und Hund zwischen Düsseldorf und Facebook.

Kump, Robert: *1948 in Rossdorf (bei Darmstadt). Druckerei seit 1970.

Lang, Henrike: Autorin, Redakteurin, Texterin in Köln. Journalistisch tätig, bevor sie sich auf Belletristik konzentrierte. Ihr lebensnaher Episodenroman „Bettenroulette" über den turbulenten Alltag einer lesbischen Langzeitbeziehung mit Kind erschien 2017 im Konkursbuch Verlag. Außerdem Beiträge in Anthologien.

Leweir, Litt: *1962 in Waldkirch (Schwarzwald), lebt seit 1984 in Berlin. Veröffentliche zahlreiche Kurzgeschichten in Anthologien sowie die Thriller „Migräne" (2009), „Am Ende des Fegefeuers" (2012) und „Mersand" (2017) im Konkursbuch Verlag.

Makowsky, Johann (Janos): *1948 in Budapest, Prof. emeritus, Faculty of Computer Science, Technion – Israel Institute of Technology, Haifa.

Müller, Anja: *1971 in Berlin/Ost. Freiberufliche Fotografin. Viele Fotobücher, zuletzt: „Paare 2".

Nössler, Regina: in Herten (Ruhrgebiet) aufgewachsen. Studium Germanistik, Theater-Film- und Fernsehwissenschaften in Bochum. Lebt als freiberufliche Autorin und Lektorin in Berlin. Ihre ersten Bücher drehten sich um die Ambivalenzen von Liebe und Sexualität, seit einigen Jahren schreibt sie mit großem Vergnügen Thriller. Fünfzehn Buchveröffentlichungen, zuletzt „Schleierwolken" (Konkursbuch Verlag, im Februar 2018 auf der renommierten Krimibestenliste von DLF und F.A.S.), 2019 erscheint der Thriller „Die Putzhilfe".

Rabsch, Udo Oskar: *1944, lebt in Stuttgart und Rosenfeld als praktischer Arzt, Steinkünstler (Kunstpark Nadj&Rabsch in Rosenfeld) und Autor von Romanen und Theaterstücken. Literaturpreis der Deutschen Ärzteschaft, Finalist beim Alfred Döblin Preis. Bisher acht Romane, u.a. „Maria vom Schnee" (2009) und „Der gelbe Hund" (2012), Konkursbuch Verlag.

Richter, Helmut: *1941. Mitgründer des Verlags Neue Kritik 1965, SoVA 1971.

Riethmüller, Hermann-Arndt: *1944 in Tübingen, Studium Germanistik, Geschichte und Politologie. 1973 Beginn der beruflichen Laufbahn in der elterlichen Buchhandlung Osiander, 1979 Eintritt in die Geschäftsführung, seit 2016 Vorsitz des neugegründeten Aufsichtsrates der Buchhandlungsgruppe.

Rogge, Florian: *1987, Studium der Literaturwissenschaft in Hannover, Amiens und Tübingen, bis Herbst 2018 als Volontär beim Konkursbuch Verlag.

SAID: geboren in Teheran, Schriftsteller in München. Viele Auszeichnungen, u. a. Literaturpreis der Stadt München, Adelbert-von-Chamisso-Preis und Goethe-Medaille. Im Frühjahr 2019 erscheint sein Buch mit Liebesgedichten „september in varna" im Konkursbuch Verlag.

Schock, Axel: *1965, lebt und arbeitet als Herausgeber, Redakteur und Journalist in Berlin. Mitherausgeber des Jahrbuchs „Mein schwules Auge", Band 3-14 sowie Autor (u.a. „Die Bibliothek von Sodom", „Out im Kino – Das lesbisch-schwule Filmlexikon", „Absolut Berlin. Das Berlin-Sammelsurium" und „Schwule Orte. 150 berühmt-berüchtigte Schauplätze".) Seit 2013 Organisator des internationalen poesiefestival berlin.

Schmidt, Uve: *1939 in Wittenberg, freier Autor in Frankfurt. Gründete zusammen mit Claudia Gehrke 1982 Mein heimliches Auge. Viele Bücher, u.a. „Ende einer Ehe" (1978, MÄRZ) und „Welt unter" (Gedichte, 2012, Corvinus Presse). Hörspiele und Herausgaben, Nachdichtungen, Drehbücher, Vor- und Nachworte, Reden und Rufe, Beiträge in Anthologien, Schulbüchern, Zeitschriften und an Litfaßsäulen.

Sofronieva, Tzveta: Dichterin, Essayistin und Prosaautorin, schreibt in bulgarischer, deutscher und englischer Sprache und lebt in Berlin, zahlreiche Auszeichnungen, u. a. Adelbert-von-Chamisso-Förderpreis 2009.

Spengler, Franz: *1996, studiert Soziologie in Tübingen und schreibt gerade seine Bachelor-Arbeit über Religion und Feminismus.

Stroheker, Tina: *1948 in Ulm, lebt in Eislingen/Fils. Studium, zehn Jahre Gymnasiallehrerin, danach freie Autorin. Auszeichnungen u.a. Stipendiatin der Villa Massimo, Literaturpreis der Stadt Stuttgart. Beitrag aus „Luftpost für eine Stelzengängerin. Notate vom Lieben" (Verlag Klöpfer & Meyer, Tübingen, 2013), zweiter Teil erscheint in „Inventarium. Späte Huldigungen" (Verlag Klöpfer & Meyer, Tübingen 2018).

Sukhana, Sunita: *1991 in Darmstadt, 2014 Bachelor-Abschluss in Staatswissenschaften an der Universität Passau, 2018 Master-Abschluss in Literaturwissenschaft an der Universität Tübingen. 2015–2017 Volontariat beim Konkursbuch Verlag.

Sundermeier, Jörg: *1970 in Gütersloh, Journalist und Verleger, gründete 1995 mit Werner Labisch den Verbrecher Verlag in Berlin-Kreuzberg, den er seit 2016 mit seiner Frau Kristine Listau führt. 2016 Auszeichnung mit dem Karl-Heinz Zillmer-Preis für verdienstvolles verlegerisches Handeln. Seit 2015 Vorstand der Kurt-Wolff-Stiftung.

Surmann, Volker: *1972 in Halle (Westf.), Kabarettist, Lektor, Autor, Verleger. Seit 2010 betreut er als Lektor das Programm des Berliner Satyr Verlages, seit 2011 ist er dessen alleiniger Eigentümer. Die Beiträge stammen aus seinem Kurzgeschichtenband „Bloßmenschen. Schöner schämen für alle", der 2017 im Satyr Verlag erschien.

Tawada, Yoko: *1960 in Tokyo, lebt in Berlin. Sie schreibt auf Deutsch und Japanisch. Ihr erstes Buch „Nur da wo du bist da ist nichts" erschien 1987. Viele Auszeichnungen, u.a. Kleist-Preis 2016, Carl-Zuckmayer-Medaille 2018. Zuletzt erschienen (alle im Konkursbuch Verlag): „akzentfrei" (Literarische Essays, 2016, 2. Auflage 2017), „Ein Balkonplatz für flüchtige Abende" (Poetischer Roman, 2016, 2. Auflage 2019) und „Sendbo(o)te" (Roman, aus dem Japanischen übersetzt von Peter Pörtner, Herbst 2018, 2. Auflage 2019; die englische Übersetzung erhielt den National Book Award (for translation).

Tefelski, Norbert: relativ freier Autor in Berlin, mehr über ihn unter www.literaturport.de, Beiträge in Ausgaben von „Mein heimliches Auge".

Troxler, Petra: *1991, Ausbildung zur Buchhändlerin 2007 bis 2010, von 2010 bis 2016 hat sie in verschiedenen Buchhandlungen Berufserfahrung gesammelt. 2016 bis 17 kurzer Abstecher ins Kaufmännische – 2017 Rückkehr in die Buchbranche.

Wertheimer, Jürgen: Hochschullehrer, Komparatist, Autor. Zahlreiche Buchveröffentlichungen. Im Konkursbuch Verlag u.a. „Don Quijotes Erben. Die Kunst des europäischen Romans" (2013, 2. Auflage 2015) und „Weltsprache Literatur" (2018). „Zurück zur Literatur!" (Verlag J.H.W. Dietz Nachf., Bonn 2017), zusammen mit Isabelle Holz und Florian Rogge: „Maidan, Tahrir, Taksim. Die Sprache der Plätze" (Marix Verlag, 2017).

Willi, Hans-Peter: *1960, studierte Evangelische Theologie und Philosophie in Wuppertal, Tübingen und München. Bei Prof. Dr. Eberhard Jüngel in Tübingen Promotion zum Dr. theol. mit der Studie „Unbegreifliche Sünde – ‚Die christliche Lehre von der Sünde' als Theorie der Freiheit bei Julius Müller. Mit einem Anhang der Tagebuchnotizen Kierkegaards über die Sündenlehre von Julius Müller" (2003). Weitere Publikationen, u.a. zu Johannes Reuchlin. Antiquar, Verleger und Buchhändler in Tübingen seit 1996.

Witka, Ines: Diplom in Verlagswissenschaften und Master of Arts in Biografischem und Kreativem Schreiben an der Alice Salomon Hochschule in Berlin. Sie konzipiert und realisiert Workshops für biografisches und erotisches Schreiben. Ihr Debütroman „Perle um Perle" (2016) und ihr erotisches Schreib- und Mitmachbuch „Dirty Writing" (2015) erschienen im Konkursbuch Verlag.

Wörtche, Thomas: *1954 in Mannheim, Literaturkritiker und Publizist. Studium der Germanistik und Philosophie in Bochum und Konstanz, promovierte über phantastische Literatur. Bekannt als Krimi-Experte. U. a. Jury-Mitglied des Deutschen Krimi Preises und Herausgeber einer Krimireihe im Suhrkamp-Verlag.

Vogel, Fritz Franz: *1957 in Luzern, Dr. phil., arbeitet seit 1992 produktiv, kooperativ und interdisziplinär in den Medien Text, Fotografie und Buch. Sammlungen, Forschungen, Lehrtätigkeit, Publikationen und Ausstellungen u. a. in den Bereichen Kunst, Körperbilder und Erotica.

Zwierzynski, Wolfgang: geboren in Essen, Studium der Literaturwissenschaft und Philosophie in Tübingen, seit 2006 Buchhändler mit eigenem Geschäft daselbst.

Alle Ausgaben von Konkursbuch

unten: Florian Rogge 8.6.18, nach der Nummer 666, erschöpft vom Nummerieren und Fest-Vorbereitungen; oben: 9.6.18: eine der vielen Lesungen, die zu unserem Tübinger Mini-Bücherfest am Verlagsgeburtstag (draußen und drinnen) in allen Buchhandlungen der Stadt stattfanden.

Zum Weiterlesen

Im Frühjahr 2019 erschien das numerisch vorherige, aber aufgrund des Verlagsgeburtstags hinter die Nummer 55 *über Bücher* verschobene Konkursbuch *Lügen* (Hrsg. Sigrun Casper, ISBN 978-3-88769-254-4). Und das *Mini-Konkursbuch Claudia Gehrke und der Verlag* (ISBN 978-3-88769-699-3): Ein „halbprivates" Album mit Bildern und Texten von Autor*innen und Mitarbeiter*innen und der Verlegerin in Miniaturauflage. „*Der Hang, die Bäume und die Wolken waren nicht mehr Farben und Formen in einem Gemälde. Der Ort, an dem wir auf Hilfe warteten, musste ein blinder Fleck auf der Europa-Karte gewesen sein. Denn der ADAC fand uns nicht. Es vergingen einige Stunden und mir fiel ein, dass Claudia früher als Mathematikerin die Lücken, die zwischen realen Zahlen existieren, erforscht hatte. Ich hoffte, dass wir nicht in eine solche Lücke hineingeraten waren. Aber wäre nicht gerade so eine leere Stelle geeignet als die erste Seite eines Buches, das noch nicht geschrieben wurde? Ich fing an, eine Erzählung im Kopf zu schreiben. Ich vergaß die Zeit, und als uns das gelbe Auto endlich erreichte, war es schon düster um uns. Ich sah an den Buchstaben A, D, A, C den Anfang des Satzes: Als Das Auto Claudia im Stich ließ, …* *Die zweite Hälfte dieses Satzes muss jede Autorin für sich ausfüllen ...*"
(aus dem Text von Yoko Tawada im Mini-Konkursbuch)

Anja Müller

Impressum
3. erweiterte Auflage von 666 Exemplaren 2019
Die erste Auflage erschien anlässlich des runden 40. Verlagsgeburtstags 2018 in 666
nummerierten und von der Verlegerin signierten Exemplaren.
© Konkursbuch Verlag Claudia Gehrke und die Autor*nnen.
PF 1621, 72006 Tübingen, Telefon: 0049 (0) 7071 66551 und +172 7233958,
office@konkursbuch.com – www.konkursbuch.de
Gestaltung: Verlag. Cover-Foto: Lukas Schaller: Wiederin (bearbeitet). Klappe: Anja
Müller, Frontispiz: Sigrun Casper. Bilder: Verlagsarchiv, soweit nicht anders angegeben.
Gerne schicken wir Ihnen auch unser gedrucktes Gesamtverzeichnis.
ISBN: 978-3-88769-255-1   E-Book: ISBN 978-3-88769-955-0

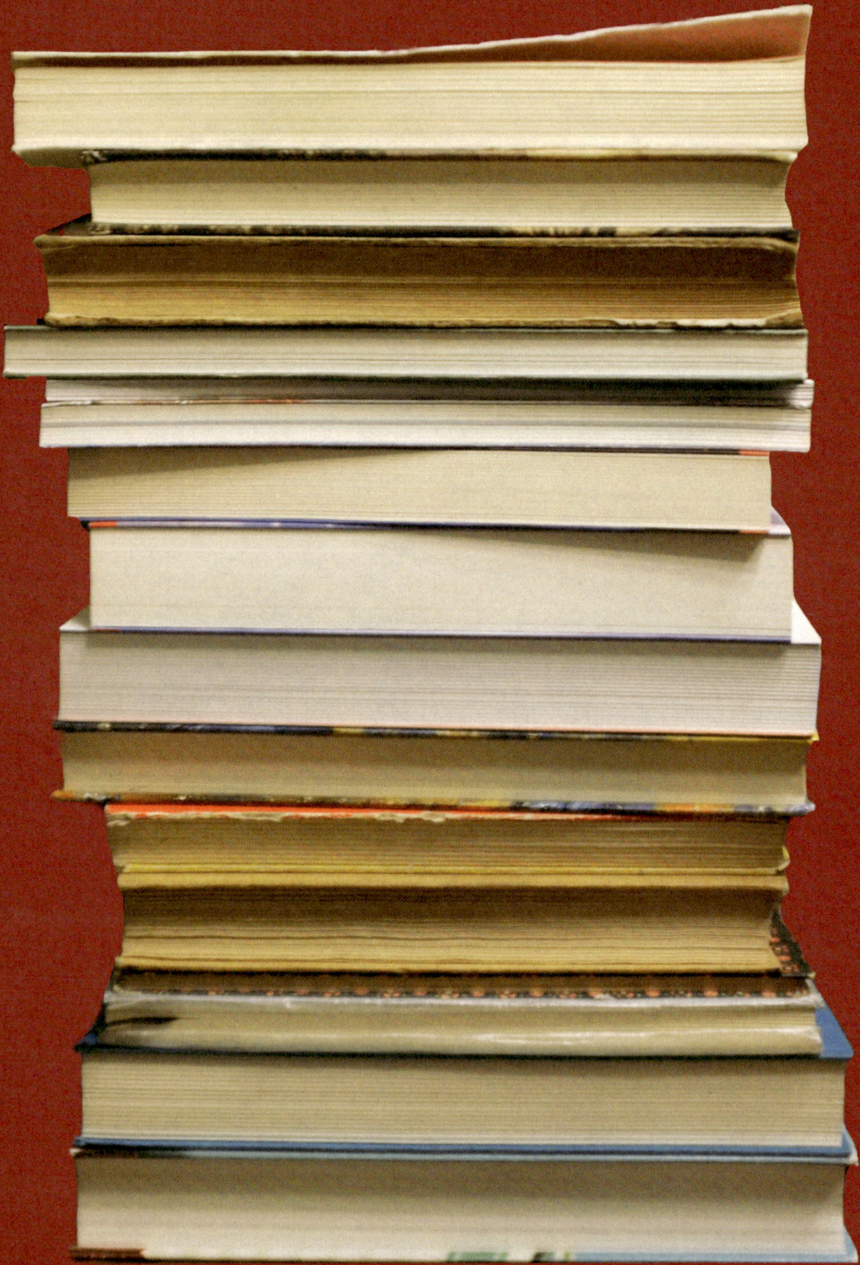